Schule als Bildungsort und „emotionaler Raum"

D1705834

Schriftenreihe der Kommission Psychoanalytische Pädagogik in der Deutschen Gesellschaft für Erziehungswissenschaft (DGfE)

Die „Psychoanalytische Pädagogik" bezieht sich zwar in besonderer Weise auf die komplexe Theorietradition der Psychoanalyse, sie versteht sich aber nicht als eine „Bindestrichpädagogik", die sich nur auf einen ganz spezifischen Adressatenkreis, auf ganz bestimmte institutionelle Handlungsfelder oder auf ganz begrenzte Zielperspektiven konzentriert. Auch geht es ihr weniger um die „Anwendung" therapeutischer Deutungs- und Handlungsmuster im pädagogischen Feld als vielmehr darum, immer wieder einen besonderen Aspekt in der pädagogischen Reflexion zur Geltung zu bringen, der in sämtlichen pädagogischen Aufgabenbereichen und Feldern von großer Relevanz ist: die Bedeutung der emotionalen Erfahrungen, der Phantasien und Wünsche der von Erziehung betroffenen Subjekte, die Rolle verborgener Aspekte in pädagogischen Beziehungen und die Macht unbewusster Motive im pädagogischen Handeln – auch im erziehungswissenschaftlichen Forschen, Publizieren und Argumentieren. Da diese Frage nach den unbewussten, undurchschauten Rückseiten- und Schattenphänomenen in nahezu allen pädagogischen Kontexten eine Rolle spielt, versteht sich die Psychoanalytische Pädagogik in gewissem Sinn immer auch als „Allgemeine Pädagogik", und vertritt dabei den Standpunkt, dass der Pädagogik grundsätzlich eine wichtige Dimension fehlt, wenn sie diesen Fragestellungen wenig Beachtung schenkt.

Die Kommission „Psychoanalytische Pädagogik" der DGfE-Sektion „Differenzielle Erziehungs- und Bildungsforschung" pflegt dabei seit vielen Jahren die Tradition, mit Vertretern und Vertreterinnen aus anderen Kommissionen/Sektionen der Deutschen Gesellschaft für Erziehungswissenschaft in einen fachlichen Austausch zu treten.

Der Vorstand

Rolf Göppel
Annedore Hirblinger
Heiner Hirblinger
Achim Würker (Hrsg.)

Schule als Bildungsort und „emotionaler Raum"

Der Beitrag der Psychoanalytischen Pädagogik
zu Unterrichtsgestaltung und Schulkultur

Verlag Barbara Budrich
Opladen & Farmington Hills, MI 2010

Bibliografische Information der Deutschen Nationalbibliothek
Die Deutsche Nationalbibliothek verzeichnet diese Publikation in der Deutschen
Nationalbibliografie; detaillierte bibliografische Daten sind im Internet über
http://dnb.d-nb.de abrufbar.

Gedruckt auf säurefreiem und alterungsbeständigem Papier.

© 2010 Verlag Barbara Budrich, Opladen & Farmington Hills, MI
www.budrich-verlag.de

ISBN   978-3-86649-354-4

Umschlaggestaltung: disegno visuelle kommunikation, Wuppertal – www.disenjo.de
Satz: R + S, Redaktion + Satz Beate Glaubitz, Leverkusen
Druck: Paper & Tinta, Warschau
Printed in Europe

Inhalt

Teil II
Schule und Unterricht – unterschiedliche psychoanalytisch-pädagogische Betrachtungsperspektiven

Teil III
Aspekte der Lehrerprofessionalität und der Lehrerbildung

Einleitung

Rolf Göppel/Heiner Hirblinger

Der Titel des vorliegenden Bandes ist nach dem Grundmuster „X als Y" konstruiert, d.h. das X, die Schule soll unter einer ganz bestimmten Perspektive in den Blick genommen werden. Dabei ist die Perspektive, *Schule als „Bildungsort"* zu betrachten, eine eher traditionelle. Zugleich aber, da der Bildungsbegriff als „Jokerbegriff" (Schulze 2006: 29) sehr unterschiedlich besetzt ist und verwendet wird, eine recht deutungsoffene.

Schule als *„emotionalen Raum"* zu betrachten ist eine weniger gängige Perspektive. Dabei ist klar, dass die Rede vom „emotionalen Raum" hier metaphorisch gemeint ist, dass es nicht um den realen, umbauten Raum, nicht um Fragen der Schularchitektur und Farbgestaltung geht, obwohl auch diese Aspekte einen nicht zu unterschätzenden Einfluss auf die Atmosphäre, die sich in einer Schule ausbreitet, haben können.

Im Folgenden geht es um die Schule als „emotionalen Raum" in dem Sinne, dass die Institution Schule einen Interaktions- und Erfahrungsraum darstellt, in dem permanent vielfältige Emotionen bei den Betroffenen ausgelöst werden und verarbeitet werden müssen. Dies ist auch nicht sehr verwunderlich, wenn man sich die Grundgegebenheiten des „Settings Schule" ansieht: Zwanzig bis dreißig Kinder bzw. Jugendliche nahezu gleichen Alters werden jeweils zu „Zwangsgruppen" zusammengefasst und von Erwachsenen – die sie sich in der Regel ebenfalls nicht selbst ausgewählt haben – mit der Erwartung konfrontiert, alle individuellen Interessen und alle momentanen Unterhaltungs-, Bewegungs-, und Entspannungsbedürfnisse hintanzustellen und sich ganz auf die vom Lehrer jeweils vorgegebenen Themen einzulassen, Aufmerksamkeit, Arbeitseifer und Achtung zu zeigen. Die Situation ist zudem geprägt durch Konkurrenz, durch permanentes Verglichen-, Beurteilt-, Benotet-Werden und durch die latent über dem Ganzen schwebende Drohung, dass ein schlechtes Abschneiden in dieser Konkurrenzsituation sich nicht nur in der gegenwärtigen sozialen Konstellation, also auf das aktuelle „Standing" als Schüler dieser Klasse, ungünstig auswirkt, sondern auch ernste Konsequenzen im Hinblick auf die spätere Lebenschancen jenseits der Schule hat.

Es ist offensichtlich, dass die hier gewählten Perspektiven keineswegs die einzig denkbaren Analysekategorien sind, um sich mit der Institution

Schule und ihren Wirkungen auf die Betroffenen auseinander zu setzen. Andere Möglichkeiten wurden von anderen Autoren gewählt und in prägnanten Formeln auf den Punkt gebracht. Sie überkreuzen sich in mancher Hinsicht mit den hier gewählten:

- Schule als „öffentliche Institution"
- Schule als „lernende Organisation" (Geser 2004)
- Schule als „Lebens- und Erfahrungsraum" (Hentig 1993)
- Schule als „Polis", als „embryonic society" (Hentig 1987)
- Schule als „Unterrichtsvollzugsanstalt" (Herrmann 2008)
- Schule als „moralische Anstalt" (Leschinsky/Gruner/Kuchert 1999)
- Schule als „Reproduktionsinstanz sozialer Ungleichheit" (Rolff 2006)
- Schule als „Jugendzentrum" (Behnken 2008)
- Schule als „home away from home" (Werner 1990)
- Schule als Ort permanenter Fremdbestimmung (Sichtermann 2002)
- Schule als „Glückskiller" (Bucher 2007)
- Schule als „Zumutung" (Fend 2004)
- Schule als „Tollhaus" (Der SPIEGEL 15/1988)
- Schule als „Horrortrip" (Der SPIEGEL 46/2003)

In den letzten Jahren fand, ausgelöst durch die PISA-Studien, eine intensive Bildungsdiskussion in Deutschland statt. Dabei standen überwiegend die Fragen im Vordergrund, worin die Besonderheiten des deutschen Bildungssystems und der deutschen Unterrichtskultur bestehen, wie die schulischen Bildungserfolge mit soziodemographischen Hintergrundvariablen zusammenhängen, ob und wie durch neue Bildungspläne, Standardisierung, Kompetenzorientierung, Vergleichstests etc. der messbare „Output", die „Effizienz" des deutschen Schulsystems gesteigert werden kann und welche Anschlussfähigkeit und Verwertbarkeit das in der Schule erworbene Wissen im späteren Berufsleben hat.

Kaum diskutiert wurden dabei jedoch die Fragen danach, was eigentlich die Voraussetzungen dafür sind, dass für die Kinder und Jugendlichen die Schulzeit zu erfüllter Lebenszeit wird und dass die Unterrichtserfahrungen zu echten Bildungserfahrungen werden. D.h., dass die Begegnungen und Beziehungen, die in der Schule erlebt werden und die Gegenstände, Themen, Stoffe, die dort im Unterricht verhandelt werden, tatsächlich subjektive Bedeutung gewinnen, einen inneren Prozess des Fragens und Denkens in Gang bringen und nachhaltige Spuren hinterlassen.

Die inneren Prozesse der Erfahrungsbildung und der subjektiven Bedeutungszuschreibung sind nun aber in ganz besonderer Weise das Thema der Psychoanalyse. Zu ihrer spezifischen Tradition gehört es auch, dass sie in subtiler Forschungsarbeit der Frage nachgeht, warum bestimmte, äußerlich oftmals ganz unscheinbare, Eindrücke, Begegnungen und atmosphärische Momente bisweilen so besonders nachhaltige Spuren in der Psyche der Betroffenen hinterlassen. Dabei bezog und bezieht sich die psychoanalytische

Spurensuche freilich überwiegend auf frühkindliche interpersonale Erfahrungen im familiären Beziehungsraum, weniger auf Erfahrungen mit Situationen, Themen und Herausforderungen im schulischen Lern- und Bildungsraum.

Dennoch ist die Hoffnung nicht unberechtigt, dass die spezifisch gerichtete psychoanalytische Aufmerksamkeit hier vielleicht besser in der Lage ist, die förderlichen und hinderlichen Bedingungen für persönlich bedeutsame Bildungsprozesse in den Blick zu bekommen, als eine empirische Unterrichtsforschung die test- und fragebogenorientiert „Aufmerksamkeitsspannen", „Lernformpräferenzen" und „Kompetenzzuwächse" möglichst exakt zu messen versucht. Unterricht entpuppt sich aus der Sicht der psychoanalytischen Pädagogik als eine „psychische Realität" ganz eigener Art: ein hochkomplexes, von vielfältigen und widersprüchlichen, bewussten und unbewussten Motiven bei den Agierenden durchdrungenes, von expliziten Regeln, gängigen Routinen und subtilen unterschwelligen Geboten geleitetes, zudem ein mit starken Emotionen – Hoffnungen, Ängsten, Aversionen – besetztes Feld.

Auch wenn er sich selbst nicht sehr ausführlich zu pädagogischen Fragen und noch weniger zu schulpädagogischen Themen geäußert hat, hat Freud doch bekanntlich große Hoffnungen in die „Anwendung" der Psychoanalyse im pädagogischen Feld gesetzt:

„Nur an einem Thema kann ich nicht so leicht vorbeigehen, nicht weil ich besonders viel davon verstehe oder selbst so viel dazu getan habe. Ganz im Gegenteil ich habe mich kaum je damit beschäftigt. Aber es ist so überaus wichtig, so reich an Hoffnungen für die Zukunft, vielleicht das Wichtigste von allem, was die Analyse betrifft. Ich meine die Anwendung der Psychoanalyse auf die Pädagogik, die Erziehung der nächsten Generation." (Freud 1932: 575).

Konfrontiert man Freuds „Vision" von der künftigen Bedeutung der Psychoanalyse für die Pädagogik jedoch mit den realen gesellschaftlichen Gegebenheiten und mit den derzeitigen bildungspolitischen Rahmenbedingungen, sowie mit einem nüchternen Blick auf die im Feld der Bildungs- und Erziehungsforschung derzeit tonangebenden Richtungen, so besteht sicher kein Anlass zu großem Stolz und überzogener Selbstzufriedenheit. Die Psychoanalytische Pädagogik stellt im pädagogischen und bildungswissenschaftlichen Feld, das für die „Erziehung der nächsten Generation" zuständig ist, eher einen „kritischen Stachel" dar als einen „zugkräftigen Motor" oder gar ein „Flagschiff", das die bildungs- oder forschungspolitische Entwicklungsrichtung vorgeben könnte.

Aber immerhin ist seit Siegfried Bernfelds kritischen Auseinandersetzungen mit der Institution Schule im „Sisyphos" aus dem Jahr 1925 und seit Peter Fürstenaus Aufsatz „Zur Psychoanalyse der Schule als Institution" aus dem Jahr 1964 der Verdacht nicht mehr aus der Welt zu schaffen, dass die Institution Schule von einflussreichen untergründigen Tendenzen und unbewussten Motiven durchdrungen ist, und dass sich Bildungs- und Schulpolitik, aber auch Bildungstheorie und Schulpädagogik mit den Problemen der „affektiven Spaltung" und des sog. „Machtkomplexes" im Unterricht zu wenig befassen.

Die Asymmetrie pädagogischer Beziehungen und Bezugsfelder dient in schulisch organisierter Bildung nur selten einem Unterricht, der Ich-Stärkung und Ich-Autonomie wirklich fördert. Von einem „sich selbst negierenden pädagogischen Gewaltverhältnis" ... als der „Grundnorm pädagogisch legitimer Gewaltausübung", wie Dieter Benner dies vor Jahren schon forderte (Benner 1987: 205), wird in staatlichen Schulen nicht viel gesprochen. Viel hingegen wird gesprochen von der „Gewalt der Schüler" und von der Notwendigkeit durch „Standardisierung", „Output-Orientierung" und „Evaluierung" die Effizienz von schulischer Erziehungs- und Bildungsprozessen zu „optimieren".

Die Beiträge des vorliegenden Bandes gehen auf die Vorträge und Workshop-Impulse der Herbsttagung der Kommission „Psychoanalytische Pädagogik" in der Deutschen Gesellschaft für Erziehungswissenschaft (DGfE) zurück, die vom 20.-22. November 2009 an der Pädagogischen Hochschule Heidelberg unter dem Titel: *„Schule als Bildungsort und ‚emotionaler Raum' – Der Beitrag der Psychoanalytischen Pädagogik zu Unterrichtsgestaltung und Schulkultur"* stattfand. Im entsprechenden Call for Papers im Vorfeld der Tagung wurde der thematische Rahmen, auf den sich die Beiträge beziehen sollten, noch in einigen konkreten Leitfragen, ausdifferenziert:

- In welcher Art und Weise wird Schule erinnert? Was verblasst und was bleibt als nachhaltige Erfahrung zurück?
- Wie äußern sich Kinder und Jugendliche selbst zu ihren Schulerfahrungen? Was ist für sie aus welchen Gründen wichtig? Was langweilt, ängstigt, ärgert sie?
- Was kennzeichnet die „fruchtbaren Momente im Bildungsprozess" (Copei), was die „Inseln der Bedeutsamkeit im Meer der Routine" (Ziehe)?
- Welche Rolle spielt dabei die Persönlichkeit des Lehrers? Die emotionale Atmosphäre in der Klasse? Die methodische Gestaltung des Unterrichts? Die Irritationen, Assoziationen, Phantasien und Imaginationen, die durch die Gegenstände ausgelöst werden?
- Was am gängigen Schul- und Unterrichtsbetrieb ist dafür verantwortlich, dass schulisches Lernen von Schülern so häufig als dröge Last und Zumutung bzw. als bloßes Mittel zum Zweck, bestimmte Noten, Punkte, Abschlüsse zu erreichen, erlebt wird?
- Wie können sich Lehrer durch interne und externe Unterstützungssysteme (Intervision, Supervision) so stärken, weiterbilden und professionalisieren, dass sie selbst und ihre Schüler den schulischen Alltag als befriedigender erleben?

Für die Strukturierung der Tagung wurden die eingegangenen Vorträge dann in drei thematische Blöcke gruppiert, die auch die Gliederung des vorliegenden Bandes ausmachen:

–   Im ersten Teil geht es um die *„emotionalen Erfahrungen der Betroffenen in und mit der Schule"*. Hier sollte also möglichst vielfältig und aspektreich die Subjektperspektive zur Sprache kommen. Dabei geht es sowohl um problematische, für echte Bildungsprozesse eher hinderliche Erfahrungen und Emotionen wie Angst, Scham, Kränkung oder Langeweile, aber auch um die Erfahrungen mit positiven Aspekten wie Sehnsucht, Sinnerleben, Selbstwirksamkeit, Achtsamkeit und Anerkennung. Neben Fallvignetten, autobiographischen Dokumenten und klassischen psychoanalytischen Beschreibungen der typischen emotionalen Konstellationen in der Schule, werden hier auch einige konkrete aktuelle Forschungsprojekte vorgestellt, in denen versucht wurde, unter einem psychoanalytischen Focus systematisch bestimmte emotionale Aspekte des Unterrichtsgeschehens in den Blick zu nehmen.

–   Im zweiten Teil des Buches geht es um *„unterschiedliche psychoanalytisch-pädagogische Betrachtungsperspektiven"* auf das schulische Geschehen. Hier werden spezielle psychoanalytische Konzepte wie etwa das der „Triangulierung", der „Affektregulation" oder der „Schemata des Zusammenseins" in ihrer erhellenden Kraft zum Verständnis schulischer Bildungs- und Beziehungsprozesse diskutiert, aber es findet am Beispiel des Begriffs „Setting" auch eine kritische Auseinandersetzung mit den Problemaspekten der Übertragung psychoanalytischer Begrifflichkeiten ins pädagogische Feld statt.

–   Schließlich werden in einem dritten Themenblock *„Aspekte der Lehrerprofessionalität und der Lehrerbildung"* behandelt. Hier geht es neben der Analyse des Umgangs mit Macht- und Ohnmachtstrukturen im schulischen Kontext und neben der Problematisierung von eingeschliffenen Routinen, die die Empathie- und Reflexionsfähigkeit lähmen, auch um die Beschreibung eines psychoanalytisch orientierten Lehrerleitbildes, sowie unter dem provokativen Stichwort „Lebenslügen" um die existentiell bedrohlichen Dimensionen der Verarbeitung von emotionalen Belastungen und Widersprüchen des Lehrerdaseins. „Selbstreflexion" wird in weiteren Beiträgen als zentrales Medium empfohlen, um solche Fehlentwicklungen, die auf Dauer weder dem eigenen Wohlbefinden noch dem der anvertrauten Kinder und Jugendlichen bekömmlich sind, zu verhindern. Zur Anleitung und Habitualisierung solcher für die Lehrerprofessionalität förderlicher Selbstreflexion werden dann Erfahrungen mit unterschiedlichen psychoanalytisch geleiteten Konzepten der Fallbesprechung, der Supervision, der Lernprozessbegleitung vorgestellt.

Bei den ersten, ausführlicheren Beiträgen jedes Themenblocks handelt es sich dabei um die Hauptvorträge der Heidelberger Tagung. Die jeweils folgenden kürzeren Beiträge zu einzelnen Forschungsprojekten, Unterrichtsmodellen und Praxisreflexionskonzepten sind aus den Workshops, die im Rahmen der Tagung stattfanden, hervorgegangen.

Literatur

Behnken, Imbke (2008): Das Kind hinter PISA. Wie die junge Generation fühlt, was sie denkt und wie sie lernt. In: Extrakte. Auszüge aus der Wissenschaft 4/2008.

Benner, Dieter (1987): Allgemeine Pädagogik. Weinheim/München: Juventa, 2. Aufl. 1991.

Bernfeld, Siegfried (1925): Sisyphos oder die Grenzen der Erziehung. Frankfurt/M.: Suhrkamp 1967.

Bucher, Anton, A. (2007): Was Kinder glücklich macht. Ergebnisse einer Repräsentativbefragung des ZDF. http://www.unternehmen.zdf.de/fileadmin/files/Download Dokumente/DD_Das_ ZDF/ Veranstaltungsdokumente/Zusammenfassung quantitative_Studie.pdf. 2007.

DER SPIEGEL 15/1988 Tollhaus Schule.

DER SPIEGEL 43/2003 Horrortrip Schule.

Fend, Helmut (2004): Was stimmt in deutschen Bildungssystemen nicht? Wege zur Erklärung ihrer Funktionsweise und Wege der Reform. In: Schavan, A. (Hrsg.): Bildung und Erziehung. Perspektiven auf die Lebenswelten von Kindern und Jugendlichen. Frankfurt/M.: Suhrkamp, S. 33-354.

Freud, Sigmund (1932): Neue Folge der Vorlesungen zur Einführung in die Psychoanalyse. In: StA Bd. I., Frankfurt/M.: Fischer, 1969, S. 446-608.

Fürstenau, Peter (1964): Zur Psychoanalyse der Schule als Institution. In: Fürstenau, Peter (1979): Zur Theorie analytischer Praxis. Stuttgart: Klett, S. 186-200.

Geser, Hans (2004): Die Schule als lernende Organisation. http://socio.ch/educ/ t_h geser2.pdf 2004.

Hentig, Hartmut v. (1987): „Humanisierung" – Eine verschämte Rückkehr zur Pädagogik? Andere Wege zur Veränderung der Schule. Stuttgart: Klett.

Hentig, Hartmut v. (1993): Die Schule neu denken. Eine Übung in praktischer Vernunft. München: Hanser.

Herrmann, Ulrich (2008): Ein Schulgebäude nur für Schule? Schulbau pädagogisch gesehen. In: Schulleitung 2/2008, S. 19-22.

Leschinsky, Achim/Gruner, Petra/Kluchert, Gerhard (Hrsg.) (1999): Die Schule als moralische Anstalt. Erziehung in der Schule: Allgemeines und der „Fall DDR". Weinheim: Beltz.

Rolff, Hans-Günther (2006[2]): Schule als Reproduktionsinstanz sozialer Ungleichheit. In: Baumgart, Franzjörg/Lange, Ute: Theorien der Schule. Erläuterungen, Texte, Arbeitsaufgaben. Bad Heilbrunn: Klinkhardt, S. 176-181.

Schulze, Theodor (2006): Bildung, Bewusstheit und biographischer Prozess. Reflexionen im lebensgeschichtlichen Lernen. In: Fröhlich, Volker/Göppel, Rolf (Hrsg.): Bildung als Reflexion über die Lebenszeit. Gießen: Psychosozial-Verlag, S. 28-49.

Sichtermann, Barbara (2002): Frühlingserwachen. Pubertät – Wie Sex und Erotik alles verändern. Reinbek: Rowohlt.

Werner, Emmy, E. (1990): Protective factors and individual resilience. In: Meisel, Samuel, J./Shonkoff, Jack, P. (Ed.): Handbook of Early Childhood Intervention. Cambridge: Cambridge University Press, S. 97-116.

Teil I
Emotionale Erfahrungen der Betroffenen in und mit der Schule

Wie erleben Kinder und Jugendliche die Schule als Bildungsort und als „emotionalen Raum"?

Rolf Göppel

Im Oktober 2009 lief im Zweiten Deutschen Fernsehen eine sehenswerte Dokumentation mit dem Titel, „Wenn Kinder ihr Bestes geben". Ein Kamerateam hatte vier Schülerinnen und Schüler und ihre Familien über das gesamte vierte Schuljahr hinweg begleitet. Jenes Grundschuljahr, nach dem in Deutschland die entscheidenden Weichen für die weitere Schullaufbahn gestellt werden. Diese Dokumentation war anrührend und deprimierend zugleich: Anrührend, weil gezeigt wurde, wie sehr die Kinder sich bemühen, ihr Bestes zu geben, und deprimierend, weil deutlich wurde, wie sehr sie leiden, wenn dies trotz alledem nicht ausreicht, um das Ziel, den Übertritt aufs Gymnasium oder die Realschule, zu schaffen. Es ist über die ganze Dokumentation hinweg ein durchgängiges Hoffen und Bangen, Zittern und Zagen, Ermuntern und Ermahnen, Treiben und Trösten, Triumphieren und In-Tränen-Ausbrechen wegen der Noten, wegen der Zehntelstellen hinter dem Komma, die darüber entscheiden, welche Schule man künftig besuchen kann. Und das eigentlich Deprimierende dabei: Die Bildungsinhalte, um die es in all dieser Zeit im Unterricht geht, die Themen, die behandelt werden, die Zusammenhänge, die erschlossen werden, die Kenntnisse, die erworben werden, fallen dabei fast komplett unter den Tisch. Alles verkommt zum bloßen, mehr oder weniger beliebigen Mittel im Wettrennen um den erforderlichen Notenschnitt.

Der Film vermittelte also einen sehr plastischen Eindruck davon, wie sehr die Schule von den Schülerinnen und Schülern als ein emotionaler Raum erlebt und erlitten wird. Inwiefern die Schülerinnen und Schüler die Schule auch als einen Bildungsort wahrnehmen, als einen Ort also, an welchem spannende Themen behandelt, geistige Horizonte erweitert, subjektiv bedeutsame Erkenntnisse gewonnen werden, das blieb fast ganz im Dunkeln. Dass freilich die Schule ein hochbedeutsamer „Bildungszertifikate- und Bildungschancenverteilungsort" ist, darüber sind sich die 9-10-Jährigen durchaus sehr wohl bewusst!

Im Rahmen eines Workshops auf der Tagung „Schule als Bildungsort und ‚emotionaler Raum'" wurde dieser Film gezeigt und diskutiert. Als Workshopteilnehmer war auch ein Kollege aus Finnland dabei. Er hat hinterher nur den Kopf geschüttelt, sich gewundert, wie man Kindern in diesem Alter das antun könne und gemeint, er sei sehr froh, dass seine Kinder nicht in Deutschland zur Schule gehen müssen.

Zunächst muss eine wichtige Einschränkung im Hinblick auf den Titel des vorliegenden Beitrags gemacht werden: Die von mir gewählte Titelfrage „Wie erleben Kinder und Jugendliche die Schule als Bildungsort und als ‚emotionalen Raum'"? ist viel zu pauschal und erforderte eigentlich vielschichtige Differenzierungen, die hier angesichts des knappen Raumes jedoch kaum zu leisten sind. Denn:

- Erstens erleben unterschiedliche Schüler die Schule sehr unterschiedlich (erfolgreiche, ambitionierte, interessierte, selbstsichere, anpassungsbereite vs. frustrierte, gefährdete, ängstliche, rebellische Schüler, Schüler aus „bildungsfernen" und „bildungsambitionierten" Familien, Schüler mit und ohne Migrationshintergrund, Mädchen – Jungen).

- Zweitens erleben selbst individuelle Schüler Schule in unterschiedlichen Ausschnitten und Kontexten (etwa in Mathe, in Deutsch, in Sport, auf dem Pausehof, im Physiksaal, bei Lehrer X, bei Lehrerin Y, bei Projekttagen, bei Klassenfahrten ...) höchst unterschiedlich.

- Drittens erleben Schüler unterschiedlicher Altersstufen Schule tendenziell unterschiedlich.

- Viertens ist zu erwarten, dass auch unterschiedliche Schulformen (Gymnasien, Realschulen, Hauptschulen, Sonderschulen) und die damit zusammenhängenden unterschiedlichen Lebensperspektiven und Selbstwertbestätigungen bzw. Selbstwertgefährdungen durchaus einen Unterschied im Hinblick auf das Schulerleben der SchülerInnen machen.

- Fünftens werden vermutlich auch unterschiedliche Schulen mit unterschiedlichen Schultraditionen, Schulkulturen, Schulphilosophien und pädagogischen Konzepten von ihrer jeweiligen Schülerschaft wohl durchaus partiell unterschiedlich wahrgenommen.

Dennoch soll im Folgenden versucht werden, jenseits solcher an sich notwendiger Differenzierungen, typische übergreifende Erlebnisformen und Erfahrungsmuster im Zusammenhang mit der Schule zu beschreiben. Dabei will ich in drei Schritten vorgehen:

- Zunächst sollen einige Schlaglichter darauf geworfen werden, wie in der *Geschichte der Psychoanalytischen Pädagogik* versucht wurde, das Spezifische, aber zugleich auch das Untergründige, Nicht-Offensichtliche des Erfahrungs-, Beziehungs-, Erwartungs- und Emotionsraums Schule zu erfassen. Dabei will ich mich exemplarisch auf drei Vertreter unterschiedlicher Epochen der Psychoanalytischen Pädagogik und damit zugleich auf drei unterschiedliche Stränge der Thematisierung von Schule in dieser Tradition beziehen.

- Dann sollen einige markante *autobiographische Äußerungen*, in denen Schüler ihre Schulerfahrungen bilanzieren, bzw. in denen Menschen versuchen, im Rückblick auf den Punkt zu bringen, wie sie als Kinder und als Jugendlicher Schule erlebt bzw. erlitten haben, präsentiert werden.

– Schließlich sollen diese Beschreibungen mit einigen *Ergebnissen empirischer Untersuchungen* kontrastiert werden, in denen Schüler und Schülerinnen systematisch zu ihren Erfahrungen und Einstellungen im Zusammenhang mit der Schule befragt wurden, um so zu sehen, inwieweit die dargestellten psychoanalytischen Deutungen sich eher auf typische oder auf exotische Erlebensmuster beziehen, und um zu prüfen, inwieweit die ausgewählten autobiographischen Schulerinnerungen als repräsentativ gelten können.

1. Deutungen des Erlebens von Schule in der Tradition der Psychoanalytischen Pädagogik

1.1 Schule als Ort der Sehnsucht: Sigmund Freud

1914 hat Sigmund Freud für eine Festschrift zum 50. Jahr des Bestehens des „Leopoldstädter Kommunalreal- und Obergymnasiums", das er selbst acht Jahre lang besucht hatte, einen kurzen Aufsatz mit dem Titel „Zur Psychologie des Gymnasiasten" verfasst und dabei handelt es sich wohl um die erste psychoanalytische Reflexion darüber, wie Kinder und Jugendliche die Schule als Bildungsort und emotionalen Raum erleben. Freud geht dabei von seinen individuellen Schulerinnerungen aus, beschreibt, wie bei ihm die Lebensjahre von zehn bis achtzehn „aus den Winkeln des Gedächtnisses empor" steigen, „mit ihren Ahnungen und Irrungen, ihren schmerzhaften Umbildungen und beseligenden Erfolgen", er berichtet aber auch von den merkwürdigen emotionalen Regungen bei späteren zufälligen Begegnungen mit ehemaligen Lehrern, die er bei sich wahrnahm.

Dabei ist die typische Seelenlage des Gymnasiasten, die er skizziert, von einer doppelten Sehnsucht geprägt. Diese richtet sich zum einen auf die Wissenschaften und die damit verbundenen eigenen Zukunfts- und Größenphantasien, zum anderen aber auch auf die Personen der Lehrer und die damit verbundenen Beachtungs- und Anerkennungswünsche. Im Hinblick auf die erste Sehnsucht, die mit den schulischen Inhalten zusammenhängt, beschreibt Freud seine tiefe Faszination angesichts der ersten Einblicke in eine untergegangene Kulturwelt, die ihm „später ein unübertroffener Trost in den Kämpfen des Lebens werden sollte" und er erinnert sich „an die ersten Berührungen mit den Wissenschaften, unter denen man glaubte, wählen zu können, welcher man seine – sicherlich unschätzbaren – Dienste weihen würde" (ebd.: 237). (Freud hatte ja bekanntlich Zeit seines Lebens ein ausgesprochenes Faible für die antiken Kulturen, war leidenschaftlicher Sammler, Hobbyarchäologe und hat sich in seinem Schaffen vielfach auf mythologische Gestalten bezogen). Schon früh hat sich bei ihm der Ehrgeiz entwickelt, in seinem Leben einen markanten Beitrag zum menschlichen Wissen zu leisten und entsprechend hat er diesen Anspruch dann auch in seinem Maturitätsaufsatz explizit formuliert.

Die (Bildungs-)Inhalte, mit denen er sich in der Schule auseinander setzte, erlebte er offensichtlich schon als Schüler als höchst kostbares Gut, als persönliche Bereicherung und Herausforderung, d.h. als Chance für eigene produktive Anknüpfungen. Eine Haltung, die heute – wenn man sich typischen Bilanzierungen von Abiturienten in den Abizeitungen vergegenwärtigt – keineswegs mehr die Regel ist (und vielleicht auch damals nicht war!).

Der andere Aspekt der Sehnsucht bezieht sich auf die persönlichen Beziehungen zu den Lehrern. Die Beschäftigung nämlich mit den Persönlichkeiten ihrer Lehrer habe sie damals als Schüler ähnlich in Anspruch genommen wie die mit den von ihnen vorgetragenen Wissenschaften:

„Wir warben um sie oder wandten uns von ihnen ab, imaginierten bei ihnen Sympathien oder Antipathien, die wahrscheinlich nicht bestanden, studierten ihren Charakter und bildeten oder verbildeten an ihnen unsere eigenen. Sie riefen unsere stärksten Auflehnungen hervor und zwangen uns zu vollständiger Unterwerfung; wir spähten nach ihren kleinen Schwächen und waren stolz auf ihre großen Vorzüge, ihr Wissen und ihre Gerechtigkeit. Im Grunde liebten wir sie sehr, wenn sie uns irgendeine Begründung dazu gaben" (ebd.: 238).

Eine starke Sehnsucht nach Beachtetwerden und nach Anerkennung prägt nach Freud diese Beziehung. Eine Sehnsucht, die angesichts der Realität der Schule natürlich enttäuschungsanfällig ist und leicht in Hass und Empörung umschlagen kann. Entsprechend ist „Ambivalenz" das Schlüsselwort, mit dem Freud jene Gefühlsbeziehung charakterisiert und natürlich wird diese Ambivalenz dann auf die frühkindliche ödipale Situation, die Mischung aus Liebe und Hass gegenüber dem Vater zurückgeführt:

„Wir übertrugen auf sie den Respekt und die Erwartung von dem allwissenden Vater unserer Kindheitsjahre, und dann begannen wir sie zu behandeln, wie unsere Väter zu Hause [...] (wir) rangen [...] mit ihnen, wie wir mit unseren leiblichen Vätern zu ringen gewohnt waren" (ebd.: 240).

Hier ist also die Thematik der Übertragung in der Schule erstmals angesprochen, die seither die psychoanalytischen Überlegungen zu diesem pädagogischen Feld durchzieht. Auch angesichts dieser Beschreibung wird man fragen müssen, ob diese starke emotionale Bedeutungsaufladung in der Beziehung zum Lehrer heute noch die Regel oder eher die Ausnahme darstellt. Dass Schüler sich ausdrücklich *stolz* über die großen Vorzüge, das Wissen und die Gerechtigkeit ihrer Lehrer äußern, kommt heute wohl eher selten vor. Häufiger sind da heute schon eher geringschätzige Bemerkungen oder aber „pragmatische" Einschätzungen nach dem Muster „bei dem ist es voll easy", „die kann prima erklären", „der stellt sauschwere Schulaufgaben" ... Ziehe hat in diesem Zusammenhang ja auch vom „Aurazerfall" der Schule und der Lehrer gesprochen (Ziehe 1991).

Freud bleibt ganz auf der Ebene der subjektiven Bedeutung der Wissensgüter einerseits, der sie vermittelnden Personen andererseits. Und hier herrscht bei ihm eine durchaus wertschätzende, respektvolle Grundhaltung vor. Die *Schule als Institution* mit ihren erklärten und heimlichen Zwecken, mit ihren prägenden Strukturen, Ordnungen und Ritualen, kommt bei ihm so gut wie gar nicht in das Blickfeld.

1.2 Schule als Ort der Zurichtung: Siegfried Bernfeld

Genau diese Thematik steht jedoch im Fokus der scharfen Analyse und der bisweilen beißenden Kritik, die Siegfried Bernfeld gegenüber der Schule vorgetragen hat. Ihm geht es nicht um die einzelne Lehrerpersönlichkeit mit ihren Vorzügen und Schrullen. Ihm geht es um die Schule als soziale Organisation. Bei ihm erscheint die Schule als ein raffiniert eingerichteter „Zurichtungsapparat", als eine Instanz der gesellschaftlichen Machtsicherung, als eine Institution der Menschenformung und Bewusstseinsprägung, die es zugleich schafft, ihre eigentliche Funktion subtil zu verbergen und durch idealistische pädagogische Verbrämungen und Beschwörungsformeln zu kaschieren. *„Die Schule – als Institution – erzieht"* ist einer der Kernsätze aus dem Sisyphos (Bernfeld 1925: 28). Heute müsste man vielleicht begrifflich korrekter sagen „entfaltet durch ihren heimlichen Lehrplan ihre sozialisatorische Wirkung". Die zentrale Botschaft dieses Buches, die Aufdeckung der gesellschaftlichen Grenze der Erziehung, hat Bernfeld im Vorwort zur zweiten Auflage noch einmal deutlich hervorgehoben:

„Nicht die Pädagogik baut das Erziehungswesen, sondern die Politik, nicht Ethik und Philosophie bestimmten das Ziel der Erziehung nach allgemein gültigen Wertungen, sondern die herrschende Klasse nach ihren Machtzielen; die Pädagogik verschleiert bloß diesen höchst hässlichen Vorgang mit einem schönen Gespinst von Idealen" (Bernfeld 1928b: 107).

Dabei erfährt man in Berndfelds theoretischem Hauptwerk letztlich jedoch eher wenig über die konkreten Vermittlungsprozesse und noch weniger über die subjektive Erlebensseite der Schüler. Viel ausführlicher wird über die untergründige Motivationslage der Erzieher und Lehrer reflektiert, die – wiederum ein klassisches Bernfeld Zitat – stets vor zwei Kindern stehen, „dem zu erziehenden vor ihm und dem verdrängten in ihm" (ebd.: 141). Ein Stück weit erfährt man im Sisyphos auch etwas über die seelische Situation der „Pädagogiker", also der Erziehungstheoretiker, die nach Bernfeld immer wieder dazu neigen, sich an ihren eigenen Entwürfen, an den illusionären Ausmalungen, wie durch ihre pädagogischen und didaktischen Konzepte höchste Menschheitsideale verwirklicht werden könnten, zu berauschen.

Im Sisyphos herrscht der entlarvende, bloßstellende Gestus des Analytikers vor, der das System durchschaut hat und hinter den hehren Postulaten und Programmen die wahre Funktion des ganzen Arrangements Schule ans

Licht bringt, weniger der Gestus des empörten Anklägers, der die „unpäda-
gogischen", „kinderfeindlichen" schulischen Organisations- und Umgangsformen an den Pranger stellt. Dieser Modus der Klage findet sich nur selten
bei Bernfeld. Etwa in dem Text „Überschätzung der Schule", wo er davon
spricht, dass das Kind, das zur Schule geht, *einer entsetzlichen und scheuß-
lichen Maschine geopfert*" werde und dies dann in polemischen rhetorischen
Fragen an seine Zuhörer näher ausführt:

„Warum muß ihr Kind vier, sieben Stunden des Tages in Spangen sitzen (Modell hygieni-
sche Schulbank)? Warum muß es von 9-10 Latein, von 10-11 Geometrie verdauen? Warum muß es täglich zwanzigmal aus seinen Gedanken und Gefühlen geschreckt werden? ...
Warum muß es täglich beschämt, verlacht werden? ... Wie können Sie dulden, daß Ihr
Kind, daß irgendein heutiges Kind, jahrelang diese Luft verspießerter Mißdeutung eines
längst überlebten Humanismus, Klassizismus, Pietismus atmet, die man nicht anders, denn
eben als Schulluft bezeichnen kann? ... wer erlaubt ihnen ein fremdes Leben zu vergeuden
und in diese sinnlose, zwecklose Maschine zu sperren und es erst dann freizulassen, wenn
es mit seinem Leben schlechterdings nichts mehr anfangen kann, als Geld mit ihm zu ver-
dienen?" (Bernfeld 1974: 11f).

Während hier die empörte, später vielfach von Schulkritikern und Antipäd-
agogen aufgegriffene und variierte Klage von der Zurichtung der Kinder
durch das barbarische Unterwerfungs- und Zwangsregiment der Schule geführt wird, hat Bernfeld an anderer Stelle sehr viel subtiler beschrieben, wie
sich die systembedingten Anpassungsforderungen der Schule einerseits und
die aus der intrapsychischen Widersprüchlichkeit und Instabilität stammen-
den Bedürfnisse und Tendenzen der Heranwachsenden andererseits auch gegenseitig verschränken und verstärken. Und dort fällt nun ein ganz anderes
Licht auf die Frage, wie Kinder und Jugendliche die Schule erleben. In der
Abhandlung „Die Schulgemeinde und ihre Funktion im Klassenkampf" entwickelt Bernfeld eine differenzierte Schülertypologie auf der Grundlage je
unterschiedlicher „Verstrickungsmuster" zwischen Schülerpsyche und Schulsystem: Er geht dabei von dem interessanten anthropologischen Grundsatz
aus: „Das Kind ist keine Summe von Eigenschaften und Begabungen, sondern ein Geschöpf, das aus Widersprüchen besteht" (Bernfeld 1928a: 76).
Und seine weitere These ist die, dass Kinder in unterschiedlichen Entwicklungsphasen und Konfliktlagen, die Ordnung der Institution Schule in unterschiedlicher Art und Weise für ihr psychisches Gleichgewicht nutzen. Ich
will hier exemplarisch nur die Beschreibung dieser Verschränkung beim
„schulfriedlichen", d.h. beim braven, angepassten Schüler, dem Bernfelds
Meinung nach „die breite Masse der jüngeren Schüler" angehört, skizzieren:
„Das Kind wir die Schule im großen und ganzen bejahen, wenn sie ihm hilft,
das Gleichgewicht zwischen seinen Widersprüchen herzustellen. Ordnung,
irgendeine, jede, kann ein beträchtliches Hilfsmittel sein; Unterricht, jeder,
kann eine beträchtliche Stärkung des Ich bringen" (ebd.). Dabei ist es nach
Bernfeld gar nicht einmal so wichtig, ob sich das Kind subjektiv wohl fühlt:

„[...] die Schulstunden sind langweilig, gelegentlich gibt's harte Ereignisse, es gibt recht unangenehme Aufgaben. Aber all dies wird aufgewogen dadurch, dass das Kind in der Schule etwas Bestimmtes ist, nicht mehr Kind von Vater und Mutter, sondern Schüler, und dass diese seine Funktion ihm ermöglicht, mit seinen Kameraden zu balgen, zu spielen, zu sprechen, zu lieben, (vielleicht zu zoten, zu masturbieren, je nachdem) und zugleich in Unterricht und Ordnung ‚brav‘ zu sein, zu gelten, Stärkung seines Ichs zum Kampf gegen seine bewußten und unbewußten kindischen und ‚unanständigen‘ (z.B. sexuellen) Regungen zu erhalten" (ebd.: 77f.).

Die Schule und seine Rolle darin bietet ihm gewissermaßen das stabile äußere Ordnungsgerüst, die anerkannte Fassade, die es ermöglicht, dahinter sein „anrüchiges" Affekt- und Phantasieeigenleben fortzuführen und den „doppelten Genuss", den „Rhythmus von Triebbefriedigung und Triebbekämpfung" zu sichern.

Diese Kompromissbildung hat freilich auch eine Kehrseite, die bei Bernfeld auf eine innere Haltung gegenüber den Lehrpersonen und den Bildungsgütern hinausläuft, die der von Freud beschriebenen fast diametral entgegen gesetzt ist:

„Das Kind dieses Typs nimmt keine Gefühlsbindungen an den Lehrer vor, es hat meistens innerlich eine souveräne Gleichgültigkeit für ihn, es identifiziert sich mit dem Schulsystem. Es hat auch meist wenig Interesse für Unterrichtsinhalte. Darin lebt ein solcher Knabe, daß sein Affekt- und Phantasieleben – sei es nun lebhaft oder stumpf – sich am Schulweg hinter der Maske des höheren Schülers, der zur Schule eilt, verbirgt, Schlag 8 von Lateinbeschäftigung abgelöst wird, zwischendurch in zerstreutem Dösen sich Bahn bricht, bekämpft wird durch einen neuen Ruck Aufmerksamkeit, in den Pausen in Solidarität, Spiel und Zote mit den Kameraden sich belebt, um 9 Uhr der Mathematikbeschäftigung weicht und so einen Rhythmus von Triebbefriedigung und Triebbekämpfung erfüllt, in dem er seine soziale Aufgabe, seine äußere Anerkennung erhält, weil er innerlich alles respektiert und fürchtet, was zu respektieren und zu fürchten verlangt wird" (ebd.).

1.3 Schule als Ort der Kränkung: Luise Winterhager-Schmid

In jüngerer Zeit hat Luise Winterhager-Schmid auf interessante Weise aus psychoanalytisch-pädagogischer Perspektive das spannungsreiche Verhältnis beleuchtet, das zwischen den typischen psychischen Befindlichkeiten, d.h. den Ansprüchen, Phantasien und Ängsten des Jugendalters und den typischen strukturellen Bedingungen der Institution Schule besteht. Bei ihr taucht sowohl der „Sehnsuchtsaspekt" auf, den Freud in den Mittelpunkt gestellt hatte, als auch der „Zurichtungsaspekt", der bei Bernfeld im Zentrum stand. Sie geht dabei jedoch weniger von subtilen, „machiavellischen" Unterdrückungsstrategien einer herrschenden Klasse aus, sondern von einem strukturellen Dilemma, das kaum aufzulösen ist. Das Jugendalter sei geprägt durch eine Labilisierung der psychischen Struktur, durch das Auftauchen eines „verletzlichen Größenselbst". Jugendliche entwickeln eigene Lebensentwürfe und Lebensstile, Zukunftsvisionen, Autonomiebedürfnisse, Vollkommenheits-

ideale und Grandiositätsphantasien, durchaus auch verknüpft mit Überlegen-
heitsgefühlen und Abgrenzungsbedürfnissen gegenüber dem Traditionellen,
Überkommenen, Althergebrachten. Die jugendkulturellen Netze und Szenen
liefern beständig Material und Bestätigung für die Vorstellung, sich mit seinen Denkweisen, Interessen, Einstellungen, Wertungen und Selbstpräsenta-
tionen auf der Seite des Neuen, des Zukünftigen, des Angesagten und des
Coolen zu bewegen. Von den Medien und von Seiten der Werbewirtschaft
wird die Jugend in der Regel hofiert, wird ihre „Avantgardekompetenz" be-
schworen, und unterschwellig suggeriert, man müsse nur den richtigen Style
und die entsprechenden Outfits besitzen, die richtige Musik hören und die
passenden Sprüche drauf haben, dann sei man ein toller Typ. Bestärkt wird
das jugendliche Avantgardegefühl heute natürlich auch dadurch, dass Jugendliche tatsächlich mit den technischen Innovationen wie Handys, Com-
putern, Internet, MP3-Playern, DVD-Playern, etc. sehr viel selbstverständli-
cher und souveräner umgehen als viele Erwachsene. Dabei ist das jugendliche Grandiositätsgefühl – da mehr in Phantasien, denn in realen Lebensbe-
währungen und Leistungen verankert – andererseits meist höchst labil und
verletzbar und somit der beständigen Anerkennung bedürftig.

In der Schule jedoch müssen sich die Jugendlichen mit einer ganz anderen Realität und ganz anderen Kernbotschaften arrangieren: Sie werden dort
„konfrontiert mit dem über Jahrzehnte, ja Jahrhunderte lang angesammelten
Wissensbestand einer Kultur" (Winterhager 2000: 47), und sie werden als
„kulturelle Novizen und Novizinnen", als „Noch-nicht-recht-Brauchbare"
(ebd.) definiert. Ihnen wird durch die Schule unmissverständlich deutlich gemacht, dass sie im Hinblick auf die Dinge, auf die es wirklich ankommt,
noch ganz unreif und unfertig und von den Erwachsenen abhängig sind.

„Damit aber fügt die Schule den Jugendlichen, ihrem Selbstwertgefühl, auch immer wieder
neue symbolische Wunden zu, verunsichert sie das jugendliche Größenselbst und setzt es
wiederholten Konfrontationen mit seiner Unvollkommenheit aus" (ebd.: 48).

Ist diese Konfrontation mit den anderen Relevanzstandards und mit der eigenen Unwissenheit und Unvollkommenheit und die damit verbundene Desil-
lusionierung gewissermaßen unvermeidlich, so kommt in der Schule auch
noch etwas anderes hinzu: „Schule hat in unserer Gesellschaft die Macht, zu
beschämen und jemandem das Gefühl zu vermitteln, ein Versager zu sein,
damit schafft sie permanente Irritationen für das jugendliche Größenselbst"
(ebd.). Schüler und Schülerinnen erleben ihre Lehrerinnen und Lehrer nämlich häufig nicht als zugewandte Erwachsene, als hilfreiche Mentoren, die
nach Kräften bemüht sind, sie als „kulturelle Novizen" bei der Verringerung
der unvermeidlichen Unwissenheit und Unvollkommenheit zu unterstützten,
sondern eher als Widersacher, von denen überwiegend Bewertung, Bedrohung, Beschränkung und Beschämung ausgeht. Entsprechend neigen sie dazu, „sich für die erlittenen Kränkungen mehr oder weniger subtil zu ‚rächen',
indem sie ihren Lehrerinnen und Lehrern Gefolgschaft, Bewunderung, freu-

dige Zustimmung verweigern und sich eher ignorant, desinteressiert, abwesend präsentieren" (ebd.).

Schule als „Ort der Zurichtung" und als „Ort der Kränkung", diese *Leit*kategorien zur Analyse des psychischen Erlebens von Schule gehen sehr stark in die Richtung von „*Leid*kategorien". Auch wenn der psychoanalytische Blick auf die Institution Schule überwiegend ein kritischer war, sollte nicht vergessen werden, dass es in dieser Tradition durchaus auch etliche ernsthafte Versuche und engagierte Bemühungen gab, Schule so zu gestalten, dass sie von den betroffenen Kindern anders erlebt werden kann: als Ort des Verstehens und der Verständigung, als Ort der Anerkennung und der Ermutigung, als Ort der Sorge und Unterstützung, als Ort der Reflexion und der Erfahrungsbildung. Und diese Bemühungen sind auch in zahlreichen Berichten eindrucksvoll dokumentiert: (vgl. Bernfeld 1921, Redl/Wineman 1984 Jegge 1976, Neidhardt 1977, Heinemann 1992, Reiser 1993, Gebauer 1996, Hirblinger 1999).

2. Das Erleben von Schule als Bildungsort und emotionalem Raum aus autobiographischer Sicht

Da nahezu alle Menschen in unserem Kulturkreis zur Schule gegangen sind, gibt es natürlich unendlich viele Erinnerungen an individuelle Schulerfahrungen. Die Zahl der Erinnerungen, die explizit schriftlich fixiert sind, ist dagegen schon beträchtlich kleiner, aber natürlich immer noch immens groß, weil in sehr vielen Autobiographien irgendwo und irgendwie auch auf die Schulzeit eingegangen wird. Einerseits können autobiographische Erinnerungen somit als die subtilsten, gehaltvollsten und authentischsten Quellen dafür dienen, wie Schule aus der „Binnenperspektive der betroffenen Subjekte" erlebt wird. Hier lässt sich studieren, was davon als erinnerungswürdig im Gedächtnis bewahrt wird und was schließlich in der rückblickenden Reflexion als „prägend" bewertet wird, sei es, weil es als besonders „bildend", „bereichernd", „faszinierend" und „beglückend" oder aber auch als besonders „verbildend", „befremdend", „verstörend" oder „empörend" erlebt wurde. Andererseits steckt natürlich immer auch eine gewisse Willkür darin, auf welche konkreten autobiographischen Texte nun Bezug genommen und welches Bild von Schule somit gezeichnet wird.

Insgesamt ist es sicherlich so, dass zumindest in den literarisch ambitionierten autobiographischen Texten, eher kritische Sichtweisen auf die Schule vorherrschen und dass ausgeprägt positive, von Lernfreude, Erfolg und Dankbarkeit geprägte schriftliche Erinnerungen an die Schulzeit eher Mangelware sind. In der Regel sind es auch weniger die einzelnen Lerngegenstände, die beim retrospektiven Nachdenken über die Schule in Erinnerung kommen und die des Erzählens für Wert befunden werden („Wie wir die Flächenberechnung des Kreises lernten", „Wie wir einmal den Gebrauch des Subjonctifs übten", „Wie wir Goethes Gedicht ‚Der Zauberlehrling' im Unterricht besprachen" ...), sondern es sind zum einen die Eigenarten und Schrullen der einzelnen Lehrerinnen und Lehrer, die geschildert werden oder es sind die Anekdoten über die subversiven Aktivitäten und Streiche, die eher auf der „Hinterbühne" des Unterrichts stattfanden und die für kurze Momente die normalen Rituale und Routinen des schulischen Alltags durcheinander gebracht haben – und es sind daneben die potentiell traumatischen Schulerfahrungen, die vor allem deshalb erinnert werden, weil sie eben mit sehr starken negativen Emotionen gekoppelt waren.

Ich will in diesem Sinne drei unterschiedliche Schulerinnerungen bzw. drei unterschiedliche Varianten von „Bilanzierungsversuchen" zu den eigenen Schulerfahrungen kurz vorstellen:

Thomas Bernhard schildert in seinem Buch „Ein Kind" die Schrecken seiner Volksschulzeit. Der tägliche Schulbesuch habe etwas „Dämonisches" gehabt, er war in der Klasse ein Außenseiter und hatte es schwer, sich zu behaupten:

„Ich war dem Spott meiner Mitschüler vollkommen ausgeliefert. Die Bürgersöhne in ihren teuren Kleidern straften mich, ohne dass ich wusste wofür, mit Verachtung. Die Lehrer halfen mir nicht, im Gegenteil, sie nahmen mich gleich zum Anlass für ihre Wutausbrüche. Ich war so hilflos, wie ich niemals vorher gewesen war. Zitternd ging ich in die Schule hinein, weinend trat ich wieder heraus. Ich ging, wenn ich in die Schule ging, zum Schafott, und meine endgültige Enthauptung wurde nur immer hinausgezogen, was ein qualvoller Zustand war. Ich fand keinen einzigen unter den Mitschülern, mit welchem ich mich hätte anfreunden können, ich biederte mich an, sie stießen mich ab. Ich war in einem entsetzlichen Zustand. Zuhause war ich unfähig, meine Aufgaben zu machen, bis in mein Gehirn hinein war alles in mir gelähmt. Daß mich meine Mutter einsperrte, nützte nichts. Ich saß da und konnte nichts tun" (Bernhard 1985: 113f.).

Schon bei dem verzweifelten Drittklässler kommen angesichts dieser ausweglosen Situation intensive Selbstmordgedanken auf.

Nun könnte man sagen, dass dies eben ein historisches Dokument für die harte, autoritäre, herzlose Schule der 30er Jahre sei, dass sich inzwischen aber eine Menge verändert habe und dass Schule deshalb heute von den Kindern ganz anders erlebt würde. Deshalb als nächstes ein Zitat zum Thema „Schulerfahrung" aus dem Jahr 2006: In seinem ins Internet gestellten Abschieds- und Rechtfertigungsbrief schreibt der 18-jährige Bastian B., der in Emsdetten bei einem Amoklauf an seiner ehemaligen Schule, der Geschwister-Scholl Realschule, sechs Mitschüler und den Hausmeister der Schule mit Schüssen schwer verletzt hat und sich anschließend selbst tötete, u.a. Folgendes:

„Man hat mir gesagt ich muss zur Schule gehen, um für mein leben zu lernen, um später ein schönes Leben führen zu können. [...] Das einzigste was ich intensiv in der Schule beigebracht bekommen habe war, das ich ein Verlierer bin" (Bastian B. 2006).

Die fatale Zunahme solcher Gewalttaten an Schulen zeigt, wie intensiv negativ bei manchen Schülern der „emotionale Raum Schule" belegt ist, welches Maß von Enttäuschung, Verbitterung, Wutgefühl und Rachebedürfnis sich bisweilen hier anstaut. Bei Bastian B. kam dabei offensichtlich auch noch die Erfahrung jahrelangen Mobbings durch Mitschüler hinzu.

Mit Recht könnte man auch hier wieder einwenden, dies seien die extremen, ins Pathologische gewucherten Gefühle und Phantasien ganz weniger und die große Majorität der Schüler, zumal derer, die ihre Schulkarriere erfolgreich durchlaufen, hätten doch ganz andere, viel positivere Haltungen gegenüber der Schule.

Natürlich gibt es auch diese Art des freundlichen Schulrückblicks. In besonders lockerer, entspannter Art hat sie etwa Ande Werner vom Comedy Duo Mundstuhl kürzlich in einem Interview seine Schulerfahrungen auf den Punkt gebracht:

„Ich war ein ganz guter Schüler. Mir war damals schon klar, dass man in der Schule am allerwenigsten Verantwortung hat. Man wird 18, man kriegt ein Auto, man kann sich die Entschuldigungen selber schreiben. Also hab' ich tatsächlich überlegt, ob ich extra so schlecht werde, dass ich noch ein Jahr länger in der Schule bleibe. Ich hab' meine Kumpels jeden Tag gesehen, wir haben uns dort verabredet, als es noch keine Handys gab, sind zum See oder ins Schwimmbad. Ich fand die Schulzeit ziemlich geil" (Mainpost vom 1.10.2009: 15)

Diese emotionale Haltung zur Schule ist natürlich gänzlich verschieden von der, die Bastian B. zu seiner Tat motivierte. Aber sie unterscheidet sich auch fundamental von der, von der Sigmund Freud berichtet hat. Von einer „Aura" der Schule, von Respekt gegenüber den Bildungsgütern, oder von Verehrung bestimmter Lehrer ist hier nichts mehr zu spüren. Schule wird hier einfach zum komfortablen, verantwortungsentlasteten Jugendtreff.

Welche Erlebnisweisen im Hinblick auf die Schule sind als typisch, als vorherrschend, und welche sind eher als exotische Ausnahmen zu betrachten? Als ersten Versuch einer empirisch-quantitativen Annäherung (die freilich noch keinen wissenschaftlichen Charakter hat) soll zunächst aus einer aktuellen Abiturzeitung eines Bayerischen Gymnasiums eine Sammlung sämtlicher Antworten präsentiert werden, die von den Abiturienten dieses Jahrgangs auf folgende Frage, am Ende eines komplexeren Fragebogens, gegeben wurden:

„Persönliches Fazit aus 13 Schuljahren – was habe ich gelernt?"

1. Vieles ... was ich nicht mehr brauchen werde.
2. Das Leben ist ungerecht.
3. Die Hoffnung stirbt zuletzt!
4. Wissen, Freude, tolle Erinnerung – schön war's!
5. Kein Stress – wird schon alles; irgendwie, irgendwann .... man muss es einfach einsehen, auch einmal unnütze und längst überholte Sachen zu lernen.
6. Wann man lernen sollte und wann das Lernen unsinnig ist – viel Zeugs, was ich nie brauchen werde

7. Viel zu viel aber das Meiste wieder vergessen.
8. Augen zu und durch.
9. Mit minimalem Aufwand maximale Ergebnisse erreichen.
10. Gleichzeitig zu schreiben und für die nächste Stunde zu lernen.
11. Nichts.
12. Chip Tricks, Nerds beschimpfen.
13. Individualität ist nicht wichtig.
14. Ich sag'euch Leute, das kommt dran! In irgendeiner Weise kommt das dran (Bauer).
15. Immer souverän wirken.
16. Frustrationstoleranz.
17. Geographie interessiert später keinen, der Abschnitt ist fürs Berufsleben egal, Schule hat natürlich vor Bewerbungen Piorität, USA liegt in Japan und das Wichtigste während der Schulzeit ist das Überleben. Man sollte einfach den Lehrern nicht alles glauben.
18. Viel Nutzloses, einiges Nützliches und: Gute Noten sagen nichts über einen Charakter aus.
19. Um den heißen Brei rumzureden.
20. Zu viel Unwichtiges.
21. Nimm nie dein Lieblingsfach als LK!
22. Spicken und sich besser nicht über Ungerechtigkeiten aufregen – bringt eh nichts!
23. Auf Durchzug schalten, wenn es unnütz ist, annehmen, was nützlich ist und das hinzufügen, was für dich wichtig ist!
24. 13 Jahre sind zuviel!
25. Nicht alles so ernst nehmen.
26. Lächeln und Winken.
27. Als Schüler hat man eine schöne Zeit und vergisst die Schule darum nicht.
28. Lernen hilft!
29. Das Leben ist kein Ponyhof.
30. Dass wir dringend ein besseres Schulsystem brauchen.
31. Dass man nach dem Sinn nicht fragen darf und dass nicht jede Abfrage gleich zweistellig sein muss.
32. Das Bildungssystem ist teilweise für'n Arsch, Eierköpfe können über dein Leben bestimmen, man muss Glück haben.
33. Die Verschönerung des Alltags.
34. ... und warum ist das so? – Danach darfst Du nicht fragen!
35. Sich nicht über Kinder aufregen, nett zu nervigen Leuten sein.
36. Dass Noten kein objektives Bewertungskriterium sind.
37. Ich weiß, dass ich nichts weiß.
38. Mit Versagen und mit Niederlagen konstruktiv und mit Kampfgeist umgehen zu können und so mein Selbstwertgefühl zu wahren.

Auch hier kann man natürlich wiederum einwenden, dass das eher bedrückende Bild, das sich in den Antworten abzeichnet, keineswegs die ganze Wahrheit darstelle, dass es weitgehend dem Kontext und der Befragungssituation geschuldet sei: Dass der Moment, wo man die Abiturprüfungen hinter sich hat und die Abiturfeier und die Abiturzeitung vorbereitet – und dabei solche Fragebögen ausfüllt – eben nicht nur der „Moment des Triumphs" sei, sondern auch der „Moment der Abrechnung", in dem man seinem Ärger noch einmal richtig Luft macht, in dem man gegenüber den Lehrerinnen und Lehrern zum Schluss noch einmal deutlich zum Ausdruck bringt, was einem all die Jahre gestunken hat, was man sich aber bisher nicht zu sagen traute. Zudem müsste man in Rechnung stellen, dass die Selbstporträts in der Abiturzeitung primär der coolen und witzigen Selbstinszenierung dienen, dass es sich also um einen Schreibanlass und Veröffentlichungskontext handelt, bei dem es einfach für Jugendliche nicht angesagt wäre, sich brav und dankbar zu gebärden und streberhaft ein rundweg positives Fazit zu Protokoll zu geben. Etwa indem man bestimmte mathematische Formeln, physikalische Gesetze, literarische Kenntnisse und geschichtliches Zusammenhänge als „wertvolle Gaben", die der persönlichen Bereicherung und dem Weltverstehen dienen, ausdrücklich wertschätzt.

Aber immerhin kommt auch Helmut Fend, der sowohl als empirischer Schul- wie als Jugendforscher ausgewiesen ist, zu einem eher besorgniserregenden Fazit:

> „Die vielen empirischen Untersuchungen in meinem Umkreis zeigen sehr deutlich, dass in der Wahrnehmung der jungen Generation aus dem mit großen öffentlichen Mitteln geschaffenen Angebot eine ‚Zumutung' geworden ist. Es wird nicht als großartige gesellschaftliche Sorge für eine bestmögliche Vorbereitung auf das Leben wahrgenommen. Die Binnensicht der schulischen Angebote ist häufig von Fremdheit, von Desinteresse, ja von Ablehnung gekennzeichnet [...] Das Lehrer-Schüler-Verhältnis scheint auf einem mehr oder weniger expliziten Kampfniveau stabilisiert. Möglichst verdeckter und erfolgreicher Widerstand, ja verletzender Umgang der Schüler mit den Lehrern, bringen den Ersteren Klassenprestige. Dieses Kampfverhältnis ist aber durchaus ein gegenseitiges. Es ist von Abwehr, ja von gegenseitigen Verletzungen gekennzeichnet. Die Abiturzeitungen legen Jahr für Jahr dafür ein beredtes Zeugnis ab (Fend 2004: 341).

3. Ausgewählte Ergebnisse empirischer Studien zu den emotionalen Befindlichkeiten der Schüler und zu ihrer Haltung gegenüber der Institution Schule

Gegen die bisher präsentierten Materialien zur Frage, wie Kinder und Jugendliche die Schule als Bildungsort und als „emotionalen Raum" erleben, mag man einwenden, bei diesen handle es sich eher um exotische Sonderfälle und Übertreibungen. In Wirklichkeit sei das emotionale Geschehen im Raum der Schule doch sehr viel unspektakulärer und harmloser. Im Hinblick auf die autobiographisch-literarischen Dokumente ist der Einwand nicht ohne weiteres von der Hand zu weisen. Die Verfasser von solchen Texten stellen keine repräsentative Stichprobe der gesamten Schüler-, bzw. Lehrerpopulation dar. Auch gibt es hier sicherlich eine Tendenz zur Drastik und zur Dramatisierung. Deshalb sollen im Folgenden einige ausgewählte Ergebnisse aus unterschiedlichen empirischen Studien, die die Schule eher unter dem Aspekt der emotionalen Erfahrungen und der psychischen Befindlichkeit ihrer „Insassen" untersucht haben, denn unter dem Aspekt des Lernerfolgs und der kognitiven Leistungsfähigkeit.

3.1 Kränkungserfahrungen in der Schule (Volker Krumm)

Besonders einschlägig ist in diesem Zusammenhang das Forschungsprojekt von Volker Krumm über „kränkendes Lehrerverhalten" (Krumm 1999, 2003, Krumm/Weiß 2001). Er hatte im Zusammenhang mit der TIMMS-Studie 10.000 Schüler nach entsprechenden Erfahrungen gefragt und kam zu dem Ergebnis, dass fast ein Viertel der Schüler aus den Klassen 7 und 8 angab, sie wären in den vergangenen vier Wochen von Lehrern *„dreimal oder häufiger" „gekränkt, geärgert und/oder ungerecht behandelt"* worden. Weiterhin hat Krumm eine retrospektive Befragung unter Studierenden, durchgeführt und diese zum einen Teil gebeten, Erinnerungen an Kränkungserfahrungen durch Lehrer aus ihrer persönlichen Schulzeit aufzuschreiben, zum anderen Teil wurden sie aufgefordert, einen geschlossener Fragebogen mit 17 möglichen Kränkungsarten auszufüllen und dabei zu benennen, welche dieser Kränkungsarten sie während ihrer Schulzeit persönlich erlebt hatten. Die Studierenden wurden dann gebeten, eine solche Kränkungsepisode möglichst detailliert zu schildern.

Mehr als Dreiviertel der Studierenden, die retrospektiv nach entsprechenden Kränkungserfahrungen in der Schule befragt worden waren, berichteten von Erfahrungen dieser Art, die sie als relativ gravierend erlebt hatten und die sie oft lange Zeit im Nachhinein innerlich empört und beschäftigt haben (Krumm 2003: 115). Insgesamt kristallisierten sich bei dieser Untersuchung 13 verschiedene „Kategorien von Kränkungserfahrungen" heraus, die in der Schule relativ häufig vorkommen:

1. (Negative) Zuschreibungen, Behauptungen, Vorurteile
2. Bloßstellen
3. Ungerechtes, unfaires Verhalten
4. Schreien, Beschimpfen, Schimpfwörter
5. Lächerlichmachen/Beschämen
6. Ignorieren, vernachlässigen, missachten
7. Verletzung von Rechten
8. Unterstellung von Fehlhandlungen
9. Körperverletzungen
10. Drohungen/Einschüchterungen
11. Isolierung
12. Informationsweitergabe
13. Unangemessene Arbeitsaufträge

3.2 Das emotionale Erleben schulischen Lernens aus Schülersicht (Zinnecker et al.)

Dass gerade die Gefahr des Bloßgestelltwerdens in der Schule nicht zu unterschätzen ist, zeigen auch einschlägige Befunde von Zinnecker et al.: In einer repräsentativen Studie haben fast die Hälfte der befragten Schüler und Schülerinnen zwischen 10 und 18 Jahren das Item *„Es gibt Lehrer(innen) bei uns, die einen vor der ganzen Klasse blamieren"* als genau oder eher zutreffend angekreuzt (Zinnecker u.a. 2002: 149).

Dass Schüler im Laufe ihrer Schulkarriere auch Kränkungen erleben, und dass sie Lehrer kennen, die Schüler vor der Klasse blamieren, bedeutet jedoch nicht, dass sie durchwegs schulisches Lernen mit Angst und Blamagegefahr assoziieren. Zinnecker et al. hatten in ihrer repräsentativen Schülerbefragung im Rahmen einer Expertise zum 8. Kinder- und Jugendbericht in Nordrhein-Westfalen u.a. die Fragestellung: *„Lernen in der Schule ist für mich ..."* aufgenommen (SiZe 2005a). Die Antworten der Schüler zeigten dabei, dass es vor allem drei Dimensionen von Lernemotionen sind, die von den Schülern und Schülerinnen genannt wurden: Lernen als Leistungsangst, Lernen als soziale Aktion und Lernen als Leistungserfolg. Dabei brachten insgesamt etwa zwei Drittel schulisches Lernen in erster Linie mit Erfolg und dem Gefühl, etwas zu leisten in Verbindung. Stress wurde von etwa einem Drittel, Langeweile und Enttäuschung etwa von einem Viertel der Schüler als primär mit dem schulischen Lernen assoziierte Emotionen genannt. Angst und das Gefühl, sich zu blamieren rangieren mit 15% bzw. 8% eher auf den hinteren Plätzen. Auch nach den Momenten besonderer Zufriedenheit im Rahmen der Schule wurde gefragt und auch diese Frage brachte interessante Ergebnisse. So sind es einerseits die Momente unmittelbaren, in Notenform objektivierten Schulerfolgs, andererseits aber vor allem auch die Momente subjektiven Sinnerlebens, die hier genannt wurden *(„... wenn das Gelernte wirklich Sinn für mich macht"* (79%) oder *„... wenn ich einen neuen Weg herausfinde, eine Aufgabe oder ein Problem zu lösen"* (65%) (SiZe 2005b: 7ff.)).

3.3 Das Wohlbefinden und das Glückserleben der Kinder in der Schule (LBS Kinderbarometer/Kinderglücksstudie von A.A. Bucher)

Im Rahmen des LBS-Kinderbarometers wurden in einer repräsentativen Stichprobe 6194 Kinder im Alter von 9-14 Jahren aus verschiedenen Bundesländern zu unterschiedlichen Aspekten ihres Alltags und ihrer Lebensqualität befragt (Klöckner/Beisenkamp/Hallmann 2007) Ein Teil der Befragung bezog sich dabei auch auf das subjektive Erleben ihrer Schulerfahrungen. Die Gesamteinschätzung des durchschnittlichen „Wohlbefindens" in verschiedenen Lebensbereichen wurde dabei mit einer 7-stufigen Barometerskala erhoben, bei der eine Abstufung, die von „Blitz und Donner" bis zu „klarem Sonnenschein" reichte, symbolisch für die unterschiedlichen Stimmungslagen stand. Als generelle Trends ergaben sich eine insgesamt im Durchschnitt recht positive Gesamtstimmungslage und die Tendenz eines leichten Rückgangs des ausgedrückten Wohlbefindens mit zunehmendem

Alter. Dabei stellte sich heraus, dass das Wohlbefinden im Hinblick auf die Schule von den Kindern deutlich geringer eingestuft wurde als im Hinblick auf die Familie oder den Freundeskreis. Aber immerhin gut die Hälfte der Kinder gab an, dass ihr Wohlbefinden auch in der Schule „gut" bzw. „sehr gut" sei. Jedoch ergab sich hier ein besonders markanter Abfall der Bewertungen von der 5. bis zur 7. Klasse (der sich vermutlich bis zur 9. Klasse auch noch fortsetzen dürfte!).

Auch Anton A. Bucher, der in einer großen empirischen Studie von 2007 nicht nur nach dem Wohlbefinden, sondern explizit nach dem Glückserleben in unterschiedlichen Lebensbereichen gefragt hat, kommt zu einem ähnlich positiven Ergebnis bezüglich der Gesamtbefindlichkeit der Kinder. Bei ihm ist aber der Kontrast zwischen den Bereichen Familie und Freundeskreis einerseits und Schule andererseits noch ausgeprägter:

„Die Studie stellt im Vergleich zu früheren Jugendstudien einen Wandel im Verhältnis der Generationen fest: Nie haben sich Kinder mit ihren Eltern und Großeltern so gut verstanden. Die Beziehungen sind meist konfliktfrei und partnerschaftlich. [...] Die Kinder in Deutschland empfinden in ihren Familien in hohem Maß Geborgenheit und Glück. [...] Die Schule erscheint ihnen dagegen mit zunehmendem Alter als düstere Gegenwelt, als ,Glückskiller Nummer eins'" (Bucher 2007: 27).

Auch Detailergebnisse zu anderen Teilen der Befragung aus dem LBS-Kinderbarometer werfen ein Licht auf das emotionale Erleben der Schule: So wurden die Kinder unter anderem auch nach *„dem schönsten Erlebnis der letzten Zeit"* gefragt und dabei rangierte die Nennung „gute Noten" immerhin nach „Ausflüge/Erlebnisse" und „Reise/Urlaub/Ferien" auf dem dritten Platz, bei den Siebtklässlern sogar ganz vorn. Weiterhin wurde auch nach der *„größten aktuellen Angst"* gefragt. Und dabei stellten die Versagensängste im Zusammenhang mit der Schule den einsamen Spitzenreiter bei den kindlichen Ängsten dar. Es zeigte sich bei einer die einzelnen Bundesländer vergleichenden Auswertung weiterhin, dass die Angst vor dem Schulversagen in den „PISA-erfolgreichen" Bundesländern wie Bayern oder Sachsen tendenziell größer ist als bei den PISA-Schlusslichtern Bremen und Niedersachsen.

Die Kinder wurden im Rahmen des LBS-Kinderbarometers auch ganz konkret danach gefragt, ob sie in der Woche vor der Befragung, die Erfahrung gemacht hätten, von ihrem Lehrer oder ihrer Lehrerin blamiert worden zu sein. Immerhin ein Fünftel der befragten Kinder gab zu Protokoll, eine solche Erfahrung in der letzten Woche gemacht zu haben. Mit steigendem Alter stieg dabei die Zahl der sich blamiert fühlenden Kinder. Dies mag auch mit einer pubertätsbedingt erhöhten Sensibilität für solche Erfahrungen zusammenhängen. Der Anteil der Kinder, die sich zweimal oder häufiger durch die Lehrerin oder den Lehrer blamiert fühlte, war dabei bei den Kindern mit Migrationshintergrund doppelt so hoch wie bei Kindern ohne Migrationshintergrund. Nicht besonders verwunderlich war weiterhin das Ergebnis, dass auch das generelle schulische Wohlbefinden bei denjenigen Kindern, die sich in durch die Lehrpersonen blamiert fühlten, deutlich niedriger ausgeprägt war. Umgekehrt war auch die eigene aktive und passive Verwicklung in problematische soziale Verhaltensweisen gegenüber Mitschülern (Hänseln, Beleidigen, Bloßstellen) bei diesen Kindern erhöht (Klöckner/Beisenkamp/Hall-mann 2007: 197).

3.4 Wunsch und Wirklichkeit im Hinblick auf die Lehrer (Kanders u.a.)

Ganz generell zeigte sich, etwa in der Studie von Kanders, dass sehr viele Schüler und Schülerinnen eine beträchtliche Diskrepanz wahrnehmen, zwischen dem, was sie als besonders bedeutsame „Qualitätsmerkmale" von Lehrern erwarten und dem, was sie im Kontakt mit den „real existierenden Lehrern", mit denen sie an ihren Schulen konfrontiert sind, erleben.

Eine große Zahl der Schüler – gerade in dem problematischen Alter, in dem das Selbstwertgefühl besonders labil und die Aversion gegen autoritäre Bevormundung und Gängelung besonders groß ist – schützt sich vor diesen strukturell vorprogrammierten Selbstwert-Kränkungen durch die Schule, indem sie sich dort eher desinteressiert, ignorant oder abwesend gibt und schlechte Noten, Belehrungen, Ermahnungen, Verweise etc. scheinbar cool an sich abgleiten lässt. So setzen sich häufig auch in den Mittelstufenklassen, in der Peergroup Normen durch, die allzu großes Engagement für die Schule und allzu bereitwillige Erfüllung der schulischen Verhaltensanforderungen eher mit Verachtung strafen, rebellischem, widerspenstigem, subversivem Verhalten aber Sympathie und Bewunderung entgegenbringen.

Schüler/innen-Erwartungen an Lehrkräfte im Vergleich mit den Einschätzungen des tatsächlichen Verhaltens

	Stimmt für die meisten Lehrer	Ist für einen guten Lehrer besonders wichtig
Die Lehrer behandeln alle Schüler gleich	27	77
Die Lehrer können schwierige Sachverhalte gut erklären	20	76
Zu den Lehrern habe ich großes Vertrauen	10	59
Die Lehrer kümmern sich darum, wie es den Schülern geht	19	57
Die Lehrer lassen die Schüler mitbestimmen, wie im Unterricht vorgegangen wird	8	52
Die Lehrer bestimmen im Großen und Ganzen, was wir im Unterricht machen sollen	74	16

Quelle: Kanders et al.1996 S. 37, Angaben in Prozent

Dieser Schutzmechanismus ist durchaus verständlich. Wenn sich in einer Gleichaltrigengruppe alle stillschweigend darauf verständigen, dass es cool ist, die schulischen Leistungsanforderungen nicht so ernst zu nehmen, sich von den Lehrern nichts sagen und von schlechten Noten nicht beeindrucken zu lassen, dann sind Situationen des Nichtwissens, des Getadeltwerdens und des „Schlechte-Noten-Bekommens", nicht mehr ganz so prekär für das eigene Selbstwertgefühl. Dann kann man mit lockeren Sprüchen und aufmüpfigem Verhalten vor den Mitschülern mehr Eindruck machen als mit Rechen- oder Lateinkünsten (vgl. Göppel 2007).

3.5 Das Erleben von Schulstress (Seiffge-Krenke)

Ein gängiges Stichwort, wenn es um die Befindlichkeit der Schülerinnen und Schüler und die Schule als sozialen Raum geht, ist auch das vom „Schulstress". „Stress" ist zwar keine konkrete Grundemotion wie Angst oder Ärger, sondern stellt eher eine bestimmte Person-Umwelt Relation dar, aber eben eine, die typischerweise als belastend erlebt wird und mit negativen Emotionen einhergeht. In diesem Sinne wird „Stress" von Lazarus definiert, als „ein spezifisches Verhältnis zwischen Person und Umwelt, das von dem Individuum als herausfordernd und seine Ressourcen übersteigend angesehen wird und somit eine Bedrohung für das persönliche Wohlergehen darstellt" (zit. n. Seiffge-Krenke 2006: 42). Stresserleben hat also immer etwas mit der subjektiven Einschätzungen der Bedrohlichkeit von Situationen und mit der Einschätzung der eigenen Ressourcen und der eigenen Bewältigungskompetenzen zu tun.

Ausgehend von der Kritik, dass der PISA-Studie ein sehr eingeschränkter, allein auf die Lösung kognitiver Probleme ausgerichteter Kompetenzbegriff zugrunde liege und dass dort weiterhin die Lebensbedingungen und die damit verbundenen psychischen und seelischen Belastungen der Jugendlichen gar nicht berücksichtigt wurden – auch nicht die eventuell bei den PISA-Spitzenreitern mit diesen Leistungserfolgen verbunden psychischen Kosten – hat Inge Seiffge-Krenke unter dem Titel „Nach PISA – Stress in der Schule und mit den Eltern" eine interessante Studie vorgelegt, bei der es um die Stressbelastungen und die Bewältigungskompetenzen deutscher Jugendlicher im Internationalen Vergleich geht. 9778 Jugendliche zwischen zwölf und achtzehn Jahren aus insgesamt achtzehn Ländern wurden dafür befragt. Es ging in dieser „kulturvergleichenden Stress- und Coping-Studie" darum, etwas darüber herauszufinden, in welchem Maß und in welchen Situationen die Jugendlichen nach eigenen Auskünften „Stress" in der Schule und in ihren Familien erleben, welche Formen der Stressbewältigung sie dabei dann überwiegend verwenden und wie sich die Jugendlichen aus den unterschiedlichen Ländern in diesen Hinsichten voneinander unterscheiden.

Im Gesamtpanorama der unterschiedlichen Stressfaktoren der Jugendlichen, die mittels eines Problemfragebogens erhoben wurden, rangierten die *schul*bezogenen Stressfaktoren im Gesamtdurchschnitt auf dem 2. Platz.

Aber natürlich kann man davon ausgehen, dass die Zukunftssorgen, die hier die erste Position einnahmen, ihrerseits wieder durchaus recht eng mit der Frage des schulischen Erfolgs bzw. Misserfolgs verknüpft sind. Und auch ein beträchtlicher Teil des Stresses, den die Jugendlichen in ihren Beziehungen mit ihren Eltern erleben, dürfte indirekt mit schulischen Leistungen (bzw. deren Mangel) zusammenhängen.

Dabei zeigte sich im direkten Vergleich zwischen den deutschen Jugendlichen mit den Jugendlichen aus Finnland und Hongkong, dass die deutschen Jugendlichen angaben, sehr viel mehr Stress im schulischen, als im familiären Kontext zu erleben. Die finnischen Jugendlichen und die Jugendlichen aus Hongkong erlebten vergleichsweise weniger Stress in der Schule. Dafür war aber bei den asiatischen Jugendlichen das Stresserleben im Rahmen der Familie ungewöhnlich hoch. Bezieht man alle 18 Nationen in den Vergleich mit ein, so liegt die Schulstress-Belastung der deutschen Jugendlichen im mittleren Bereich, im Hinblick auf den Eltern-Stress schneiden die deutschen Jugendlichen dagegen außergewöhnlich günstig ab (vgl. Seiffge-Krenke 2006: 56).

Dabei waren es von den acht abgefragten schulbezogenen Stressfaktoren vor allem vier, die von den befragten Jugendlichen als besonders belastend bewertet wurden: Der Druck, gute Noten zu schreiben, die mangelnde Kameradschaft unter den Mitschülern, die Überforderung durch bestimmte Lernstoffe im Unterricht, und das Gefühl, dass schulisches Wohlverhalten und Notengebung doch irgendwie zusammenhängen. Die Gefahr, sich durch Nichtwissen zu blamieren, schätzen sie dagegen geringer ein und auch das mangelnde Interesse der Lehrer an ihrer individuellen Persönlichkeit war für sie weniger ein Problem.

Interessant sind dabei auch einige interne Differenzierungen bei den deutschen Jugendlichen: So erreichte das schulische Stresserleben bei den 16-17-Jährigen ein Maximum. Die befragten Gymnasiasten berichteten in der Regel über deutlich mehr Leistungsdruck als die Schüler der Hauptschule. Bezüglich des Klassenklimas gab es kaum Unterschiede zwischen den einzelnen Schularten. Während es im Hinblick auf die Intensität des insgesamt erlebten Schulstress nur wenig Unterschiede zwischen den Mädchen und den Jungen gab, zeigte sich, dass Jugendliche, die aus Einelternfamilien stammten tendenziell über mehr Schulstress berichteten als solche, die aus vollständigen Familien stammten. Und auch Jugendliche mit Migrationshintergrund erlebten mehr Stress im Zusammenhang mit der Schule als deutschstämmige Jugendliche (ebd.: 41ff.).

3.6 Die psychische Gesundheit in der Schule (HBSC)

Schließlich sollen noch einige Ergebnisse aus einer weiteren groß angelegten internationalen Vergleichsstudie, in die Jugendliche aus 41 Ländern einbezogen waren, präsentiert werden: aus der „HBSC-Studie" (Health Behaviour in School-aged Children"), die alle vier Jahre unter der Schirmherrschaft der Weltgesundheitsorganisation (WHO) durchgeführt wird. Allein in Deutschland wurden dafür 6000 Kinder und Jugendliche im Alter zwischen 11 und 15 Jahren befragt. Was die PISA-Studie im Sinne eines „Large Scale Assessments" und eines internationalen Rankings im Hinblick auf die schulische Leistungsfähigkeit der Schüler darstellt, stellt die HBSC-Studie im Hinblick auf die Gesundheit und das (schulische) Wohlbefinden der Jugendlichen dar.

Von daher ist es natürlich auch nicht ohne Interesse, die Ergebnisse dieser beiden großen Studien in Relation zueinander zu setzen und zu prüfen, inwiefern schulische Leistungsfähigkeit und schulisches Wohlbefinden der Schüler, welches sich z.B. in dem Erleben einer positiven Klassenatmosphäre, in der Wahrnehmung der Lehrpersonen als vertrauensvoll und persönlich zugewandt, sowie in dem allgemeinen Gefühl, gerne zur Schule zu gehen, ausdrückt, miteinander in Beziehung stehen. Natürlich ist man bei der Lektüre besonders gespannt darauf, wie das „PISA-Musterland" Finnland dabei abgeschnitten hat, ob die erstaunlich guten Leistungen der finnischen Schüler auch mit einem besonders positiven Erleben der Schule verbunden sind. Gerade aus der Perspektive der neueren Hirnforschung, aber auch aus der Perspektive der Psychoanalytischen Pädagogik, wäre dies eigentlich zu erwarten. Denn beide betonen ja sehr nachdrücklich die Bedeutung der emotionalen Rahmenbedingungen von Lernprozessen,

Die HBSC-Studie (WHO 2006) bezieht sich schwerpunktmäßig auf Aspekte der Gesundheit und des Gesundheitsverhaltens von Kindern im Schulalter, ist aber keine „Schulstudie" im eigentlichen Sinn. Da aber auch die Schule als „gesundheitsrelevanter Lebensort und Sozialisationsinstanz" mit einbezogen war, und zudem der Studie ein sehr weiter Begriff von Gesundheit zugrunde liegt, der vor allem auf Aspekte des psychosozialen Wohlbefindens abhebt, wirft diese Studie auch einige sehr interessante Schlaglichter auf die Frage nach der Wahrnehmung der Schule als einem „emotionalen Raum" durch die Schülerinnen und Schüler.

Das *Klassenklima* erleben Schülerinnen und Schüler aus Deutschland im Durchschnitt als relativ entspannt und freundlich. Sie befinden sich hier im oberen Drittel. Am unteren Rand der Tabelle rangieren dagegen die Tschechische Republik, die USA und Litauen.

Auch im Hinblick auf die Frage, ob sie sich in der Schule als *zu streng behandelt* erleben, können sich die Antworten der deutschen Schüler und Schülerinnen im internationalen Vergleich durchaus sehen lassen. Es gibt in diesbezüglich offensichtlich wenig Grund zur Klage.

Das Gefühl von *Überforderung durch die Schule* ist bei deutschen Schülern, sowohl im Hinblick auf die elterlichen Forderungen als auch im Hinblick auf die Forderungen der Lehrer, eher mittelmäßig ausgeprägt. Auffallend sind hier auf der einen Seite die finnischen Schüler, bei denen ein Überforderungserleben im Zusammenhang mit der Schule offensichtlich ganz selten vorkommt, auf der anderen Seite die griechischen Schüler, die fast durchgängig zu Protokoll geben, dass ihre Eltern und ihre Lehrer zu viel von ihnen erwarten würden.

Auch mit den Antworten auf die Frage, ob sie ihre *Lehrer als persönlich interessiert und zugewandt* erleben, kann man im Hinblick auf die deutschen Lehrer einigermaßen zufrieden sein. Hier ist es besonders erstaunlich, dass ausgerechnet die finnischen Lehrer – die ja doch offensichtlich nur nach einem sehr strengen, hoch kompetitiven Auswahlverfahren zum Lehramtsstudium zugelassen werden und angeblich eine besonders gute Ausbildung erhalten –, zusammen mit denen aus Estland ganz am Ende der Tabelle rangieren.

Besonders wichtig und prägnant sind auch die Antworttendenzen der Jugendlichen unterschiedlicher Länder auf die generelle Frage, ob und *in welchem Maße die Schüler und Schülerinnen die Schule mögen.* Dabei ergaben sich erstaunliche Unterschiede. Denn hier schnitt überraschenderweise die deutsche Schule bei den 11-Jährigen ausgesprochen gut ab und belegte den Spitzenplatz. Bei den 13- und 15-jährigen Schülern und Schülerinnen aus Deutschland lässt dann freilich die Begeisterung für die Schule schon deutlich nach. Besonders unerwartet ist hier weiterhin das Ergebnis, dass ausgerechnet die Schüler aus Finnland, dem Land, das uns in Deutschland seit PISA immer wieder als leuchtendes Beispiel für eine rundum positive und erfolgreiche Schulkultur präsentiert wird, am seltensten zu Protokoll geben, dass sie die Schule sehr mögen.

Nach den Ergebnissen dieser Studie spielt also, gerade wenn man die Ergebnisse für Finnland betrachtet, die emotionale Haltung der Schüler gegenüber ihrer Schule und die emotionale Haltung der Lehrer gegenüber ihren Schülern kaum eine Rolle für das erfolgreiche Lernen in der Schule. Dies ist ein Ergebnis, das einigermaßen erstaunt und das mit vielem von dem, was auf der Heidelberger Tagung „Schule als Bildungsort und als ‚emotionaler Raum'" von Seiten der Psychoanalytischen Pädagogik über die Bedingungen erfolgreichen Lernens ausgeführt wurde, nur schwer vereinbar ist. Ein anwesender finnischer Erziehungswissenschaftler hat dann auch deutlich vor der in Deutschland üblichen Idealisierung des finnischen Schulsystems gewarnt. Als er freilich im Rahmen eines Workshops die eingangs erwähnte Filmdokumentation über den Leistungsdruck an deutschen Grundschulen gesehen hatte, hat er sich dann doch wieder sehr nachdrücklich zu den Vorzügen des Schulsystems seines Heimatlandes bekannt und betont, dass er sehr froh sei, dass seine Tochter nicht in Deutschland zur Schule gehen müsse.

Literatur

Bastian, B. (2006): „Ich will R.A.C.H.E". Der vollständige Abschiedsbrief, den Sebastian B. im Internet hinterlassen hat, bevor er auf seinen suizidalen Rachefeldzug in seiner Schule in Emsdetten zog. http://www.heise.de/tp/r4/artikel/ 24/24032/ 1.html.

Behnken, Imbke (2008): Das Kind hinter PISA. Wie die junge Generation fühlt, was sie denkt und wie sie lernt. In: Extrakte. Auszüge aus der Wissenschaft 4/2008.

Bernfeld, Siegfried (1921): Kinderheim Baumgarten – Bericht über einen ernsthaften Versuch mit neuer Erziehung. In: ders.: Antiautoritäre Erziehung und Psychoanalyse. Ausgewählte Schriften Bd. 1 (hrsg. v. Lutz. v. Werder und Reinhart Wolff) Frankfurt/M., Berlin, Wien: Ullstein, 1974, S. 94-215.

Bernfeld, Siegfried (1925): Sisyphos oder die Grenzen der Erziehung. Frankfurt/M.: Suhrkamp 1967.

Bernfeld, Siegfried (1927): Überschätzung der Schule. In: ders.: Antiautoritäre Erziehung und Psychoanalyse. Ausgewählte Schriften Bd. 2 (hrsg. v. Lutz. v. Werder und Reinhart Wolff) Frankfurt/M., Berlin, Wien: Ullstein, 1974, S. 10-14.

Bernfeld, Siegfried (1928a): Die Schulgemeinde und ihre Funktion im Klassenkampf. In: ders.: Antiautoritäre Erziehung und Psychoanalyse. Ausgewählte Schriften Bd. 2 (hrsg. v. Lutz. v. Werder und Reinhart Wolff) Frankfurt/M., Berlin, Wien: Ullstein, 1974, S. 14-106.

Bernfeld, Siegfried (1928b): Sisyphos oder die Grenzen der Erziehung. Vorwort zur 2. Auflage. In: ders.: Antiautoritäre Erziehung und Psychoanalyse. Ausgewählte Schriften Bd. 2 (hrsg. v. Lutz. v. Werder und Reinhart Wolff) Frankfurt/M., Berlin, Wien: Ullstein, 1974, S. 106-107.

Bernhard, Thomas (1985): Ein Kind. München: dtv.

Bucher, Anton, A. (2007): Was Kinder glücklich macht. Ergebnisse einer Repräsentativbefragung des ZDF.http://www.unternehmen.zdf.de/fileadmin/files/Download_Dokumente/DD_Das_ ZDF/ Veranstaltungsdokumente/ Zusammenfasung _quantitative_ Studie.pdf. 2007.

Fend, Helmut (2004): Was stimmt in deutschen Bildungssystemen nicht? Wege zur Erklärung ihrer Funktionsweise und Wege der Reform. In: Schavan, A. (Hrsg.): Bildung und Erziehung. Perspektiven auf die Lebenswelten von Kindern und Jugendlichen. Frankfurt/M.: Suhrkamp, S. 33-354.

Freud, Sigmund (1914): Zur Psychologie des Gymnasiasten. In: ders: Studienausgabe, Bd. IV, Psychologische Schriften. Frankfurt/M.: Fischer 1970, S. 235-240.

Gebauer, Karl (1996): „Ich hab' sie ja nur leicht gewürgt". Mit Schulkindern über Gewalt reden. Stuttgart: Klett 1996.

Göppel, Rolf: (2007): Lehrer, Schüler und Konflikte. Bad Heilbrunn: Klinkhardt 2007.

Heinemann, Evelyn (1992): Psychoanalyse und Pädagogik im Unterricht der Sonderschule. In: Heinemann, Eveyln/Rauchfleisch, Udo/Grüttner, Thilo: Gewalttätige Kinder. Psychoanalyse und Pädagogik in Schule, Heim und Therapie. Frankfurt/M.: Fischer, S. 39-89.

Hirblinger, Heiner (1999): Erfahrungsbildung im Unterricht. Die Dynamik unbewusster Prozesse im unterrichtlichen Beziehungsfeld. Weinheim und München: Juventa.

Jegge, Jürg (1976): Dummheit ist lernbar. Erfahrungen mit „Schulversagern". Oberhofen: Zytglogge.

Kanders, Michael u.a. (1996): Das Bild der Schule aus der Sicht von Schülern und Lehrern. In: Rolff, Hans-Günther, et al. (Hrsg.): Jahrbuch der Schulentwicklung Bd.9. Weinheim: Beltz, S. 57-113.

Klöckner, Christian/Beisenkamp, Anja/Hallmann, Sylke (2007): LBS Kinderbarometer Deutschland 2007. Stimmungen, Meinungen, Trends von Kindern und Jugendlichen in Deutschland. Berlin.

Krumm, Volker (1999): Machtmissbrauch von Lehrern. – Ein Tabu im Diskurs über Gewalt an Schulen. In: Journal für Schulentwicklung 3/1999, S. 38-52.

Krumm, Volker (2003): Wie Lehrer ihre Schüler disziplinieren. Ein Beitrag zur „Schwarzen Pädagogik" http://www.sbg.ac.at/erz/salzburger_beitraege/ herbst 2003/krumm _02_03_sbg.pdf.

Krumm, Volker./Weiß, Susanne (2001): Was Lehrer Schülern antun. – Ein Tabu in der Forschung über die „Gewalt in der Schule". In: Pädagogisches Handeln 3. Jg. (4), S. 121-130.

Neidhardt, Wolfgang (1977): Kinder, Lehrer und Konflikte – Vom psychoanalytischen Verstehen zum pädagogischen Handeln. München: Juventa.

Redl, Fritz/Wineman, David (1984): Kinder, die hassen. Auflösung und Zusammenbruch der Selbstkontrolle. München, Zürich: Piper.

Reiser, Helmut: (1993):Entwicklung und Störung – Vom Sinn kindlichen Verhaltens. In: Behindertenpädagogik, 32. Jg., S. 254-263.

Seiffge-Krenke, Inge (2006): Nach PISA. Stress in der Schule und mit den Eltern. Bewältigungskompetenz deutscher Jugendlicher im internationalen Vergleich. Göttingen: Vandenhoeck & Rupprecht.

SiZe Siegen und Prokids-Büro Herten (2005a): Lernen, Bildung, Partizipation. Die Perspektive der Kinder und Jugendlichen. Expertise zum 8. Kinder- und Jugendbericht der Landesregierung NRW. Hrsg. MSJK. Düsseldorf.

SiZe Siegen und Prokids-Büro Herten (2005b): $Lern_{en}Bild_{ung}$ *Powerpointpräsentation* *www2.uni-siegen.de/.../SCHULBILDer_jugend_6juli_05%5B1%5D.ppt*

Werner, Ande (2009): Interview in der Mainpost vom 1.10.2009, S. 15.

WHO (Hrsg.) (2006): HBSC Inequalities in Young People's Health. Health Behaviour in School-Aged Children. International Report from the 2005/2006 Survey http://www.euro.who.int/document/E91416.pdf.

Winterhager, L. (2000): Jugendzeit in der Schule – eine angemessene Entwicklungsförderung? In: Maas, M. (Hrsg.): Jugend und Schule. Ideen, Beiträge und Reflexionen zur Reform der Sekundarstufe I. Hohengehren, Schneider Verlag, S. 46-55.

Zinnecker, J./Behnken, I./Maschke, S./Stecher, L. (2002): null zoff und voll busy. Die erste Jugendgeneration des neuen Jahrhunderts. Opladen. Leske + Budrich.

Ziehe, Th. (1991): Zeitvergleiche. Jugend in kulturellen Modernisierungen. Weinheim und München. Juventa.

„Schließlich gehorchte der Schüler..." –
Schwäche und Scham in der Schule

Achim Würker

Ich erlaube mir, mit vier Thesen zu beginnen, die mein Selbstverständnis als psychoanalytischer Pädagoge andeuten, das von Alfred Lorenzers methodischer Reflexion psychoanalytischer Hermeneutik[1] geprägt ist:

1. Als psychoanalytischer Pädagoge nehme ich Szenen in ihrer hintergründigen subjektiven Bedeutung wahr, bin sensibel für Interaktionsstrukturen und ihre Zusammenhänge.

2. Ich rechne damit, dass diese Szenen nicht nur einen manifesten, rational fassbaren Sinn besitzen, sondern auch bestimmt sind von bewusstseinsfernen Sinndimensionen, die ich als dem Unbewussten nahe stehende bzw. aus dem Unbewussten der szenischen Mitspieler gespeiste auffasse.

3. Ich versuche Szenen entsprechend dieser Voraussetzung zu verstehen, indem ich dem Vorbild psychoanalytischer Hermeneutik folge:
   Ich reflektiere mein eigenes Verstricktsein in den Szenen oder – bin ich nicht unmittelbar Beteiligter – bringe mich imaginativ als Mitspieler ins szenische Geschehen ein und erspüre von dieser Mitspielerrolle her meine eigenen gefühlsmäßigen Reaktionen.
   Dieses Mich-Einlassen und die Reflektion meiner Reaktionen nutze ich, um die Struktur einzelner Szenen sowie die Verknüpfung verschiedener Szenen zu ertasten und so ein latentes Sinn- und Konfliktpanorama zu erspüren, zu sehen und zu verstehen.

4. In einer wissenschaftlichen Perspektive verknüpfe ich mein so gewonnenes Verständnis mit Theoriefiguren und vermittle es mit dem psychoanalytisch-pädagogischen Diskurs. Als psychoanalytisch-pädagogischer Praktiker bringe ich mein Verständnis ein in meine eigene Interaktion mit Schülerinnen und Schülern als Gewahrwerden meines subjektiven Handlungshintergrunds, also als zunächst einmal selbstreflexives Potenzial, welches unter anderem eigene Abwehrbewegungen und vorschnelle alltagsbewusste Deutungen verhindert. Und ich suche nach Kommuni-

---

1   Vgl. besonders: Lorenzer 1981, 1986, 2002, 2006; Erläuterung der Relevanz für eine psychoanalytische Pädagogik in Würker 2007

kationsarrangements, in denen es möglich ist, dieses selbstreflexive Potenzial fruchtbar zu machen in Prozessen gemeinsamer Verständigung und vertieften Konfliktverständnisses sowie dem Bestreben, nachhaltige Konfliktlösungen zu finden.

Als Überleitung zu meinen thematischen Überlegungen bitte ich, entsprechend dieser Voraussetzungen das Stichwort der „Szene" im Hinterkopf zu behalten und auf die spezielle psychoanalytische Nuance sowohl theoretisch – im Zusammenhang mit dem Unbewussten – wie methodisch – szenisches Verstehen als Tiefenhermeneutik – zu achten.

Die erste Szene, die ich vor dem inneren Auge wachrufen möchte, ist eine höchst dramatische Szene, nämlich die eines Amoklaufs. Gerade die Dramatik macht es nötig vorwegzuschicken, dass es hier im Folgenden weder um eine Psychoanalyse der Täter geht noch um konkret-praktische Fragen von Prävention. Statt dessen frage ich nach der subjektiven Bedeutung der Amokinszenierung bzw. nach dem latenten Sinn der Szenen, wie sie öffentlich-medial vermittelt und rezipiert werden, weil ich unterstelle, dass dies zur Erhellung einer Konfliktdramatik beiträgt, die über die herausgehobenen Formen direkter Gewalt hinaus relevant ist. Und im Sinne meiner Vorbemerkungen frage ich: Was erlebe ich, wenn ich von School Shootings[2] erfahre, Medienberichte sehe, höre, lese, wie zum Beispiel über Winnenden?

Ich sehe – wie in einer filmischen Totalen – einen Jugendlichen in schwarzem Kampfanzug auf ein modernes Schulgebäude zugehen, in der Hand eine Pistole. Ich spüre eine Planmäßigkeit und die Kälte der Erschießungen von Schülerinnen und Schülern und Lehrerinnen und Lehrern in Klassenräumen und Fluren, sehe den coolen Auftritt eines Helden, eines Rächers, bin spontan an Actionfilme erinnert, die ich gesehen habe. Und ich assoziiere unwillkürlich eine Vorgeschichte quasi als Negativ des Geschehens, eine Vorgeschichte der Erniedrigung, des Scheiterns, der einsamen Wut.

Natürlich wird meine bildhafte Vorstellung nicht dem tatsächlichen Geschehen gerecht, und meine knappe sprachliche Schilderung entspricht auch nicht der Vielfalt von Bildern, Gefühlen, Gedanken, die in mir virulent sind und die sich an sehr verschiedene Perspektiven heften, auch an die des Lehrers oder des Vaters eines Schülers: Natürlich stelle ich mir vor, wie ich als Lehrer reagiert hätte, oder ich stelle mir vor, mein vierzehnjähriger Sohn wäre in dieser Schule gewesen.

Dies alles soll hier aber nicht Thema sein, ebenso wenig soll ein Einzelfall, z.B. die Tat von Winnenden, konkret oder gar der Problemkontext School Shootings allgemein analysiert werden. Dass ich – so heikel das sein

---

2 Im Folgenden werde ich die Begriffe Amoklauf und School Shooting synonym gebrauchen, beide zielen auf „zielgerichtete Gewalt an Schulen". Dass ich den englischsprachigen Begriff vorziehe, hängt damit zusammen, dass das bezeichnete Phänomen in den USA gehäuft auftritt und auch der kulturindustrielle Kontext (Actionfilme), den ich spontan assoziiere, amerikanisch geprägt ist

mag – hier nur eine Problemfacette aufgreifen kann und möchte, das hatte ich ja schon oben angedeutet. Entsprechend konzentriere ich mich auf zwei aus meiner bildhaften Aktualisierung der Szenen ableitbaren Überlegungen:

Zum Einen lassen School Shootings ahnen, dass sich durch sie eine Fantasie verwirklicht, die als Wunscherfüllung ein Licht wirft auf eine Nuance einer Konfliktthematik, die Schule zentral betrifft: Die grandiose öffentliche Inszenierung der Täter wiederholt die relative Öffentlichkeit schulischer Szenen mit den Mitschülern und den Lehrern als Mitspieler, sie wird allerdings noch gesteigert durch die massenmediale Inszenierung, die die Täter bewusst durch Videos, Internetauftritte und Lancierung von Material für die Presse betreiben. Die Stilisierung der Täter als heldenhafte Einzelne verweist zugleich aber durch den Zusammenhang zu den Vorgeschichten auf einen dreifachen Kontrast:

– statt Scheitern Sieg
– statt unbeachtetes Massenmitglied singulärer Star
– statt ohnmächtiges Opfer machtvoller Täter.

Zum Zweiten zeigen die massenmediale Verbreitung und ihre Rezeption, dass es sich nicht um völlig individuelle Fantasien handelt, die da zur Geltung gelangen, denn

– … die Täter reagieren auf massenmediale und kulturindustrielle Produktionen, oft sind es Nachahmungen früherer medial vermittelter School Shootings, oft spielen Film-, Video- und Videospielszenen eine den Ablauf oder auch z.B. das Outfit prägende Rolle.
– … die Täter bringen sich selbst als öffentliche Berichterstatter ins Spiel, nutzen dazu häufig das Internet oder liefern Material für eine intendierte massenmediale Berichterstattung, deren öffentliche Wirksamkeit sie offenbar genussvoll antizipieren.
– … die tatsächliche Berichterstattung spiegelt wie so oft bei katastrophalen Ereignissen eine irritierende Ambivalenz: Da ist einerseits die Reaktion auf ein Informationsbedürfnis der Öffentlichkeit, da ist andererseits aber auch der profitorientiert genutzte Thrill, der Unterhaltungswert des Sensationellen, der Berichte und Reportagen bis hin zu den Schilderungen von Leid und Trauer durchdringt. Und dies wiederum verweist auf eine Rezeption, die durch emotionalisierte Identifikations- und Abwehrreaktionen geprägt ist.

Ich möchte meine Überlegungen zusammenfassen, indem ich sage:

Die Szenen von School Shootings – sowohl die Taten wie deren öffentliche Schilderung und Rezeption – zeigen die sozialpsychologische Relevanz einer ganz bestimmten, mit Schule eng verknüpften Konflikthaftigkeit, die sich als Spannung von Schwäche versus Stärke, Scheitern versus Sieg, anonymer Unsichtbarkeit versus singulärer öffentlicher Sichtbarkeit verstehen lässt.

Damit sind die Begriffe meines Untertitels „Schwäche" und „Scham" aufgerufen, der der Schwäche explizit, der der Scham hintergründig. Um den Schambegriff nun in den Vordergrund zu rücken, möchte ich im Folgenden zeigen, dass er die zentrale Bedeutung der angesprochenen Konfliktspannungen erschließt. Das deutet sich bereits an, wenn man berücksichtigt, welche Aspekte beispielsweise Schüttauf (2008) für die Schamdynamik[3] als zentral ansieht:

- Eine große subjektive Relevanz einer anerkennenden und wertschätzenden Beziehung.
- Das Ungenügen gegenüber den moralischen oder kompetenzbezogenen Normen und Idealen, von deren Erfüllung die Beziehung abhängt.
- Der Zusammenhang zwischen einem Verbergen und Täuschen, die das Ungenügen verheimlichen, einerseits, und der Enthüllung des verborgenen Ungenügens vor dem musternden Blick der anderen andererseits.[4]
- Die Beantwortung der Enthüllung durch den Entzug der Anerkennung bzw. durch das Verstoßen aus der benötigten und angestrebten sozialen Beziehungsposition sowie der Versuch des Betroffenen, die Enthüllung ungeschehen zu machen und sich dem Schamerleben zu entziehen.

Und psychoanalytische Analysen des Zusammenhangs von Scham, Schamabwehr und Gewalt legen es noch dringlicher als die beschreibende Nutzung des Schambegriffs nahe, School Shootings mit Schamkonflikten in Zusammenhang zu bringen. Lanskys Überlegungen den Sachverhalt in frappierender Weise:

„Das den aggressiven Akt initiierende und auslösende Element ist eine narzisstische Kränkung [...]. Das auslösende Moment setzt einen Prozess der Desorganisation oder die Antizipation eines solchen Prozesses in Gang, einen inneren Zustand, der eine prodromale Stufe des aggressiven Akts darstellt. Das weitere Geschehen ist bestimmt vom Versuch, das Gleichgewicht wiederherzustellen, also den beschämenden Zustand der Desorganisation hinter sich zu lassen – was mit drastischen Mitteln [...] erreicht wird. Der Akt selbst, der aggressive Übergriff, wehrt Scham auf mehrfache Weise ab: Er übt [...] einen strukturierenden Effekt aus, weil er dem Täter das Gefühl gibt, über Macht zu verfügen und etwas

---

3 Schüttauf weist noch auf eine andere Art der Scham hin, bei der die Enthüllung durch andere keine Rolle spielt, sondern der Betreffende selbst sich – unfreiwillig und erfolglos – selbst offenbart, z.B. in seinem geheimen Anspruch auf eine höhere soziale Position. Scham begleitet hier das Scheitern, das oft dazu führt, dass nicht nur die angestrebte höhere Position nicht erreicht wird, sondern auch die Position, die der Betreffende zuvor innehatte, unmöglich wird

4 Folgt man Schüttaufs Unterscheidung zwischen Proto-Scham (als „grausames Erziehungsmittel", Schüttauf 2008: 850) und Scham, so wäre vielleicht zu differenzieren zwischen den ersten und späteren Schuljahren bezüglich des Aspekts des Verbergens: Es wäre zu vermuten, dass Kinder kurz nach der Einschulung eher Proto-Scham erleben, d.h. dass eine Offenbarung von Schwäche eher „unschuldig" erfolgt, d.h. weder eine Täuschung noch Verheimlichungsstrategien im Spiel sind, die misslingen. Sobald sich aber Schülerinnen und Schüler klar sind über die schulischen Normen und die Folgen eines Ungenügens, beginnt die strategische Verhüllung und das Risiko der beschämenden Enthüllung

bewirken zu können und Schwäche, Verletzlichkeit und Angst – innere Zustände, die nach Maßstäben des [...] Ich-Ideals beschämend sind – in das Opfer projiziert." (Lansky 2008: 940).

Und Jürgen Körner weist in seinen Überlegungen zu jugendlichen Gewalttätern ebenfalls unter Bezug auf Melanie Kleins Begriff der projektiven Identifizierung auf die kompensatorische und schamabwehrende Funktion der Gewalttaten hin, indem er als Ausgangspunkt eine „extrem negative Selbstwahrnehmung" der Jugendlichen konstatiert, für die Anerkennung nur in ihrer Peer-group zu finden sei, „in der sie durch ‚coole‘ Aggressivität imponieren" (Körner 2008: 915). Im Sinne projektiver Identifizierung, so Körner, würden die unerträglich negativen, schambesetzten Zuschreibungen außen identifiziert, und der aggressive Angriff sei dann „nichts anderes als ein Versuch, diese externalisierte Stimme irgendeinem anderen zuzuschreiben, sie dadurch zum Schweigen zu bringen, dass der vermeintliche Aggressor kleingemacht, besser noch vernichtet wird" (Körner 2008: 916). Die Täter erlebten dies so, „als hätten sie Rache genommen für erlittenes Unrecht", und Körner betont, dies sei tatsächlich der Fall: „Sie rächen sich für zahlreiche – auch vermeintliche – Verletzungen, die sie in ihrer Lebensgeschichte hinnehmen mussten und die nicht zu verarbeiten waren" (Körner 2008: 916).

Selbstverständlich dürfen diese Zitate[5] nicht missverstanden werden, als würden sie eine umfassende Analyse der School Shootings liefern oder gar konkret Beweis sein für die Logik: Schule erzeugt Schamkonflikte – Schamkonflikte sind Ursache von School Shootings: also ist Schule für School Shootings verantwortlich. Dies zeigt sich bereits, wenn man die Kontexte der Zitate berücksichtigt: Sowohl Lansky als auch Körner beziehen sich auf impulsive Gewalttaten, während School Shootings ja gerade durch die Kaltblütigkeit von Planung und Tatdurchführung, durch die Coolness der Täter irritieren. Insofern wäre also nach den Spezifika zu forschen, die diese Form der Amoktaten auszeichnen. Und beide Autoren verweisen auf weitere Aspekte, die in die Analyse einzubeziehen wären: sowohl auf die objektiven – sozialen und milieubedingten – als auch auf die subjektiven und lebensgeschichtlich konkreten Hintergründe, die eine besondere Empfindlichkeit gegenüber Schamkonflikten bewirken bzw. zu einer unalltäglich ausgeprägten Abwehr im Sinne projektiver Projektionen und Spaltungen führen (vgl. Körner 2008: 915ff)[6]. All dies kann hier nicht weiter verfolgt werden, dennoch kann – trotz

---

5 Man könnte weitere Zitate anfügen, z.B. dieses aus Wurmser (2008): „[...] ist die Beschämung nur tief genug, meldet sich bald auch die Rachgier, die Rachelust, die Rachsucht – wie die Worte es sagen: ein süchtig machendes Begehren nach Wiedergutmachung. Vergeltung ist anscheinend nur möglich, wenn dem anderen das gleiche Unrecht angetan wird, nein, wenn es ihm vielfach zurückgezahlt wird."

6 Interessant wäre auch, die Verknüpfung herzustellen mit aktuellen Ergebnissen neurobiologischer Forschung, wie sie Joachim Bauer darstellt (2008).

offener Fragen und vieler Differenzierungsnotwendigkeiten – der Zusammenhang von drei Aspekten[7] benannt werden:

- Schule ist ein markanter Ort der Kränkungen.
- Insofern provozieren die schulischen Interaktionen zwangsläufig Schamkonflikte unterschiedlicher Intensität.
- Sofern sie dies tun, tragen sie zum Risiko von School Shootings bei, weil diese als Schamabwehr mittels der Mechanismen von projektiver Identifikation und Spaltung sowie der zielgerichteten Gewalttat verstanden werden können.

Ich komme nun zu dem Zitat, das ich als Titel meines Vortrags gewählt habe. Auch hier ist eine Vorbemerkung notwendig: Es stammt aus einer Fallschilderung, die im Rahmen meiner Lehrerausbildungsseminare an der Technischen Universität in Darmstadt entstanden ist, konkret im Rahmen eines Projekts psychoanalytisch orientierter Selbstreflexion, das ich kurz erläutern muss:

Es handelt sich um eine Arbeitsphase, in der die Seminarteilnehmer aufgefordert werden, sich an das zurückliegende Schulpraktikum zu erinnern, es wie einen traumartigen Film am inneren Auge vorüberziehen zu lassen, um die Szene festzuhalten, die dabei unwillkürlich in den Vordergrund tritt. Diese Szene sollen sie, ohne nachzudenken oder zu reflektieren, rasch schreibend notieren. Der anfänglichen Zusicherung entsprechend wird der so entstandene Text ohne Namensnennung, mithin anonym in eine Fallsammlung aufgenommen, die allen im Seminar zugänglich gemacht und diskutiert wird. Diese interpretierende Diskussion wird nach dem Vorbild tiefenhermeneutischer Gruppeninterpretationen literarischer Texte moderiert, also mit der Konzentration auf das Text-Leser-Verhältnis und der Anregung zur gleichschwebenden Aufmerksamkeit und möglichst freien Assoziation sowie der besonderen Beachtung der Irritationen, welche die Bilder und Szenen auslösen.

Der Grund, weshalb ich auf eine dieser relativ spontan und rasch geschriebenen Fallschilderungen Bezug nehme, besteht in meiner Überzeugung, dass solche anonym von Studierenden am Anfang ihrer Lehrerausbildung angefertigten Schilderungen viel verraten über die mit der Lehrerrolle verbundenen inneren Imagines, die basal und bewusstseinsfern wirkungsmächtig bleiben, auch wenn sie später durch die weitere Ausbildung und spätere Berufspraxis zunehmend von pädagogisch-didaktischer Rationalität bzw. einer solchen bloß ähnelnden Rationalisierung überformt und begleitet werden[8].

Nun endlich zur Fallschilderung:

---

7   Dass ich zwei dieser Aspekte nicht ausführlich herleite, mag irritieren. Ich folgere zunächst aus dem Phänomen School Shooting und im Grunde aber setze ich sie als unmittelbar einsichtig voraus. Zusätzlich werde ich sie im Folgenden an einem Beispiel deutlich machen.

8   Vgl. hierzu Würker 2007

„In meiner dritten Stunde, die ich gehalten habe, unterrichtete ich eine 6. Klasse. Der Lehrer hat mich im Vornherein nicht auf besondere Dinge, wie etwa starke/schwache, *disziplinierte/undisziplinierte* etc. SchülerInnen hingewiesen, weswegen ich auch in meiner Vorbereitung für die Doppelstunde relativ frei war. Allerdings entschloss ich mich, ein *multimediales Feuerwerk abzubrennen*, um dem zu erwartenden Lärmpegel, ich hatte die Klasse schon zwei Wochen beobachtet, vorzugreifen.

Da ich nun wirklich keinen einzigen Namen kannte, verlangte ich nach einer kurzen Vorstellung meiner Person, dass Namensschilder angefertigt werden sollten. Bei meiner Begrüßung waren mir zwei Jungen durch *Nebentätigkeiten* aufgefallen, weswegen ich versuchte, allein durch *physische Anwesenheit* ihre Konzentration zu lenken. Nachdem alle dieser kleinen Aufgabe nachgekommen waren, ging ich vom Pult aus laut einige Namen durch, um die Lesbarkeit zu kontrollieren. Schließlich las ich bei einem der bereits erwähnten Schüler „O-DoG", was die Klasse mit Lachen und Zwischenrufen quittierte. Daraufhin fragte ich ihn, ob er denn die meines Erachtens einfache Aufgabe nicht begriffen habe, worauf er stur schwieg. Schließlich wollte ich wissen, ob er denn überhaupt Deutsch verstehe, zumal er der einzige war, der nicht seinen richtigen Namen aufgeschrieben hatte, was wiederum verneint wurde. Als Unterstützung las ich drei Namen vor. Schlussendlich bat ich ihn, meinen Klassensaal zu verlassen, da ich leider seine Muttersprache nicht beherrsche und vorhabe, meinen Unterricht ausschließlich auf deutsch zu halten. Außerdem sei es für ihn nur Zeitverschwendung, wenn er bleibe; ich hätte ihn für die 90 Minuten zur Schulleitung gebracht, was ich ihm auch verdeutlichte.

Schließlich *gehorchte* der Schüler und nahm meiner Meinung nach für seine Verhältnisse überdurchschnittlich am Unterricht teil; suchte im Anschluss sogar ein Einzelgespräch, da er (angeblich) etwas nicht verstanden habe, doch merkte man, dass dies definitiv nicht stimmte.

Im Nachhinein bin ich zufrieden, wie diese prekäre Lage sich entwickelt hatte; auch wenn ich einen Schüler gewissermaßen *bloßstellen* musste, doch war dies meiner Meinung nach äußerst effektiv und richtig, wie ich in der anschließenden Reflexion für mich entschied" (Würker 2007: 109f; Hervorhebungen von der Autorin/dem Autor der Fallschilderung vorgenommen).

Abermals muss ich betonen, dass es mir nicht darum geht, die Autorin oder den Autor, also die Protagonistin oder den Protagonisten der geschilderten Szenen zu analysieren, sondern dass es mir zunächst darauf ankommt, meine eigene Reaktion auf diese szenische Schilderung zu verstehen. Leider ist im gegebenen Rahmen keine differenzierte tiefenhermeneutische Interpretation möglich, so dass ich mich mit einigen knappen Kommentierungen begnügen muss, für deren Holzschnittartigkeit ich mich vorab entschuldige[9]:

Ich nehme bei der Lektüre der Schilderung wahr, dass ich da eine Zerstörung eines Schülers erlebe, dass ich dessen anfänglichen Selbstbehauptungswillen hinter der vermeintlich originellen Verweigerung erspüre, dass ich seinen Wunsch mit vollziehe, von Mitschülerinnen und Mitschülern und vor allem der Lehrperson gesehen, beachtet und anerkannt zu werden, und ich spüre meinen Unmut, mit dem ich auf die – lächerlich übertriebene – Machtgeste der Lehrperson reagiere, die zur Niederlage und Unterwerfung des Schülers führt. Am Schluss schäme ich mich mit dem bzw. für den Schüler, der seine Kleinheit und Schwäche durch die beflissene Frage besiegelt und

---

9 Vgl. ausführlicher in Würker 2007: 108ff

der der Gegenseite die Feier des eigenen pädagogischen Erfolgs erlaubt, ein Schluss, der mich wütend macht.

Ich übergehe einmal die klischeehaft fremdenfeindliche Nuance der aggressiven Machtbehauptung der Lehrperson[10] und halte lediglich fest, welche szenischen Konstellationen ich, der ich offenbar spontan zur Identifikation mit dem Schüler neige, wahrnehme:

1. Da ist zunächst die Szene der Unterrichtsvorbereitung, in der die Lehrperson bereits defensiv ein „multimediales Feuerwerk" plant, was sie nicht didaktisch-methodisch begründet, sondern in unmittelbaren Zusammenhang mit erwarteten Disziplinschwierigkeiten stellt, durch die sie offenbar die eigene Dominanz gefährdet sieht.

2. Entsprechend dieser Einleitung folgt die Schilderung einer Machtkampfszene, in der die Lehrperson den unfolgsamen Schüler mit einer Häufung von abwertenden Attacken belegt: Sie wirft dem Schüler implizit vor, zu dumm zu sein, um eine einfache Aufgabe zu verstehen, sie unterstellt – ich gehe davon aus, entgegen besseren Wissens –, dass er kein Deutsch versteht, sowie dass Unterricht für ihn Zeitverschwendung wäre, und Verweigerung wird mit der Drohung verknüpft, zur Schulleitung gebracht zu werden.

3. Dieser Batterie an Herabwürdigungen und Sanktionsdrohungen fügt sich der Schüler – „Schließlich gehorchte der Schüler" – und es folgt eine dritte Szene, die Szene der fast masochistisch anmutenden Unterwerfung des Schülers durch Teilnahme am Unterricht und des Versuchs der direkten Kontaktaufnahme nach Unterrichtsende. Die letzte Szene ist die der Selbstreflexion der Lehrperson, die selbstzufrieden die Bloßstellung des Schülers als angemessene und erfolgreiche Maßnahme rechtfertigt.

Zwischen der ersten Szene, in der sich die Lehrperson durch die Schülerinnen und Schüler bedroht fühlt, und der letzten Szene, in der sie sich als grandioser Sieger präsentiert, erlebe ich die Vernichtung eines Schülers, von dessen Selbstbehauptung – zumindest äußerlich – nichts mehr übrig bleibt. Ich erlebe die Dialektik von Machtbehauptung der anfangs bedrohten Lehrperson und der Ohnmacht des Schülers, der für seine sozialen Bedürfnisse bzw. seine aggressiven und kreativen Impulse keinerlei Raum gelassen bekommt. Die Lehrperson spricht insofern bezeichnender Weise von „meinem" Klassenraum. Und fühle ich mich in den Schüler ein, so werde ich der Schwäche gewahr und spüre Scham als Nachklang der klassenöffentlichen Anpassung bzw. Unterwerfung[11]. Den Kontrast bildet die Figur der Lehrperson: Kein

---

10 Ebenso spüre ich hier nicht genauer meiner eigenen Parteinahme für den Schüler nach, die die Basis für meine wütende Ablehnung der Lehrperson darstellt. Und auch auf die für eine tiefenhermeneutische Interpretation ausschlaggebende Dokumentation des Austauschs in einer Interpretationsgruppe muss hier verzichtet werden.

11 Die Reaktion des Schülers entspricht frappierend dem, was Schüttauf als „Scham-Demütigungs-Reaktion" beschrieben hat, bei der das Kind bei ausbleibender erhoffter Bestätigung

Selbstzweifel ist in der Schlussreflexion zu spüren, kein Anklang eines Schuldgefühls angesichts der brachialen Machtbehauptung im Klassensaal findet sich. Die Lehrperson gibt sich völlig schamlos12.

Ich möchte abschließend versuchen, mein aus dem Zusammenhang der disparaten Schulszenen gewonnenes Verständnis mit einigen Überlegungen zum Zusammenhang von Schule und gesellschaftlichen Tendenzen zu verknüpfen und einige Thesen[13] zu formulieren, die Anregungen liefern zur aktuellen psychoanalytisch-pädagogischen Analyse der Schule als Institution:

These 1: Schule war und ist die Erziehungsinstanz, in der Schwäche besonders prekär erlebt wird und Schamkonflikte unvermeidlich sind.

These 2: Dies gilt für Lehrer/innen wie Schüler/innen, wobei die institutionelle Verfasstheit der Schule den Lehrpersonen Stärke sowie Möglichkeiten der Schamvermeidung und -verleugnung zuliefert. Insofern ist der Habitus des Lehrers tendenziell schamlos. Die Schülerrolle dagegen gewährt solche Möglichkeiten nicht, sondern ihr ist Schwäche insofern eigen, als im Lichte permanenter Bewertung und Defizitfeststellung Schamkonflikte unausweichlich sind und in der Regel lediglich das Ausmaß, die Intensität und Erträglichkeit variieren.

---

sich der Beschämung durch Unterwerfung zu erwehren versucht: „Ich unterwerfe mich deiner Ablehnung, bin bereit, dein negatives Urteil über mich anzuerkennen und alles zu tun, um deinen Vorstellungen, wie ich sein soll, unter Aufgabe meines ‚Eigensinns' zu folgen; wende mir nur wieder deine Wertschätzung zu!" (Schüttauf 2008: 850).

12 Wurmser benutzt den eindrucksvollen Begriff „Seelenblindheit" (Wurmser 2008: 963) für eine demütigende Missachtung und Nicht-Anerkennung, wie sie hier den Schüler umfassend betrifft.

13 Vergleicht man diese psychoanalytischen Hypothesen mit Forschungsergebnissen, wie sie z.B. in Robertz/Wickhäuser (2007) referiert werden, so zeigt sich ein gravierender Unterschied: Während dort von den Kontrolltheorien von Hirschi und Tittle – beides amerikanische Soziologen – eher phänomenologische und pragmatische Schlussfolgerungen abgeleitet werden, folgt aus dem Versuch der psychoanalytischen Sinnentschlüsselung die Einsicht in eine Tiefendimension, die dort ausgeblendet bleibt. Beleg mag die Schlussfolgerung sein, dass „je stärker die vier Aspekte – emotionale Bindungen, Gefühl der Verpflichtung, Einbindung in Tätigkeiten, Glaube an Werte – bei einem Jugendlichen ausgeprägt sind, umso effektiver wirkt sein soziales Band nach Ansicht Hirschis der natürlichen Tendenz zum zielgerichteten Normbruch entgegen. Bezogen auf School Shootings bedeutet das: Die Wahrscheinlichkeit einer Tat sinkt mit zunehmender Stärke dieses Bandes." (Robertz/Wickhäuser 2007: 45). Was dieses so wichtige „Band" brüchig macht, das kann in einer Logik, die das Unbewusste unberücksichtigt lässt, auch dann nicht verstanden werden, wenn fallbezogen die Lebensbedingungen des Täters aufgezählt werden. Auch die aus der Kontrollbalancetheorie abgeleitete Folgerung: „Ein gefühlter essenzieller Mangel an eigenen Kontrollmöglichkeiten kann zur Anwendung von schweren Formen zielgerichteter Gewalt beitragen" (Wickenhäuser/Robertz 2007: 46) mag zwar nicht abwegig sein – sie ist auch mit meiner Relevanzbehauptung von Schamkonflikten als verursachende Dynamik gut vereinbar –, aber auch hier fehlt ein Verständnis der Tiefendimension des registrierten Zusammenhangs.

These 3: Diese Konfliktlage wird durch zwei aktuelle gesellschaftlich-kulturelle Tendenzen verstärkt:

1. Für die Kinder und Jugendlichen tritt ihre Rolle innerhalb der schulischen Ordnung in einen scharfen Widerspruch zu der Position, die Konsumwelt und Freizeitindustrie ihnen außerhalb zuweisen: Die Werbung entwirft narzisstisch aufgeladene Leitbilder, Tagträume werden massenmedial gedoppelt und computeranimiert verfügbar, so dass Selbstverfügung und Macht intensiver denn je illusionär erlebt werden können. Winterhager-Schmid hat dies als „unlösbar scheinenden Widerspruch zum Avantgardeanspruch und Hedonismus der Jugendkultur" bezeichnend, in den Schule zunehmend gerate (vgl. Winterhager-Schmid 2002)[14].

2. Die neue Steuerungsphilosophie des Qualitätsmanagements[15], die in Schule und Unterricht Einzug hält, verschärft das Konfliktpotenzial auf Schüler- wie Lehrerseite zusätzlich: Auf Schülerseite insofern, als der traditionelle Weg eigener Persönlichkeitsstabilisierung durch verächtliche Abwertung oder schülersolidarischen Boykott im Zusammenspiel mit personalen Autoritäten leerläuft, sobald sich die Norm, Schüler hätten sich als selbstverantwortliche Ich-AGs zu begreifen, durchsetzt und die Lehrpersonen lediglich als Coachs oder Projektmanager auftreten.[16] Ludwig Pongratz hat dies kürzlich im Rahmen seiner Kritik an der Bildungsreform so hervorgehoben:

> „Partnerschaftliche Ideale und die größere Zuschreibung von Eigenverantwortlichkeit an Schüler bedeuten, dass das, was ehemals unmittelbarer Fremdzwang oder internalisierte Autorität leisteten, jetzt durch Selbstzwang erreicht werden muss. [...] Zugleich werden damit die Distanz gegenüber schulischen Prozessen und der Schutz des eigenen Selbst erschwert. Es entsteht eine inkonsistente Nähe, die Schüler stärker in die Schule einbindet, verletzbarer und schutzloser macht" (Pongratz 2009: 124).

---

14 Thomas Ziehe hat bereits in den neunziger Jahren auf die persönlichkeitsstrukturelle Bedeutung kultureller Veränderungen hingewiesen und die Notwendigkeit betont, dass eine „gesteigerte narzißtische Verletzlichkeit, die einen psychostrukturellen Grundzug des zeittypischen Sozialcharakters ausmachen könnte", beobachtbar sei, die im Extremfall eine permanente „narzißtischer Zufuhr" in einer Sphäre von „Angenommenheit und Bestätigung" nötig mache: „Aber dieser Kontext ist notwendig; das Angewiesenheitsniveau auf narzißtische Betätigung ist ausgesprochen hoch. Andernfalls – einer Suchtstruktur vergleichbar – droht augenblicklich ein affektiver Absturz. Wenn also die „Zufuhr" nicht gewährleistet ist, kommt es zu einer gleichsam disproportionalen Deprimiertheit, Unruhe oder sogar Wut." (Ziehe 1991: 173)

15 Vgl. hierzu Bröckling u.a. (Hrsg.) 2000 und 2004

16 Genauer in Würker 2009 a und b

Und auf Lehrerseite spitzt sich die Schwäche- und Schamproblematik insofern zu, als angesichts der Forderung nach permanenter Qualitätssteigerung ein Sicherheit vermittelndes Erreichen befriedigender Arbeitsqualität ausgeschlossen wird, statt dessen mit dem Argument der Notwendigkeit unaufhörlicher Weiterbildung eine Entwertung jeglichen orientierenden professionellen Bildungsstandes erfolgt. Geforderte Kundenorientierung und permanente Evaluation nötigen darüber hinaus zu unaufhörlicher Selbstkritik und Optimierungsanstrengung.

These 4: Insofern steht der institutionellen Macht des Lehrers eine zunehmende Verunsicherung gegenüber, die die Schamkonflikte – z.b. beim Bekenntnis, nicht auf dem neuesten Stand zu sein, den Dernier Cri nicht zu kennen – intensiviert. Nutzt aber der Lehrer die institutionellen Machtmittel zur Abwehr seiner eigenen Konfliktdramatik, so geht das in aller Regel zu Lasten des Schülers: Durch ein undurchschaubares Amalgam von Reaktionsbildungen, Projektionen oder Rationalisierungen wird die Schwäche des Lehrers unsichtbar, seine Scham bleibt heimlich, eine schamlose Coolness wird äußerlich bestimmend, weshalb die Schülerinnen und Schüler in besonderer Weise mit einer fassadenhaften Stärke konfrontiert sind, der sie als Schwache ausgeliefert sind.

Während diese Thesen die Konfliktdynamik beleuchten, soll wenigstens in einer letzten These eine Perspektive der Konfliktlösung angedeutet werden:

These 5: Je mehr Lehrerinnen und Lehrer sich gegen die Zumutungen permanenter Selbstoptimierung, Selbstbeobachtung und Selbstdisziplinierung wehren und zugleich die eigene Schwäche und Scham reflektieren und bearbeiten – z.B. in Supervisionsgruppen – sowie dadurch eigene Abwehrtendenzen abmildern, desto flexibler können sie mit Schwäche und Scham der Schülerinnen und Schüler umgehen, können die Haltung eines achtsamen Containings einnehmen, welches hilft, die um Schwäche und Scham kreisende Konfliktdramatik für Schülerinnen und Schüler abzuschwächen. Lehrerinnen und Lehrer können auf der Basis eines angemessenen Umgangs mit der eigenen Scham Räume zulassen oder eröffnen, in denen Schwäche und Scham für die Schülerinnen und Schüler nicht unerträglich, sondern integrierbar werden.

Literatur

Bauer, Joachim (2008): Das Gedächtnis des Körpers, München: Piper-Verlag.

Bröckling, Ulrich, Krasmann, Susanne, Lemke, Thomas (Hrsg.) (2000): Gouvernementalität der Gegenwart. Frankfurt/M.: Suhrkamp.

Bröckling, Ulrich, Krasmann, Susanne, Lemke, Thomas (Hrsg.) (2004): Glossar der Gegenwart. Frankfurt/M.: Suhrkamp.

Dörr, Margret (2009): „Be cool" – über die allgegenwärtige (unsichtbare) Scham. Enttäuschungsprophylaxe als Aufgabe der Psychoanalytischen Pädagogik in der Spätmoderne. Ms (unveröff.).

Günter, Michael (2008): „Ach Papa, du bist so peinlich ..." – Schamabwehr, Affektkontrolle und narzisstische Stabilität in der Adoleszenzentwicklung. In: Psyche 62. Jg., S. 887-904.

Hoffmann, Jens/Wondrak, Isabel (Hrsg.) (2007): Amok und zielgerichtete Gewalt an Schulen, Frankfurt/M.: Verlag für Polizeiwissenschaft.

Körner, Jürgen (2008): Der ressentimentgeladene Gewalttäter. In: Psyche 62. Jg., S. 904-928.

Lansky, Melvin R. (2008): Beobachtungen zur Dynamik der Einschüchterung: Spaltung und projektive Identifizierung als Abwehrmanöver gegen Scham. In: Psyche 62. Jg., S. 929-961.

Lorenzer, Alfred (1981): Das Konzil der Buchhalter. Frankfurt/M.: Europäische Verlagsanstalt.

Lorenzer, Alfred (2002): Die Sprache, der Sinn, das Unbewußte. Frankfurt/M.: Springer.

Lorenzer, Alfred (2006): Szenisches Verstehen. Zur Erkenntnis des Unbewussten. Marburg: Tectum.

Lorenzer, Alfred (1986): Tiefenhermeneutische Kulturanalyse. In: D. König, Alfred Lorenzer, u.a.: Kultur-Analysen. Frankfurt/M.: Fischer-Verlag: S. 11-98

Pongratz, Ludwig A. (2009): Bildung im Bermuda-Dreieck: Bologna – Lissabon – Berlin. Eine Kritik der Bildungsreform. Paderborn: Schöningh-Verlag.

Schüttauf, Konrad (2008): Die zwei Gesichter der Scham. In: Psyche 62. Jg., S. 840-865.

Wickenhäuser, Ruben /Robertz, Frank J. (2007): Der Riss in der Tafel. Amoklauf und schwere Gewalt in der Schule. Heidelberg: Springer Medizin Verlag.

Weiss, Heinz (2008): Groll, Scham und Zorn. Überlegungen zur Differenzierung narzisstischer Zustände. In: Psyche 62. Jg., S. 866-886.

Winterhager-Schmid, Luise (2002): Wie weltfremd soll die Schule sein? – Schule im Dilemma zwischen Jugendkultur und Enkulturationsauftrag. In: Liegle, L./Treptow Rainer (Hrsg.): Welten der Bildung in der Pädagogik der frühen Kindheit und in der Sozialpädagogik. Freiburg: Lambertus-Verlag, S. 195-208.

Würker, Achim (2007): Lehrerbildung und Szenisches Verstehen. Professionalisierung durch psychoanalytisch orientierte Selbstreflexion. Baltmannsweiler: Schneider-Verlag.

Würker, Achim (2009a): Das Unbehagen bei der Qualitätsentwicklung. Einige psychoanalytische Anmerkungen zu aktuellen Trends im Bildungsbereich am Beispiel von Schulentwicklung. In: Bünger, C./Zitzelberger, O. (Hrsg.): Bildung der Kontrollgesellschaft – Aktualisierungen kritischer Erwachsenenbildung und Bildungstheorie. Paderborn: Verlag Ferdinand Schöningh, 33-50.

Würker, Achim (2009b): Das Unbehagen in der Kontrollkultur. In: Aigner, J./Dörr, M. (Hrsg.): Das neue Unbehagen in der Kultur und seine Folgen für die psychoanalytische Pädagogik, Göttingen: Vandenhoek und Ruprecht, 159-184.

Wurmser, Léon (1993): Die Maske der Scham. Berlin: Springer-Verlag.

Wurmser, Léon (2008): Scham, Rache, Ressentiment und Verzeihung. In: Psyche 62. Jg., S. 964-989.

Ziehe, Thomas (1991): Zeitvergleiche. Jugend in kulturellen Modernisierungen. Weinheim und München: Juventa-Verlag.

Angst in der Schule als pädagogische Herausforderung

Janina Bernshausen

Schule als Bildungsort und ‚emotionaler Raum' – so lautete im Jahr 2009 der Titel der Herbsttagung der DGfE-Kommission Psychoanalytische Pädagogik. In einem interdisziplinären Austausch ging man dort der Frage nach, wie emotionale Voraussetzungen von Kindern und Lehrern[1] in einer positiven Weise gefördert werden können, so dass Schule von beiden Gruppen stärker als ein Ort fruchtbarer Bildungsprozesse erlebt und erinnert wird. Auch ich beschäftige mich im Rahmen meines Dissertationsprojektes *Emotionales Schulerleben schulängstlicher Kinder (ESsKi)*[2] bei der Betrachtung und Analyse von *Angst in der Schule* mit bestimmten emotionalen Voraussetzungen schulischer Bildungsprozesse. Im Folgenden erläutere ich einen zentralen Gesichtspunkt dieses Projektes, nämlich inwiefern die schulbezogenen Ängste von Schülern in deren individuell sehr unterschiedlichen Schulwahrnehmungen ihren Ursprung haben und inwieweit dies als bedeutsam für die schulpädagogische Arbeit erscheint.

1. Angst in der Schule – Versuch einer begrifflichen Klärung zu einem subjektiv erlebten Gefühl

Angst gilt zunächst als ein für den Menschen natürlicher Affektzustand, der ausgelöst wird, wenn eine „komplexe und mehrdeutige Gefahrensituation

---

1 Ich verwende im gesamten Artikel aus Gründen besserer Lesbarkeit ausschließlich die männliche Form, möchte jedoch ausdrücklich darauf hinweisen, dass immer beide Geschlechter gleichermaßen gemeint sind.

2 Das Projekt „Emotionales Schulerleben schulängstlicher Schüler" (ESsKi) wird seit Sommer 2007 unter der Leitung von Janina Bernshausen in Zusammenarbeit mit Prof. Dr. Hans Brügelmann in der Universität Siegen, FB2 – Erziehungswissenschaft und Psychologie, durchgeführt. Das bisherige Datenmaterial umfasst rund 30 Interviews mit Kindern, deren Eltern und Lehrern, die alle mit Hilfe semi-strukturierter Interviewleitfäden durchgeführt wurden.

[wahrgenommen wird], in der eine adäquate Reaktion des Individuums nicht möglich erscheint" (Krohne 1975: 11). Bei der Beschäftigung mit *Angst in der Schule* ergibt sich die Frage, inwiefern dort eine derartige Gefahrensituation bestehen kann. Im Rahmen der bisherigen Erforschung von Angst in der Schule wurde am häufigsten die *Schulangst* betrachtet. Sie wird zuweilen auch als *Leistungsangst* bezeichnet und kann nach Seipp (1990:11) als eine „Furcht vor Misserfolg gegenüber Leistungsanforderungen in der beobachtenden und beurteilenden schulischen Umwelt" verstanden werden. Als typisch für Schulangst gilt das Gefühl schulischer Überforderung, kombiniert mit einer hohen Leistungsmotivation. Schulangst tritt oft gegen Mitte der Grundschulzeit zum ersten Mal auf, wenn Schülern deutlicher als zuvor bewusst wird, dass die Ergebnisse ihrer Arbeit nicht nur akzeptiert, sondern zugleich auch bewertet werden (vgl. Petersen 2001: 597). Bedeutsam erscheint in diesem Zusammenhang der von Rheinberg (1977, zit. n. Seipp 1990: 11) berichtete Befund, dass Schulangst in hohem Maße auch soziale Angst ist, da Schüler – und häufig auch Lehrer – auf erbrachte Leistungen nicht ausschließlich eine individuelle oder kriteriale Bezugsnorm anwenden, sondern diese Leistungen im Zuge einer sozialen Bezugsnormorientierung auch im ständigen Vergleich mit Mitschülern sehen.

Von Schulangst wird als eine weitere Form schulischen Angsterlebens die *Schulphobie* deutlich unterschieden. Bei der Schulphobie ist die Ursache der Angst nicht in der Schule selbst zu finden, sondern die durch den Schulbesuch bewirkte Trennung von zu Hause erscheint dem Kind so bedrohlich, dass es mit oftmals sehr heftigen Reaktionen wie Panikattacken und Schulverweigerung reagiert. Mit schulischen Leistungsanforderungen haben schulphobische Kinder bisherigen Untersuchungen zufolge meistens keine besonderen Schwierigkeiten (vgl. Petersen 2001: 597).

Theoretische Konstrukte wie *Schulangst* und *Schulphobie* – zu denen in der psychologischen Angstforschung weitere Unterkategorien entwickelt wurden[3] – gruppieren also die Angst in der Schule nach möglichen Ursachen und Ausprägungen. Auf der Grundlage meiner qualitativen Arbeit mit Einzelfällen bevorzuge ich bislang die übergreifende Formulierung *Angst in der Schule*. Ich begründe diese Entscheidung damit, dass Angst in der Schule im Einzelfall sehr individuell erlebt und beschrieben wird und ihre Ursache sich nicht immer eindeutig verorten lässt. Im Rahmen des Projekts arbeite ich an der Rekonstruktion des individuellen Schulerlebens und der damit verbundenen subjektiven Angstwahrnehmung von Schülern. Daraus erwächst der Anspruch einer sowohl begrifflich als auch methodisch offenen Haltung dem Einzelfall gegenüber, dem ich durch die Vermeidung einer Kategorisierung in bereits vorhandene theoretische Konstrukte nachkomme.

---

3   Als Beispiel für die Gruppierung verschiedener Formen von Angst, innerhalb derer auch die Angst in der Schule – kategorisiert nach unterschiedlichen Ursachen – verortet wird, nenne ich die Hierarchie verschiedener Ängste nach Schwarzer (1981), S. 93.

2. Bedingungen von Angst in der Schule

Bisherige Untersuchungen zur Entstehung von Angst in der Schule ergeben, dass zwischen Ursachen unterschieden werden kann, die innerhalb der Schule, der Familie und der personinternen Entwicklungen liegen (vgl. z.b. Pekrun/Helmke 1991; Rost/Schermer 2006). Natürlich ist die Unterscheidung dieser Faktoren nur theoretisch möglich, da sie in der Wirklichkeit zusammen wirken. Im Folgenden möchte ich jedoch ausschließlich den schulischen und den personinternen Bereich in den Fokus stellen. Denn die Bedingungen innerhalb der familiären Entwicklungsumwelt erscheinen zwar für das Verstehen eines Falls zunächst relevant, sind aber schulpädagogischen Interventionen nicht direkt zugänglich[4].

Bedingungen innerhalb der schulischen Entwicklungsumwelt –
Notendruck und schulische Selektion als Angstquellen

Der Bildungsauftrag unserer Schulen besteht darin, dass Kinder durch Aneignung der im Kanon verzeichneten Lehrinhalte zur selbstbestimmten Teilhabe an unserer Gesellschaft befähigt werden sollen. Dabei ist unter Bildung im Allgemeinen ein Prozess zu verstehen, der biographisch wie auch inhaltlich weit über die Schule hinausgeht. Er besteht aus einer lebenslangen „Arbeit, in der Menschen sich ihr Menschsein in der Aneignung von und Auseinandersetzung mit der Kultur erarbeiten", wie Menck (1998: 29) formuliert. Die Bereitschaft und Befähigung zu dieser lebenslangen Aneignung von und Auseinandersetzung mit Kultur ist maßgeblich davon beeinflusst, wie der Grundstein dafür in der Kindheit – und dort besonders in der Schule – gelegt wird. Die Erhaltung und Förderung einer grundsätzlich positiven Haltung gegenüber dem Erwerb neuer Kenntnisse und Fertigkeiten, auch als *Lernfreude* bezeichnet[5], ist notwendige Voraussetzung dafür, dass der Bildungsprozess eines Kindes nachhaltig in eine solide Bahn gelenkt wird. Dass Angst in der Schule dem Erhalt und der Förderung von Lernfreude abträglich ist, leite ich als logische Konsequenz aus der Gegensätzlichkeit der beiden Emotionen Angst und Freude her.

Aus diesen Überlegungen könnte man aus schulpädagogischer Sicht folgern, dass Schule und Unterricht ohne angsterzeugende Faktoren auskommen müssten. Interessant erscheint in diesem Zusammenhang, dass Unterricht selbst durchaus anscheinend ohne angstfördernde Faktoren gestaltet werden kann. So ergab beispielsweise eine Befragung von Grundschulkindern durch Fölling-Albers und Meidenbauer (2010), dass der Unterricht

---

4   Zu Bedingungen innerhalb des häuslichen Erziehungskontexts siehe Stöckli (1991), S.155.
5   So zum Beispiel im Schulgesetz NRW §2 Bildungs- und Erziehungsauftrag der Schule, Abs. 8.

selbst – also die Unterrichtsarbeit an bestimmten Gegenständen – von den Schülern in der Regel nicht als belastende Erfahrung erinnert wird. Als besonders angsterzeugend in der Schule gilt hingegen derselben Befragung zufolge „das strukturelle Merkmal der Selektion, die sich in dem hohen Stellenwert von Proben und Noten äußert" (ebd.: 244f.). Häufige Leistungskontrollen können gerade für leistungsschwächere Schüler eine Bedrohung des schulischen Selbstwerts darstellen. Welchen Stress die Selektionslogik des Bildungssystems bereits bei Kindern im Grundschulalter auslöst, zeigte eindrucksvoll der auf der Tagung diskutierte Dokumentationsfilm *Das Jahr der Entscheidung – Kinder in der vierten Klasse*[6]. Auch eine Befragung im Rahmen des DJI-Kinderpanels ergab, dass bereits 44% der 8- bis 9-jährigen Kinder den Leistungsdruck negativ wahrnehmen: Sie gaben an, dass sie Angst hätten, Fehler zu machen (vgl. Schneider 2005: 213).

Ursachen für die Entstehung von Angst liegen jedoch nicht nur in der bloßen Existenz systembedingter Leistungsmessung und daraus resultierender Selektionsmaßnahmen. Entscheidend ist auch die zuvor bereits angedeutete Art, *wie* Unterrichts- und Prüfungssituationen gestaltet werden. So wirkt es beispielsweise angstmindernd, wenn die Leistungserwartungen und das Bewertungssystem in Arbeits- und Prüfungssituationen für die Schüler transparent sind. Weiterhin wird das Angstpotenzial durch die Unterrichts- und Klassenatmosphäre beeinflusst, wobei es als maßgeblich erscheint, inwiefern es dem Lehrer gelingt, den systembedingten Selektionsdruck aus der alltäglichen Unterrichtsarbeit fernzuhalten.[7]

Das Auftreten von Angst in der Schule ist, wie auch Schnabel (1998: 5) formuliert, aufgrund des systembedingten Leistungsdrucks unvermeidbar. Wenn aber die konkrete Gestaltung von Unterricht für die Angstentstehung relevant sein kann, hat das schulpädagogische Konsequenzen. Ein praktisches Problem ergibt sich dabei jedoch aus der Tatsache, dass Angst häufig eine eher introvertiert gelebte Emotion ist, so dass ihre Auswirkungen auf den Schüler die gemeinsame Arbeit im Unterricht nicht direkt stören und dem Lehrer damit oft nicht auffallen (vgl. Kluge/Kornblum 1981: 13). Die Angst des Schülers kann man also, einfach ausgedrückt, häufig nicht sehen, womit man sie sowohl schulpädagogisch als auch forschungsmethodisch nicht ohne Weiteres als Problem angehen kann. Zu erschließen ist sie letztlich nur über die Aussagen des Schülers selbst, da nur er die Angst als solche sicher deuten und äußern kann. Damit komme ich zur besonderen Bedeutung der personinternen Bedingungen für das Angsterleben.

---

6 Zu finden unter: http://37grad.zdf.de/ZDFde/inhalt/31/0,1872,7898335,00.html, Stand am 11.02.2010.
7 Eine Übersicht zu empirischen Studien zur Schulangstreduktion durch Gestaltung von Unterrichts- und Prüfungssituationen ist zu finden bei Strittmatter (1993), S. 159ff.

Personinterne Bedingungen – Zur Relevanz des subjektiven
Schulerlebens schulängstlicher Kinder

Entscheidend für die Entstehung von Angst ist zusätzlich zur Gestaltung der Unterrichts- und Prüfungssituation, wie Schnabel (1998: 13) formuliert, deren Beurteilung als bedrohlich durch den Schüler selbst. Denn dieselbe Unterrichtssituation und dasselbe Ausmaß an schulischem Leistungsdruck führen nicht bei allen Schülern zu gleichermaßen belastenden Ängsten. Deutlich wird damit, welche Schwierigkeiten sich bei den Bemühungen von Lehrern ergeben, den eigenen Unterricht angstfrei zu gestalten, denn was dem einen Schüler bedrohlich erscheint, kann auf andere unproblematisch wirken.

Die Beurteilung der schulischen Situation als bedrohlich basiert auf der individuellen Persönlichkeitsorganisation des Schülers, unter der nach Kluge und Kornblum (1981: 9) ein System verstanden werden kann, das aus individuellen Kognitionen, Verhaltensstrategien, Einstellungen, Emotionen, Motivationsgefügen und Selbstkonzept besteht. Das bedeutet, dass Schüler über höchst unterschiedliche Voraussetzungen verfügen, was die Neigung betrifft, auf bestimmte pädagogische Situationen mit Angst zu reagieren. So sind auch nach Pekrun (1991: 165) aktuelle Kognitionen wie überdauernde Erwartungs- und Valenzüberzeugungen – hier speziell für Prüfungsangst – als „Trägerstrukturen habitueller Ängste" anzusehen, was quantitativ bereits mehrfach nachgewiesen worden sei. Qualitative Studien, in denen diese Zusammenhänge beschrieben und analysiert werden, liegen meines Wissens nicht vor. Im Rahmen meines Dissertationsprojekts gehe ich daher in qualitativen Einzelfallanalysen der Frage nach, wie Schüler ihre schulische Umwelt wahrnehmen und inwiefern die mentalen Repräsentationen ihrer Schulwirklichkeit mit ihrem Angsterleben in Zusammenhang stehen.

3. Abschließend: Zwei Beispiele für Angst in der Schule[8] und ein Fazit

Im Folgenden möchte ich einen Einblick in die Individualität des Schulerlebens schulängstlicher Kinder mit Hilfe einer kurzen Darstellung zweier Einzelfälle geben.

Luisa ist eine 13 Jahre alte Realschülerin, die zur Zeit der Erhebung die 7. Klasse besucht. Seit Mitte der Grundschulzeit plagen sie abends Bauchschmerzen und Einschlafschwierigkeiten, zu denen sich keine physiologischen Ursachen finden lassen. Luisa geht gerne zur Schule, hat Spaß an vielen Unterrichtsinhalten und genießt es besonders, wenn sie von Lehrern positive Rückmeldungen für ihre Arbeit erhält. Als einen der schönsten Momente in ihrer bisherigen Schulzeit beschreibt sie, wie sie eine Englischarbeit als Klassenbeste

---

8   Beide Fälle sind dem Datenmaterial des Projekts ESsKi entnommen.

zurückbekam. Am Abend vor einer Klassenarbeit, besonders im Fach Mathematik, plagen Luisa jedoch große Ängste, weil sie trotz eifrigen Übens nicht einschätzen kann, wie sie abschneiden wird. Während der Arbeit selbst beobachtet sie bei sich häufig psychosomatische Begleiterscheinungen ihrer Aufregung wie Zittern und kalte Hände. Die Aufregung führt zudem zu unnötigen Fehlern in der Arbeit, über die sowohl sie selbst als auch ihre Mutter sich ärgern. Tägliche Mobbingangriffe ihrer männlichen Mitschüler stellen für Luisa ebenfalls eine Belastung dar. Die Jungen beleidigen sie aufgrund vermeintlicher Schwächen, wie zum Beispiel fehlerhafter Beiträge im Unterricht. Luisa hat manchmal Angst vor diesen Angriffen, weil sie sich ihnen gegenüber hilflos fühlt. Sie sieht sich zudem von ihrem Klassenlehrer damit allein gelassen.

Mika ist zum Zeitpunkt der Erhebung 9 Jahre alt und besucht die 3. Klasse einer kleinen Dorfgrundschule. Mika bekommt in der Schule häufig Bauchschmerzen, die sich teilweise bis zu Erbrechen und Durchfall ausweiten. Im ersten Schuljahr litt er an diesen Symptomen fast täglich, inzwischen treten sie meist nur noch in Verbindung mit bestimmten Leistungsanforderungen in der Schule auf. So verweigerte Mika beispielsweise den morgendlichen Gang zur Schule, als ein Diktat anstand. Im Unterricht selbst klagte er eines Morgens über starke Bauchschmerzen, als er an der Nacherzählung einer Bildergeschichte scheiterte. Die Symptome lassen in der Regel nach, sobald Mikas Lehrerin seine Mutter verständigt woraufhin die ihn abholen kommt. Mika würde nach eigener Aussage lieber zu Hause bleiben und mit seinem kleinen Bruder spielen, als in die Schule zu gehen. Er sagt, dass er in der Schule häufig Heimweh hat. Außerdem mag er seine derzeitige Klassenlehrerin nicht, da sie ihm zu streng ist, und auch vor anderen Lehrern hat er manchmal Angst. Besonders gerne mag Mika jedoch das Fach Kunst und die Lehrerin dort, da die Aufgaben, die er hier machen muss, seiner Ansicht nach nicht so schwierig sind.

Wie aus den beiden Fallskizzen ersichtlich wird, kann Angst in der Schule für verschiedene Kinder sehr Unterschiedliches bedeuten. Gerade am Beispiel von Mika wird deutlich, dass eine Einordnung des Falls nach bestehenden Kategorien dessen Individualität nicht gerecht werden kann, da die Angstursachen in verschiedenen Faktoren – nämlich schulischen Leistungsanforderungen und der Trennung von zu Hause – gleichzeitig zu vermuten sind. Der Vergleich mit dem Fall Luisa zeigt außerdem, dass bei äußerlich ähnlich wirkenden körperlichen Symptomen der Angst dieser Kinder sehr verschiedene schulische Bedingungen wie auch unterschiedliche personinterne Wahrnehmungen zu Grunde liegen. Die besondere Herausforderung für Lehrer ergibt sich damit aus der Heterogenität der Schülerschaft hinsichtlich ihres emotionalen Erlebens von verschiedenen Situationen in Unterricht und weiterem Schulleben. Der zum Beispiel im Schulgesetz NRW §1, Abs. 1 als zentral hervorgehobene Anspruch auf individuelle Förderung ließe sich in diesem Zusammenhang so interpretieren, dass Schüler mit Angst in der Schule in einer spezifischen Weise unterstützt werden müssen. Denn als eher ungünstige, emotionale Voraussetzung für die Bewältigung der Situation Unterricht in der Schule steht die Angst wie gezeigt der Lernfreude entgegen. Damit behindert sie die Entwicklung einer überdauernden Bereitschaft, sich auf den Erwerb neuer Kenntnisse und Fertigkeiten einzulassen. Die pädagogische Unterstützung dieser Schüler kann sich jedoch nicht ausschließlich in vereinheitlichten Maßnahmen zur Angstreduktion erschöpfen. Die Individualität der Fälle weist zusätzlich auf die Notwendigkeit einer stärkeren Sensibilisierung in diesem Bereich hin, damit man dem Einzelnen in der pädagogischen Situation gerecht werden kann.

Um dies zu erreichen, muss zunächst ermittelt werden, wie verschiedene Schüler ihr schulisches Umfeld und die darin manifest werdende Angst wahrnehmen und beschreiben. Im Projekt ESsKi soll genau diese Wahrnehmung der Schüler rekonstruiert werden. Dazu wurden mit Schülern selbst Interviews geführt, ebenso mit deren Eltern und dem jeweiligen Klassenlehrer. In Triangulation der kindlichen Perspektive mit der von Eltern und Lehrern soll die Besonderheit der kindlichen Schulwahrnehmung kontrastiv herausgearbeitet werden, um angsterzeugende Bedingungen nicht nur in der schulischen und familiären Entwicklungsumwelt, sondern gerade auch personintern, also in der Wahrnehmung von Schule aus Perspektive des Kindes, ausmachen zu können. Ziel des Projektes ist es, anhand ausgewählter Fälle auf die Individualität des kindlichen Angsterlebens in der Schule aufmerksam zu machen und so zu einer Sensibilisierung in der schulpädagogischen Arbeit beizutragen, die eine angemessene individuelle Unterstützung bei Angst in der Schule überhaupt erst möglich macht.

Literatur

Fölling-Albers, Maria/Meidenbauer, Katja (2010): Was erinnern Schüler/innen vom Unterricht? In: Zeitschrift für Pädagogik. 56. Jahrgang 2010. Heft 2., S. 229-248.

Kluge, Karl-Josef/Kornblum, Klaudia (1981): Schulangst [ist] Kinderangst. Ein Beitrag zum Thema „Kinderangst, ihre Erscheinungsformen, Auswirkungen, Ursachen und pädagogischen Konsequenzen". Bonn: Reha-Verlag.

Krohne, Heinz W. (1975): Angst und Angstverarbeitung. Stuttgart: Kohlhammer.

Menck, Peter (1998): Was ist Erziehung? Eine Einführung in die Erziehungswissenschaft. Donauwörth: Verlag Ludwig Auer.

Pekrun, Reinhard (1991): Schulleistung, Entwicklungsumwelten und Prüfungsangst. In: Pekrun, Reinhard/Fend, Helmut (Hrsg.): Schule und Persönlichkeitsentwicklung. Ein Resümee der Längsschnittforschung. Stuttgart: Ferdinand Enke Verlag, S. 164-180.

Pekrun, Reinhard/ Helmke, Andreas (1991): Schule und Persönlichkeitsentwicklung: Theoretische Perspektiven und Forschungsstand. In: Pekrun, Reinhard/Fend, Helmut (Hrsg.): Schule und Persönlichkeitsentwicklung. Ein Resümee der Längsschnittforschung. Stuttgart: Ferdinand Enke Verlag, S. 33-56.

Petersen (2001): Schulphobie. In: Rost, Detlef H. (Hrsg.): Handwörterbuch pädagogische Psychologie. 2., überarb. und erw. Aufl. Weinheim: Beltz, S. 596-600.

Rost, Detlef H./Schermer, Franz J. (2006): Leistungsängstlichkeit. In: Rost, Detlef H. (Hrsg.): Handwörterbuch pädagogische Psychologie. 3., überarb. und erw. Aufl. Weinheim: Beltz, S. 404-415.

Schnabel, Kai (1998): Prüfungsangst und Lernen. Empirische Analysen zum Einfluss fachspezifischer Leistungsängstlichkeit auf schulischen Lernfortschritt. Münster: Waxmann.

Schneider, Susanne (2005): Lernfreude und Schulangst. Wie es 8- bis 9-jährigen Kindern in der Grundschule geht. In: Alt, Christian (Hrsg.): Kinderleben – Aufwachsen zwischen Freunden und Institutionen. Wiesbaden: VS Verlag für Sozialwissenschaften, S. 199-230.

Schwarzer, Ralf (1981): Stress, Angst und Hilflosigkeit. Die Bedeutung von Kognitionen und Emotionen bei der Regulation von Belastungssituationen. Stuttgart: Kohlhammer.

Seipp, Bettina (1990): Angst und Leistung in Schule und Hochschule. Eine Meta-Analyse. Frankfurt/M.: Verlag Peter Lang.

Stöckli, Georg (1991): Nicht erreichte Schullaufbahn – enttäuschte Lebenspläne: Physiologische und emotionale Korrelate von Ist-Soll-Diskrepanzen bei Mutter und Kind. In: Pekrun, Reinhard/Fend, Helmut (Hrsg.): Schule und Persönlichkeitsentwicklung. Ein Resümee der Längsschnittforschung. Stuttgart: Ferdinand Enke Verlag, S. 149-163.

Strittmatter, Peter (1993): Schulangstreduktion. Abbau von Angst in schulischen Leistungssituationen. Neuwied: Luchterhand.

Emotionales Lernen unter der Bedingung des Unterrichts[1]

Felix Buchhaupt

1. Problemaufriss

In gesellschaftstheoretischer Sicht erfüllt das organisierte Schulsystem primär die Aufgabe, Kinder auf die Teilhabe an der Gesellschaft vorzubereiten. Eine Voraussetzung für die Konkretisierung dieses Anspruchs ist ein normatives Leitbild, das den ,geformten' vom ,ungeformten' Menschen unterscheidet. Neben zahlreichen Verhaltenserwartungen wird dabei aus der Perspektive des Neoliberalismus insbesondere die Leistungsorientierung als bedeutsame Lernaufgabe betrachtet (vgl. Fend 2006). Emotionalität und Lernen schließen sich in dieser Perspektive aus, Emotionen stören und werden mehr oder weniger streng sanktioniert (vgl. z.b. Bundschuh 2003).

Lernen – und diese Erkenntnis schlägt sich auch zunehmend in entsprechenden Forschungen nieder – lässt sich aber nicht auf die kognitive / informationsverarbeitende Komponente reduzieren, sondern muss immer vor dem Hintergrund des individuellen und zugleich durch die soziale Umwelt beeinflussten emotionalen Geschehens betrachtet werden. Dabei beschränkt sich der Einfluss von Emotionen auf den Lernprozess keineswegs auf die häufig angeführten Aspekte wie z.b. die Lernmotivation, den Lerninhalt oder den Lernstil (vgl. Hänze 2003). Emotionen können eben nicht als – wenn auch bedeutsame – „indirekte Begleitprozesse" (Krapp 2005: 605) des eigentlichen kognitiven Lernens abgetan werden. Auf der Grundlage der hier vertretenen Perspektive stellt stattdessen der Prozess des Lernens an sich eine emotionale Herausforderung dar, die bewältigt werden muss. Diese Überlegung findet sich einerseits dezidiert im Rückgriff auf kognitionspsychologische Theorien (vgl. Katzenbach 2004), andererseits auch in phänomenologischen Sichtweisen auf das Lernen, wenn dieses „einen Bruch mit der vertrauten Sicht der Dinge" darstellt und durch Lernen „das Fremde in das Vertraute einbricht" (Meyer-Drawe 2008: 14). Lernen stellt dann immer eine emotionale Herausforderung dar, da das Aufgeben alter Gewissheiten und

---

1   Der folgende Beitrag stellt einen Ausschnitt aus einem Dissertationsprojekt dar, das am Institut für Sonderpädagogik der Goethe-Universität Frankfurt unter der Betreuung von Prof. Katzenbach durchgeführt wird.

die Bereitschaft Neues zu integrieren mit Verunsicherungen und möglicherweise auch Ängsten verbunden ist. Deren Bewältigung bzw. Regulation kommt für den Lernerfolg in alltäglichen Unterrichts- bzw. Lernsituationen eine viel grundlegendere Bedeutung zu, als dies in etablierten pädagogischen und psychologischen Konzepten z.b. im Bereich der Leistungs- oder Prüfungsangst der Fall ist. Die Herausforderung der erfolgreichen Emotionsregulation ist dann nicht mehr nur für einige, mehr oder weniger ‚gestörte' Schüler/innen relevant, sondern eine untrennbar mit den Anforderungen des Lernens verbundene und somit von allen zu bewältigende Aufgabe. Inwieweit es den Schüler/innen gelingt, diese Aufgabe für sie produktiv zu meistern, hat somit entscheidende Auswirkungen für die Auseinandersetzungen mit den Lernaufgaben (nicht nur) der Schule.

Damit ist zugleich die theoretische Anbindung dieses Forschungsprojekts an die Disziplin der Sonderpädagogik bzw. Lernbehindertenpädagogik angedeutet. In dieser bestehen seit ihrer Entstehung erhebliche Schwierigkeiten in der Definition der eigenen Klientel, was zu scheinbar tautologischen Aussagen geführt hat, wie der wohl bekanntesten von Bleidick (1980: 130): „Lernbehindert ist, wer eine Schule für Lernbehinderte besucht". Auch wenn die umfangreichen Auseinandersetzungen über den Begriff und die Ursachen einer Lernbehinderung mittlerweile dazu geführt haben, dass sehr zahlreiche und miteinander in individueller Weise verknüpfte Entstehensbedingungen und Erscheinungsformen diskutiert werden. Doch auch hier bleiben die zuvor angedeuteten emotionalen Aspekte außen vor, kognitive und soziale Einschränkungen stehen weiterhin im Vordergrund (vgl. z.B. Schröder 2005). Um möglichen Missverständnissen vorzubeugen: Es ist keineswegs das Ziel des Projekts diese wichtigen Aspekte des Lernens und der Lernbehinderung zu leugnen, sondern der Anspruch ist die Erweiterung beider Begriffe um eine emotionale Komponente.

Vor diesem hier zwangsläufig nur kurz skizzierten theoretischen Hintergrund wurden zwei zentrale Forschungsfragen entwickelt, die im Rahmen des Dissertationsprojektes bearbeitet werden:

1. Welche emotionalen und emotionsregulativen Prozesse lassen sich in schulischen Unterrichtsinteraktionen identifizieren und welche Bedeutung kommt ihnen dort zu? Diese Fragestellung bildet den Kern des Vorhabens, da nur die intensive und detaillierte Beschreibung der ablaufenden Prozesse eine angemessene Basis für das weitere Verstehen bilden kann. Da Emotionen, wie schon angedeutet, in der Konzeption von Unterricht zumeist unerwünscht sind, ist anzunehmen, dass ihre ‚kompetente' Regulation eine wichtige Funktion für den ungestörten Ablauf des Unterrichts und damit auch für die Bewertung von Schüler/innen bzw. ihrer Leistungen bildet. Zu untersuchen ist daher neben den individuellen und interaktionalen Aspekten emotionaler und emotionsregulativer Prozesse auch ihre Funktion im Rahmen des Systems Unterricht.

2. Lassen sich bei Schüler/innen Zusammenhänge zwischen ihrer Form der emotionalen/regulativen Bewältigung von Lernsituationen und ihrem schulischen Lernerfolg bzw. Misserfolg finden?

2. Forschungsperspektiven

Da es sich um eine explorative Untersuchung handelt, werden an acht Fällen intensive Einzelfallanalysen durchgeführt, um anhand dieser zu Antworten auf die forschungsleitenden Fragen zu kommen. Aufgrund der qualitativen methodischen Grundhaltung muss aber davon ausgegangen werden, dass sich in der Auseinandersetzung mit der Empirie noch weitere Fragestellungen herauskristallisieren werden, bzw. die oben genannten Fragen noch ausdifferenziert werden müssen. Es werden jeweils vier Fallstudien in ersten Klassen einer Grundschule und einer Schule für Lernhilfe durchgeführt. Der Vergleich zwischen diesen Schulformen ist von besonderem Interesse, da hier – neben dem institutionell offensichtlichen Unterschied der Lernbehinderung – der Rahmen der Unterrichtsinteraktionen in mehrerer Hinsicht unterschiedlich strukturiert ist: Klassengröße, Qualifikation der Lehrkräfte, didaktische Aufbereitung der Inhalte, Erwartungshaltung gegenüber den Schüler/innen (sowohl von Seiten der Lehrkräfte, als auch von Eltern). Die Untersuchung der ersten Klassen hat den Hintergrund, dass in diesen von emotionalen Regulationsformen ausgegangen werden kann, die noch nicht durch den institutionellen Kontext der Schule geprägt sind, hier aber eine den in der Schule herrschenden Regeln entsprechende Formung stattfindet.

Das zentrale Untersuchungsinstrument bilden Videoaufnahmen des Unterrichts[2], da Beobachtungsprotokolle oder andere Formen der Aufzeichnung nur in begrenzter Form bestimmte Aspekte des Unterrichts erfassen können, und zudem die sehr schnell ablaufenden emotionalen Prozesse auf andere Art kaum festzuhalten sind. Die Aufnahmen fokussieren dabei einerseits auf den individuellen emotionalen Ausdruck von Schüler/innen, andererseits anhand einer zweiten Kamera auf die gesamte Interaktion in der Klasse.

Der emotionale Ausdruck beinhaltet prinzipiell alle Formen nonverbaler Verhaltensweisen, wobei in methodischer Hinsicht einiges dafür spricht, die Untersuchung des mimischen Ausdrucks in den Vordergrund zu stellen. So lassen sich „im Bereich der Mimik, im Vergleich zu anderen nonverbalen Kanälen wie Körperhaltungen oder Gestik, am ehesten spezifische Indikatoren für differenzierte emotionale Prozesse finden" (Bänninger-Huber 1996: 27). Auch wenn das subjektive emotionale Empfinden nicht notwendigerweise mit dem mimischen Ausdruck übereinstimmen muss (vgl. z.B. Kappas

---

2 Ergänzend zu diesen werden auch Interviews und standardisierte Verfahren eingesetzt, auf die an dieser Stelle aber nicht weiter eingegangen werden kann.

2003), so deuten zahlreiche Studien doch auf einen starken Zusammenhang zwischen Ausdruck und Erleben hin (vgl. z.B. Izard/Malatesta 1987; Scherer/ Wallbott 1990). „So kann davon ausgegangen werden, dass mittels Mikroanalysen mimischer Verhaltensweisen auch Hinweise auf unbewusst ablaufende Affektregulierungsprozesse gewonnen werden können" (Bänninger-Huber 1996: 27). Als methodisches Instrument steht für solche Analysen das Facial Action Coding System von Ekman/Friesen (1978) zur Verfügung, das anhand einer differenzierten Auswertung der mimischen Muskelbewegungen auch Rückschlüsse auf das emotionale Erleben zulässt (vgl. Ekman 1988).

Die Konzentration auf den individuellen Ausdruck greift aber zu kurz, wenn nicht der Kontext der gesamten Unterrichtssituation in die Analyse integriert wird. Dies ist schon deshalb notwendig, da die alleinige Fokussierung auf den mimischen Gesichtsausdruck nicht der situativen Realität entspricht. Zudem hat der emotionale Ausdruck auch eine soziale bzw. kommunikative Komponente (vgl. z.B. Fridlund 1994), die sich erst aus dem Kontext erschließen lässt. So würde die Identifikation der gezeigten Emotion noch keinen Aufschluss darüber geben, warum diese gerade jetzt in dieser Form ausgedrückt wurde. Die Auswertung dieser Aufnahmen erfolgt anhand einer ausführlichen sequenziellen Analyse, die der Frage nachgeht, „wie sich sinnstrukturierte Sequenzverläufe in der Abfolge aufeinander bezogener Äußerungen ausbilden" (Dinkelaker/Herrle 2009: 75). Durch die Verbindung bzw. Kontrastierung der individuellen Perspektive auf die Mimik mit dem Kontext der Unterrichtssituation ergeben sich die besonderen Erkenntnismöglichkeiten dieses methodischen Vorgehens.

3. Ausblick

Im Rahmen dieses Beitrags ist eine ausführliche Falldarstellung leider nicht möglich, daher sollen hier nur einige Möglichkeiten des beschriebenen Projekts aufgezeigt werden. Es lässt sich nicht zu unrecht argumentieren, dass die möglichen Ergebnisse der Analysen dem Praktiker und auch dem Theoretiker nichts Neues zeigen werden, da mittlerweile allgemein bekannt ist, wie komplex und auch emotional anspruchsvoll Unterricht und Lernen ist. Diesem Einwand soll hier auch nicht grundsätzlich widersprochen werden, aber schon die ersten Analysen zeigen, dass gerade aufgrund der hohen Komplexität und Simultaneität der Interaktionen eine derartige detaillierte Analyse einige Aspekte aufzeigen kann, die andernfalls unsichtbar bleiben würden. So lassen sich z.B. Verbindungen zwischen den durch die Lehrer/innen etablierten Kommunikations- und Anforderungsstrukturen einerseits und den zwischen den Schüler/innen ablaufenden Interaktionen andererseits aufzeigen. Zudem ermöglicht der mikroskopische Blick auf den (emotionalen) Umgang der Schüler/innen mit den vielfältigen Lernaufgaben im Unterricht eine vertiefte Analyse sowohl der

Angemessenheit des didaktischen Vorgehens, als auch der Bedeutung von individuellen Regulationsstrategien. So zeigen sich bei genauerer Betrachtung von Schüler/innen mit unterschiedlichen schulischen Leistungen sehr große Unterschiede in der Form ihrer Emotionsregulation, die von der internen Regulation bis zur Suche nach (emotionaler) Unterstützung bei Mitschüler/innen und Lehrer/innen reicht. Inwieweit es sich hier um möglicherweise verallgemeinerbare Muster handelt und welche Bedeutung diese für den Lernprozess haben, wird allerdings erst die weitere Analyse zeigen können.

In jedem Fall wird deutlich, dass die in diesem Projekt vorgenommenen Analysen sowohl des Verhaltens und des Ausdrucks von Schüler/innen als auch des Handelns von Lehrer/innen zur Aufdeckung von Strukturen beiträgt, die den Blick auf die Anforderungen und die Bewältigung des Lernens im Unterricht erweitern und damit einen Beitrag für die (psychoanalytisch-) pädagogische Theorie und Praxis liefern kann.

Literatur

Bänninger-Huber, Eva (1996): Mimik – Übertragung – Interaktion. Die Untersuchung affektiver Prozesse in der Psychotherapie. Bern: Verlag Hans Huber.

Bleidick, Ulrich (1980): Lernbehinderte gibt es eigentlich gar nicht. Oder: Wie man das Kind mit dem Bade ausschüttet. In: Zeitschrift für Heilpädagogik 31, 2, S. 127-143.

Bundschuh, K. (2003): Emotionalität, Lernen und Verhalten. Ein heilpädagogisches Lehrbuch. Bad Heilbrunn/Obb.: Klinkhardt.

Dinkelaker, Jörg/Herrle, Matthias (2009): Erziehungswissenschaftliche Videographie. Eine Einführung. Wiesbaden: VS Verlag für Sozialwissenschaften.

Ekman, Paul (1988): Die Messung der Gesichtsbewegungen mit Hilfe des Facial Action Coding Systems (FACS). In: Salisch, M. von (Hrsg.): Gesichtsausdruck und Gefühl. 20 Jahre Forschung von Paul Ekman. Paderborn: Junfermannsche Verlagsbuchhandlung, S. 181-224.

Ekman, Paul/Friesen, Wallace V. (1978): The Facial Action Coding System. Palo Alto: Consulting Psychologist Press.

Fend, Helmut (2006): Neue Theorie der Schule. Einführung in das Verstehen von Bildungssystemen. Wiesbaden: VS Verlag für Sozialwissenschaften.

Fridlund, Alan J. (1994): Human facial expression. An evolutionary view. San Diego: Academic Press.

Hänze, Martin (2003): Productive functions of emotions in classroom learning. In: Mayring, P./Rhöneck, C. von (Hrsg.): Learning emotions. The influence of affective factors on classroom learning. Frankfurt/M.: Peter Lang, S. 185-194.

Izard, Carroll E./Malatesta, Carol Z. (1987): Perspectives on emotional development I: Differential emotions theory of early emotional development. In: Osofsky, J. D. (Hrsg.): Handbook of infant development. 2. Auflage. New York: John Wiley & Sons, S. 494-554.

Kappas, Arvid (2003): What facial activity can and cannot tell us about emotions. In: Katsikitis, M. (Hrsg.): The human face. Measurement and meaning. Boston: Kluwer Academic Publishers, S. 215-234.

Katzenbach, Dieter (2004): Wenn das Lernen zu riskant wird. Anmerkungen zu den emotionalen Grundlagen des Lernens. In: Dammasch, F./Katzenbach, D. (Hrsg.): Lernen und Lernstörungen bei Kindern und Jugendlichen. Zum besseren Verstehen von Schülern, Lehrern, Eltern und Schule. Frankfurt/M.: Brandes & Apsel, S. 83-104.

Krapp, Andreas (2005): Emotion und Lernen – Beiträge der Pädagogischen Psychologie. In: Zeitschrift für Pädagogik 51, 5, S. 603-609.

Meyer-Drawe, Käte (2008): Diskurse des Lernens. München: Wilhelm Fink Verlag.

Scherer, Klaus R./Wallbott, Harald G. (1990): Ausdruck von Emotionen. In: Scherer, K. R. (Hrsg.): Enzyklopädie der Psychologie. Psychologie der Emotion. Göttingen: Hogrefe, S. 345-422.

Schröder, Ulrich (2005): Lernbehindertenpädagogik. Grundlagen und Perspektiven sonderpädagogischer Lernhilfe. 2. Auflage. Stuttgart: Kohlhammer.

Bildung trotz Schule oder: der Lehrer als Befreiungshelfer

Julia Köhler & Ilse Schrittesser

1. Das Vorhaben: wissenschaftlicher Rahmen und Forschungsfragen

Wird Schule an dem Anspruch gemessen, nicht nur Kulturtechniken zu vermitteln, sondern Möglichkeiten der (Selbst-)Bildung zu eröffnen, so stellt sich rasch Unbehagen ein. Schulkritiker äußern sich skeptisch, ob jenes in der Schule vollzogene institutionalisierte Lehren und Lernen mit Bildung überhaupt etwas gemein haben kann.

In einem Aufsatz aus dem Jahr 1975 weist Wolfgang Fischer auf diese Problematik hin. Zwischen Schule und Bildung, schreibt Fischer (1975: 164), bestünde ein „unüberbrückbarer Dissens", der nur dann vernünftig austragbar wäre, wenn Schule zur Disposition der Pädagogik stünde. Da dies die Schule aber zu einem ständigen Herd der Beunruhigung und Störung machen würde – sie müsste aus allen von außen auferlegten Zwecken und Zielen entlassen werden und vollkommen für die uneingeschränkte Förderung von Bildungsprozessen freigegeben werden – sei kaum zu erwarten, dass es zu dieser Entwicklung kommen werde.

„Mit anderen Worten heißt das: institutionalisiertes und organisiertes Lehren und Lernen in der Staatsschule stehen weder zur Disposition der Sinn und Aufgabe von Bildung bedenkender [sic!] Pädagogik, noch kann der Staat sie aus der Hand geben. Das ist durch die Frage: Bildung trotz Schule? ausgedrückt, wenn man keinen Illusionen über die Gegenwart und Zukunft unserer Bildungsanstalten nachhängt oder an einzelnen Ausnahmefällen und disfunktionalen Spurenelementen sich festkrallt und wenn Bildung jedenfalls nicht identisch gesetzt wird mit noch so modisch frisiertem herrschaftlich gebundenem Lehren und Lernen" (op. cit.,: 168).

Ähnlich wie bei Fischer stellt sich auch im Denken Heinz-Joachim Heydorns institutionalisierte Bildung als in sich unauflösbarer Widerspruch dar. In Heydorns Überlegungen zu einer Neufassung des Bildungsbegriffs (Heydorn 1972) nennt er institutionalisierte Bildung eine „umfassende Dienstleistung", die jedoch unter den „sachrationalen Zwängen der Gesellschaft" stehe (op. cit.: 120). Organisierte Bildung sei zwar gesellschaftlich notwendig – wir lesen hier eine ähnliche Denkfigur wie bei Fischer –, ebenso sei aber nicht zu übersehen, wie sich die bestehende Macht in den Bildungsprozessen verankere. Mündigkeit ziele dagegen auf den Menschen in seiner vollen Hand-

lungsfähigkeit ab – diese Dimension gewinne in hochtechnologisierten Ge-
sellschaften einen einmaligen Stellenwert. Die „Antithese", der Widerspruch
aber sei, dass organisierte Bildung in diesem Prozess nicht nur auf Mündigkeit, sondern auf „die Faktizität einer historischen Gesellschaft" vorbereite
(op. cit.: 11). Institution als jeweils historische Gestalt gesellschaftlich gel-
tender Normen und Werte stellt sich damit für Heydorn als das Gesetzte und
in ihrer Dynamik der Bewegung der Mündigkeit als entgegengerichtet dar.
Ist nun „[d]ie Herstellung menschlicher Handlungsfähigkeit gegenüber der
technologischen Revolution [...] das vornehmste Problem der Bildung" (op.
cit.: 123) und zunächst Voraussetzung für Mündigkeit, so lasse sich diese nur
im Durchgang durch die Institution erreichen.[1] Die Person des Lehrers spielt
für Heydorn in diesem Prozess eine zentrale Rolle. Es sei die Person des
Lehrers, die den Widerspruch „virulent" mache, die zwischen Individuum
und Kollektiv zu vermitteln habe.

„Entbindung ist die Aufgabe des Lehrers, sein unveränderter sokratischer Auftrag, Entbin-
dung der kollektiven Mündigkeit. Muss er sein Augenmerk, wie alle Pädagogik, auf das
Individuum richten und ihm seine Hilfe angedeihen lassen, so wird er doch diese Hilfe
über das objektive Spannungsgefüge vermitteln, das die Bildungswirklichkeit enthält"
(Heydorn 1970: 329). Der Lehrer wird zum „Befreiungshelfer" (op. cit.: 333) – ein hoher
Anspruch.

Im Folgenden wird ein Vorhaben vorgestellt, das sich in der Tradition der
von Heydorn beschriebenen Dialektik bewegt und in dessen Rahmen die
Frage gestellt wurde, wie denn die Adressatinnen und Adressaten von Schul-
bildung ihre Lehrerinnen und Lehrer erleben. Welche (bildenden) Erfahrungen können Schülerinnen und Schüler in der Schule machen und inwiefern
erleben sie Lehrerinnen und Lehrer als die Agenten dieser Erfahrungen?
    Bevor das Vorhaben und erste Ergebnisse konkret vorgestellt werden,
werfen wir noch kurz einen Blick auf das Projekt (EPIK), in dessen Kontext
das genannte Vorhaben eingebettet ist.[2]
    Das Projekt EPIK (Entwicklung von Professionalität im Internationalen
Kontext) hat zum Ziel, ein tragfähiges *Verständnis von Professionalität* zu
erarbeiten, in dem das Spannungsfeld von strukturellen Rahmenbedingungen
und individuellen Kompetenzen von Lehrerinnen und Lehrern sichtbar wird.
Ebenso sollen *empirische Befunde* für sich zeigende Hinweise auf professionelles Lehrerhandeln vorgelegt werden. Im Zuge des Projekts wurden fünf
Kompetenzfelder – „Domänen" – vor dem Hintergrund professionstheoreti-
scher Überlegungen von Professionalität herausgearbeitet. In der Verfasstheit
der Domänen wird das eingangs skizzierte widersprüchliche Spannungsgefüge als ein Zusammenspiel von Subjekt und Struktur, von individuellem Leh-

---

1   Vgl. dazu auch die Ausführungen von Schrittesser (2007).
2   Das aus Vertretern von Universitäten, Pädagogischen Hochschulen, Ministerium und
    Schulverwaltung bestehende Projektteam arbeitet seit 2005 im Auftrag des österreichischen
    Bundesministeriums für Unterricht, Kunst und Kultur unter der Leitung von Michael
    Schratz. Zur Website des Projekts: http://epik.schule.at.

rerhandeln und institutionellen Rahmenbedingungen abgebildet (zur theoretischen Fundierung vgl. Schratz et al. 2007 sowie Paseka, Schratz & Schrittesser (Hrsg.), in Druck, vgl. auch http://epik.schule.at). Folgende Kompetenzfelder wurden vor diesem Hintergrund bestimmt:

Reflexions- und Diskursfähigkeit (1) bezieht sich auf fall- bzw. problembezogene Reflexivität, d.h. auf die Fähigkeit, Situationen erfassen und mit hinreichender Distanz systematisch und unter Heranziehen von Theoriewissen analysieren zu können; Diskursfähigkeit bedeutet in diesem Zusammenhang, die im Bearbeiten der Situation auftauchenden Interpretationen und Lösungsmöglichkeiten (meist ex post) diskursiv verarbeiten zu können. Um schließlich einen professionellen Diskurs auf der Basis individueller Falldeutungen durchführen zu können (zum Begriff der Falldeutung vgl. Oevermann 1996: 126ff.), bedarf es des kontinuierlichen und lebendigen Austausches mit Kolleginnen und Kollegen inkl. der dafür förderlichen Strukturen in Hinblick auf Raum, Zeit, Verantwortlichkeit etc. Dies umfasst die Domäne Kollegialität (2). Individuelle Falldeutung verlangt – neben Reflexivität und der Entwicklung eines Fachdiskurses – auch nach differenzierten Blicken auf die Situation und einer damit in Zusammenhang stehenden Wahrnehmung und Anerkennung des Anderen in seinem Eigenrecht: Differenzfähigkeit (3). Professionsbewusstsein zu entfalten – das vierte Kompetenzfeld (4) –, bedeutet, die öffentliche Verpflichtung und die Verantwortungsbereiche der eigenen Profession zu kennen, eine Art öffentliches Bekenntnis zum gegebenen Verantwortungsbereich abzulegen und dessen Wertorientierungen aktiv mit zu gestalten, aber auch die Grenzen der Verantwortung im Blick zu haben. Personal Mastery (5) – ein Begriff entliehen von Peter Senge (1996) – zielt auf das professionelle Ich ab, das nicht nur in der Fähigkeit zum Ausdruck kommt, Professionswissen und -können situationsbezogen umzusetzen, sondern auch den Umgang mit sich selbst bewusst zu gestalten.

2. Untersuchungsdesign und bisherige Ergebnisse

Kehren wir zur Ausgangsthese dieses Artikels zurück, Schule und Bildung stünden in einem Widerspruchsverhältnis, dessen Vermittlung als zentrale und gleichzeitig schwierigste Kernaufgabe professionellen Lehrerhandelns zu verstehen sei. Wie erleben Schülerinnen und Schüler solche Vermittlungsversuche? Welche Momente von Professionalität im hier beschriebenen Sinn zeigen sich im Lehrerhandeln aus Sicht der Schülerinnen und Schüler?

Der hier beschriebenen Untersuchung liegen offene Fragebögen zugrunde, die von April bis Oktober 2009 an drei Gymnasien in Wien und Wien-Umgebung in jeweils einer Klasse pro Jahrgang verteilt wurden. An der Befragung waren insgesamt 493 Schülerinnen und Schüler beteiligt. Im Mittelpunkt stand die Frage, inwieweit die oben genannten fünf Domänen von Schülerinnen und Schülern als relevant für (bildenden?) Unterricht wahrgenommen und in welcher Ausprägung sie erlebt werden.[3]

Im Folgenden einige Beispiele, wie sich Schülerinnen und Schüler in der Befragung äußerten: Geduld und grundlegende Vermittlungsfähigkeit in Relation mit einem hohen Maß an Verständnis für die individuellen Bedürfnisse bzw. Fähigkeiten der Schülerinnen und Schüler – Differenzfähigkeit – führen zu subjektiv besseren Lernerfahrungen, so ein Grundtenor der Antworten.

„Die Lehrer müssen erkennen, dass nicht alle Schüler gleich sind. [...] Manche lernen nun mal nicht so schnell dazu wie andere Schüler. [...] Demnach finde ich, dass Schüler von Lehrern oft in dieselbe Schublade gesteckt werden." (A A/20)

„Lehrer denken oft gar nicht daran, den Unterricht interessant und kreativ zu gestalten, damit die Schüler Spaß am Lernen und an der Schule haben. Manche denken nur daran, den Lehrstoff beizubringen und ihr Geld zu kassieren." (G A/20)

Kollegialität sowohl innerhalb der Lehrerschaft als auch zwischen Schülerinnen und Schülern und Lehrerinnen und Lehrern wird nahezu durchwegs als erstrebenswert erachtet.

„Wer nicht kollegial ist, hat im Lehrberuf nichts verloren. Den ganzen Tag arbeitet man mit Menschen, man ist umgeben von Kindern. Natürlich gibt es Reibungspunkte, diese sollten allerdings sofort besprochen werden und aus der Welt geschafft werden, denn man sollte den Schülern ja ein Vorbild sein und nicht schon durch eine schlechte Stimmung im Kollegium gegenteilig wirken." (B 16/9)

„Wenn Lehrer enger zusammenarbeiten und untereinander ihre Unterrichtsmethoden diskutieren und sich darüber austauschen, entstehen möglicherweise neue Unterrichtsmodelle, die sowohl für Lehrer als auch für Schüler angenehmer und erfolgreicher sind." (A O1/9)

Zahlreiche konkrete Vorschläge zu Kooperationsmöglichkeiten auch für Schülerinnen und Schüler werden gemacht.

„Bessere Schüler sollen anderen helfen egal ob Bub oder Mädchen." (A 2/4)

Die Entfaltung einer professionellen Haltung im Sinne von „Personal Mastery" manifestiert sich für die Schülerinnen und Schüler vor allem in der Bereitschaft, kontinuierlich an sich zu arbeiten und für Neues offen zu bleiben.

„Ein guter Lehrer ist für mich der, der neuen und guten Ideen gegenüber immer offen ist." (A 1/16)

---

3   Die jüngeren Schülerinnen und Schüler wurden – nach einer kurzen Einführung – gebeten, ihre Eindrücke zur Ausprägung der Domänen an ihrer Schule zu beschreiben. Durch eine zweite Frage wurde anhand eines konkreten Beispiels die Möglichkeit eröffnet, Erwartungen, Wünsche und Hoffnungen betreffend des Handelns von Lehrerinnen und Lehrern zu äußern. Den älteren Schülerinnen und Schülern wurden zwei offene Fragen zu einer EPIK-Broschüre gestellt, die im Vorfeld zur Verfügung gestellt worden war. Die Auswertung der Bögen erfolgte mittels qualitativer Inhaltsanalyse.

Zu „Professionsbewusstsein" heißt es mehrheitlich, dass Lehrerinnen und Lehrer ein gekonntes Maß an Nähe und Distanz benötigen, um einen für alle Beteiligten guten Unterricht zu ermöglichen. Für die jüngeren Schülerinnen und Schüler ist Professionsbewusstsein eng mit empathischen Kompetenzen verknüpft.

„Lehrer und Lehrerinnen sollten nicht streng sein aber diszipliniert mit den Kindern umgehen." (B 4/8)

Die älteren Jahrgänge sehen Lehrerinnen und Lehrer zunehmend als Expertinnen und Experten ihres Fachs, allerdings nie ohne „Menschlichkeit". (C 2/11)

„Professionsbewusstsein ist meiner Meinung nach besonders wichtig, da Lehrer uns Glaubhaftigkeit und Freude vermitteln sollen. Natürlich sollen sich die Lehrkräfte nicht nur als Experten wahrnehmen, sondern es tatsächlich sein und uns bei Fragen kompetent antworten können oder aufrichtig genug sein, um Nichtwissen zuzugeben. Denn es ist ziemlich unbefriedigend auf eine ernstgemeinte Frage eine schwammige, abwehrende oder belustigende Antwort zu bekommen." (B 17/9)

Reflexions- und Diskursfähigkeit werden unter anderem so gedeutet, dass ein Feedback für Lehrerinnen und Lehrer eingeführt werden sollte.

„Und das aller wichtigste ist, wir brauchen unbedingt am Ende des Schuljahres ein Feedback für uns Schüler und Eltern über die Lehrer." (B 15/6)

Von einem Benotungssystem für Lehrer, einem mündlichen Feedback am Ende des Schuljahres bis hin zu Möglichkeiten des Abwählens von Lehrkräften, finden sich zahlreiche Äußerungen zur Einführung einer Fremdreflexion des unterrichtlichen Handelns von Lehrkräften.

„Lehrer müssen Kritik annehmen und damit umgehen können. In vielen Fällen kommt es allerdings zu keiner Kritik von Schülern wegen der Angst vor schlechten Noten etc. Lehrer müssten Kritik fordern und fördern, den Schüler zu einem selbstständigen Individuum formen, das seine Meinung jedem gegenüber vertreten kann." (C 1/7)

„Viele Lehrer haben nicht den aufzubringenden Respekt, verlangen ihn aber von den Schülern. DAS ist ein großes Problem! Sie nehmen die Wünsche der Schüler nicht ernst." (A O1/33)

Ob man sich angesichts dieser von Schülerinnen und Schülern artikulierten Erfahrungen und Stellungnahmen tatsächlich „Befreiungshilfe" durch Lehrerinnen und Lehrer in Hinblick auf jenen grundsätzlichen Widerspruch von Schule und Bildung erwarten kann, scheint angesichts der bisherigen Ergebnisse der (noch unabgeschlossenen) Studie eher fragwürdig. Jedenfalls lässt sich feststellen, dass sich Schülerinnen und Schüler im vorliegenden Vorhaben als ernst zu nehmende Expertinnen und Experten für Fragen schulischer Bildung erweisen. Vielleicht sind sie ja letztlich ihre eigenen Befreiungshelfer. Dass dennoch Handlungsbedarf besteht, ist zu vermuten.

Literatur

Fischer, Wolfgang (1975): Bildung trotz Schule? In: Ders. (1978): Schule als parapädagogische Organisation. Kastellaun/Hunsrück: Henn, S. 158-172. Vgl. dazu – unter anderer Perspektive – auch: Göppel, Rolf (2007): Lehrer, Schüler, Konflikte. Bad Heilbrunn: Klinkhardt.

Heydorn, Heinz-Joachim (1970): Über den Widerspruch von Bildung und Herrschaft. Bildungstheoretische Schriften 2. Frankfurt/M.: Europäische Verlagsanstalt.

Heydorn, Heinz-Joachim (1972): Zu einer Neufassung des Bildungsbegriffs. Frankfurt/M.: Suhrkamp.

Oevermann, Ulrich (1996): Theoretische Skizze einer revidierten Theorie professionalisierten Handelns. In: Combe, Arno/Helsper, Werner (Hrsg.): Pädagogische Professionalität. Untersuchungen zum Typus pädagogischen Handelns. Frankfurt/M.: Suhrkamp, S. 70-182.

Paseka, Angela/Schratz, Michael/Schrittesser, Ilse (in Druck): Entwicklung von Professionalität im internationalen Kontext. Wien: Facultas/UTB.

Schratz, Michael/Schrittesser, Ilse et al. (2007): Domänen von Lehrer/innen/professionalität. Entwicklung von Professionalität im internationalen Kontext. In: Kraler, Christian/Schratz, Michael (Hrsg.): Modelle zur kompetenzorientierten Lehrerbildung. Münster: Waxmann, S. 123-138.

Schrittesser, Ilse (2007): Bildung: Organisierter Widerspruch? Über Möglichkeiten und Grenzen der Organisationsentwicklung in Bildungssystemen. Frankfurt/M.: Peter Lang.

Senge, Peter, M. (1996): Die fünfte Disziplin. Kunst und Praxis der lernenden Organisation. Stuttgart: Klett-Cotta.

Schulbiographie, Schulklima und subjektiv bedeutsame Lernerfahrungen – Wie nehmen Schüler/innen das Schulklima in einer Versuchsschule wahr und wie beeinflusst es das Lernen?

Sebastian Boller, Stephan Holz & Martina Möller

1. Theoretische Einordnung: Selektion und institutionelle Diskriminierung im Kontext von Heterogenität

Im ersten Teil des Workshops wurde auf die Selektionsmechanismen im Schulsystem und die Einflussfaktoren auf den Lernerfolg eingegangen. Diese bildungssoziologischen Erörterungen bilden den thematischen Rahmen für die Analyse der Schülerinterviews, die im Rahmen der o.g. Studie geführt wurden.

Grundlegend für den Diskurs um Heterogenität, Durchlässigkeit und Förderung ist zunächst die ebenso banale wie vielfach dokumentierte Erkenntnis der hohen sozialen Selektivität des deutschen Schulsystems. In der Literatur werden soziale Herkunft, Migrationshintergrund und Geschlecht als wichtigste Einflussfaktoren auf den Schulerfolg genannt. Schümer, Tillmann und Weiß (2002) können am Beispiel von Klassenwiederholungen zeigen, dass Kinder mit Migrationshintergrund im Vergleich zu Kindern ohne Migrationshintergrund ein doppelt so hohes Risiko tragen, eine Klasse wiederholen zu müssen.

Die geschlechtsspezifische Betrachtung von Schullaufbahnen zeigt ferner, dass Mädchen seltener als Jungen problematische Brüche der Schullaufbahn erleben: Sie werden seltener zurückgestellt, wiederholen Klassen seltener, steigen seltener in Haupt- oder Realschulen ab und häufiger in höhere Schulformen auf (vgl. Bellenberg 1999).

Selbstverständlich spielt auch die soziale Herkunft, d.h. das Elternhaus im Sinne des kulturellen und sozialen Kapitals eine wichtige Rolle. Bildungsaspirationen, Unterstützungsmöglichkeiten und der Anregungsgehalt des Elternhauses wirken sich stark auf die Schulleistungen aus. So können Eltern aus höheren sozialen Schichten aufgrund der besseren finanziellen Möglichkeiten z.B. durch Nachhilfe schulische Defizite ausgleichen und ihren Kindern vielfältige Möglichkeiten formeller und informeller Bildung zukommen lassen.

Wie im Folgenden noch gezeigt wird, entfalten sich die Wirkungen der sozialen Herkunft im deutschen Schulsystem besonders an den Gelenkstellen, also an den Übergängen nach der Grundschule, der Sekundarstufe I und der Sekundarstufe II. Diese institutionellen Übergangsprozesse zwischen den

Schulstufen sind für Selektivität und Durchlässigkeit des Schulsystems von zentraler Bedeutung. Dabei beeinflussen die Lernmilieus der unterschiedlichen Schulformen die Leistungen, Bildungsaspirationen, Ziele und Bildungswege.

Neben Geschlecht und sozialer Herkunft übt der Migrationsstatus der Herkunftsfamilie einen Einfluss auf den Schulerfolg aus. Schulze und Soja (2003) untersuchen, wie es schulisch zunächst wenig erfolgreichen jungen Migranten/innen gelingt, auf Umwegen höhere Schulabschlüsse zu erwerben. Deutlich wird dabei ein Muster, das sie als „verschlungene Bildungspfade" bezeichnen. Das ist eine Strategie, mit der junge Migranten/innen auf ungünstige Startbedingungen, unzureichende pädagogische Unterstützung und Diskriminierung reagieren. Die Schullaufbahnen dieser Schüler/innen verlaufen nicht geradlinig, sondern mit mehrfachen Wechseln: Es finden sich meist keine eindeutigen Aufwärts- oder Abwärtsbewegungen, sondern Schulwechsel, die tendenziell zunächst „nach unten", später dann wieder zu höher qualifizierenden Abschlüssen führen.

Eine weitere aufschlussreiche Perspektive auf das Thema Schulerfolg ergibt sich aus dem Blickwinkel der bildungsbiograph ischen Forschung. Bildungsbiograph ische Untersuchungen gehen der Frage nach, wie institutionelle schulische Übergänge und Rollenanforderungen erfahren, gedeutet, erzählt und in den lebensgeschichtlichen Gesamtzusammenhang eingebettet werden. Dieser Forschungstyp zeichnet sich durch ein prozessanalytisches Vorgehen, eine Betonung der Eigenperspektive der Biographieträger und den je spezifischen Fallbezug, von dem aus die Relevanz der Schule für die Biographie der Schüler/innen ausgelotet wird, aus. In solchen schulbiograph ischen Studien zeigt sich, dass schulische Anerkennung, Erfolg, Versagen, Klassenwiederholungen oder Schulabstieg für die Jugendphase eine „gravierende biographische Relevanz" (Helsper/Bertram 2006: 280) haben und sich nachhaltig auf Motive und Ziele der Jugendlichen auswirken können.

Untersucht man, welche weiteren Faktoren die Schullaufbahn beeinflussen, so ist auch das Schulklima zu nennen. Es wirkt sich moderierend auf den Lernerfolg aus: Analysen zum Einfluss des Schulklimas auf Schulleistungsvariablen – wie zum Beispiel von Helmut Fend (1977) vorgelegt – zeigen, dass ein Zusammenhang zwischen schulstrukturellen Aspekten wie den Interaktionsformen und Beziehungsstrukturen zwischen Lehrer/innen und Schüler/innen und den Schülerleistungen besteht.

Neben anderen Einflussfaktoren wirkt sich das Schulklima in der Dimension des Lehrer-Schüler-Verhältnisses darauf aus, ob Schüler/innen Lehrer/innen als Berater, Unterstützer oder Vertrauenspersonen akzeptieren oder nicht. So hat Zumhasch (1999) nachgewiesen, dass ein stark von Hierarchie, Anonymität, Konformitätsdruck, Konkurrenz und wenig Partizipation geprägtes Schulklima dazu führen kann, dass Schüler/innen Beratungsangebote, die ja auf einem Vertrauensverhältnis und Freiwilligkeit beruhen, eher nicht in Anspruch nehmen.

Betrachtet man mit Bellenberg Einschulungspraxis, Klassenwiederholungen und Schulformwechsel als wichtige Ereignisse in der Schullaufbahn, so zeigt sich, dass Durchlässigkeit – also die Möglichkeit, zwischen den Schulformen zu wechseln –, im deutschen Schulsystem vor allem Durchlässigkeit nach unten bedeutet (vgl. Bellenberg 1999). Die abstufungsorientierte Ausrichtung des deutschen Schulsystems wurde in den vergangenen Jahren in einer Reihe von Studien nachgewiesen. Die Mechanik der institutionellen Diskriminierung in der Schule wirkt vor allem beim Übergang vom Kindergarten in die Grundschule, von der Grundschule ins Gymnasium und von der zehnten Klasse in die Oberstufe. Gomolla/Radtke (2009) konzipieren drei begrifflich unterscheidbaren Ebenen, die durch Schul- und Sprachfähigkeitserwartungen, Normalitätserwartungen und durch kulturalisierende Problembeschreibungen charakterisiert werden können.

Die Grundschule erwartet bereits „vorbereitete", d.h. für den Schulbesuch sozialisierte Schüler/innen, für die die Eltern eine erfolgreiche Kindergartenkarriere vorlegen können. Das Gymnasium erwartet Schüler/innen, die ein soziales Umfeld haben, das sie auch bei evtl. Schwierigkeiten unterstützt und die z.B. kein „latentes" Sprachdefizit aufweisen. Die Oberstufe hingegen erwartet Abstraktionsfähigkeit von den Schüler/innen. Die erwartete Normalität besteht darin, dass „soziale Integration, Elternmitarbeit und ein anregungsreiches Milieu" (Gomolla/Radtke 2009: 274) vorausgesetzt werden und „vor allem keine zusätzlichen Defizite und Bedürfnisse vorliegen, die Schwierigkeiten bereiten könnten" (ebd.: 274). Demnach ist auch der überdurchschnittliche Mehraufwand, der z.B. durch intensivere individuelle Förderung entstehen kann, bereits eine beträchtliche Schwierigkeit. Das sind die „Mitgliedschaftsbedingungen" für die Grundschule oder fürs Gymnasium, sie werden transportiert von den Leiter/innen der Grundschulen an die Kindergärten und von den Leitungen der Gymnasien an die Schulleiter/innen der Grundschulen. Diese Handlungs- und Entscheidungsmotive werden nicht ethnisch, sondern „institutionspragmatisch" begründet.

Die Gefahr eines latenten Rassismus besteht dann, wenn der Schulerfolg durch bestimmte Merkmale einer Ethnie erklärt wird. D.h. Gründe für das schulische Versagen werden in gewissen Merkmalen der Ethnie, aus denen das Kind stammt, gesucht, und die Erziehungsregeln der Ethnien werden für schlechte schulische Leistungen verantwortlich gemacht. Es wird nicht auf die spezifischen, organisatorisch „begründeten" Ausgrenzungswünsche der Institution geschaut, d.h. „erst wird diskriminiert/benachteiligt/ausgegrenzt, dann werden die Gründe für die Diskriminierung/Benachteiligung/Ausgrenzung bei den ‚Opfern' und ihren Eigenschaften gesucht, womit die Motive der Täter und ihre Vorteile/Gewinne ausgeblendet und abgedunkelt werden" (Gomolla/Radtke 2009: 276). Solche Begründungen sind populär und z.T. auch in Lehrerhandbüchern über interkulturelle Pädagogik zu finden, auf diese Weise wirken sie plausibel genug, um „die Logik der Organisation zu behaupten und ihre Entscheidungen zu begründen" (ebd.: 274). Für die Individuen ergeben sich aus diesen Mechanismen institutioneller Diskriminierung eine Reihe gravierender Konsequenzen, von denen einige oben beschrieben wurden.

2. Das Lehrerhandeln und seine Antinomien

Werner Helsper (1996) entwickelt mehrere für das Lehrerhandeln konstitutive Antinomien. Bei den Antinomien handelt es sich um unauflösbare Gegensätze im Spannungsfeld von

– Nähe versus Distanz,
– Subsumtion versus Rekonstruktion,
– Einheit versus Differenz,
– Organisation versus Interaktion,
– Autonomie versus Heteronomie.

Diese Antinomien entfaltet er anhand der Geschichte der Institution Schule als zunehmend rational geplanter und modernisierter Großorganisation. Im Kontext des gesellschaftlichen Modernisierungsprozesses erkennt Helsper vier verschiedene Paradoxien:

Das Rationalisierungs-Paradoxon besteht darin, dass bei zunehmender Größe und Komplexität des Schulsystems (und der Anforderung an die Lehrperson, diese Komplexität rational zu verarbeiten und zu bedienen) gleichzeitig eine wachsende Aufforderung zu komplexen pädagogischen Interaktionen mit dem Schülerindividuum besteht. Daraus ergibt sich die parallele Anforderung nach zunehmender Rationalisierungs- und Kommunikationskompetenz.

Das Zivilisations-Paradoxon besteht darin, dass bei zunehmend abstrakteren Zeit-, Raum- und Inhaltsregeln, die durch die straffe Organisation der Schule und die zentral erhobenen Prüfungen unvermeidlich sind, gleichzeitig die informelle Seite der Schulkultur (Freizeitangebote, affektive und jugendkulturelle Intensitätsräume) ausgeweitet und verstärkt werden sollen. Daraus ergibt sich die parallele Anforderung nach zunehmender Selbstdisziplin und langsichtiger eigener schulbiographischer Planung, konkurrierend mit dem Wunsch nach kontinuierlicher Nähe zum Lernenden und dessen kultureller (Lebens-)Atmosphäre.

Das Pluralisierungs-Paradoxon besteht in der Annahme, dass bei zunehmend heterogener Schülerschaft und zunehmender Vielfalt der soziokulturellen Hintergründe der Schüler/innen gleichzeitig vom lernenden Subjekt kritische Reflexionsfähigkeit gefordert wird. Diese wird auch zum Gegenstand schulischer Bewertungsprozesse gemacht, z.B. in der Leistungserbringungsform des Portfolios. Daraus ergibt sich, dass gleichzeitig lebensweltliche Gewissheiten bei den Schüler/innen aufgestört werden und die Pluralität möglicher Selbst- und Weltdeutungen für sie offensichtlich wird; für Lehrer/innen aber erwächst daraus die erhöhte Anforderung an Rekonstruktionsfähigkeit von Weltdeutung und Sinnorientierung.

Das Individualisierungs-Paradoxon besteht in dem Gegensatz zwischen dem pädagogischen Ideal der Erziehung zum kritischen, mündigen und autonomen Individuum und der zunehmenden Individualisierung der Schülerin/ des Schülers per Leistungsplatzmobilität (Risiko von und Bedrohtheit durch Minderqualifizierung oder Abschulung). Daraus ergibt sich, dass die Schülerin/der Schüler einerseits idealistisch zur Selbstentwicklung und Autonomie aufgerufen wird, andererseits aber durch strukturell angelegte Zwänge auf sich als ein vereinzeltes Individuum zurückgeworfen ist, das ausschließlich sich als letzte und einzige Ressource für die eigene Entwicklung anzusehen hat.

3. Interpretation und Diskussion der Schülerinterviews

Nach der Vorstellung dieser theoretischen Bezugsperspektiven und der Versuchsschule Oberstufen-Kolleg als gymnasialer Oberstufe mit einer räumlichen und zeitlichen Struktur, die Unterricht öffnet und Kontakte der Schüler/innen untereinander sowie zu Lehrer/innen außerhalb des Unterrichts fördert, wurden anhand von Schüler-Portraits (Fall-Vignetten) einzelne Aspekte bearbeitet. Den Teilnehmer/innen des Workshops wurde hierzu in Kleingruppen je eine knappe Fallbeschreibung und längere Originalsequenzen aus einem der Schülerinterviews unter deren selbstgewählten Pseudonymen – in diesem Fall „Elfe", „Asrin" und „Blume" – vorgelegt. Beide Schülerinnen, „Elfe" (23 Jahre) und „Asrin" (18 Jahre) sowie der Schüler „Blume" (19 Jahre), haben vor dem Oberstufenkolleg fünf oder mehr Schulen besucht, alle haben einen in Deutschland geborenen Elternteil. Blumes Eltern sind beide in Deutschland geboren und haben Abitur bzw. Fachabitur, er selbst hat zeitweise eine Schule in Spanien besucht. Elfes Vater ist in den Niederlanden geboren, verfügt über das Fachabitur und führt gemeinsam mit seiner Frau einen eigenen Betrieb. Asrins Vater ist in der Dominikanischen Republik geboren und verfügt über keinen Schulabschluss, ihre Mutter hat einen Hauptschulabschluss, sie selbst ist ein Jahr lang auf Jamaica zur Schule gegangen.

Der Fokus der Workshopgruppen lag auf der/dem einzelnen Schüler/in als Träger/in bestimmter (schul-)biographischer Merkmale und den sich in den Interviews manifestierenden latenten Sinnstrukturen in Bezug auf subjektiv bedeutsame schulische (Lern-)Erfahrungen. Für die Interpretation und die anschließende Diskussion wurden folgende Leitfragen formuliert:

A. Welche subjektiv bedeutsamen Lernerfahrungen lassen sich rekonstruieren und wodurch sind sie charakterisiert?
B. Welche Rolle spielt das Schulklima aus Sicht der Schüler/innen für das eigene Lernen?

C. Welche Anforderungen bzw. Antinomien ergeben sich für das Lehrerhandeln?

Die Teilnehmer/innen des Workshops nahmen in den vorgelegten Interview-
Sequenzen besonders das hohe Ausmaß an Beschämung und Verletzung aus
zuvor (vor dem Oberstufen-Kolleg) besuchten Schulen wahr. Beschämung
als „schmerzliches Erziehungsmittel" (Schüttauf/Specht/Wachenhausen 2002)
wurde in mehreren Vorträgen dieser Tagung als negativ-folgenreich beschrieben (vgl. die Tagungsbeiträge von Göppel, Hirblinger, Würker). Aus
den Ausführungen der Schüler/innen wurde der Schluss gezogen, dass sie in
der derzeitigen Schule auf einen offenen und toleranten Umgang einen hohen
Wert legen. So beschreibt Asrin das Lehrer-Schüler-Verhältnis am Oberstufen-Kolleg als von gegenseitigem Respekt geprägt und erläutert: „Hier lernt
irgendwie alles voneinander. […] Die Lehrer sind auch bereit, ihre eigenen
Fehler einzugestehen […]. Oder er sagt irgendetwas und irgendjemand korrigiert ihn, und […] das wird dann nicht ignoriert oder so was, sondern ‚Hey,
stimmt, erzähl' uns doch mal darüber' so. Das finde ich einfach toll so was."

Dem Plenum fiel in den dargestellten Lernbiographien die „Fülle von
Abbrüchen und Abstufungen" (von einer formal „höheren" Schulform in eine formal „niedrigere") auf. Am Schulklima des Oberstufen-Kollegs werde
aus Schülersicht hoch geschätzt, dass „Individualisten nicht diskriminiert"
und Schüler/innen unabhängig von Aussehen und Leistungen akzeptiert werden. So war es für Asrin bedeutsam, ihren Mathematiklehrer als konsequent
fordernd, auch klar negativ bewertend und gleichzeitig tröstend und unter-
stützend zu erleben: „Es wurden Anforderungen an mich gestellt, ja. Es wurde gesagt, ‚Du musst es, also du musst es irgendwie können!', […], Ich wurde damit aber nicht alleine gelassen.[…] Ich wurde behandelt wie ein erwachsener Mensch. So für den ich mich ja eigentlich auch halte. […] Wenn
ich Hilfe brauche, war halt Hilfe, konnte ich mir auch Hilfe holen." Trotz des
letztendlichen Verfehlens des Kursziels kann sie gerade auch nach dem
Austausch mit Mitschüler/innen Fortschritte und Grenzen in ihrer Lernent-
wicklung klar benennen.

Diese „gegenseitige Erziehung" (Asrin), die sie selbst auf die heterogene
Zusammensetzung der Schülerschaft, die Beratung der Schüler/innen untereinander, die für sie sinnstiftenden Unterrichtsthemen, die Organisations-
struktur der Schule und das Lehrerhandeln zurückführt, hat in allen vorliegenden Schülerinterviews einen hohen Stellenwert. Die von einzelnen Work-
shop-Teilnehmer/innen geäußerte Befürchtung, die beispielsweise durch das
Duzen erzeugte Nähe zwischen Lehrenden und Schüler/innen könnte zu einem besonders problematischen Distanzverlust und einer „erhöhten Anzahl
von Liebesbeziehungen" führen, konnte durch Rückblick auf jahrzehntelange
Erfahrungen und den Vergleich zu anderen Schulen entkräftet werden.

Am Beispiel von Blume und seinen Bedürfnissen nach wohl dosiertem
Druck, klarer Struktur und gleichzeitiger Distanz zur Schule einerseits und

Selbstbestimmtheit, Aufgehobensein, Freiheit von Druck und Inhaltsorientierung andererseits wurden implizite Anforderungen an den Entwicklungsstand der Schüler/innen thematisiert. Die von den Schüler/innen für das Oberstufen-Kolleg genannte Kombination von erwarteten und durch Lehrer/innen inhaltlich begründeten, konsequent eingeforderten Leistungen, der Ermutigung und Anleitung zu Selbstdisziplin und eines zuverlässigen, nicht von Willkür durchzogenen persönlichen Rückhaltes habe – in den Augen der Teilnehmer/innen – zu steigendem und realistischem Selbstvertrauen, zu stabilisiertem Arbeits- und Lernverhalten und zum Abklingen der mentalen Dauerpräsenz der alten Beschämungserfahrungen geführt. Auf Nachfrage wurde angegeben, dass circa 80% der aufgenommenen Bewerber/innen mit Berechtigung zum Besuch einer beliebigen gymnasialen Oberstufe (das entspricht dem durchschnittlichen Wert der Gymnasien im Regierungsbezirk) und 60% ohne diese Berechtigung das Oberstufen-Kolleg erfolgreich abschließen.

Literatur

Bellenberg, Gabriele (1999): Individuelle Schullaufbahnen. Eine empirische Untersuchung über Bildungsverläufe von der Einschulung bis zum Abschluss. Weinheim und München: Juventa.

Boller, Sebastian/Kobusch, Ariane-Bettina/Marth, Julia/Müller, Marlene/Roether, Silke/Rosowski, Elke/Schneider, Agnes (2008): Heterogenität in der gymnasialen Oberstufe: Individuelle Förderung auf dem Weg zur Hochschulreife In: Tri-OS – Forum für schulnahe Forschung, Schulentwicklung und Evaluation, Münster u.a., S. 63-138.

Fend, Helmut (1977): Schulklima: Soziale Einflussprozesse in der Schule. Weinheim: Beltz.

Gomolla, Mechtild/Radtke, Frank-Olaf. (2009): Institutionelle Diskriminierung. Die Herstellung ethnischer Differenz in der Schule. Wiesbaden: VS-Verlag.

Helsper, Werner/Bertram, Mechtild (2006): Biographieforschung und SchülerInnenforschung. In: Krüger, Heinz-Herrmann/Marotzki, Winfried (Hrsg.): Handbuch erziehungswissenschaftliche Biographieforschung. Wiesbaden: VS Verlag, S. 273-294.

Helsper, Werner (1996): Antinomien des Lehrerhandelns in modernisierten pädagogischen Kulturen. Paradoxe Verwendungsweise von Autonomie und Selbstverantwortlichkeit. In: Combe, Arno/Helsper, Werner. (Hrsg.): Pädagogische Professionalität. Untersuchungen zum Typus pädagogischen Handelns. Frankfurt/M.: Suhrkamp, S. 521-569.

Schulze, Erika/Soja, Eva-Maria (2003): Verschlungene Bildungspfade. Über Bildungskarrieren von Jugendlichen mit Migrationshintergrund. In: Auernheimer, Georg (Hrsg.): Schieflagen im Bildungssystem. Die Benachteiligung der Migrantenkinder. Opladen: Leske + Budrich, S. 197-210.

Schümer, Gundel/Tillmann, Klaus-Jürgen/Weiß, Manfred (2002): Institutionelle und soziale Bedingungen schulischen Lernens. In: Deutsches PISA-Konsortium (Hrsg.): PISA 2000. Die Länder der Bundesrepublik Deutschland im Vergleich. Opladen: Leske + Budrich, S. 203-218.

Schüttauf, Konrad/Specht, Ernst-Konrad/Wachenhausen, Gabriela (2002). Das Drama der Scham. Ursprung und Enfaltung eines Gefühls. Göttingen: Vandenhoeck & Rupprecht

Zumhasch, Clemens (1999). Schulische Beratung aus der Perspektive von Schülern. Ergebnisse einer Schülerbefragung zur Beratung in der Schule in Niedersachsen. Frankfurt/M.: Verlag Peter Lang.

Teil II
Schule und Unterricht – unterschiedliche
psychoanalytisch-pädagogische
Betrachtungsperspektiven

Die Schule – Setting oder „Lebensspiel"?

Günther Bittner

Was hier zur Diskussion gestellt wird, ist Hirblingers These vom Unterricht als „Setting, Rahmen und Prozess" (Hirblinger 2003), wobei allein der letztgenannte Begriff nicht zur Debatte steht: dass Unterricht ein Prozessgeschehen ist, soll nicht bestritten werden. Aber was bedeutet „Setting", was „Rahmen"? Hirblinger überträgt diese heute in der Klinischen Psychoanalyse viel gebrauchten Begriffe auf den Unterricht in der Schule.

Ich werde so vorgehen, dass ich

1. erkläre, wie sich diese Begriffe in der Klinischen Psychoanalyse entwickelt und welchen guten bzw. auch schlechten Sinn sie dort haben;
2. erörtere, unter welchen Voraussetzungen ihre Übertragung in den pädagogischen Bereich psychoanalytisch gesehen Sinn macht;
3. an Hand von Beispielen aus der Schule die These expliziere: wenn klinische Behandlung und Unterricht denn „Settings" oder „Rahmen" sein sollen – dann solche, die um des Prozesses willen ihre eigene, gekonnte Überschreitung verlangen;
4. zu guter Letzt noch eine kleine Überraschung präsentiere, die jetzt aber noch nicht verraten wird.

1. „Setting" und „Rahmen" in der Klinischen Psychoanalyse

Die klassische psychoanalytische Behandlung, wie Freud sie konzipierte, sah bekanntlich so aus: der Patient kam vier-, fünf- oder gar sechsmal in der Woche, legte sich auf die Couch, der Analytiker saß hinter ihm, außerhalb seines Gesichtsfeldes. Der Patient wurde aufgefordert, alles zu sagen, was ihm einfällt; der Analytiker nahm die Mitteilungen mit „gleichschwebender Aufmerksamkeit" entgegen.

Freud hat für die Behandlung eine Reihe von „Spielregeln" aufgestellt, „die ihre Bedeutung aus dem Zusammenhange des Spielplanes schöpfen müssen" (Freud 1913c: 454). Er will diese Regeln mehr als Ratschläge denn als Vorschriften verstanden wissen. Inzwischen hat sich die Behandlungsmethodik der Psychoanalyse diversifiziert; es gibt große Varianzen in der Stundenfrequenz; es gibt ambulante und stationäre Behandlungen und viele andere Varianten mehr. Daher müsste von Setting genau genommen heute im Plural gesprochen werden, also von „Settings".

In einem aktuellen „Handbuch psychoanalytischer Grundbegriffe" gibt es einen gemeinsamen Stichwortartikel für „Rahmen" und „Setting": „In der Psychoanalyse werden mit dem Konzept des Rahmens die konstanten und unveränderbaren Bedingungen beschrieben, unter denen der psychoanalytische Prozess stattfindet".

Der Artikel unterscheidet sodann

a. die Vertragsebene (formale Behandlungsbedingungen)
b. die technischen Regeln, die der Analytiker einhalten soll
c. die symbolische Dimension eines besonderen Rahmens (Mertens/Waldvogel 2000: 622f.).

Das ist viel zu viel, was da hineingepackt wurde. Wenn man schon die Begriffe Rahmen und Setting verwenden will, dann können sie ihrer Entstehungsgeschichte nach, wie ich zeigen werde, nur im Sinn des dritten Punktes verstanden werden. Ich plädiere also an die Adresse der psychoanalytischen Behandlungstheorie dafür, das Paket, das sie geschnürt hat, wieder aufzuschnüren und auf den Punkt c. des genannten Handbuchartikels zu beschränken, weil nur dies ursprünglich gemeint war.

Vom Rahmen hat wohl erstmals Marion Milner (1952) gesprochen: Der Rahmen eines Bildes, sagt sie „grenzt die verschiedene Art der Wirklichkeit, die innerhalb ist, ab von der, die außerhalb ist; aber ebenso grenzt ein raumzeitlicher Rahmen die spezielle Art der Realität einer psychoanalytischen Sitzung ab. Und in der Psychoanalyse ist es die Existenz dieses Rahmens, die die volle Entwicklung der kreativen Illusion, die Analytiker Übertragung nennen, ermöglicht" (Milner zit. nach Petersen 1996: 113). Milner verwendet den Rahmen als poetische Metapher für diesen besonderen symbolischen Raum, der sich in der Analyse konstellieren soll.

Das Wort „setting" ist im Englischen umgangssprachlich weit verbreitet; mein Wörterbuch gibt als Bedeutungsvarianten an: Fassung (eines Edelsteins beispielsweise, das entspräche dem „Rahmen"); sodann Umgebung, Lage, Ausstattung; „to set" neben vielem anderen bedeutet ordnen, festsetzen, gerinnen oder erstarren lassen. Setting-lotion ist z.B. der Haarfestiger, auch das Hartwerden von Zement wird als „setting" bezeichnet. In der umgangssprachlichen Bedeutung konkurrieren demnach zwei Bedeutungsnuancen: einmal das ohne Zutun von irgendwem Vorgefundene, sodann das normativ Festgesetzte oder gar in der Festsetzung Erstarrte. Es wird sich zeigen, dass auch die psychoanalytische Wortbedeutung zwischen diesen Nuancen changiert.

Für Winnicott ist das Setting ein „Milieu" (Winnicott 1954: 193), das durch die Analyse bereit gestellt wird, in dem die Regression des Patienten stattfinden kann. Der Analytiker ist selbst Teil dieses Milieus – ein Mensch, „lebendig und atmend"; ein Mensch, der „alles überlebt" und sich nicht rächt, keine Wutanfälle bekommt, sich nicht „Hals über Kopf"(!) verliebt usw.: „das ganze läuft letzten Endes darauf hinaus, daß der Analytiker sich gut benimmt, und das ohne allzu viel Aufwand" (ebd.: 195).

Man sieht: keine komplizierten Arrangements, Vereinbarungen und Normierungen, sondern einfach etwas, was „ohne viel Aufwand" zur Verfügung gestellt wird – und zwar *einseitig* zur Verfügung gestellt wird, von irgendetwas in der Art eines „Behandlungsvertrages" ist nicht die Rede.

Noch bis in die 1970er Jahre und darüber hinaus sind Rahmen und Setting keine festen Termini: bei Laplanche-Pontalis (1972), Thomä-Kächele (1985) und selbst noch bei Mertens (1990/91) tauchen sie im Stichwortverzeichnis nicht auf.

Mit den Schriften von Langs (z.B. Langs 1989) beginnt die Reifizierung dieser ursprünglich metaphorischen Begriffe; der „Haarfestiger" tritt in Aktion bzw. der Zement beginnt zu erstarren. Langs meint „empirisch" herausgefunden zu haben, dass ein „fester und sicherer" Rahmen, wie von der analytischen Behandlungstechnik konzipiert, genau das ist, was die Patienten unbewusst wünschen. An diesem Rahmen auch in konflikthaften Situationen festzuhalten und die aus diesem Festhalten entstandenen Konflikte zu deuten, setze Patienten wie Therapeuten erheblichen Ängsten vor dem Durchbruch der eigenen Verrücktheit aus, weshalb dieser konsequenten Anwendung der analytischen Methode oft aus dem Weg gegangen werde. Ein anderer Autor bezeichnet den Rahmen als das Unverhandelbare, den „Nicht-Prozess", der den analytischen Prozess erst ermöglicht (vgl. Bleger 1993: 268).

Angesichts solcher Zementierungstendenzen, die von Freud sicher nicht intendiert waren, ist nach Gegenbewegungen gegen diesen von mir schon seit längerem kritisierten „Setting-Fetischismus" (Bittner 1998: 232) Ausschau zu halten.

Zum Freud-Jahr 2006 erschien ein Buch von Pohlen „Freuds Analyse. Die Sitzungsprotokolle Ernst Blums". Pohlen nimmt die Aufzeichnungen des Schweizer Psychiaters Blum über seine Analyse bei Freud zum Beleg dafür, dass dieser weit entfernt davon war, die Psychoanalyse als ein Ritual zu zelebrieren. Er diskutierte z.B. in der Analyse mit Blum ganz ernsthaft und unbefangen die Option, Blum könnte ja seine Tochter Anna heiraten. (Was würden heutige Psychoanalyse-„Ethiker" dazu sagen?).

Erst die Psychoanalyse *nach* Freud habe sich über das „ritualisierte analytische Setting definiert, das quasi-religiöse Züge angenommen hat" (ebd.: 374). In dieser Ritualisierung manifestiere sich ein Wiederholungszwang als „Grundwiderstand der Analytiker gegen die Psychoanalyse" (ebd.: 372)[1]

Daniel Stern und seine Arbeitsgruppe sind, gestützt auf ihre früheren Beobachtungen in der Mutter-Kind-Interaktion, der Frage nachgegangen, was eigentlich im psychoanalytischen Behandlungsprozess die Entwicklung voranbringt. Neben den klassischen Deutungen seien dies die von Stern sogenannten „now moments", in denen sich Unerwartetes, von der analytischen Technik-Theorie nicht Vorgesehenes ereignet, das vom Analytiker ein improvisiertes, individuelles Reagieren – und damit in aller Regel ein Überschreiten des Settings erfordert. Seine exemplarische Szene:

„David, ein junger Mann, hatte eine Analyse aufgenommen, und nachdem einige Monate vergangen waren, kam er in einer Sitzung auf eine schwere Verbrennung zu sprechen, die er sich als Kleinkind zugezogen hatte. Zurückgeblieben war eine entstellende Narbe, die nicht zu übersehen war, wenn er eine Badehose oder Shorts trug. Sie machte ihn sehr befangen und diente als Fokus für eine Reihe von Problemen, die sich auf seinen Körper konzentrierten. In jener Stunde ergriff David spontan den Saum seines Hemdes und wollte es hoch ziehen. Dabei sagte er: ‚Hier, ich zeig's Ihnen. Dann verstehen Sie mich besser'. Abrupt, noch bevor David die Narbe entblößt hatte, unterbrach ihn sein Analytiker: ‚Nein! Halt, das ist nicht nötig!'... Später konnten sie sich gemeinsam darüber verständigen, daß dieses Verhalten nicht hilfreich gewesen war" (Stern et al. 2002: 997).

Es ist leicht zu sehen: der Analytiker versäumte den fruchtbaren Begegnungsmoment, weil ihm vor allem daran lag, das Setting aufrecht zu erhalten. Der besondere Moment aber hätte von ihm eine Überschreitung des Settings verlangt.

Mir scheint also: das Konzept von Rahmen und Setting dient in der psychoanalytischen Behandlungstheorie dazu, die Unverhandelbarkeit gewisser behandlungstechnischer Positionen normativ zu zementieren. Das war, wie ich zu zeigen versuchte, weder im Sinn von Freud noch von Milner und Winnicott, welch letztere diese Begriffe erstmals gebrauchten.

Bei dem zuvor gemachten Vorschlag, das Paket wieder aufzuschnüren, das die zeitgenössische Psychoanalyse zusammengeschnürt hat, habe ich Winnicott auf meiner Seite: das therapeutische Milieu und die Behandlungstechnik mit ihren Regeln – das ist bei Winnicott strikt zweierlei (vgl. Winnicott 1954: 183, 193). Ihm geht es allein um das erstere: das „Milieu", die besondere Umwelt, die Freud geschaffen hat, von der der Analytiker ein Teil ist, und deren Sinn es ist, die heilende Regression und die „Erfahrungen im Möglichkeitsraum" (Khan 1993) zu erleichtern. Die Technik-Regeln sind etwas völlig anderes, sie können im Hinblick auf das genannte Ziel sogar kontraproduktiv sein.

---

1   Ganz nebenbei: bei Langs ist es Ausdruck des Widerstands gegen die Analyse, wenn der Analytiker *nicht* konsequent und kompromisslos auf dem Setting beharrt, bei Pohlen ist es genau umgekehrt. Freud hatte wohl recht: es bringt nichts, wenn die Psychoanalytiker sich bei wissenschaftlichen Dissensen gegenseitig analysieren!

Eine interessante, für mich nicht auflösbare Diskrepanz finde ich in den Arbeiten von Körner, der Psychoanalytiker *und* Pädagoge ist: seinen älteren Aufsatz über den Rahmen in der psychoanalytischen Situation schließt er mit dem Satz, dass wir mit dem Patienten „den Rahmen der psychoanalytischen Situation herstellen und doch überschreiten" (Körner 1995: 25). Ich habe nicht so ganz herausfinden können, worin dieses Überschreiten bei ihm konkret bestehen soll, nehme aber erfreut zu Kenntnis, dass er – wenigstens damals – auch das Überschreiten für notwendig und erstrebenswert ansah.

Anders in seinen neueren sozialpädagogischen Überlegungen: da ist der „Rahmen" jenes ominöse „Dritte", das den Egoismen der Interaktionspartner Grenzen setzt, und damit das Objektive und – jedenfalls im Kern – Unverhandelbare (Körner 2009: 238f.) ähnlich wie bei den „Zementierungstheoretikern" Bleger und Langs. Diesen Widerspruch vermag ich im Moment nicht aufzulösen.

Damit bin ich aber zugleich bei der Pädagogik angelangt, konkret bei der These von Hirblinger.

2. Ist auch der Unterricht ein „Setting"?

Ein „Milieu", ein sozialer Ort, ein Setting im weiten umgangssprachlichen Sinn des englischen Wortes (wie oben aus dem Lexikon referiert), ist sicherlich auch die Schule. Freilich: in diesem Sinn gibt es eigentlich nichts, was kein Setting wäre: ein Supermarkt, eine Bahnhofshalle, eine Polizeistation – „Settings" sind sie alle.

Ob die Schule ein Setting in einem psychoanalytisch-pädagogisch relevanten Sinn ist, wird sich danach bemessen, ob eine psychodynamisch formulierbare Zielperspektive, was dieses Setting ermöglichen soll, angegeben werden kann. Etwas holzschnittartig vielleicht überzeichnet, sage ich, Winnicott variierend: „Das Milieu der Analyse ... lädt ... zur Regression ein" (Winnicott 1954: 195); das Milieu der Schule hingegen zur Progression, zur Entwicklung in Richtung auf Erwachsenwerden.

Der Gedanke geht auf den holländischen Pädagogen Langeveld zurück. Die Schule ist „der Weg" des Kindes, so wie ihn die Erwachsenen einer bestimmten Zeit und Gesellschaft für das Kind gestalten. „Wie *wir* das Kind sehen, so gestalten wir seinen Weg ..." (Langeveld 1960: 15). Die Schule ist ein von den Erwachsenen veranstaltetes und für das Kind notwendiges Stück Entwicklung, z.B. durch die Einteilung in Jahresklassen, die Antwort auf die Frage geben, wie rasch oder langsam man groß werden darf bzw. muss. „Die Schule beantwortet diese Frage, indem sie die Schulzeit in Jahre einteilt und ihre Schüler Forderungen unterwirft, die nach Jahresklassen differenziert sind. Diese Einteilung hat ihre Nachteile, sie hat aber auch eine recht positive Bedeutung. Sie bedeutet nämlich neben allerlei anderem: so alt *bist* du, so alt *darfst* du sein und so alt *mußt* du musst du sein!" (ebd.: 42).

Freilich: was Langeveld postuliert, ist die Idealvorstellung; die Wirklichkeit der Schule ist eine andere. Ebenfalls in den bewegten 1960er Jahren schrieb der Psychoanalytiker Fürstenau einen Aufsatz „Zur Psychoanalyse der Schule als Institution" (1964), worin er aufweist, dass die Schule oft genug, und zwar aus strukturellen Gründen unterschwellig, unter dem Schein der Rationalität, archaisch-familiale Interaktionsmuster tradiert, die nicht die Progression in der Entwicklung, sondern geradezu die Persönlichkeitsdeformation der Kinder begünstigen.

Was hier von Langeveld und Fürstenau vorgeführt wird, ist das Ideal einer Schule und seine heimliche Negation. Das ist die Fragestellung der Psychoanalyse im pädagogischen Feld: wie fördert die Schule durch ihren Unterricht die kognitiven und affektiven Reifungsprozesse der Kinder und Jugendlichen bzw. wie weit sabotiert sie diese klammheimlich?

Hirblinger hat nun – für die psychoanalytische Pädagogik – den Unterricht in der Schule als „Setting, Rahmen und Prozess" beschrieben. Als Setting fasst er die mehr dinglichen Bestimmungsstücke der Situation Unterricht (Raum, Zeit usw.); den Begriff Rahmen will er weiter gefasst wissen; er umfasse „alle implizierten und explizierten, bewussten und auch unbewusst wirksamen Vorstellungen zu der Frage: ‚Was ist hier eigentlich los?'" (Hirblinger 2003: 38, in Anlehnung an Goffman und Körner).

Hirblinger erhofft sich von dieser Konzeptualisierung des Unterrichts „die Förderung adoleszenter Erfahrungsbildung in einem ‚Übergangsraum'": „Nur wenn sich Beziehungserleben, Arbeitsbündnis und Ernstfall durch klare Ritualisierungen als ‚Situation und Rahmen' ausdifferenzieren ... kann Erfahrungsbildung und Individuierung auch im Unterricht stattfinden" (ebd.: 42).

Mein erster Einwand gegen Hirblingers Übertragung des Setting-Begriffs aus der Theorie der psychoanalytischen Behandlung in eine Theorie der schulischen Abläufe: Wenn schon, dann ist die *Schule* ein Setting, das die verschiedenen Prozessaspekte des Unterrichts ermöglicht und organisiert, nicht der Unterricht als solcher. Aber damit ist noch nicht viel gewonnen: im gleichen Sinn ist der Supermarkt ein Setting, das Prozesse des Einkaufens ermöglicht und organisiert. So weit wäre die Schule also ein Setting in einem rein soziologischen Sinn wie bei Goffman („Was ist hier eigentlich los?"), aber vor-pädagogisch und vor-psychoanalytisch.

Erst auf einer zweiten Ebene kommt die Psychoanalyse ins Spiel, wenn wir, Fürstenau folgend, die manifesten Organisationsziele der Schule von den latenten, unterschwelligen, unbewussten unterscheiden. Das Setting der Schule dient dann auf der manifesten Ebene der effizienten Organisation von Unterricht, dem plan-, prüf- und messbaren Lernfortschritt. Auf einer anderen, der Psychoanalyse zugänglichen Ebene dient das Setting idealiter der Progression des Kindes und Jugendlichen aus der Familien- in die Erwachsenenwelt, realiter oft genau der Verhinderung solcher Progression und der Fixierung der Schüler in infantilen Mustern.

Mir scheint, drittens, dass Hirblingers Ansatz daran krankt, dass er die aktuellen psychoanalytischen Konzepte von Rahmen und Setting in ihrer ganzen Konglomerathaftigkeit auf den Unterricht in der Schule übertragen will. Er müsste das Paket aufschnüren und dessen einzelne Inhalte darauf abklopfen, was er davon für eine psychoanalytische Theorie der Schule brauchen kann.

3. Progression als Überschreitung

Ich will einen dieser Inhalte im Hinblick auf das angenommene Institutionsziel Progression näher beleuchten. Progression besteht darin, die bis dahin geltenden interaktionellen Spielregeln zu überschreiten in Richtung auf mehr Wechselseitigkeit und Gleichberechtigung, wie das schon Piaget (1954) für die Moralentwicklung des Kindes postuliert hat. Progression als Überschreitung möglich zu machen ist die Aufgabe jeder Erziehung. Damit löst sich zugleich das alte, von Kant formulierte Pädagogenparadox: wie Freiheit sein kann beim Zwange. Die Lösung heißt: indem der Zwang versteht, dass er dazu da ist, „negiert" zu werden.

Vor Jahren habe ich eine Episode aus der Schule mehrfach berichtet und kommentiert, die eine junge Lehrerin in Ausbildung zur Kinderanalytikerin in einer Balint-Gruppe zur Diskussion stellte. Der Lehrerin wurde von einem Schülerin der folgende Aufsatz abgegeben:

Ein Autounfall

Gestern um 13.30 Uhr beging Fräulein K. (die Klassenlehrerin, bei der der Aufsatz geschrieben wurde. – Anm.) Fahrerflucht. Sie bummste gegen einen Lieferwagen ... und sie stieg aus da war ein Gebüsch und sie sprang mit einem Satz in das Gebüsch und weg war sie ließ aber ihren Führerschein im Auto liegen darum wurde sie schnell gefaßt und wurde einen Monat im Kittchen und wir haben einen Monat keine Schule und das freut uns sehr. Gestern waren wir sie besuchen. Sie lachte und sagte ihr seid schöne „Rindviecher" ich darf hier alle Zellen putzen und ihr geht ins Freibad das ist „gemein" rief sie und wurde böse. Morgen kommt sie wieder in die Schule das ist Käse. (Orthographie und Satzbau leicht verbessert)

Die Lehrerin schrieb darunter: „Dieser Aufsatz entspricht nicht der Aufgabenstellung, es ist ein neuer anzufertigen" (Bittner 1973: 82).

Ich habe die Reaktion der Lehrerin als Musterbeispiel einer bewussten Selbstbeschränkung auf das angeführt, was die Berufsrolle der Lehrerin verlangte, und dass sie der Versuchung widerstand, aus ihrer Berufsrolle, die durch den sozialen Ort „Schule" bestimmt war, auszusteigen und der Schülerin in ihrer anderen Berufsrolle, nämlich als Therapeutin, gegenüber zu treten. Es lag mir daran, die gewissenhafte Beachtung der Vorgaben des „sozialen Ortes", d.h. der Lehrerrolle und deren Nicht-Vermischung mit der Therapeutenrolle zu demonstrieren.

Auf die Idee der „Überschreitung" hat mich eigentlich Hirblinger gebracht, der zu dieser Episode schrieb: die Lehrerin wäre nur scheinbar in ihrer Lehrerrolle geblieben, in Wirklichkeit habe sie diese „durch Introspektion", durch psychoanalytisches Erfassen der Hintergründe eben doch „überschritten" (vgl. Hirblinger 2003: 41).

Dem stimme ich zu. Aber für mich geht es hier um ein noch umfassenderes Überschreiten: zuerst einmal hat die Schülerin den Rahmen überschritten, indem sie diesen Aufsatz abgab: denn sie wusste sicher oder ahnte es wenigstens, dass das kein ordentlicher Schulaufsatz war, wie ihn die Lehrerin erwarten durfte. Aber es war doch wohl mehr als nur eine plumpe Frechheit und Provokation; es war der Versuch, der Lehrerin auf einer anderen als der bloß schulisch-funktionalen Ebene zu begegnen.

Ich glaube allerdings nicht wie Hirblinger, dass die Lehrerin umstandslos aus der Rolle der Lehrerin in die psychoanalytische Pädagogin hinübergewechselt ist, die gibt es ja als feste Rolle Gott sei Dank überhaupt noch nicht; so scheint mir eher, dass für den Moment – was mach' ich jetzt, wie geh' ich damit um? – überhaupt kein deutlicher Rahmen sichtbar war, und dass darin das Fruchtbare und zugleich Gewagte dieser Situation bestand.

Obwohl die Schulschicksale in jedem Jugendleben eine zentrale Rolle spielen und dementsprechend in so gut wie allen autobiographischen Erzählungen zur Sprache kommen, hat sich die pädagogische Biographienforschung dieses Themas noch kaum angenommen – vielleicht weil es an Gesichtspunkten zu deren Auswertung mangelte.

Solche lassen sich aus dem bisher Ausgeführten ableiten. Als „Schlüsselerlebnisse" bleiben Schulepisoden in Erinnerung, die davon handeln, wie das Kind oder der Jugendliche die Schule für seinen Lebensplan benutzen bzw. im Konfliktfall diesen Lebensplan gegen die Schule behaupten konnten – („Winner"-Geschichten) – oder, im Kontrast dazu, wo Derartiges misslang, der Schüler von der Schule „gebrochen" wurde (Paradebeispiel: Hesses Erzählung „Unterm Rad") und an ihr scheiterte (nicht unbedingt leistungsmäßig, eher „menschlich").

Einer, der stolz darauf war, der Schule Widerstand entgegengesetzt zu haben, war der spätere berühmte Chirurg Ferdinand Sauerbruch. Er erinnert sich:

„Wir wurden in der Schule damals noch sehr in der Furcht des Herrn gehalten. Die kleine Geschichte, die ich hier erzählen will, sagt mehr als alle Erklärungen:

Mein Name enthält viele Buchstaben, ich brachte ihn nicht ganz auf den winzigen Schildern der Schulhefte unter. In einer Lehrstunde inspizierte der Lehrer die Hefte und nahm Anstoß daran, daß mein Vorname nicht auf dem Etikett stand. Er schrie mich an: ,So groß sind wir noch nicht, daß wir unseren Vornamen weglassen können ... Nur ein Mann, der berühmt ist, kann sich das leisten'. Ich hatte keine Vorstellung, was der Mann wollte. Kein Wunder, daß mich die kalte Dusche heftig einschüchterte. Später änderte sich das, und ich wurde – die Flegeljahre hatten mächtig eingesetzt – frech und provokatorisch." (Sauerbruch 1956: 18).

Der Konflikt mit der Schule verdichtet sich symbolisch: der „Rahmen" des Heftetiketts erweist sich als zu eng, um die 19 Buchstaben seines Namens (für dessen Volumen er ja nichts kann) darin unterzubringen. Der zu eng gesteckte Rahmen fordert auf Dauer seinen Protest heraus.

Sauerbruch bezieht seinen Glauben an sich, sein Gefühl der Unbesiegbarkeit daraus, dass seine Mutter an ihn glaubt. Sie schleudert später einem Lehrer entgegen, der prophezeit hatte, Ferdinands Geistesgaben würden niemals ausreichen, um ihm ein Auskommen in einem geistigen Beruf zu sichern: „Wat sind Sie denn nun schon Großes geworden? Ich werde Ihnen mal was sagen. Mein Jöngken ist klüger als Sie! Und aus dem wird mal mehr als aus Ihnen!" (ebd.: 19).

Ein Mann erzählt mir die folgende Geschichte, ebenfalls ein „Schlüsselerlebnis", allerdings eines mit negativem Vorzeichen. In der ersten Klasse sollte jeder mit den neu gelernten Buchstaben seinen Namen schreiben. Er schrieb den Namen in Großbuchstaben und war stolz auf seine „individuelle Note".. Der Lehrer verwarf die Lösung als „falsch". Das habe ihm die Schule schon frühzeitig verleidet. Auch hier ein „zu enger Rahmen", der allerdings nicht zur Rebellion und Überschreitung, sondern eher zur Resignation führte.

Man sieht an diesen beiden kleinen, sozusagen symbolisch aufgeladenen Erinnerungen: die Unverhandelbarkeit des Rahmens ist eine problematische Sache. Ich behaupte also, dass das Setting, um für die Entwicklung fruchtbar zu werden, nach seiner eigenen zumindest punktuellen „gekonnten" Überschreitung verlangt („gekonnt" soll andeuten, dass nicht jede Überschreitung eines Rahmens per se schon als fruchtbar gelten kann). Zudem sind viele Rahmen-Überschreitungen in ihren Konsequenzen letztlich nicht vorhersehbar, also ein „Wagnis" mit ungewissem Ausgang (vgl. Fröhlich 2008).

Das gilt für die psychoanalytische Therapie ebenso wie für die psychoanalytische Pädagogik. Was zunächst im Blick auf die Therapie Milners einprägsame Metapher von Bild und Rahmen betrifft: da das „Bild" sich ja im analytischen Prozess beständig verändert und (hoffentlich!) erweitert, wird es irgendwann den Rahmen sprengen – siehe Sterns David-Beispiel –; es sei denn, der Rahmen ist so konstruiert, dass er mitwächst. Solche Rahmen gibt's aber meines Wissens nicht; darin liegt die Gefahr solcher Metaphern, dass sie eine dynamische Prozessgegebenheit unangemessen statisch abbilden. Das heißt: Die Metapher von Bild und Rahmen kommt hier an ihre Grenze; sie wird kontraproduktiv.

Für die pädagogischen Handlungsfelder inklusive der Schule lässt sich das Postulat, dass der jeweilige Rahmen, um entwicklungsförderlich zu sein, seine eigene Überschreitung verlangt, noch schlüssiger begründen, unter Berufung nochmals auf Winnicott und Stern.

Das therapeutische Milieu, das Winnicott in seinem Aufsatz beschreibt, ist ausdrücklich dem Mutter-Kind-Milieu nachgebildet, dem allerfrühesten pädagogischen „Setting". Entsprechendes gilt für Stern, der seine Vorstellungen über die Gestaltung der Therapie-Situation aus den Befunden seiner Mutter-Kind-Beobachtungen ableitet, wobei er, ausdrücklicher noch als Winnicott, die wachstumsorientierte Veränderung dieser frühen Mutter-Kind-Settings durch die „now moments" und „moments of meeting" postuliert. Das „Mutter-Kind-Setting" bei Stern ist ausgelegt auf ständige Erweiterung. Es ist ein „Rahmen", der danach verlangt, immer wieder gesprengt zu werden.

Dies lässt sich zwanglos in die späteren pädagogischen Milieus hinein fortschreiben. Die Einschulung sprengt das zu eng gewordene geschlossene familiale Milieu. Eventuell wird der Übertritt in die weiterführende Schule nochmals als Zäsur und Überschreitung empfunden. Die eigentliche Schulkrise, habe ich in einem früheren Beitrag (2003) gezeigt, stellt die Pubertät dar: die Jugendlichen der Sekundarstufe I sind über das Milieu der Kinder-Schule hinaus gewachsen; sie revoltieren dagegen, weiterhin „wie Kinder" behandelt zu werden; zu selbstbestimmtem Lernen wie – günstigenfalls – die Schüler der Sekundarstufe II sind sie noch nicht imstande. Darum ist die Sekundarstufe I die strukturelle Krisenzeit, wo sozusagen nichts zusammenpasst: das Setting der Kinder-Schule passt nicht mehr; das Setting der reformierten gymnasialen Oberstufe passt noch nicht. Das akzeptable Setting einer Schule für Jugendliche steht bis heute in den Sternen.

4. Die Schule – ein „Lebensspiel" (S. Freud)

Nachdem ich den Text eigentlich bereits abgeschlossen hatte, erlebte ich die oben angekündigte Überraschung. Ich war immer der Meinung gewesen, dass Freud sich zu Fragen der Schule nur marginal geäußert habe, etwa zur Notwendigkeit der sexuellen Aufklärung oder zur Vaterübertragung auf den Lehrer.

Nun finde ich an ganz versteckter Stelle, die ich noch nie zitiert gefunden habe, in wenigen Sätzen skizziert, eine komplette Theorie der Schule unter psychoanalytischem Blickwinkel, die, was mich natürlich noch mehr freut, weitgehend mit dem übereinstimmt, was ich von Langeveld herleitete: die Schule als ein Ort, der Progression in Richtung auf Erwachsenwerden ermöglicht. Die Schule solle den jungen Leuten, sagt Freud, „Lust zum Leben machen und ihnen Stütze und Halt bieten in einer Lebenszeit, da sie durch die Bedingungen ihrer Entwicklung genötigt werden, ihren Zusammenhang mit dem elterlichen Hause und der Familie zu lockern. Es scheint mir unbestreitbar, daß sie dies nicht tut, und daß sie in vielen Punkten hinter ihrer Aufgabe zurückbleibt, Ersatz für die Familie zu bieten und Interesse für das Leben draußen in der Welt zu erwecken. ... Die Schule darf nie vergessen, daß sie es mit noch unreifen Individuen zu tun hat, denen ein Recht auf Verweilen in gewissen, selbst unerfreulichen Entwicklungsstadien nicht abzusprechen ist (das heißt, mit meinen Worten: sie dürfen auch mal aus dem Rahmen fallen, das ist ihr „gutes Recht"! – G.B.). Sie darf nicht die Unerbittlichkeit des Lebens für sich in Anspruch nehmen, darf nicht mehr sein wollen als ein Lebensspiel" (Freud 1910g: 62f.)

Die Schule also kein Setting, kein Rahmen, wie Hirblinger postuliert, sondern, ein „Lebensspiel"!

Literatur

Bittner, Günther (1973): Psychoanalyse und das Handeln des Erziehers. In: Zeitschrift für Pädagogik 19, S. 77-89.

Bittner, Günther (1998): Metaphern des Unbewussten. Eine kritische Einführung in die Psychoanalyse. Stuttgart: Kohlhammer.

Bittner, Günther (2003): Plädoyer für eine Jugend-Schule. Die vergessenen Adressaten der Sekundarstufe I. In: Volker Fröhlich, Rolf Göppel (Hrsg.): Was macht die Schule mit den Kindern? – Was machen die Kinder mit der Schule? Gießen: Psychosozial, S. 92-109.

Bleger, Jose (1966, dt. 1993): Die Psychoanalyse des psychoanalytischen Rahmens. In: Forum der Psychoanalyse 9, S. 268-280.

Freud, Sigmund (1910g): Zur Einleitung der Selbstmord-Diskussion. Schlußwort. In: GW VIII. Frankfurt/M.: Fischer.

Freud, Sigmund (1913c): Zur Einleitung der Behandlung. In: GW VIII. Frankfurt/M.: Fischer.

Fröhlich, Volker (2008): Pädagogisches Handeln als Wagnis. Zur Kritik pädagogischer und psychoanalytisch-pädagogischer Handlungskonzepte. In: Bittner, G./ Fröhlich, V. (Hrsg.): Ich handelte wie ein Mensch, nicht wie ein Formalist. Pädagogisches Handeln im Kontext aktueller Handlungsdiskurse. Würzburg: Königshausen & Neumann, S. 161-178.

Fürstenau, Peter (1964): Zur Psychoanalyse der Schule als Institution. In: Das Argument. Berliner Hefte für Probleme der Gesellschaft, Heft 2, S. 65-78.

Hirblinger, Heiner (2003): Unterricht als Setting, Rahmen und Prozess. Der Beitrag der psychoanalytischen Pädagogik zur „inneren Schulentwicklung". In: Fröhlich, V./ Göppel, R (Hrsg.): Was macht die Schule mit den Kindern? – Was machen die Kinder mit der Schule? Gießen: Psychosozial, S.33-45.

Khan, Masud R. (1993): Erfahrungen im Möglichkeitsraum. Psychoanalytische Wege zum verborgenen Selbst. Frankfurt/M.: stv.

Körner, Jürgen (1995): Der Rahmen der psychoanalytischen Situation. In: Forum der Psychoanalyse 11, S. 15-26.

Körner, Jürgen (2009): Das psychoanalytische Unbehagen in der Kultur – Symptom und Remedium der spätbürgerlichen Gesellschaft? In: Dörr, M./Aigner, J. (Hrsg.): Das neue Unbehagen in der Kultur und seine Folgen für die psychoanalytische Pädagogik. Göttingen: Vandenhoeck und Ruprecht, S. 230-240.

Langeveld, Martinus J. (1960): Die Schule als Weg des Kindes. Versuch einer Anthropologie der Schule. Braunschweig: Westermann.

Langs, Robert (1984, dt. 1989): Die Angst vor validen Deutungen und vor einem festen Rahmen. In: Forum der Psychoanalyse 5, S. 1-18.

Laplanche, Jean/Pontalis, Jean-Bertrand (1972): Das Vokabular der Psychoanalyse, 2 Bde. Frankfurt/M.: Suhrkamp.

Mertens, Wolfgang (1990/91): Einführung in die psychoanalytische Therapie, 3 Bde. Stuttgart: Kohlhammer.

Mertens, Wolfgang/Waldvogel, Bruno (2000): Handbuch psychoanalytischer Grundbegriffe, Stuttgart: Kohlhammer.

Milner, Marion (1952): Aspects of symbolism and comprehension of the not-self. In: Int. Journal of Psychoanalysis 33, S. 181-195.

Petersen, Marie-Luise (1996): Der sichere Rahmen, Bestandteile, Handhabung und Wirkungen. In: Forum der Psychoanalyse 12, S. 110-127.

Piaget, Jean (1954): Das moralische Urteil beim Kinde. München: dtv, 1968

Pohlen, Manfred (2006): Freuds Analyse. Die Sitzungsprotokolle Ernst Blums. Reinbek: Rowohlt.

Sauerbruch, Ferdinand (1956): Das war mein Leben. Gütersloh: Bertelsmann Verlag.

Stern, Daniel N. et al. (2002): Nicht-deutende Mechanismen in der psychoanalytischen Therapie. Das „Etwas Mehr" als Deutung. In: Psyche 56, S. 974-1006.

Thomä, Helmut und Kächele, Horst (1985): Lehrbuch der psychoanalytischen Therapie. Berlin: Springer.

Winnicott, Donald W. (1954): Metapsychologische und klinische Aspekte der Regression im Rahmen der Psychoanalyse. In: ders: Von der Kinderheilkunde zur Psychoanalyse. Frankfurt/M.: Fischer Tb , S. 183-207.

Triadische Konstellationen mit und in der Schule

Bernhard Rauh

Der Beitrag beschäftigt sich mit der Frage nach theoretischen Konzepten, die für die Gestaltung des Bildungsortes Schule und schulischer Prozesse verwendet werden können. Konkret wird das Konzept einer triadisch strukturierten Entwicklung zu Grunde gelegt. Dabei wird von der Hypothese ausgegangen, dass mit einer Fortschreibung des psychoanalytischen Konzepts von Triade/Triangulierung über die Kernfamilie hinaus auf den Entwicklungsraum Schule ein erheblicher Gewinn für die psychoanalytisch orientierte interaktionelle Entwicklungspsychologie und für die Schulpädagogik/-didaktik verbunden ist.

Inhaltlich gliedert sich der Beitrag in sieben Abschnitte:

1. „Triangulierung und Triade" leistet eine begriffliche Orientierung.
2. „Von Triade zu Triade" rekonstruiert das epigenetische Triadenmodell nach Buchholz (1990).
3. „Vorschulische Triaden" erläutert die zentralen Entwicklungsleistungen, auf welche die schulische Arbeit aufbaut.
4. „Triadische Konstellationen mit und in der Schule" schreibt das Modell von Buchholz mit dem Fokus auf schulische triadische Konstellationen fort. Dieser Teil bildet den inhaltlichen Schwerpunkt.
5. „Störungen in den schulischen Triaden" will dysfunktionale Konstellationen aufzeigen.
6. „Erzielter Mehrwert" fragt danach, was ist mit der geleisteten Fortschreibung des Konzepts einer triadisch strukturierten Entwicklung auf die Schule gewonnen wird.
7. „Resümee und Ausblick" fasst zusammen und benennt Desiderata.

1. Triangulierung und Triade

„Triangulierung" eignet sich nach Schon (1995: 142) als grundlegendes „Modell einer integrativen psychoanalytischen Entwicklungspsychologie". Das Konzept beschreibt den Verinnerlichungsprozess, bei dem „aus dem äußeren Beziehungsdreieck ein inneres wird" (ebd.: 11; vgl. auch Katzenbach/ Ruth 2008: 65). Triangulierung fasst einen dynamischen Prozess der inneren Strukturbildung, für den dreipolige, eben *triadisch angelegte* Interaktionsprozesse mit der Umwelt voraussetzungshaft sind.

Im psychoanalytischen Sprachgebrauch benennt Triade als Grundstruktur für Entwicklung eine wechselseitige Beziehung zu zwei unterscheidbaren Objekten. Die Funktionsfähigkeit einer Triade lässt sich danach beurteilen, ob und inwieweit es ihr gelingt, eine triadische Struktur aufrechtzuerhalten sowie ein ‚Interaktionsspiel' zwischen Dreien zu entfalten, um die Entwicklung der Beteiligten zu fördern. Am intensivsten wird sich in der psychoanalytischen Literatur mit der *Vater-Mutter-Kind-Triade* beschäftigt. Es wird davon ausgegangen, dass in dieser Konstellation wesentliche Entwicklungsleistungen erbracht werden (vgl. Buchholz 1990; Schon 1995; Rauh 2010: 87ff.).

Was ist das Besondere an einer triadischen Beziehungsstruktur zwischen Vater, Mutter und Kind? Der oder das Dritte, auf den sich zwei Menschen beziehen, repräsentiert *zugleich* deren Trennung und Verbindung, ihre Differenz und Übereinstimmung. In Abgrenzung zur eher dyadisch orientierten Säuglingsforschung betont Klitzing (2002: 883): „Die Beziehungssituation in einer von den Eltern lebendig gelebten Triade scheint uns für die Entwicklung besonders stimulierend zu sein, weil das Kind in der triadischen Beziehung nicht nur die Abwesenheit der Beziehungsperson, sondern auch die Abwesenheit in der Anwesenheit eines anderen Dritten erlebt. Das Erleben von Unterschieden zwischen den wichtigen Beziehungspersonen [...] führt dazu, daß das Kind sich nicht einfach nur im Gegenüber spiegelt, sondern im Umgang mit den unterschiedlichen Beziehungspersonen sich selber finden kann", sich entwickeln kann.

Aber auch eine gelingende „‚reine' Zweierbeziehung" wäre nach Johnen (1995: 629) triadisch angelegt. Es geht „um etwas Drittes; sonst funktioniert die Beziehung nicht", auch die personale Zweierbeziehung sei auf „die gemeinsame Ausrichtung auf ein Drittes" angewiesen (ebd.) und demzufolge triadisch strukturiert.

Im Prozess der Triangulierung geht es also zum einen um die Verinnerlichung einer triadischen Grundstruktur der Beziehung zu mindestens zwei Objekten, die selbst miteinander in Beziehung stehen. Das ist unbestritten. Zum anderen wird auch eine Ausweitung des Konzepts der triadisch strukturierten Entwicklung auf eine Beziehung zwischen zweien, die auf etwas gegenständliches Drittes verweist, das außerhalb dieser Beziehung liegt, vertreten. Zur Unterscheidung der beiden Formen, mit lebenden Objekten – mit einem unbelebten Objekt, wird die Bezeichnung Triaden erster und zweiter Ordnung vorgeschlagen.

Das von Abelin (1971: 233) eingeführte Konzept einer „early triangulation" legt nahe, dass es eine ‚späte Triangulierung‘ oder spätere Triangulierungen gibt. Dieser Gedanke wird von Buchholz (1990, 1993) aufgegriffen.

2. Von Triade zu Triade

Eine Typologie von Triaden, die in einer Entwicklungsabfolge stehen, bringt Buchholz in die Diskussion ein (1990: 121-127; 1993: 81ff., detaillierter 116ff.). Er beruft sich auf Forschungen Mahlers, die ein „entwicklungslogisches Konstruktionsprinzip" von unterscheidbaren, aufeinander folgenden, aber auch ineinander verwobenen Triaden nahe legen (1993: 133). Das Konzept einer „Epigenese der Triaden" im Lebenszyklus (ebd.: 140) meint, dass die Bewältigung der mit der triadischen Situation verbundenen Entwicklungsaufgabe auf einer Entwicklungsstufe Voraussetzung ist für die Erlangung der nächsten, höheren Entwicklungsstufe und der Bewältigung der dann anstehenden Entwicklungsaufgabe (ebd.: 75). In einem solchen Verständnis ist „Triangulierung" kein einmaliges, phasenbezogenes Ereignis, sondern findet auf verschiedenen psychischen Entwicklungsniveaus immer wieder neu und anders statt. Das Thema der Triangulierung stellt sich für einen Menschen auf jedem erworbenen Struktur- und Beziehungsniveau auf eine ganz spezifische Weise neu (Rauh 2004: 96). Frühere Strukturbildungen sind als Basis für weitere Entwicklungsprozesse zu verstehen. Auf jeder Entwicklungs- und damit auch Interaktionsebene organisiert sich das Selbst des Kindes durch einen „Trialog" (Klitzing 1998: 111) mit Vater und Mutter neu.

Buchholz (1990: 121-127) formuliert fünf Vater-Mutter-Kind-Triaden: „Triade der Phantasie", „Triade der Symbiose", „Triade mit zwei Müttern", „Triade der Wiederannäherung" und „ödipale Triade". Mit der letzten, der „ödipalen Triade", sei die psychische Strukturbildung vollzogen (ebd.). An dieser Stelle ist m.E. eine Präzisierung vonnöten. Eine grundlegende, basale psychische Strukturierung wird mit der „ödipalen Triade" wohl erreicht, die kindliche bzw. menschliche Entwicklung ist aber noch längst nicht abgeschlossen.[1]

---

1   Den Gedanken der Epigenese von Triaden greift Schon (1995) auf und schreibt die von Buchholz entworfene Entwicklungstypologie bis zum Erwachsenenalter fort. Er fokussiert dabei fast ausschließlich die aus Vater, Mutter und Kind bestehende Urtriade. Andere Dreieckskonstellationen werden von Schon lediglich angedeutet (ebd.: 86ff), so die für die individuelle Entwicklung in Latenz und Adoleszenz zentrale Erfahrung in der Triade „Kind-Elternhaus-Schule" (ebd.: 87). Auch King (2002: 104-116) erweitert den triadisch strukturierten Beziehungsraum über Vater-Mutter-Kind hinaus und benennt eine neue Triade unter

Im nächsten Schritt konzentriert sich die Darstellung auf die zwei letzten Triaden aus der Buchholzschen Typologie, die ein Kind vor Schuleintritt durchlebt. Deren wesentliche Entwicklungsleistungen haben voraussetzungshaften Charakter für die schulische Entwicklung eines Kindes.

3. Vorschulische Triaden

3.1 „Triade der Wiederannäherung"

Die Bewältigung der „Wiederannäherungskrise" markiert einen Scheidepunkt in der Persönlichkeitsentwicklung (Mahler/Pine/Bergman 1993: 139). Die „frühe Triangulation" (Abelin 1985: 204ff.) bezeichnet den Entwicklungsschritt, bei dem das Kind ein äußeres, interaktionelles Beziehungsdreieck verinnerlicht. Mit Hilfe von zwei Bezugspersonen und den entsprechenden Identifizierungen wird die Grundstruktur eines entwicklungs- und integrationsfähigen Selbst und im Regelfall die *Repräsentanz einer Dreiergruppe* als erste triadische Beziehungsstruktur gebildet. Das Kind erlangt die Fähigkeit, „zwei Objekte zu besetzen, zu beiden gleichzeitig eine Beziehung zu haben und auch wahrzunehmen und zu ertragen, dass die beiden anderen, im Normalfall also Vater und Mutter, eine vom Kind unabhängige Beziehung zueinander haben" (Grieser 1998: 82; vgl. auch Schon 1995: 119). Das Kind hat in der Beziehung zu beiden Objekten und zu sich selbst eine neue Qualität erreicht. Eine stabile Selbstrepräsentanz und stabile Objektrepräsentanzen wurden aufgebaut. Jetzt kann sich das Kind als getrennt und eigenständig, als Individuum erleben, das auf andere bezogen ist.

Auf der Grundlage der erworbenen Drei-Personen-Grundstruktur können weitere triadische Beziehungserfahrungen mit denselben und anderen Personen gemacht werden (Schon 1995: 85; vgl. auch Winnicott 1994: 75). Das Gelingen der „Triade der Wiederannäherung" mit einer ersten Integration von Autonomie und Abhängigkeitswünschen ist Voraussetzung dafür, dass ein Kind einen ödipalen Konflikt erleben kann.

3.2 „Ödipale Triade"

Die „ödipale Triade" bildet nach Buchholz (1990: 126f.; 1993: 129ff.) den Höhepunkt und Abschluss der Entwicklung in triadischen Konstellationen zu mehr Autonomie durch die Reorganisation des Selbst auf verschiedenen Interaktionsniveaus.

Einbezug der peers für die psychische Neuorganisation in der adoleszenten Entwicklungsphase („Familie – Adoleszente – Peerbeziehungen").

Das Kind lernt zu akzeptieren, dass Vater und Mutter, die beiden von ihm geliebten Personen, die es auch lieben, eine Beziehung miteinander haben, von der es nicht nur temporär, sondern prinzipiell ausgeschlossen ist. Gefühle der *Zuneigung und Rivalität, Liebe und Feindseligkeit, Hingezogensein und eifersüchtiger Hass* gegenüber den Eltern müssen integriert werden. Werden die Konflikte hinreichend gut bewältigt, erbringt die „ödipale Triade" folgende zentrale persönlichkeitsorganisierenden und -strukturierenden Entwicklungsleistungen für das Kind:

1. Unterscheidung zwischen Realität und Phantasie
2. Zeitliche Dezentrierung
3. Soziale Dezentrierung
4. Erwerb einer stabilen Geschlechtsidentität
5. Erwerb der Generationendifferenz
6. Identifikation mit Vater und Mutter
7. Integration von libidinösen und destruktiven Gefühlen
8. Erste innere Autonomie durch Etablierung eines inneren Leitsystems (Über-Ich).

Diese Entwicklungsleistungen stehen für die psychische Integration von einer Reihe von entwicklungsnotwendigen Kränkungen durch das Kind: Ein Elternteil beim anderen nicht ersetzen zu können, nicht beliebig zwischen sexuellen Identitäten hin und her wechseln zu können und anzuerkennen, dass es schon eine Zeit vor ihm gab.

Die Auffassung der „ödipalen Triade" als Abschluss einer Entwicklung legt nahe, dass mit dem ödipalen Geschehen alle entscheidenden Themen behandelt wären und es später – nach dem „psychosexuellen Moratorium" der Latenz (Erikson 1971) – in der Adoleszenz lediglich zur Neuauflage dieser Entwicklungskonflikte in veränderten triadischen Konstellationen käme. Es spricht aber auch einiges dafür, dass nach Errichtung der psychischen Grundstruktur in der „ödipalen Triade" eine deutliche Erweiterung und Modifizierung psychischer Strukturen in den nachfolgenden Triaden der Latenz und der Adoleszenz durch kulturelle und soziale Anforderungen gerade in der Schule stattfindet.

Diese These soll im Folgenden belegt werden. Angesichts des begrenzten Rahmens des Beitrags konzentrieren sich die Ausführungen auf Triaden der Latenz.

4. Triadische Konstellationen mit und in der Schule

Die Triaden der Latenz bauen sich über entwicklungsnotwendige Identifikationen mit außerfamiliären Personen auf. Das Kind des Latenzalters hat ein Bedürfnis nach Beziehungen zu Gleichaltrigen (Garlichs/Leuzinger-Bohleber

1999: 60) und zu Erwachsenen außerhalb der Familie. Die neuen Beziehungserfahrungen in außerfamiliären Konstellationen dienen *dem Aufgeben der ödipalen Bindungen des Kindes an seine Eltern* und fördern die innere Autonomie des Kindes. Kontakte mit gleichgeschlechtlichen peers oder Erwachsenen aus dem sozialen Nahraum, „wie z.b. den in diesen Jahren heftig idealisierten Lehrerinnen und Lehrern" (Mertens 1994: 118), aber auch die Institutionen selbst nehmen im Leben des Kindes eine wichtige Stellung ein.

Es sind mindestens fünf Triaden zu erkennen, die vor allem während der Grundschulzeit entscheidend für die Entwicklung sind: *Eltern-Kind-Schule*[2], *Eltern-Kind-Peer*[3], *Lehrer-Schüler-Mitschüler* sowie *Lehrer-Schüler-Bildungsinhalt* und *Mitschüler-Schüler-Bildungsinhalt.*[4]

4.1 Eltern-Kind-Schule-Triade

In der Triade Eltern-Kind-Schule übernimmt die Schule eine Aufgabe, die mit der Aufgabe des Vaters in der *Triade der Wiederannäherung* vergleichbar ist. Sie entfaltet sich aber auf einem anderen Strukturniveau. Die Schule gibt dem Schulkind die Möglichkeit, einen eigenen Bereich zu entfalten, welcher der direkten Kontrolle der Eltern entzogen ist, aber vom Kind als Drittes in die familiäre Interaktion eingebracht werden kann.[5] Im Normalfall stützen die Eltern das Kind, damit es sich der Schule gegenüber nicht ausgeliefert fühlt.

Ähnlich, wie es für das kleine Kind wichtig ist, dass sich die Eltern als seine vermutlich wichtigsten Bezugspersonen miteinander verstehen, ist es für das Schulkind besonders zu Schulbeginn von entscheidender Bedeutung, dass sich Eltern und Lehrkräfte ‚verstehen' und miteinander partnerschaftlich kooperieren ohne zu ‚verschmelzen'. Das bedeutet, für die Entfaltung des triadischen Interaktionsspiels ist eine relative Eigenständigkeit der Schule gegenüber den Eltern wie auch umgekehrt sinnvoll. Entwicklungsförderlich wirkt demnach, wenn Unterschiede in der Interaktionsgestaltung bestehen, die aber nur so groß sein sollten, dass das Kind eine positive Beziehung so-

---

2   Schon (1995: 87) verwendet die Bezeichnungen „Kind-Elternhaus-Schule" bzw. „Mutter/ Vater, Kind und Lehrer/Lehrerin", vermutlich um zum einen den institutionellen und zum anderen den personalen Bezug mehr hervorzuheben. Meines Erachtens können beide Aspekte in der Bezeichnung *Eltern-Kind-Schule* hinreichend repräsentiert werden. Auch Datler/Steinhardt (1999: 372) betonen die Notwendigkeit der „Analyse des Beziehungsdreiecks Schule-Eltern-Kind", eine Ausarbeitung findet allerdings nicht statt.

3   Im Folgenden werden nur schulische Triaden im engeren Sinne behandelt, die sich unter Beteiligung von Schule bzw. Kindern in ihrer Funktion als Schülerinnen und Schüler konstellieren. Deshalb wird die Eltern-Kind-Peer-Triade nicht weiter ausgeführt.

4   Um der besseren Lesbarkeit willen wird im weiteren Text die männliche Form „Schüler" in den Triaden verwendet, wenn Schülerinnen und Schüler gemeint sind. Analoges gilt für die Verwendung von „Lehrer" für Lehrkräfte beiderlei Geschlechts.

5   Eine typische Szene wäre, wenn das Kind in der Familie aus der Schule erzählt oder eigene Positionen im Familiengespräch damit begründet, dass die *Lehrkraft* es so gesagt habe.

wohl zu den Eltern als auch zu den Lehrkräften halten kann. Diese Bestimmung gilt unabhängig davon, dass die Integrationsleistung vom Kind selten in realen Interaktionen zu dritt gefordert ist.

4.2 Lehrer-Schüler-Mitschüler-Triade

In Beziehungserfahrungen mit Menschen außerhalb der Familie werden die in den vorschulischen, familialen Triaden erworbenen Kompetenzen auf die Probe gestellt und weiter entwickelt. Daraus gewinnt die triadische Interaktion in der Schule einen Teil ihrer Bedeutung als Chance für das Kind. Bei einer hinreichend gut verlaufenen Entwicklung hat das Kind in der *Triade der Wiederannäherung* Ambivalenztoleranz geübt und in der *ödipalen Triade* vertieft. Die hierbei erworbenen Kompetenzen ermöglichen es dem Kind, andere Menschen auch dann noch zu mögen und zu verstehen, wenn sie sich nicht immer nach seinen Wünschen verhalten. „Das Kind muß es aushalten, daß sich Lehrer oder Lehrerin auch intensiv mit andern Kindern beschäftigen, und es muß unter Umständen mit negativen Beurteilungen fertigwerden, ohne daß sein Selbstwertgefühl dabei zusammenbricht" (Schon 1995: 85).

Gerade in der Schule als wichtigem Entwicklungsraum nach und neben der Familie ist *Ambivalenztoleranz* nicht nur nützlich, sondern *unentbehrlich*. Sie bildet die Grundlage für die *Fähigkeit zur Mehr-Personen-Beziehung* in größeren sozialen Gebilden wie Schulklassen und ermöglicht dem Kind das Arbeiten in der Klassensituation. Die genannten Kompetenzen sind ausschlaggebend dafür, ob ein Kind in der Latenzphase zu echten „Wir-Beziehungen" (Muck 1980: 66) gelangt und sich in positiver Weise als Teil eines größeren Ganzen wahrnehmen kann. Erst dann ist es zu einer Gruppenzusammenarbeit auf der Basis gegenseitiger Anerkennung fähig.

Im späteren Latenzalter wird wichtig, dass ein Kind sich sowohl auf Mitschüler/-innen als auch die Lehrkraft in einer förderlichen Weise beziehen kann, ohne das Gefühl zu haben, die Beziehung zum einen Pol durch die Beziehung zum anderen Pol tendenziell zu gefährden.

Durch den oft und lange geübten Perspektivenwechsel in der ‚rotierenden Triade' der Familie (vgl. Buchholz 1990) sowie die Mentalisierung der Triade hat das Kind im Regelfall ein *basales soziales Verständnis* und ausreichend *Einfühlungsvermögen* in andere Personen erworben. Über den wechselseitigen Bezug zu Lehrkraft und Mitschüler/-innen differenziert es die Fähigkeiten zum Verständnis sozialer Situationen und zur Einfühlung weiter aus. Es verbessert sein Vermögen, von sich aus Schranken zu erkennen und Impulse selbst zu kontrollieren.

4.3 Lehrer-Schüler-Bildungsinhalt-Triade[6]

Das Latenzkind hat ein starkes Interesse an der *Aneignung der Realität*, aber auch am *Ausbau von Ich-Leistungen*. Im Gegensatz zum ödipalen Vorschulkind, das im Spiel in eine imaginäre Welt eintaucht, trainiert das Grundschulkind mit Freude seine Fähigkeit zur Adaption an äußere Gegebenheiten, z.b. Regeln in Wettspielen akzeptieren und einhalten zu können (Piaget 1975: 187; Piaget 1983: 105ff.). Neben dem Verlangen nach „Bemeisterung" der äußeren Realität (Erikson 1973: 102), leitet es der Wunsch, seine innere Welt und die eigenen Bedürfnisse beherrschen, kontrollieren zu können (Alvarez 1999: 131).

Kinder im Grundschulalter haben Gefallen an der „Teilnahme [an] der wirklichen Welt der Erwachsenen" (Erikson 1973: 100), sie interessieren sich im Normalfall dafür, dass ihnen jemand Dinge zeigt, auf die es selbst nicht gekommen wäre (ebd.). Ein weiteres Kennzeichen des Latenzkindes ist seine *Leistungsbereitschaft*. Es will Aufgaben erledigen, Ziele verfolgen und seine „Sache gut machen", es hegt den Wunsch, „eine produktive Situation zum Abschluss zu bringen" (ebd.: 105). Es erlebt „das Vergnügen der Fertigstellung einer Arbeit durch ständige Aufmerksamkeit und ausdauernden Fleiß" (Alvarez 1999: 132; vgl. auch Erikson 1973: 103). Damit stabilisiert das Kind sein Ich bzw. Selbst weiter. Das Latenzkind will gefordert werden, es will etwas leisten und kann darüber Freude empfinden. Hierbei sollte die Lehrkraft das Kind auf verschiedenste Art und Weise unterstützen: emotional, methodisch und durch inhaltliche Anregungen.

Um eine Sache gut zu machen, muss man die Aufmerksamkeit willentlich ganz auf etwas zentrieren und andere dafür unwesentliche Dinge und Aspekte wie ‚Nebengeräusche' ausblenden können. Hierfür sind (innere) Kräfte und äußere Hilfen nötig, die „eine starke Spaltung" ermöglichen und „gegen primitivere Konnotationen" wirken (Alvarez 1999: 127). „Das Konzentrieren auf einen Gedanken, eine Aufgabe oder ein Subjekt setzt ein Bündeln der Aufmerksamkeit voraus. Es setzt jedoch ebenfalls die Fähigkeit voraus, andere Gedanken, Aufgaben und Subjekte zu ignorieren, d.h. die Fähigkeit, dieses andere beiseite zu schieben [...]. Eine solche Spaltung hat eine wichtige Funktion für die Entwicklung und ist keineswegs reine Abwehr" (ebd.).[7] Durch die entwicklungsförderliche Kompetenz zur Spaltung wird das Kind fähig zum vorübergehenden aktiven Ausschluss von dritten Sachen oder Beziehungen zu Menschen, um sich ganz einer Sache zu widmen. Im schulischen Bereich ist die Bereitschaft der Lehrkraft wichtig, sich darauf einzulassen, zeitweise im Hintergrund zu bleiben, die „Polarisation der Auf-

---

6   Bei dieser Triade handelt es sich um eine Triade zweiter Ordnung, einer Triade mit dem Bildungsinhalt als gegenständlichem Dritten.

7   Alvarez bezieht sich hierbei auf Winnicott, der Spaltung nicht nur in ihrer Abwehrfunktion, sondern auch im Hinblick auf ihre ermöglichende Funktion reflektiert.

merksamkeit"[8] des Kindes zu schützen und abzuwarten, bis ein Kind die Arbeit mit dem Bildungsinhalt abschließt und erst nach dieser dyadischen Episode wieder zu Personen in Beziehung tritt, z.b. auch um sich auszutauschen. Diese abwartende Vorgehensweise bildet aber bei weitem nicht das ganze Spektrum der pädagogischen Handlungsweisen in der Lehrer-Schüler-Bildungsinhalt-Triade ab. Vielmehr sollte die Lehrkraft auch dazu bereit und fähig sein, die eigenständige Beziehung des Kindes zum Bildungsinhalt mütterlich-haltend zu unterstützen, da die Erfahrung mit dem Lernstoff erst einmal frustrierend sein kann. Auf der anderen Seite kann es jedoch auch notwendig werden, väterlich-strukturierend Strategien aufzuzeigen oder väterlich-grenzsetzend die sachimmanenten, realen Anforderungsstrukturen des Bildungsinhaltes dem Kind zuzumuten und sie nicht nach Belieben und phantasievollen Wünschen des Kindes umgestalten zu lassen.[9] Basaler angelegt ist die Interaktion, wenn über die Beziehung zur Lehrkraft eine Beziehung zum Bildungsinhalt angebahnt, die Triade erst konstituiert wird. Ekstein bringt den Zusammenhang auf die griffige Formel „from learning for love to the love of learning" (zit. n. Müller 2002: 104). Ein eigenständiges Interesse der Lehrkraft für die Bildungsinhalte ermöglicht eine Identifikation der Schülerinnen und Schüler mit der Begeisterung der Lehrkraft für die Sache und damit auch der Sache selbst.

Für eine gegenstandsangemessene Auseinandersetzung mit dem Bildungsinhalt und der Lehrkraft ist eine weitere Voraussetzung zu beachten. Schülerinnen und Schüler sollen weitgehend frei von sexuellen oder prägenitalen Konnotationen, eben sublimiert mit dritten Sachen in Kontakt treten können und über die Sache Beziehung zur Lehrkraft aufnehmen. Sublimierung meint, dass eine ursprünglich unmittelbar auf die Bedürfnisbefriedigung gerichtete sexuelle Energie in kulturell bedeutsame Tätigkeiten transformiert wird. Die ‚Freude am Lernen' ist als Ausdruck eines gelungenen Sublimierungsprozesses zu verstehen. Die Sublimierung ist für Denken, schulisches Lernen und Aneignung der Kultur und Kulturtechniken grundlegend. Die Lehrkraft kann das Kind durch eine konsequent sachliche und themenzentrierte Kommunikation im Unterricht bei der Sublimierungsarbeit unterstützen (Alvarez 1999: 136). Eine gekonnte Überschreitung dieser Maßgabe durch ein passendes Eingehen auf emotionale Bedürfnisse, z.B. nach Anerkennung, dient dabei der Erhaltung oder Wiedergewinnung der sachlich-themenzentrierten Unterrichtskommunikation. So brennt zwar das Latenzkind darauf, (angesehene) Dinge zu produzieren, zu malen, zu schreiben und zu rechnen, Dinge im Detail zu studieren, ihnen auf den Grund zu gehen und sie zu durchdringen, aber es will eben auch die Ergebnisse seiner Anstrengungen

---

8 Vgl. Montessori (1992: 185).
9 Auch hier hilft eine Bezugnahme zur Montessori-Pädagogik zum Verständnis. In der Montessori-Pädagogik gibt es die Leitlinie, Kinder dazu anzuhalten, Entwicklungsmaterialien nicht als Spielmaterial für Phantasiespiele zu verwenden und z.B. mit dem Sinnesmaterial „Rote Stangen" Zäune zu bauen.

bedeutungsvollen anderen zeigen und dafür wertgeschätzt zu werden. Der für das Latenzalter typische „Wiß- oder Forschertrieb [...] entspricht einerseits einer sublimierten Weise der Bemächtigung, andererseits arbeitet er mit der Energie der Schaulust" (Freud 1914: 95).

4.4 Mitschüler-Schüler-Bildungsinhalt-Triade[10]

Nicht nur das im didaktischen Diskurs bekannte Dreieck „Lehrer-Schüler-Stoff" ist für die schulische Bildung entscheidend. Außerordentlich bedeutungsvoll ist, dass auch die Gruppe der Schülerinnen und Schüler eine eigenständige Beziehung zum Bildungsinhalt herstellt und aufrechterhält. Für den Erfolg der pädagogischen Arbeit am Bildungsort Schule und die Wahrnehmung von Schule als positiv gestimmten emotionalen Raum ist wichtig, dass sich die Beziehungen unter den Schülerinnen und Schüler auch über gemeinsame schulische Interessen konstituieren.

Das Interaktionsspiel in den triadischen Konstellationen mit und in der Schule ist nun unter Einbeziehung von nötigen Voraussetzungen und den erreichbaren Entwicklungsleistungen exemplarisch skizziert. Welche Störungen können auftreten?

5. Störungen in den schulischen Triaden

Unvollständige oder beschränkt funktionsfähige triadische Konstellationen gefährden eine altersgemäße Erweiterung der triadischen Kapazität des Kindes. Solche Störungen lassen sich auf wenige Grundformen zurückführen:

- Ein Kind bleibt in einer Triade fixiert.
- Einer Zweierkonstellation fehlt der Bezug zum Dritten.
- Der Bezug von Zweien zum Dritten gestaltet sich über dessen aktiven Ausschluss, wobei der ausschließende Bezug auf das Dritte zweien hilft, ihre Beziehung zueinander zu stabilisieren („Zwei-gegen-einen-Struktur", Bauriedl 1994: bes. 224ff.).

5.1 Störungen in der Triade Eltern-Kind-Schule

Schwierig wird es für ein Kind, wenn Eltern und Schule kein entwicklungsförderliches Verhältnis zueinander finden. Sofern keine Beziehung, eine feindliche oder nur marginale Beziehung zwischen Schule und Eltern besteht, kommt keine Triade aus Eltern, Kind und Schule zustande.

---

10 Eine weitere Triade mit dem unbelebten Objekt Bildungsinhalt.

Ebenso kann Schule in der Triade Eltern-Kind-Schule ihre Funktion als gesellschaftlich-kulturelle Institution nicht voll entfalten, wenn die beiden Pole Eltern und Schule zu sehr zusammenrücken. Beide Bezugspunkte verlieren dann aus der Sicht des Kindes durch eine zu starke Mitwirkung von Eltern in der Schule ihre Unabhängigkeit. So schwächt eine zu intensive Beteiligung der Eltern, evtl. sogar im Unterricht, die triangulierende Funktion der Schule in der Entwicklungstriade Eltern-Kind-Schule. Schule wird zu dominant, wenn *Eltern sich zu Erfüllungsgehilfen der Schule*, zu Co- oder Nachhilfelehrkräften umfunktionieren lassen, die z.b. die Hausaufgaben der Kinder überwachen. Ebenso ungünstig wäre, wenn *Lehrkräfte zum abhängigen Personal der Eltern mutieren*. Schule kann dann ihre Aufgabe, dem Kind zu helfen, autonomer gegenüber den Eltern zu werden, nur sehr begrenzt erfüllen.

Die entwicklungsförderliche Funktion der Schule schwächen Eltern, wenn sie der Schule und ihren pädagogischen Bemühungen keine Anerkennung zollen oder deren pädagogische Bedeutung und Wirkung nicht wertschätzen. Schule wird dann leicht von den Eltern (und wohl sukzessive von den Kindern, sofern sie stark von den Eltern abhängig sind) zu einer bedeutungslosen oder gar ‚bösen' Institution erklärt. Lehrkräfte werden womöglich zu faulen, feindseligen, den Kindern übelwollenden Personen stilisiert. Eine solche Exklusion der Schule aus der Eltern-Kind-Beziehung dient wohl der Stabilisierung der Eltern-Kind-Beziehung in der Familie oder einer Instrumentalisierung der Kinder für die Reinszenierung alter ungelöster Konflikte der Eltern mit der Institution Schule oder Institutionen allgemein.

Ebenso nachteilig wirken ausschließende Aktivitäten der Lehrkräfte, wenn sie die besseren Eltern sein wollen oder sich mit den Eltern gegen den missratenen Nachwuchs verbünden.

5.2 Störungen in der Lehrer-Schüler-Mitschüler-Triade

Von einem Kind werden schulische Beziehungen besonders dann überaus konflikthaft erlebt, wenn ihm keine hinreichende Bewältigung der triadischen Entwicklungsaufgaben in den vorausgehenden triadischen Konstellationen gelingt. Wahrscheinlich wird es in der Interaktion zu Dritt mit Neid und Eifersucht, Rückzug oder überstarker Konkurrenz reagieren, sofern es nicht die aus seiner Sicht angemessene Aufmerksamkeit erhält.

Eine bedrohliche Störung liegt vor, wenn sich Pädagoginnen und Pädagogen aus der Triade Lehrer-Schüler-Mitschüler selbst ausschließen und den Bildungsraum und damit das einzelne Kind ganz der ‚Sozialisationsinstanz' der peers überlassen.

Nicht zu vernachlässigen ist auch die Gefahr, dass Schülerinnen und Schüler andere ausschließen. Vor allem Schülerinnen und Schüler mit psychosozialen Entwicklungsrückständen, die z.B. im Grundschulalter innerlich noch ganz mit ödipalen Themen beschäftigt, von Fragen der Rivalität oder Sexualität okkupiert sind, werden leicht in der Schülergruppe isoliert, da sie sich noch nicht sublimiert mit schulischen Inhalten beschäftigen können. Wirklich schlimm wird es für ein Kind, wenn sich die Lehrkraft aktiv mit dessen Mitschülerinnen und Mitschülern gegen es verbündet. Das ist der Fall, wenn eine Lehrkraft nicht den verbindenden Bezug aufrechtzuerhalten versucht, sondern eine „Zwei-gegen-einen-Struktur" (Bauriedl 1994) etabliert.

Geradezu eine vertrackte Situation für eine Lehrkraft und den Bildungsauftrag der Schule ergibt sich, wenn sich *symbiotische Tendenzen in der Gruppe der Schülerinnen und Schüler durchsetzen* und sich individuelle Schülerinnen und Schüler mit den peers gegen die Lehrkraft verbünden.

5.3 Störungen in der Lehrer-Schüler-Bildungsinhalt-Triade

Auch in Konstellationen mit gegenständlichen Dritten können Ausschlussprozesse in Gang gesetzt werden. In der Triade Lehrer-Schüler-Bildungsinhalt kann es etwa passieren, dass sich die Lehrkraft und die Schülerinnen und Schüler gegen die Bildungsaufgabe verbünden. Eine bequeme, forderungslose und regressive Gestaltung der gemeinsamen Zeit setzt sich durch.

Eine nicht minder problematische Konstellation stellt sich ein, wenn eine Lehrkraft den Unterricht allein an fachwissenschaftlichen Kriterien orientiert, diese absolut setzt und dabei die Aneignungsstruktur und -kapazität der Schülerinnen und Schüler aus den Augen verliert bzw. keinen Zugang zu den Lebens- und Entwicklungsbedingungen der Schülerinnen und Schüler findet.

5.4 Störungen in der Mitschüler-Schüler-Bildungsinhalt-Triade

Bauen Schülerinnen und Schüler keine eigenständige und positive Beziehung zu schulischen Bildungsinhalten auf, besteht die Gefahr, dass der Bildungsort Schule zu einem Treffpunkt der Schülerinnen und Schüler verkommt, an dem die Beschäftigung mit dem Bildungsinhalt und die Bildungsveranstaltung Unterricht lediglich durchgestanden werden. Schule erhält dann möglicherweise ihren positiven emotionalen Gehalt vorrangig durch schulfremde oder gar den schulischen Intentionen entgegen gerichtete Inhalte und Aktivitäten in der Gruppe der Schülerinnen und Schüler. Ähnlich ungünstig dürfte sich auswirken, wenn der Bezug der Schülerinnen und Schüler zum Bildungsinhalt allein durch Rivalität und Konkurrenz bestimmt wird.

6. Erzielter Mehrwert

Die beiden vorausgehenden Abschnitte zeigen exemplarisch auf, wie mit dem Konzept eines triadisch strukturierten Bildungsraums Schule gearbeitet werden kann. Was wird mit der Fortschreibung des Konzepts einer triadisch strukturierten Entwicklung bis zur Schule gewonnen?

1. Mit der konsequenten Erweitung der triadischen Konzeption über die Kernfamilie hinaus auf weitere, höchst bedeutsame kindliche Entwicklungsräume gelingt es, unterschiedliche pädagogische Konstellationen unter Einbezug familiärer, schulischer und peerbezogener Beteiligung in einer konsistenten Begrifflichkeit zu fassen. Seine Bedeutung gewinnt das entwickelte triadische Konzept vor allem durch die Möglichkeit, von der Geburt bis zur Adoleszenz (und darüber hinaus) durchgängig Ebenen der Interaktion *und* der psychischen Organisation in einem theoretischen Rahmen beschreiben zu können.

2. Das Konzept von schulischen triadischen Konstellationen verdeutlicht, dass Beziehungen zu nichtfamiliären peers *und* nichtfamiliären Erwachsenen sowie eine sachlich-gegenstandsorientierte Form der Beziehungsgestaltung wesentliche Elemente der entwicklungsförderlichen Gestaltung von Schule bilden. Die schulischen Interaktionen unterscheiden sich damit qualitativ von den eher persönlich-individuellen Interaktionen in der Familie, was eine altersgemäße psychosexuelle Entwicklung fördert. Wesentlich für die Entwicklung von Kindern ist, dass eine grundlegende Differenz zwischen Familie und Schule aufrechterhalten und die Eigenständigkeit von Schule und Familie vor allem durch die erwachsenen Beteiligten anerkannt wird.

3. Unter Verwendung des Konzepts von Triangulierung/Triade können schulische Prozesse und Strukturen in Hinblick auf wichtige, sich interaktionell gestaltende, persönlichkeitsstrukturierende Entwicklungen des Kindes differenziert beschrieben werden. Womöglich differenzierter, als es bisher verwendete Konzepte erlauben.

4. Die Fortführung der Vorstellung von aufeinander aufbauenden triadischen Konstellationen über die ödipale Triade hinaus lenkt die Aufmerksamkeit auch auf erkenntnissystematische Fragen. Ist ein Verständnis der Entwicklungsphase der mittleren Kindheit als *Pause* zwischen dem Stürmen der ödipalen und adoleszenten Entwicklung (vgl. Freud, zit. n. Erikson 1973: 105) bzw. als Phase des Ruhens der Triebentwicklung, der Entwicklung der Objektbeziehungen und des Selbst (Heinemann/Hopf 2008: 15, 17) pädagogisch hilfreich? Kann man begründet von einer schlichten *Überarbeitung* früherer Entwicklungsthemen in der Latenzphase ausgehen, wie Mertens (1994: 117f.) meint? Solche Präskriptionen beinhalten die Gefahr, die Bedeutung der mittleren Kindheit, die Bedeutung der Schule als Bildungsort und emotionalen Raum sowie der triadischen Interaktion mit

und in der Schule tendenziell zu unterschätzen. Angesichts der beschriebenen Entwicklungsleistungen scheint es passender, von einer *relativ neuen Organisation der psychosexuellen Entwicklung* in den Triaden der Latenz auszugehen. Das Kind erfährt und leistet eine *signifikante Ich-Differenzierung und -Erweiterung, vor allem im Bereich der Realitätsfähigkeit, des Fähigkeitsselbst, der Ich-Funktionen allgemein und der Sublimierung von Triebenergie* in einem Maße, dass die Bezeichnung „Latenz" für diese Entwicklungsfortschritte dringend zu hinterfragen ist.

7. Resümee und Ausblick

Den Überlegungen liegt ein Verständnis von Triangulierung als triadisch-interaktionell vermittelter Verinnerlichungsprozess, der auf verschiedenen psychischen Niveaus immer wieder neu stattfindet, zu Grunde. Neu ist die Fortschreibung des triadisch strukturierten Entwicklungsgeschehens auf schulische Konstellationen. Das dabei in Ansätzen entwickelte Begriffssystem ermöglicht es, Entwicklungs- und Bildungsräume, die ein Kind durchschreitet, aus einer gemeinsamen Perspektive zu theoretisieren. Die entstandene Konstruktion kann in drei Funktionsbereichen Bedeutung erlangen:

– Verschiedene Entwicklungsphasen und Entwicklungsräume in einer gemeinsamen Begrifflichkeit zu beschreiben (*kommunikative Funktion*),
– Schule in ein psychoanalytisch orientiertes Gesamtkonzept von Entwicklung einzufügen (*systematisierende Funktion*),
– Schulische Konstellationen differenziert zu beschreiben, zu reflektieren und zu gestalten (*analytisch-konstruktive Funktion*).

Nicht unerwähnt soll bleiben, dass die geleistete Betrachtung verschiedene Aspekte und Probleme ausblendet, um die Komplexität der Darstellung zu reduzieren. In zukünftigen Erörterungen des Themas sind vor allem folgende, bisher unberücksichtigte bzw. ungelöste Probleme zu bearbeiten:

– Bereits das Vorschulkind unterhält außerfamiliäre, institutionelle Beziehungen. Es hat Interesse an peers und Realitätsbemeisterung, auch wenn die genannten Bereiche nicht die Schwerpunkte dieser Entwicklungsphase bilden.
– Bei den skizzierten schulischen Triaden ist eine einfache entwicklungschronologische Reihung, wie sie Buchholz bei den Vater-Mutter-Kind-Triaden vornimmt, nicht möglich. Vielmehr finden die Triaden parallel statt und interagieren miteinander. Von hohem wissenschaftlichem Interesse ist der Versuch einer weiteren Systematisierung der verschiedenen schulischen Triaden. Eine strukturierte Verknüpfung kann bis hin zur Entwicklung multidimensionaler triadischer Modelle und der Ausarbeitung dreidimensionaler graphischer Repräsentation in Polyederform reichen.

– Die Formulierung von Triaden mit unbelebten Objekten wirft einige Fragen auf. Diese Problematik ist bisher lediglich durch die Unterscheidung von Triaden erster und zweiter Ordnung systematisiert. Zu vermuten bleibt, dass eine Betrachtung auf höherer Abstraktionsebene, auf der keine Unterscheidung zwischen den beiden Formen lebend/unbelebt mehr getroffen wird, es ermöglicht, neue Aspekte im Bildungsgeschehen wahrzunehmen.

– Die vorgenommene Fortschreibung und terminologische Ausweitung des Konzepts der triadischen Entwicklung könnte die in der Psychoanalyse tief verwurzelte Besonderheit der Vater-Mutter-Kind-Triade schmälern. Versuche, durch die Bildung von Komposita wie z.B. „Urtriade" Gewichtungen vorzunehmen, sind im vorliegenden Beitrag nur en passant eingeflossen. Hier sind weitere Untersuchungen und Thematisierungen nötig.

Im Gesamten gesehen präsentiert der Beitrag einen Zwischenstand der Überlegungen. Weitergehende Systematisierungen stehen noch aus, in denen die theoretischen Probleme, die mit der Fortschreibung des Konzepts einer triadisch strukturierten Entwicklung auf den Bildungsort Schule verbunden sind, vertieft durchgearbeitet werden.

Dennoch können die bisherigen Ergebnisse bereits geeignete Handlungskonzepte für die Gestaltung von „Schule als Bildungsort und ‚emotionalen Raum'" zur Verfügung stellen.

Literatur

Abelin, Ernst (1971): The Role of the Father in the Separation-Individuation Process. In: McDevitt, J./Settlage, C.F. (Eds.): Separation – Individuation. New York: Int. Univ. Press, S. 229-252.

Abelin, Ernst (1985): Beobachtungen und Überlegungen zur frühesten Rolle des Vaters. In: Bittner, Günther/Harms, Edda (Hrsg.): Erziehung in früher Kindheit. 7. Aufl. München: Piper, S. 203-226. (Original: Some Further Oberservations and Comments On the Earliest Role of the Father. In: International Journal of Psychoanalysis 56 (1975), S. 293-302).

Alvarez, Anne (1999): Entwicklung zur Latenzperiode: Spaltung und Vergessenlernen bei Borderline-Kindern. In: Arbeitshefte Kinderpsychoanalyse 28, S. 119-141.

Bauriedl, Thea (1994): Psychoanalyse ohne Couch – Psychoanalyse als Beziehungstheorie und ihre Anwendungen. Stuttgart: Kohlhammer.

Buchholz, Michael (1990): Die Rotation der Triade. In: Forum Psychoanaylse 6, S. 116-134.

Buchholz, Michael (1993): Dreiecksgeschichten. Eine klinische Theorie psychoanalytischer Familientherapie. Göttingen: Vandenhoeck & Ruprecht.

Datler, Wilfried/Steinhardt, Kornelia (1999): Schulische Integration und Interaktionsforschung. Ein Plädoyer für differenzierte Einzelfalldarstellungen und Einzelfallanalysen. In: VHN 68, 4, S. 365-376.

Erikson, Erik (1971): Kindheit und Gesellschaft. Stuttgart: Klett-Cotta.

Erikson, Erik (1973): Identität und Lebenszyklus. Frankfurt/M: Suhrkamp.

Freud, Sigmund (1914): Drei Abhandlungen zur Sexualtheorie. II. Die infantile Sexualität. GW V. Frankfurt/M: Fischer, S. 27-145.

Garlichs, Ariane/Leuzinger-Bohleber, Marianne (1999): Identität und Bindung. Die Entwicklung von Beziehungen in Familie, Schule und Gesellschaft. München: Juventa.

Grieser, Jürgen (1998): Der phantasierte Vater. Zur Entstehung und Funktion des Vaterbildes beim Sohn. Tübingen: Edition Diskord.

Heinemann, Evelyn/Hopf, Hans (2008): Psychische Störungen in Kindheit und Jugend. Symptome, Psychodynamik, Fallbeispiele, psychoanalytische Therapie. 3. überarb. Aufl. Stuttgart: Kohlhammer.

Johnen, Rolf (1995): Erstheit – Zweitheit – Drittheit. Zeichen des Werdens: Zur Semiotik der Triangulierung. In: Buchheim, Peter/Cierpka, Manfred/Seifert, Theodor (Hrsg.): Konflikte in der Triade. Berlin: Springer, S. 59-77.

Katzenbach, Dieter/Ruth, Jessica (2008): Lernen – Lernstörung – Triangulierung. Zum Zusammenspiel von Emotion und Kognition bei Lernprozessen. In: Dammasch, Frank/Katzenbach, Dieter/Ruth, Jessica (Hrsg.): Triangulierung. Frankfurt/M: Brandes & Apsel, S. 59-81.

King, Vera (2002): Die Entstehung des Neuen in der Adoleszenz. Opladen: Leske + Budrich.

Klitzing, Kai v. (1998): „Wenn aus zwei drei werden ...". Ergebnisse einer prospektiven Studie zur Entstehung der Eltern-Kind-Beziehung. In: Bürgin, Dieter (Hrsg.): Triangulierung. Stuttgart: Schattauer, S. 104-115.

Klitzing, Kai v. (2002): Frühe Entwicklung im Längsschnitt: Von der Beziehungswelt der Eltern zur Vorstellungswelt des Kindes. In: Psyche 56, S. 863-887.

Mahler, Margret/Pine, Fred/Bergman, Anni (1993): Die psychische Geburt des Menschen. Symbiose und Individuation. Frankfurt/M: Fischer.

Mertens, Wolfgang (1994): Entwicklung der Psychosexualität und der Geschlechtsidentität. Bd. 2: Kindheit und Adoleszenz. Stuttgart: Kohlhammer.

Montessori, Maria (1992): Das kreative Kind. Der absorbierende Geist. Freiburg: Herder.

Muck, Mario (1980): Psychoanalyse und Schule. Stuttgart: Klett.

Müller, Burkhard (2002): Wie der „aktive Schüler" entsteht. Oder: „From learning for love to the love of learning". In: Datler, Wilfried/Eggert-Schmidt Noerr, Annelinde/Winterhager-Schmid, Luise (Hrsg.): Das selbständige Kind (Jahrbuch für psychoanalytische Pädagogik 12). Gießen: Psychosozial, S. 102-119.

Piaget, Jean (1975): Nachahmung, Spiel und Traum. Stuttgart: Klett.

Piaget, Jean (1983): Das moralische Urteil beim Kinde. 2. veränd. Aufl. Stuttgart: Klett-Cotta.

Rauh, Bernhard (2004): Akteure der eigenen Entwicklung – mit der Eigenentwicklung in der peer-group überfordert? In: Ahrbeck, Bernd/Rauh, Bernhard (Hrsg.): Behinderung zwischen Autonomie und Angewiesensein. Stuttgart: Kohlhammer, S. 90-102.

Rauh, Bernhard (2010): Triade und Gruppe – Ressourcen schulischer Bildung. Baltmannsweiler: Schneider.

Schon, Lothar (1995): Entwicklung des Beziehungsdreiecks Vater-Mutter-Kind. Stuttgart: Kohlhammer.

Winnicott, Donald (1994): Die menschliche Natur. Stuttgart: Klett-Cotta.

Bindungssicherheit und Affektregulation im pädagogischen Handlungsfeld

Der Lehrer als Beziehungs- und Kulturarbeiter

Eva Rass

1. Bestandsaufnahme

Wer kennt sie nicht – die Bilder: Ein Extratisch im Klassenzimmer – der Tisch im Abseits, an dem *ein* Schüler sitzt: Ausgegrenzt, weil er stört/zerstört? Wer kennt nicht die Situation im Schultreppenhaus, wo hinunterstürzende Kinder drängeln, schubsen und rücksichtslos nach unten eilen? Wer kennt nicht die sehr ruhige, angepasste und zielstrebige Schülerin, deren Schulleistungen außerordentlich gut sind, die aber immer dünner und blasser wird? Wer kennt nicht in sich selbst die ohnmächtige Wut und Hilflosigkeit, weil ein störender Schüler oder auch mehrere die so gut ausgedachte Unterrichtsgestaltung zunichte machen? Wer kennt nicht in solchen Momenten die aufsässigen und respektlosen Äußerungen von Schülern? Wer aber kennt nicht auch die respektlosen Äußerungen von Lehrern ihren Schülern gegenüber, wenn sie ihnen – vor der ganzen Klasse – vorwerfen, dass ihre Eltern in der Erziehung versagt hätten? Wer kennt nicht die verächtlichen Äußerungen zum intellektuellen Leistungsvermögen des Kindes und – auch wieder vor der ganzen Klasse – distanzlose Verbreitung von Wissen über einen Schüler, das diesen sehr bloß stellt und in die Scham treibt (vgl. Singer, K. 1998; Tausch, R. 1999; Krumm/Weiß 2000).

Wer kennt nicht die Diskussion zum Beruf des Lehrers, der offensichtlich krank macht und zur frühzeitigen Pensionierung so vieler Pädagogen führt (vgl. Hillert/Schmitz 2004) und nicht auch die Diskussion darüber, ob es nicht die persönliche Ausgestaltung vor dem Studium abzuklären gilt, bevor dieser Beruf ergriffen wird?

Wie sollen die Menschen, die sich beruflich in diesem Feld bewegen, persönlich und fachlich ausgestattet sein(s. Fragebogen zur Selbsteinschätzung, Dbb), um die Heranwachsenden, die vom Krippenkind bis hin zum Abiturienten den größten Teil des Alltags in einer pädagogischen Institution leben, in ihren Entwicklungsbedürfnissen gerecht zu werden? Wie sehen andererseits die Heranwachsenden aus, die in diese Einrichtungen gehen, und wie steht es um deren Hintergrund – d.h. ihr familiäres Umfeld?

2. Das didaktische Dreieck

Alle, die sich mit Pädagogik beschäftigt haben, haben in ihrer Ausbildung das didaktische Dreieck kennengelernt. Die Eckpunkte sind das Kind, die Erzieher und als Drittes die zu bewältigenden Lebens- und Lernaufgaben. Dieses didaktische Dreieck in erweiterter Form (vgl. auch Kraft 2003; Rass 2008) dient als Gerüst der weiteren Ausführung (s. Abb. 1).

Abb. 1

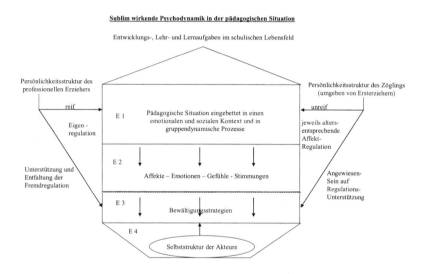

2.1 Entwicklungspsychologische Aspekte des Heranwachsens

Zunächst gilt es, das Kind und seine entwicklungspsychologischen Aspekte darzustellen:

Alle Erwachsenen waren einmal Kinder, haben einen Entwicklungsprozess durchlaufen, der ihre Persönlichkeitsstruktur prägte und prägt, und es gilt somit sowohl dem Verständnis für den Erwachsenen als auch für das Kind, sich mit wichtigen Entwicklungsaspekten zu beschäftigen, die im pädagogischen Handlungsfeld für die Beteiligten von Bedeutung sind.

Die Frage, warum frühe Ereignisse im Leben einen starken Einfluss auf alles Weitere haben, ist eines der grundlegenden Probleme aller Wissenschaften, die sich mit lebenden Systemen beschäftigen. Auf welche Weise werden

112

emotionale Erfahrungen mit anderen Menschen zu Mustern des strukturellen Wachstums? Um Antworten für diese Fragen zu finden, ist es notwendig, Forschungsergebnisse der Neurobiologie, der affektiven Neurowissenschaften, der Bindungs- und Kleinkindforschung und der psychodynamisch ausgerichteten Entwicklungspsychologie in das pädagogische Handlungs- und Aufgabenfeld zu integrieren.

Die Hirnforschung kann belegen, dass Beziehungs- und Erfahrungsprozesse in der Säuglingszeit bis in das Genom hineinwirken (Rüegg 2007; Murgatroyd 2009). Sie prägen die strukturelle Ausformung der Nervenzellen innerhalb des genetischen Gestaltungsraumes so, dass später, wenn das Gehirn schon weiter ausgereift ist, solche grundlegenden Änderungen der Architektur nur noch schwer möglich sind; d.h. dass frühe Prägungen das Gehirn dabei fast genauso nachhaltig wie genetische Faktoren programmieren (vgl. Schore 2007; Bauer 2002). Schon 1995 sprach Eisenberg in einem zukunftsweisenden Aufsatz vom „brain as a social construction". Sowohl die psychische als auch die hirnorganische Strukturbildung geht mit Bindungserfahrungen einher, die in die fortwährenden Interaktionen des Kindes mit seinen Fürsorgepersonen eingebettet ist.

Die Bindungsforschung, deren Begründer der Psychoanalytiker John Bowlby ist, ist die am weitesten vorangetriebene Entwicklungspsychologie, die weltweit auf einen ungeheuren Fundus an Forschungsergebnissen zurückgreifen kann, die zu Erkenntnissen führten, die so manches Konzept zur frühkindlichen Entwicklung widerlegten. Diese Erkenntnisfortschritte hatten u.a. auch Veränderungen in der psychoanalytischen Theorie zur Folge. Spezifische Aspekte des Freud'schen Konzeptes zur frühen Kindheit mussten modifiziert und die neuen Befunde konzeptuell eingearbeitet werden. Dies bedeutete innerhalb der psychoanalytischen Theorie einen Paradigmenwechsel. Und es scheint, dass in der Folge auch ein Paradigmenwechsel in der Pädagogik angesagt ist, wenn sie diese Erkenntnisfortschritte nicht ausblenden will.

Um zu verstehen, warum dieser Paradigmenwechsel dringend notwendig ist, gilt es, sich die Erkenntnisfortschritte, die die Anfänge des menschlichen Lebens betreffen, näher zu betrachten: Viele experimentelle und klinische Arbeiten zeigen, dass die Reifung der Affekte *das* Schlüsselereignis im Säuglingsalter ist und dass der Erwerb einer Kontrollfunktion für die Selbstregulation von Affekten ein wichtiger Meilenstein in der Entwicklung darstellt. Unter Affekt versteht man jede Gefühlsregung und jede Erregung, die von äußeren oder inneren Reizen ausgelöst wird und die mit körperlichen Veränderungen einhergeht. Der jeweilige affektive Zustand tönt das Erleben, und es gibt kaum einen Moment des Lebens, wo nicht dieses Phänomen fassbar ist: Freude, Ärger, Wut, Trauer, Stolz, Beschämung, Langeweile, Angst – um nur einige der affektiven Zustände zu nennen – haben ihre körperlichen Begleiterscheinungen, und manchmal ist es sogar zuerst der Körper und dessen Befindlichkeit, was uns auffällt. Manchmal zeigen erst körperliche Phänomene – Herzklopfen, feuchte Hände, weiche Knie – unter welchen Belastungen man steht. Die Entwicklung der Affektregulation ist somit ein wesentliches organisierendes Prinzip der emotionalen Entwicklung *und* der Hirnreifung.

Spezifische, sehr frühe emotionale Erfahrungen sind in die affektregulierende Bindungsbeziehung zwischen dem Säugling und seiner Fürsorgeperson, d.h. insbesondere mit der Mutter, eingebettet. Eine sichere Bindungsbeziehung repräsentiert daher eine entwicklungsfördernde Umwelt für die erfahrungsabhängige Reifung komplexerer regulatorischer Kapazitäten, die den Übergang von externer zu interner Regulation ermöglichen (Schore a.a.O.). Erregungen werden beim Baby zunächst durch andere Menschen reguliert; im Verlauf der Entwicklung werden sie als Ergebnis neuropsychologischer Entwicklungsprozesse jedoch zunehmend selbst reguliert. Das erregte Kind wird fürsorglich durch Körpernähe und Prosodie beruhigt und im Laufe einer derart einfühlsamen Bezogenheit entwickelt das Kind allmählich eigene Beruhigungsstrategien. Die elterliche Unterstützung bei der Zustandsregulierung ist entscheidend dafür, ob das Kind lernen kann, wie aus beunruhigenden Affektzuständen wieder ein positiver Affektzustand hergestellt wird. Der Schlüssel für das Gelingen dieses Prozesses ist die Fähigkeit der Fürsorgeperson, ihren eigenen Affekt, besonders den negativen Affekt, zu beobachten und zu regulieren. Dadurch gelingt der ausreichend guten Pflegeperson die Regulation eines negativ belastenden affektiven Zustandes des Kindes. Möglicherweise besteht der wichtigste und schwierigste Aspekt von Fürsorge darin, es dem Kind zu ermöglichen, ansteigende intensive Spannung zu ertragen, aber rechtzeitig einzuschreiten, um das Kind zu beruhigen, bevor es von Affekten überflutet wird (vgl. Rass 2007).

Wichtig ist für die im pädagogischen Handlungsfeld Arbeitenden das Wissen, dass die Gehirnentwicklung von Mädchen und Jungen sehr unterschiedlich verläuft, dass die kleine Jungen in ihrer Affektregulationsfähigkeit schwächer ausgestattet sind und gerade sie besondere Einfühlung, Führung und Unterstützung bedürfen, da – wenn sie auf sich alleine gestellt sind – sie aufgrund dieser biologischen Ursache verstärkt zu Motorik und Unruhe – heute häufig als Verhaltensauffälligkeiten erlebt – neigen (Hüther 2008). Interdisziplinäre Befunde aus pädagogikfernen Disziplinen sind für das pädagogische Handlungsfeld wichtig, weil sie ein Verständnis dafür ermöglichen, wie frühe tatsächliche affektive Interaktionserfahrungen Wegbereiter der späteren Entwicklung sind. Dieses Wissen bringt aber auch große Verantwortung mit sich – vielleicht der Grund, warum herausragenden Wissenschaftler z.B. aus der Neurobiologie (z.B. Hüther 2006), der Psychiatrie (z.B. Spitzer, M. 2006) und der Psychosomatik (z.B. Bauer, J. 2007a/b) sich auch in der Pädagogik zu Wort melden. Größte Aufmerksamkeit hat daher einer bindungsorientierten Prävention und Interaktion in der Kindheit zu gelten, so dass der Qualität der Betreuung höchste Bedeutung zukommt (s. Abb. 2).

Abb. 2

Gipfelstürmer brauchen ein sicherheitsgebendes Basislager

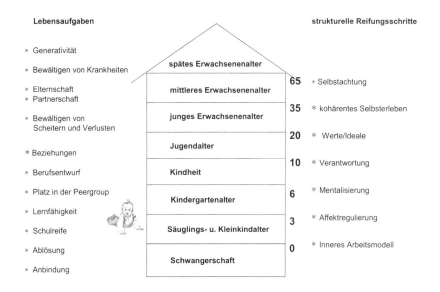

Das Wissen, dass das kleine aber auch das größere Kind in einer sicheren Bindung aufwachsen muss, darf in der heftig geführten Diskussion zur Unterbringung von Kleinkindern in außerfamiliären sozialpädagogischen Einrichtungen bis hin zum Konzept der Ganztagesschulen auch für die größeren Schüler nicht verleugnet werden. Die Forschung belegt unmissverständlich, dass ohne stützende und regulatorische Begleitung Aggression und Regelüberschreitung vermehrt auftreten (Rass 2008). Das heißt, dass im pädagogischen Handlungsfeld die reife Persönlichkeitsstruktur des Erziehers maßgeblich die Handlungskompetenz des unreifen Zöglings beeinflusst. Während beim Erwachsenen erwartet werden kann, dass er Affekte, Emotionen und Gefühle dank einer reifen Eigenregulation adäquat verarbeitet, steht diese einem Heranwachsenden nur bedingt und altersentsprechend zur Verfügung. Er kann daher erhoffen, dass der Pädagoge ihm bei der Bewältigung dieser Entwicklungsaufgabe zur Verfügung steht (Rass a.a.O.).

Heute strukturiert der Heranwachsende viele Bereiche seines Lebens und seiner Entwicklung selbsttätig, denn zur Norm erhoben wird ein Kind, das in der Lage ist, seine Kindlichkeit möglichst früh aufzugeben (Winterhager-Schmid 2002). In diesem veränderten Zeitgeist zahlen die Kinder jedoch einen hohen Preis. Zunächst ist festzustellen, dass, wer sich frühzeitig selbst zu organisieren hat, sich später nur schwer von anderen erziehen lässt: wer sehr früh die zuvor beschriebene Affektregulation und funktionelle Selbständigkeit erwerben musste, wehrt sich später gegen erzieherische Maßnahmen, wenn sie auf eine ungenügende Matrix von guter Bindung fallen. Viele Kinder bringen Sozialisationsdefizite, unangemessene Normvorstellungen, ein unrealistisches Weltbild, Schwächen in der Wahrnehmungsorganisation (Rass 2002, 2008), psychosomatische und neurotische Störungen sowie ein hohes aggressives und autoaggressives Potenzial in die Schule mit. Neue „Kinderkrankheiten" breiten sich aus – ADHS, Substanzen-Abusus, selbstverletzendes Verhalten, riskante Verhaltensweisen (Rass 2007: 65): 50% aller Schüler leiden unter chronischen Beschwerden und 15% sind von harten psychischen Störungen betroffen (Bauer, J. 2007a: 86). Viele Schüler nehmen regelmäßig Medikamente, um Probleme in der Schule oder in der Familie oder im Freundeskreis zu bewältigen (Struck 1994). Eine große Zahl der Jugendlichen konsumiert regelmäßig Alkohol und andere Drogen. Die Zahl der Selbstverletzungen hat sich in den letzten Jahren vervielfacht. Viele Kinder wachsen nur noch zwischen den Institutionen Familie und Schule auf. Wenn aber die Familie problematisch, schwer belastet oder de facto gar nicht mehr vorhanden ist, haben sie als Beziehungs- und Erziehungseinrichtung eigentlich nur noch die Schule. Dann brauchen sie im Rahmen der Schule erwachsene Bezugspersonen, d.h. die Familie ergänzende Bezugspersonen und nicht jemanden, der seine Aufgabe auf den erziehenden Unterricht und die Wissensvermittlung beschränkt.

2.2 Die primären Bezugspersonen und professionelle Pädagogen

Im Weiteren wird jener Eckpunkt im didaktischen Dreieck, der die Erwachsenen repräsentiert, d.h. zunächst die Fürsorgepersonen und danach die professionellen Erzieher, beleuchtet.

Eltern können ansonsten gut funktionierende erwachsene Menschen sein, jedoch können in ihrer Rolle als Eltern ansonsten unauffällige Defizite in ihrer Persönlichkeitsentwicklung, d.h. eventuelle eigene frühe belastende Beziehungserfahrungen, manifest werden. Die Fähigkeit des Erwachsenen, empathisch, affektregulierend und für ein Kind beschützend zu sein, hängt bedeutsam mit seiner Lebensgeschichte zusammen. Da ein Kind verschiedene Stufen der Entwicklung durchläuft, sind Eltern immer wieder auch auf diesen verschiedenen Entwicklungsstufen gefordert (vgl. Ornstein/Ornstein 1994). Entwicklungsfördernde ertragbare Frustrationen („optimale") sind jedoch notwendig, da das Kind durch sie zum einen einen schützenden Rahmen erfährt und zum anderen die Eltern aber auch als Fels in der Brandung erlebt, die Orientierung und Halt vermitteln. Wenn die Eltern diese schützende Grenzsetzung als harten erzieherischen Akt verstehen, werden sie immer wieder die Gelegenheit versäumen, ihren Kindern als reifes Gegenüber verantwortlich zu handeln. Die Kinder spüren die Unsicherheit und Schwäche und reagieren auf die Dauer scheinbar respektlos; jedoch verbirgt sich letztendlich Angst dahinter, da der Schutz der Eltern durch deren Nachgiebigkeit verloren geht. Von Natur aus ist in jedem Kind ein Bedürfnis vorhanden – ein Abhängigkeitsbedürfnis –, das nach Stabilität und Hilfe beim Erwachsenen sucht, damit dieser ihm beim Sich-Einfinden und Üben im Umgang mit der Welt behilflich ist. Der somit schwach und hilflos geborene und auf vielfältige Anpassung an seine Umwelt angelegte Mensch braucht daher Unterstützung zur Entwicklung seiner Möglichkeiten – d.h. Bindung und Erziehung.

Inzwischen sind die Nach-69er-Generationen mit der Legende vom kompetenten und sich selbst bestimmen wollenden Kind groß geworden: Dass das Kind bereits in einem sehr frühem Stadium in der Tat erstaunliche kognitive und emotionale Kompetenzen entwickelt (vgl. Dornes 1992), wurde und wird weiterhin so interpretiert, als könnten sich diese Fähigkeiten im Kind von alleine entwickeln. Man tendiert zu der Meinung, man tue den Kindern und Jugendlichen das Beste, wenn man ihnen möglichst viel Freiraum, Selbstorganisation und Selbstverantwortung überließe, was zur Folge hat, dass sie sich häufig in einem leeren Raum befinden und damit letztlich vielfältigen Angeboten und Entwicklungsaufgaben einsam überlassen werden (vgl. Bauer, J., 2007a: 16). Kinder und Jugendliche *müssen* begleitet werden – und zwar durch Bindung, Beziehung und Erziehung – also von Interesse, Nachfragen, Ansporn, Forderung und auch von Kritik, aber ebenso von Einfühlung, Anteilnahme, Hilfe und Ermutigung (ebd. S. 39; Brisch 2008).

Ein Kind kann sich die Welt noch nicht alleine erschließen; es kann vor allem keine Entscheidungen über Dinge treffen, die es mangels Lebenserfahrung noch gar nicht kennt. Und gerade in diesem Aspekt haben Kinder von Seiten der Eltern heute häufig Mitspracherechte, die sie restlos überfordern. Das heutige Kind vertritt sehr vehement seine Vorstellungen und reibt sich damit an der Kernsubstanz des Erwachsenen (vgl. Rass 2001). Dies verlangt höchstes persönliches Engagement und – vor allem Zeit. Diese Auseinandersetzungs-Zeit lässt sich nicht delegieren an andere Personen oder Einrichtungen, und gerade hier zeigt sich die Qualität und Unerschütterlichkeit von Bindungssicherheit. Jeder Heranwachsende braucht diese intensive dauerhafte Zuwendung, die daraus besteht, dass man sich dem Kind geduldig zuwendet, dass man ihm die Einhaltung sozialer Regeln beibringt und dass man Ziele setzt und das Kind für seine Bemühungen lobt. Während vieles davon den Kindern vorenthalten wird, werden jedoch hohe Erfolgserwartungen seitens der Eltern an das Kind gesetzt, ohne dass jedoch zuvor das psychische Polster zum Bewältigen der diversen Entwicklungsaufgaben in der Kindheit entwickelt werden konnte.

Wie Untersuchungen zeigen (vgl. Shell-Studie 2000), werden von den heutigen Heranwachsenden die Eltern mehrheitlich als Partner erlebt. Nicht mehr die Abgrenzung von den Eltern, sondern die Identifikation mit und die Imitation von Gleichaltrigen erscheint wichtig. Von Eltern jedoch, die keine

Reibungsfläche bieten, die eher Kumpel und Freund sein wollen, kann sich ein Heranwachsender nur schwer lösen, da die Abgrenzung problematisch ist. Kinder suchen letztendlich Erfahrungsvorsprung, weil er Schutz bedeutet; sie brauchen einen Rahmen, innerhalb dessen sie sich wie in einem schützenden Hafenbecken erfahren und ihre Potenziale entfalten können (Rass 2003). Notwendigkeiten und Härten des Lebens früherer Generationen schufen Vorgegebenheiten, die den Entscheidungsspielraum einschränkten, womit aber gleichzeitig ein Außengeländer vorhanden war, an dem man sich entlang hangeln konnte – quasi ein äußeres Korsett, das selbst einen schwammigen und brüchigen Inhalt scheinbar zu stabilisieren in der Lage war. Die größere Befreiung von sozialen Zwängen setzt heutzutage somit eine Individualstruktur voraus, die notwendig wäre, um viele wichtige Alltags- und Entwicklungsaufgaben stabil und progressiv zu meistern (vgl. Trescher, H.-G./ Finger-Trescher, U. 1992). Gerade die Bewältigung der Verunsicherung im Bindungsgeschehen, wo Absprachen prinzipiell aufkündbar geworden sind, was tiefe Ängste auslöst, setzt ein hohes Maß an Konfliktfähigkeit und Frustrations- und Angsttoleranz voraus. Groß sind daher die Orientierungs- und Ratlosigkeit, weil die enormen soziokulturellen Spielräume keine glücklicheren Kinder und auch keine glücklicheren Eltern hervorgebracht haben (Rass 2001; Speck, O. 1997).

2.3 Das schulische Lebensfeld

Als letzter Eckpunkt im didaktischen Dreieck rücken die Entwicklungs-, Lehr- und Lernaufgaben im schulischen Lebensfeld in den Fokus der Betrachtung:
Die Entwicklung des wissenschaftsorientierten Unterrichts führte zum verstärkten Einsatz des Fachlehrer- und Kursprinzips, was eine Schwächung des Klassenlehrerprinzips mit sich brachte. Der auf den deutschen Bildungsrat von 1970 zurückgehende wissenschaftsorientierte Unterricht mit seiner Überdosierung des Fachlehrer- und Kursprinzips in zudem unüberschaubar großen Schulen ist mit Blick auf die eigentlichen Beziehungsaufgaben des professionellen Erziehers problematisch, da er zur Beeinträchtigung des auf Kompensation, Umfassung und Kontinuität sowie des auf beziehungspraktische Aufgaben bauenden Klassenlehrerprinzips geführt hat (Struck a.a.O.: 174). Die Verteilung der Schülerpersönlichkeit auf viele pädagogische Kompetenzen sowie auf eine Fülle von Fachlehrern, auf Schulpsychologen, Beratungslehrer und Sozialpädagogen überfordert in ihrer Nicht-Kind-Gemäßheit den Schüler. Ein Kind braucht die Bündelung möglichst vieler dieser Kompetenzen in einer Bezugsperson (ebd. S. 174). Selbst in den unteren Grundschulklassen gilt das Klassenlehrerprinzip inzwischen nur noch bedingt, da auch hier schon, wie mir einmal persönlich von einem Schulleiter mitgeteilt wurde, den Kindern „die Fachkompetenz der Kollegen nicht vorenthalten werden soll".

Die wissenschaftsorientierte Schule hat die anzustrebende Geborgenheit zur Lehrperson, in vertrauten Klassenverbänden, sowie Kontinuität, Kontrolle und feste Gewohnheiten durch eine Bezugsperson, die die jeweilige Biographie, das Milieu, die Probleme und die Weiterentwicklung wahrnimmt, um verstehend und angemessen zu handeln, aufgegeben. Die kindliche Anpassungsfähigkeit wird überschätzt, die in jeder Stunde in einem anderen Raum, bei einem anderen Lehrer, in einem anderen Fach, neben einem anderen Schüler zu sitzen hat, um sich dann in der Pause auf der Sozialfläche zu bewegen. Ein Fachlehrer, der bis zu 150 Schüler pro Woche jeweils zwei Stunden unterrichtet, der sein Wissen in den Kopf eines komplizierten, problembeladenen und verhaltensschwierigen Schülers nicht transportieren kann, kann es deswegen nicht, weil er ihn nicht zu motivieren vermag – eben weil er ihn kaum kennt. Es fehlt die benötigte Bündelung möglichst vieler pädagogischer und psychologischer Kompetenzen in einer Hauptbezugsperson, die dafür ausgebildet sein sollte. Dies gilt jedoch nicht nur für das junge Kind; auch der Pubertierende, der in sich entwicklungsbedingt körperliche, psychische und neuronale Baustellen trägt (vgl. Wüsthof 2006; Rass 2009), bräuchte diese vorgegebene Beziehungsstruktur in großem Ausmaß.

Das heutige Motto der Mobilitätsförderung wird den tatsächlichen Bindungs- und Affektregulationsbedürfnissen mit klaren Rahmenbedingungen und mit einer überschaubaren Binnenstruktur in keinster Weise gerecht. Zudem zeigt die Hirnforschung, dass gerade Jungen eine noch gezieltere Einbindung, Führung und Regulierung brauchen, da sie per se von Mutter Natur diesbezüglich schwächer ausgestattet sind (Hüther 2008; Damasch 2008; Hopf 2008; Matzner/Tischner 2008). Pädagogischer Erfolg gegenüber Defiziten jeder Art mit daraus resultierenden Lernstörungen und Verhaltensschwierigkeiten benötigt die Kontinuität von vielen Stunden täglichen Zusammenlebens zwischen der Lehrkraft und den Schülern. Von bildungspädagogischer Seite wird ganz offensichtlich allzu sehr vernachlässigt, dass Kinder nicht verschiedene anspruchsvolle Entwicklungsaufgaben gleichzeitig zu lösen vermögen, dass sie im Schulischen überfordert sind, wenn sie im persönlichen Bereich vor komplexen Aufgaben (z.B. Trennung der Eltern) stehen, die Überlebensstrategien erfordern. Die dabei erworbene funktionelle Selbständigkeit darf unter keinen Umständen mit psychischer Reife verwechselt werden, die aber notwendig wäre, um sich mit einem sperrigen Lernstoff konzentriert beschäftigen zu können.

3. Konsequenzen

Da die Zeit nicht zurückgedreht werden kann und unsere Kinder in den herrschenden Zeitgeist eingebettet sind, bleibt dem im pädagogischen Handlungsfeld Arbeitenden nichts anderes übrig, als die Kinder dort abzuholen, wo sie zu finden sind. Die Ausbildung des professionellen Pädagogen hat dies zu berücksichtigen und sie sollte ihn fachlich und persönlich in die Lage versetzten, diesen Ansprüchen gerecht zu werden.

Jede Lehr- und Lernsituation ist eingebettet in soziale und emotionale Erfahrungen, und diese wiederum haben Auswirkungen auf das Lernen. Unsere frühen Lebenserfahrungen prägen unsere Lebensfragen, unsere Erwartungen und Dispositionen. Die Bindungs- und Affektregulationsforschung führt uns deutlich vor Augen, wie maßgeblich die frühe Kindheit das spätere Erscheinungsbild des Schülers und seines Lernverhaltens beeinflusst (vgl. Geddes 2007: 53). Kinder mit einer sicheren Bindung sind in der Lage, sich sowohl auf den Lehrer als auch auf die Klassenkameraden zu beziehen, und sie sind belastbar, um die leisen Kränkungen, die jede Lern- und Lebensaufgabe mit sich bringt (vgl. Kraft 2003), progressiv zu bewältigen. Nicht-Wissen ist ein nicht unproblematisches Eingeständnis, dem es sich mutig und altersentsprechend selbstsicher zu stellen gilt. Lernprozesse des Babys laufen im Schutz der elterlichen Regulation, erweitern sich mit dem motorischen Zuwachs und münden in die spielerische Auseinandersetzung mit der Welt. Dabei wird die beruhigende Erfahrung gemacht, dass ein Nicht-Wissen in Verstehbares übergeführt werden kann (Geddes a.a.O. S. 55). Ist das Kind, der spätere Schüler, aber unsicher gebunden, kann der Lernprozess von sehr viel Unsicherheit und Neigung zu Kränkbarkeit begleitet sein, was die Lernbereitschaft und die Motivation erheblich beeinflusst. Da knapp die Hälfte der Kinder einen unsicheren Bindungsstil verinnerlicht hat (vgl. Brisch 1999) und diese ihre Irritation in den schulischen Alltag einbringen, ist nun der Lehrer gefordert, ihnen bei der Bewältigung der Lern- und Lebensaufgaben im schulischen Lebensfeld stützend zur Seite zu stehen. Der Lehrer als neu hinzugekommene Bezugsperson kann dadurch eine wichtige Beziehungs- und Bindungserfahrung bereitstellen, zumal Kinder lange Zeit und tagtäglich viele Stunden zur Schule gehen. Dies ist natürlich nur möglich, wenn sich das Kind von seiner Betreuungsperson als Individuum wahrgenommen fühlt, und wenn sein Hunger, für jemanden bedeutungsvoll zu sein, dadurch gestillt wird (vgl. Bauer 2007b: 21). Die Voraussetzung dazu ist, dass der Erwachsene überhaupt zeitlich ausreichend anwesend ist und als Mensch mit Eigenschaften erkennbar ist. Bezogenheit ist keine Einbahnstraße, sondern ein wechselseitiges Geschehen.

Da die Schule neben dem Elternhaus ein wichtiger Erfahrungs- und Lebensraum ist, muss darin auch Leben stattfinden. Das stark betonte, wissenschaftsorientierte Fachlehrerprinzip kann diesem Anspruch – wie schon erwähnt – nur bedingt gerecht werden. Selbst ein beziehungsorientierter Lehrer kann unter diesen Umständen den berechtigten Beziehungsbedürfnissen nicht nachkommen. Bei Problemen wird das belastete Kind an den Schulpsychologen, den Beratungslehrer, an den Arzt oder Therapeuten verwiesen. Wieder wird es woanders hin geschickt, was im Sinne von Kohärenz und Kontinuität in Bezogenheit zum Lehrer adäquater zu bewältigen wäre. Der Trend geht eindeutig zur professionellen pädagogischen Ganztagesbetreuung, sodass dieses Lebensfeld zu einem zweiten Zuhause für die Kinder wird. Die aus der Bindungs- und Affektregulationsforschung gewonnen Einsichten müssten daher in eine veränderte pädagogische Ausbildung an die professionellen Erzieher herangetragen werden. Im Schulalltag – auch in den darin eingebundenen sozialen Freiräumen – finden alle Aspekte affektiven Erlebens statt: es wird gelernt, gestritten, es wird sich gefreut, Versagungen müssen ausgehalten werden, kleine körperliche Beschwerden treten auf, Misserfolge sind kaum zu vermeiden, genauso wenig wie emotionale Belastungen unter den Kindern. Im familiären Rahmen ist dafür ein „Containment" notwendig, d.h. eine wichtige Bindungsperson, die die affektiven Zustände des Kindes aufnimmt, um ihm bei deren Bewältigung zu helfen und dadurch auch den Mentalisierungsprozess (Fonagy et al 2004) begünstigt. Dies müsste natürlich auch im Schulalltag aufgegriffen werden, denn es kann nicht sein, dass sich ein Heranwachsender über weite Strecken des Tages, wo er sich vielfältigen und schwierigen Lebens- und Lernaufgaben gegenüber sieht, in einem bindungs- und beziehungslosen Niemandsland bewegt, das ihm sowohl Sicherheit als auch Regulation und damit grundlegende Aufwuchsbedingungen vorenthält (vgl. Rass 2007: 66ff.).

Das Bindungs- und Bezogenheitsprinzip sollte daher neu überdacht und eingeführt werden, denn gerade dieser Aspekt ist es, der viele Eltern dazu treibt, die Kinder in einem Internat oder in einer Privatschule unterzubringen, da hier die Kontinuität von Beziehung deutlicher gepflegt wird. Die Zugehörigkeit zu einem Erwachsenen und zu einer stabilen Gruppe spielt dabei eine wesentliche Rolle und vermag die immer kleiner werdende Familie durch eine Art Großfamilie zu erweitern.

Von größter Bedeutung ist zudem, dass sich der professionelle Pädagoge von der affektiven Überflutung seines unreifen Gegenübers nicht anstecken lässt, sich vielmehr dazu bereitstellt, die negativen Emotionen aufzufangen, um dadurch das Kind zu entlasten, um im Sinne einer „Entgiftungszentrale" (vgl. D. Stern 1998: 228) regulierend wirksam zu sein. Wichtig ist natürlich die Bereitschaft, all dieses so wertfrei wie möglich wahrzunehmen und in den richtigen Momenten das kindliche Gegenüber zu konfrontieren, zu fördern und zu fordern. All dies ist nicht möglich ohne einen klar definierten und schützenden Rahmen, innerhalb dessen Regeln aufgestellt und auch zu beachten sind. Diese Regeln haben jedoch keinen Selbstzweck, sondern den Sinn, Schutz und damit die Möglichkeit zur Strukturbildung zu gewähren.

Abschließend gilt es, einen der bedeutsamsten Aspekte zu thematisieren: jeder, der im psychotherapeutischen Rahmen arbeitet, d.h. jeder, der mit Lebensbelastungen anderer Menschen konfrontiert ist, ist vom ersten Augenblick seiner Ausbildung unumgänglich in einen Selbstreflexions- und Supervisionsprozess eingebunden, der lange Zeit die Ausbildung und weiter das gesamte Berufsleben begleitet. Das heißt, die eigene Persönlichkeitsstruktur wird im Hier und Jetzt und in der Vergangenheit durchleuchtet, um sich selbst dadurch kennen zu lernen, um Schwachstellen aufzuspüren und diese einem Nachreifungsprozess zuzuführen. Gleichzeitig ist diese Selbstreflexion von großer Bedeutung, da sie gegen bedrohliche Lebenserfahrungen des Gegenübers quasi „immunisiert", da fast jeder in sich ähnliche Aspekte trägt, die aber weniger ängstigend und zerstörend sind, wenn man sie in die eigene Persönlichkeitsstruktur integriert hat. Es ist im Grunde gar nicht verantwortbar, dass ein Lehrer, der tagtäglich stundenlang den psychischen Erregungen einer Kinderschar ausgesetzt ist, die ihre unverdauten Affekte in ihn hineinprojiziert, diesen Weg der eigenen Persönlichkeitserkennung und Reifung nicht beschreitet, und die frühe Pensionierung vieler Kollegen, die schon vorzeitig überlastet und entnervt aussteigen, muss in diesem Zusammenhang gesehen werden. Je schwieriger der Berufsalltag eines Lehrers ist, desto mehr sollte er rechtzeitig erspüren, dass er Supervision, Intervision oder zumindest Fallbesprechung braucht, die vielerorts angeboten, aber nur verschwindend gering in Anspruch genommen wird. Die Kinder werden nicht in den angepassten Zustand von vor 50 Jahren zurückkehren, die Komplexität des Lebens kann nicht zurückgeschraubt werden, und jeder muss lange Zeit in die Schule gehen. Es bleibt also nichts anderes übrig, als dass diese veränderten Bedingungen in die Konzeptualisierung des pädagogischen Berufes sowohl in die Ausbildung als auch in die Ausübung übergehen. Lehrer sind nicht nur Unterrichtende, sie sind Pädagogen, die auf dem Boden von Beziehung die Kulturgüter in die nächste Generation transferieren.

Literatur

Bauer, Joachim (2002): Das Gedächtnis des Körpers. Frankfurt/M: Eichborn.
Bauer, Joachim (2007a): Lehrkräfte müssen wieder selbstbewusster werden. In: Psychologie heute compact, Heft 16: 86-89.
Bauer, Joachim (2007b): Lob der Schule. Hamburg: Hoffmann und Campe.
Brisch, Karl-Heinz (1999): Bindungsstörungen. Stuttgart: Klett-Cotta.
Brisch, Karl-Heinz (2008): Bindung kommt vor Bildung. In: SZ, 6.3.2008: 30, Interview mit A.-E. Ustorf.
Dammasch, Frank (2008): Die Krise der Jungen. In Dammasch, F. (Hrsg.): Jungen in der Krise. Frankfurt/M: Brandes & Apsel: 9-28.
Dbb Beamtenbund und Tarifunion (Hrsg.): Fragebogen für die Selbsteinschätzung. Berlin: www.dbb.de/lehrerstudie/start_fit_einleitungen.php.
Dornes, Martin (1992): Der kompetente Säugling. Frankfurt/M: Fischer.
Eisenberg, Leon (1995): The social construction of the human brain. In: The American Journal of Psychiatry, 152: 1563-1575.
Fonagy, Peter/Gergely, György/Jurist, Elliot, L./Target, Mary (2002): Affektregulierung, Mentalisierung und die Entwicklung des Selbst. Stuttgart: Klett-Cotta, 2004.
Geddes, Heather (2007): Attachment in the Classroom. UK: Worth Publishing.
Hillert, Andreas/Schmitz, Edgar (2004) (Hrsg.): Psychosomatische Erkrankungen bei Lehrerinnen und Lehrern. Stuttgart: Schattauer.

Hopf, Hans (2008): Die unruhigen Jungen. In Dammasch, Frank (Hrsg.): Jungen in der Krise. Frankfurt/M.: Brandes & Apsel: 39-60.

Hüther, Gerald (2006): Brainwash: Einführung in die Neurobiologie für Pädagogen, Therapeuten und Lehrer. DVD Jokers.

Hüther, Gerald (2008): Das schwache Geschlecht und sein Gehirn. In: Dammasch, Frank (Hrsg.): Jungen in der Krise. Frankfurt/M: Brandes & Apsel: 29-38.

Kraft, Volker (2003): Kränkungen in Lern- und Lehrprozessen. In: Klika, Dorle/ Schubert, Volker (Hrsg.): Bildung und Gefühl. Baltmannweiler: Schneider: 136-149.

Krumm, Volker/Weiß, Susanne (2000): Ungerechte Lehrer. Zu einem Defizit in der Forschung über Gewalt an Schulen. In: Psychosozial 79, H1: 57-74.

Matzner, Michael/Tischner, Wolfgang (Hrsg.) (2008): Handbuch der Jungen-Pädagogik. Weinheim/Basel: Beltz.

Murgartroyd, Chris/Patchew, Alexandre,V./Wu, Yonghe/Micale, Vincenzo/Beckmühl, Yvonne/Fischer, Dieter/ Holsboer, Florian/Wotjak, Carsten T./Almeida, Osborne, F.X./Spengler, Dietmar (2009): Dynamic DNA methylation programs persistent adverse effects of early-life stress. In: Nature Neuroscience (Advance Online Publication) 8.11.2009.

Ornstein, Anna/Paul (1994): Elternschaft als Funktion des Erwachsenenselbst. In: Kinderanalyse 2: 351-376.

Rass, Eva (2001): Strukturveränderung in der Erziehung. In: Reinert/Musteikienė (Hrsg.): Erziehungswandel und moderne pädagogische Verfahren. Frankfurt/M: Lang: 63-72.

Rass, Eva (2002): Kindliches Erleben bei Wahrnehmungsproblemen. Frankfurt/M: Lang.

Rass, Eva (2003): Heranwachsen unter veränderten Bedingungen. Reader zum 1. Symposium des Instituts für analytische Kinder- und Jugendlichenpsychotherapie. Heidelberg.

Rass, Eva (2007): Affektregulation auf den Spuren Freuds. In: Psychoanalyse Heute?! Tagungsband der 57. Jahrestagung der DGPT 2006. Gießen: Psychosozial-Verlag: 399-420.

Rass, Eva (2008): Die Bedeutung pädagogischen Wissens und pädagogischer Berufserfahrung für die Weiterbildung zum analytischen Kinder- und Jugendlichenpsychotherapeuten und für seine Berufsausübung. In: Gerd-Bodo von Carlsburg (Hrsg.): Baltische Studien zur Erziehungs- und Sozialwissenschaft, Bd. 15, Frankfurt/M.: Lang: 203-208.

Rass, Eva (2008): Kontaktaufnahme mit der Wahrnehmungswelt des Kindes: (Unerkannte) Störungen in der Wahrnehmungsorganisation und deren Auswirkung auf die kindliche Entwicklung. Norderstedt: bod.

Rass, Eva (2009): Pubertät – der ganz normale Wahnsinn. Unveröffentlichter Vortrag (VHS/Lions Club), Miltenberg 13.3.2009.

Schore, Allan N. (2003): Affektregulation und die Reorganisation des Selbst. Stuttgart: Klett-Cotta, 2007.

Fischer, Arthur/Fritzsche, Yvonne/Fuchs-Heinritz, Werner/Münchmeier, Richard (2000): Jugend 2000, 13. Shell Jugendstudie. Opladen: Leske + Budrich.

Singer, Kurt (1998): Die Würde des Schülers ist antastbar. Hamburg rororo.

Speck, Otto (1997): Chaos und Autonomie in der Erziehung. München/Basel: Reinhardt.

Spitzer, Manfred (2006): Erfolgreich lernen in Kindergarten und Schule. DVD Audiotorium.

Stern, Daniel (1995): Die Mutterschaftskonstellation. Stuttgart: Klett-Cotta, 1998.

Struck, Peter (1994): Neue Lehrer braucht das Land. Darmstadt: Wissenschaftliche Buchgesellschaft.

Tausch, Reinhard (1999): Achtung und Einfühlung. In: Pädagogik 11/1999: 38-41.

Trescher, Hans-Georg/Finger-Trescher, Urte (1992): Setting und Holding-Function. Über den Zusammenhang von äußerer Struktur und innere Strukturbildung. In: Finger-Trescher, U./Trescher, H.-G.: Aggressivität und Wachstum. Mainz: Grünewald.

Winterhager-Schmid, Luise (2002): Die Beschleunigung der Kindheit. In: Jahrbuch für Psychoanalytische Pädagogik. Gießen: Psychosozial.

Wüsthof, Achim (2006): Gehirn im Ausnahmezustand. In: DIE ZEIT, 12.10.2006: 46.

Überlegungen zu Schemata des Beisammenseins im Unterricht

Margit Datler

1. Das Projekt

An der größten österreichischen Pädagogischen Hochschule, der Kirchlichen Pädagogischen Hochschule Wien/Krems (KPH Wien/Krems, Campus Strebersdorf – Campus Gersthof – Campus Krems), werden Studierende in sechs Semestern für den Grundschulbereich (Volksschule, Hauptschule, Sonderschule und für die Lehrämter katholische, evangelische, orthodoxe und altkatholische Religion) ausgebildet. Ebenso werden Weiter- und Fortbildungsveranstaltungen für PädagogInnen angeboten.

Hier ist das dreijährige, vom Fond der Österreichischen Nationalbank geförderte Forschungsprojekt „Kompetenzentwicklung bei Lehramtsstudierenden am Beispiel Differenzfähigkeit", von welchem nun auszugsweise berichtet wird, angesiedelt. Katharina Rosenberger, Margit Datler, Franz Prammer und Elisabeth Schwarz arbeiten im Projekt als Lehrende der KPH Wien/Krems, unterstützt von zwei externen Kolleginnen, Manuela Kohl und Agnes Turner.

Vom ersten bis zum sechsten Semester wird ein Jahrgang von Studierenden der KPH Wien/Krems über alle Ausbildungsgruppen hinweg – hinsichtlich ihrer Kompetenzentwicklung in Bezug auf Differenzfähigkeit über Voll- und Teilerhebungen beforscht. Bei Vollerhebungen kommen als Datenerhebungsinstrumente Bildvignette, offene Textvignette sowie ein spezifischer Wissenstest, bei den Teilerhebungen Videografie und Einzelinterview zum Einsatz. Befragt werden zusätzlich PraxislehrerInnen (LehrerInnen an Grundschulen, bei denen Studierende ihre wöchentlichen schulpraktischen Übungen halten). Das ergibt ein Forschungssample von ungefähr 300 Studierenden und von über 60 LehrerInnen.

Von sechzehn Studierenden (je zwei aus jeder Ausbildungsgruppe – Grund-, Haupt-, Sonderschule und aus der Gruppe zukünftiger ReligionslehrerInnen) werden im 2. und im 6. Semester je eine Unterrichtsstunde, die sie in einer Schulklasse halten, auf Video aufgenommen und unmittelbar anschließend wird mit ihnen ein halbstrukturiertes Interview (ca. 25 Minuten) über die eben gehaltene Stunde von einer Kollegin aus dem Forschungsteam oder mir geführt. Das auf einen Tonträger aufgenommene Interview wird transkribiert und anschließend werden sowohl die Videoaufnahme wie auch das Interview auf die Forschungsfragen hin einzeln wie auch beide Datensätze verschränkt ausgewertet und interpretiert. Diese Ergebnisse werden mit den Auswertungen der Bild- und der Textvignette so wie mit den Daten aus dem Wissenstest korreliert.

Auf diese Daten gestützt, sollten Aussagen über die Kompetenzentwicklung in Bezug auf ihre Differenzfähigkeit bei Lehramtsstudierenden innerhalb ihrer Ausbildung möglich sein.

2. Differenzfähigkeit

2007 wurden österreichweit Pädagogische Hochschulen anstelle der ehemaligen Pädagogischen Akademien eingerichtet. Das Rektorat der KPH Wien/Krems hatte großes Interesse, dass im Bereich des Kompetenzerwerbes bei Studierenden ein Forschungsprojekt startet. Es wurde ein Team mit dem Projekt betraut, welches dann die Konturen des Projektes herausarbeitete und selbiges vorantrieb. Aufgrund der vorhandenen Arbeitsressourcen wurde schnell klar, dass nur ein begrenzter Bereich der Kompetenzentwicklung der Studierenden während ihres Studiums seriös beforschbar ist. Nach längeren Diskussionen kam das Team über die wesentliche Annahme überein, dass wohl alle LehrerInnen in jeder Schulstufe in jedem Unterrichtsfach mit Heterogenität zu tun haben. Es wird davon ausgegangen, dass der Umgang mit Heterogenität allgemein für Studierende in ihrem künftigen Berufsleben eine hohe Relevanz aufweist und dass sie Fähigkeiten und Fertigkeiten für den Umgang mit Heterogenität in ihrer Ausbildung erlernen bzw. vertiefen sollten. Beim Diskutieren des Begriffes Heterogenität stießen wir auf den Begriff „Differenzfähigkeit".

Dazu nun ein paar Anmerkungen: Es ist uns kein orthografischer Fehler unterlaufen, in der Art, dass wir den bekannten Begriff „Differenzierungsfähigkeit" meinten.

Vom BM:UKK wurde 2005 eine ExpertInnenarbeitsgruppe, die EPIK–AG (Entwicklung von Professionalität im internationalen Kontext), konstituiert, welche fünf Domänen der LehrerInnenprofessionalisierung (Differenzfähigkeit, Personal Mastery, Kollegialität, Professionsbewusstsein, Reflexion- und Diskursfähigkeit) anführt. Im Folder der EPIK-AG ist bei Differenzfähigkeit, „dem Umgang mit großen und kleinen Unterschieden", unter anderem zu lesen:

„Lehrer/innen stehen täglich vor Herausforderungen, die sich durch unterschiedliche Lernvoraussetzungen der Schüler/innen ergeben. Was die einen schon bei Schulbeginn können, müssen sich andere erst mühevoll aneignen. Was manche interessant finden, langweilt andere. Was für die Gruppe kein Problem darstellt, kann für den Einzelnen eine scheinbar nicht überwindbare Hürde sein. Lehrer/innen erleben dabei nicht nur einen Zwiespalt.

Sollen sie Anpassungsleistungen fordern oder auf die Individualität des Einzelnen eingehen, Unterschiede bewusst fördern oder versuchen, Unterschiede auszugleichen, an den Defiziten der Kinder arbeiten oder bei Stärken ansetzen, vorhandene Potentiale zu nützen mit dem Ziel, ein positives Selbstkonzept bei einem Schulkind als Voraussetzung für weitere Lernprozesse zu erhalten bzw. aufzubauen und die Akzeptanz seiner Person in der Gruppe zu fördern." (Folder der EPIK-AG, 2005)

„Differenzfähigkeit" im oben angeführten Sinn wird als eine wesentliche Schlüsselqualifikation gesehen, welche für den Erwerb anderer geforderter LehrerInnenkompetenzen und für professionelles, pädagogisches Handeln äußerst wichtig ist. Wir sehen sie als eine „Grundkompetenz", eine „Grunddomäne", welche sich über andere Kompetenzen gleichsam drüberlegt bzw. sie unterfüttert.

Weiterhin wird davon ausgegangen, dass diesbezüglich folgenden (auszubildenden bzw. zu vertiefenden) Fähigkeiten der Studierenden spezielle Bedeutung zukommt:

- der Fähigkeit, relevant Differentes als solches wahrzunehmen und zu erkennen; – (Das mag zunächst banal klingen. Lenkt man jedoch die Aufmerksamkeit im Unterrichtsgeschehen gezielt darauf, kommt doch Wesentliches zutage, das einen zum Staunen bringen kann),
- der Fähigkeit, individualisierende und differenzierende Unterrichtsmaßnahmen anzubieten und selbstorganisierte Lernprozesse zu initiieren; – (Diese Themenbereiche findet man in der Literatur vielfach beschrieben, häufig sehr ausdifferenziert in Hinblick auf einzelne Fachgebiete),
- dem Wissen, wie man mit unterschiedlichen Lern-, Kommunikationsund Integrationsschwierigkeiten umgeht; – (Das Wissen um Handlungsoptionen angesichts der Chancen und Schwierigkeiten, die mit heterogenen Lerngruppen verbunden sind).

Zur Beforschung dieser Thematiken bieten sich unterschiedliche Theorienansätze an (vgl. Bromme 1997, Beck 2008). Im Bereich der Videografie und des Interviews leiten uns vorwiegend psychoanalytische Modelle, da uns diese für unser Forschungsvorhaben als besonders geeignet erscheinen, denn:

„1) Zunächst gehen PsychoanalytikerInnen davon aus, dass es beim Wahrnehmen einer Situation zur Aktivierung, respektive zur Ausbildung einer innerpsychischen Repräsentation dieser Situation kommt, in der emotionale Aspekte, kognitive Aspekte und Aspekte der sinnlichen Wahrnehmung immer schon enthalten sind. Diese Aspekte stehen in einem Wechselverhältnis zueinander: Welche Ausschnitte einer Situation in welcher Intensität sinnlich wahrgenommen werden, ist beispielsweise beeinflusst von den Gefühlen, die in diesem Moment verspürt werden (emotionaler Aspekt); und diese Gefühle entstehen nicht unabhängig von Erinnerungen an andere Situationen, die als vergleichbar eingeschätzt werden (kognitiver Aspekt), die ihrerseits aber wiederum deshalb erinnert werden (kognitiver Aspekt), weil Gehörtes, Gesehenes oder taktil Verspürtes (Aspekt der sinnlichen Wahrnehmung) wie ,Erinnerungsreize' erlebt werden.

2) Die innerpsychische Repräsentation einer Situation mit ihren Aspekten des Sinnlich-Wahrnehmbaren, Kognitiven und Affektiven enthält stets Repräsentationen der eigenen

Person, Repräsentationen anderer (belebter und/oder unbelebter) Objekte, die in der Situation gegeben sind, sowie Repräsentationen der Beziehungen, in denen die repräsentierten Aspekte des Selbst und die repräsentierten Aspekte der anderen (belebten und/oder unbelebten) Objekte zueinander stehen" (W. Datler 2009).

3. Schemata des Zusammenseins

Präziser und begrenzter als eben beschrieben arbeitet Stern in seinem Modell „Schemata des Zusammenseins" Erkenntnisse über bewusste und unbewusste Gestaltungen von Interaktionsformen zwischen dem Baby und seinen primären Bezugspersonen heraus, welche auch für den pädagogischen Bereich bedeutungsvoll sind. Von Lebensbeginn an kommt es zur Ausbildung von generalisierten Interaktionserfahrungen, die er „Repräsentationen generalisierter Interaktionen" oder verkürzt „RIGs" nennt. (Stern 1985: 148). Die Präsenz und die Aktivitäten „des Anderen" nehmen Einfluss auf die Veränderungen des Affektzustandes des Kindes – und dies ist in irgendeiner Form stets Teil der innerpsychischen Repräsentation der jeweils erlebten Situation.

Stern erläutert dies am Beispiel des „Guck-Guck"-Spiels: „Nach dem ersten ‚Guck-Guck'-Spiel zum Bespiel hält der Säugling die Erinnerung an die spezifische Episode fest. Nach der zweiten, dritten oder zwölften geringfügig abgewandelten Episode dieser Art wird der Säugling eine ‚Guck-Guck'-RIG entwickelt haben" (Stern 1985: 160). Auf diese Erkenntnis aufbauend schreibt Stern ca. zehn Jahre später vom „Schema des Zusammenseins". Darunter versteht er „ein psychisches Modell der Erfahrung, mit jemandem in spezifischer Weise – einer Weise, die sich im alltäglichen Leben regelmäßig wiederholt – zusammen zu sein. ... Schemata des Zusammenseins, die ein gemeinsames Thema oder Merkmal miteinander verbindet", bilden eine Art „Netzwerk", die Stern mit dem Begriff „Repräsentation-des-Zusammenseins-mit-einem-Anderen" bezeichnet (ebd.).

Entscheidend ist nun der Modellgedanke, dass wir im Laufe unseres Lebens eine Vielzahl von „Schemata des Zusammenseins" ausbilden, die wir unter verschiedenen thematischen Gesichtspunkten miteinander verknüpfen und zu „großräumigen" Vorstellungen vom „Zusammensein mit Anderen" zusammenführen.

Nimmt man Sterns Ausführungen ernst, dann macht es Sinn, sich in der LehrerInnenausbildung aus der Perspektive der eben skizzierten Theorie mit diesen Prozessen zu beschäftigen, die in der inneren Welt der angehenden LehrerInnen weitgehend unbewusst ablaufen. Übertragen auf die Situation von Lehramtsstudierenden in der Unterrichtspraxis hieße dies, dass sowohl LehrerInnen Vorstellungen über das Zusammensein mit SchülerInnen ausgebildet haben, diese ihnen teilweise zugänglich sind, als auch SchülerInnen über Schemata des Zusammenseins verfügen und dass durch SchülerInnenaktivitäten unterschiedliche (angenehme wie auch unangenehme, sehr frühe wie auch jüngere) Schemata des Zusammenseins in jeder Unterrichtssituation in Studierenden/LehrerInnen aktiviert werden:

Diese Schemata des Zusammenseins nehmen Einfluss darauf, wie LehrerInnen diese Unterrichtssituationen im Detail sinnlich wahrnehmen, wie sie erlebt, wie sie verstanden werden und welche Art der Aktivität von Seiten der Lehrerin, des Lehrers erfolgt.

Vor dem Hintergrund dieser Schemata entwickeln LehrerInnen bestimmte Vorstellungen davon, wie sie mit den aktuell gegebenen Formen des Zusammenseins zufrieden sind und welche Aktivitäten sie in der momentanen Situation setzen können – oder vielleicht sogar setzen sollten –, um das gegebene Maß an Zufriedenheit zu stabilisieren oder zu steigern – oder ein (weiteres) Absinken dieser ihrer Zufriedenheit zu verhindern. Und verhalten sich LehrerInnen dann gemäß „ihren" Schemata des Zusammenseins, so machen sie neue Erfahrungen mit sich und den SchülerInnen, die ihrerseits wiederum ihre Schemata des Zusammenseins stabilisieren oder in anderer Weise modifizieren.

Vor dem Hintergrund der skizzierten Theorie können somit in modellhafter Weise Vorstellungen darüber entwickelt werden,

- welche Prozesse dazu führen, dass LehrerInnen schulische Situationen in einer für sie typischen Weise apperzipieren,
- in welcher Weise dies Einfluss darauf nimmt, welche – weitestgehend unbewussten – Entscheidungen oder auch Urteile diese LehrerInnen in spezifischen Situationen treffen,
- und welchen Einfluss all dies auf das Handeln der einzelnen Lehrperson hat.

In diesem Sinn legt das skizzierte Konzept sogar nahe, nach der je eigenen „lehrerInnenspezifischen" Art des Handelns und nach dessen aktueller Genese zu fragen. Die skizzierte Theorie legt aber auch die dreigliedrige Frage nahe,

- wie sich diese Praxis leitenden Schemata des Zusammenseins während der Ausbildung verändern,
- ob es in diesem Zusammenhang auch zur Zunahme der Fähigkeit von angehenden LehrerInnen kommt, diese Schemata des Zusammenseins sowie die Art, in der sie in bestimmten Situationen aktiviert werden, bei sich in bewusster Weise wahrzunehmen,
- und ob bzw. inwiefern während der Ausbildung überdies die Fähigkeit zunimmt, im Fall der bewussten Wahrnehmung dieser Schemata in der Situation selbst bzw. im Anschluss daran diese Schemata so zu kommentieren und reflektieren, dass dies auf einen Zuwachs an professioneller Kompetenz, im gegebenen Fall Differenzfähigkeit, schließen lässt.

Dürfen sich LehrerInnen überhaupt erlauben, in einer Situation etwas als unterschiedlich wahrzunehmen oder ist es ihrer inneren Welt nach „verboten", ist es zu gefährlich, das reale Geschehen so unterschiedlich wahrzunehmen wie es ist? Nähme ich streitende Schülerinnen wahr, müsste ich eine Handlung setzen und das würde bedeuten, dass mein Schema des friedvollen Zusammenseins über den Haufen geworfen wird und ich mich unangenehm spannungsreichen Gefühlen ausgesetzt sehe. Daher ist es meiner Psyche und meinem Wohlbefinden dienlicher, diese Streiterei als solche gar nicht wahrzunehmen, sie auszublenden.

Viele persönliche Faktoren, psycho-emotionale Faktoren, innerpsychische Möglichkeiten, Unterschiedlichkeit wahrzunehmen, möglicherweise daraus entstehende Konflikte auszuhalten, können das „Sensorium" der Lehrperson beeinträchtigen, Signale der SchülerInnen aufzunehmen. Ebenso beeinflussen positive wie negative Erfahrungen mit vorangegangenen Ereignissen diesen Prozess der Wahrnehmung.

Uns interessiert in diesem Zusammenhang auch, welche inneren Bilder, Gedanken, Ideen, Repräsentanzen bei Studierenden dominieren,

a. wenn es um deren Vorstellungen von ihrer künftigen Rolle als LehrerIn,
b. wenn es um ihr implizites und/oder bewusstes Bild von Unterricht – und somit vom Zusammensein von Lehrperson und SchülerInnen – oder
c. wenn es um ihre Einschätzung davon geht, welche Möglichkeiten ihnen zur Verfügung stehen und zu welchen Aktivitäten sie neigen, wenn sie reale Unterrichtsgeschehnisse zu verstehen und zu beeinflussen versuchen.

Informationen zu diesen Fragen sollten aus dem Video und dem Interview hervorgehen.

Abschließend einige Bemerkungen zu Dimensionen professioneller Kompetenz. Wenn wir diese eben referierten Theorien grundsätzlich relevant für die LehrerInnenausbildung sehen, macht es Sinn, sich auf die Ausbildung bzw. Vertiefung etwa folgender Fähigkeiten zu konzentrieren, welche die Fähigkeit der Introspektionsfähigkeit verstärken, mehr Bewusstseinsfähigkeit erreicht werden könnte und dadurch Einflussnahme auf die Urteilsfähigkeit genommen wird:

– Die Fähigkeit, sich differenzierter zu erinnern. Eine höhere Übereinstimmung zwischen erzählten Erinnerungen an die Situation und dem Video bzw. die entwickelte Fähigkeit, Differenzen zwischen Erinnerung und Video zu realisieren.
– Beim Erzählen: Deskription bzw. Neigung und Fähigkeit – zwischen Interpretation und Deskription zu unterscheiden sowie Interpretationen auf Deskriptionen zu stützen.
– Kommentierungen und Reflexionen, in denen zunächst versucht wird, das Verhalten der Beteiligten, das dynamische Wechselspiel zwischen

den Beteiligten und somit die Situation zu verstehen, um darauf dann weitere Überlegungen darüber zu beziehen, was in der Situation gelungen bzw. gut verlaufen ist und was aus welchen Gründen anders gemacht hätte werden können.

– Kommentierungen und Reflexionen, die auf die Besonderheit (Einmaligkeit) der schulischen Situation Bezug nehmen (statt allgemein gehaltener Statements) – wobei auf die Art und Weise speziell geachtet wird, in der die beteiligten Personen die Situationen erlebt haben dürften.

– Kommentierungen und Reflexionen, in denen auf die Verlaufsdynamik geachtet wird. Wie haben die Interaktionen ineinander gegriffen, wie ergab eines das andere. – versus: Aufeinanderfolgende Situationen werden voneinander als unabhängig wahrgenommen, als würde das Vorhergehende keinen Einfluss nehmen auf das, was sich im nächsten Moment ergibt.

Literatur

Beck, Erwin, et al.(2008): Adaptive Lehrkompetenz. Analyse, Struktur, Veränderung und Wirkung handlungssteuernden Lehrerwissens. Münster/New York/München/ Berlin: Waxmann.

Bromme, Rainer (1997): Kompetenzen, Funktionen und unterrichtliches Handeln des Lehrers. In: Weinert, F.E. (Hg.): Psychologie des Unterrichts und der Schule. Göttingen: Hogrefe, S. 177-212.

Datler, Wilfried (2009): Repräsentanz, psychische Struktur und Affektregulation. (unveröffentlichtes Manuskript).

Stern, Daniel N. (1985): Die Lebenserfahrung des Säuglings. Stuttgart: Klett-Cotta.

Schule anders erfahren

Herbert Hagstedt

– *Wie kann Schule zu einem Bildungsort werden, der Kindern Raum gibt, eigenen Fragen an die Welt nachzugehen?*
– *Wie muss Schule umgestaltet werden, um dem „unaufhörlichen Ansturm des Kindes auf das Unbekannte" (Freinet) gewachsen zu sein?*
– *Wie „unschulmäßig" (Dewey) muss die erste Auseinandersetzung des Kindes mit der von ihm selbst definierten Sache organisiert werden?*
– *Welche Möglichkeiten bieten informelle Lernumgebungen am Bildungsort Schule, um Kinder wirklich zu verstehen und ihnen Eigenzeiten, „Intensiv-Reservate" (Wagenschein), zuzugestehen?*

Vor solchen reformpädagogischen Fragen standen wir in einem Lehrforschungsseminar der Universität Kassel. Unter dem Titel „Auf dem Weg zur Ganztagsschule" erhielten wir das Angebot, als externe Kooperationspartner das Nachmittagsangebot einer städtischen Grundschule zu erweitern. Seit Beginn des Schuljahres 2008/2009 hat die Fridtjof-Nansen-Grundschule umgestellt auf Ganztagsbetrieb mit „pädagogischer Mittagsbetreuung", Schulaufgabenbetreuung und einem breiten Band von Arbeitsgemeinschaften in der Zeit von 13.30 – 16.00 Uhr an vier Tagen der Woche. Da die Seminargruppe relativ groß war (37 Studierende des Lehramts Primarstufe), entschieden wir uns, zwei Arbeitsgemeinschaften anzubieten:

– „Kulturforscher untersuchen das Leben der Menschen in früheren Zeiten, auf anderen Kontinenten, in fremden Ländern."
– „Naturforscher setzen sich mit erstaunlichen Naturerscheinungen auseinander und versuchen, die Phänomene zu verstehen."

Die beiden Angebote „konkurrierten" mit etwa 30 weiteren Arbeitsgemeinschaften von Hip-Hop-Dancing bis Töpferkurs. In den beiden Forschergruppen gab es von Anfang an kein gemeinsames Thema, sondern die privilegierte Situation, über einen längeren Zeitraum (von Ende Oktober bis zu den Weihnachtsferien) einer eigenen Fragestellung nachzugehen. Da sich insgesamt knapp 40 Kinder aller Altersstufen für die Forscherangebote interessierten, konnten wir eine individuelle Lernbegleitung für jedes Kind garantieren.

1. Ein zweiter Blick auf Schule

Für die Studierenden war es eine große Herausforderung, ihre neue Rolle als Lernbegleiter zu finden. Sie sollten weder Unterricht planen noch Unterricht beobachten. Die zentrale Aufgabe bestand darin, den Verstehensprozess ihres Patenkindes beim forschenden Lernen aufzuzeichnen. In der Vorbereitung, für die es leider nur drei Seminarsitzungen gab, wurden verschiedene Dokumentationsmöglichkeiten diskutiert:

- Eine Autographensammlung mit Zeichnungen, Texten und Werkstücken der Kinder sollte angelegt werden.
- Spontane Äußerungen der Kinder im laufenden Arbeitsprozess konnten durch Audiotranskriptionen festgehalten werden.
- Von den Studierenden wurden zunächst Feldnotizen angefertigt, die dann im Lerntagebuch interpretiert wurden.

Für die Strukturierung des Lerntagebuches wurden vier Reflexionsebenen vorgeschlagen:

1. Wie lernen Kinder heute? (selbstbestimmt und eigenverantwortlich? durch Versuch und Irrtum, Umwege umgehend? im Dialog mit anderen Kindern? aktiv forschend und entdeckend?).
2. Wie kann ich „mein" Patenkind individuell fördern? (durch eine strukturierte Lernumgebung? durch Dokumentierung des Lernwegs? durch eine offene Aufgabenstellung? durch wertschätzende Rückmeldungen?).
3. Wie entwickelt sich das Kind? (schätzt es die persönlichen Lernvoraussetzungen realistisch ein? geht es eigenen Ideen nach? bringt es Alltagswissen und Selbstvertrauen mit?).
4. Bringt es sich als Experte mit seinen Stärken ein?
5. Welche Anforderungen stellt die Lernbegleitung an mich? (wie „eng" am Kind muss ich mitforschen? wie kann ich dabei Lernspuren festhalten? wie weit muss ich mich zurücknehmen, um dem Kind einen Forschungsfreiraum zu geben? wie kann ich das Lernen „im Prozess" reflektieren?).

Nicht nur für die Studierenden, auch für die Kinder, produzierte das von uns gewählte Arrangement eine Vielfalt von Gelegenheiten, Schule neu und anders zu erfahren.

- Wie nehmen die Kinder die veränderte Situation in ihrer Schule wahr?
- Wie reagieren sie darauf, dass sie sich intensiv mit einer von ihnen selbst definierten Sache auseinandersetzen können, zu Hause wie in der Schule?
- Wie reagieren sie darauf, dass sie in der Arbeitsgemeinschaft nicht mit anderen Kindern zusammenarbeiten, weil sie im gleichen Altersjahrgang sind, sondern weil sie am gleichen Thema interessiert sind?

- Wie reagieren sie darauf, dass Schule ohne die gewohnten Belehrungs-rituale erfahren werden kann und weder Arbeitsthema noch Arbeitsme-thode vorgegeben werden?
- Wie reagieren sie darauf, dass sie die ihnen zugewiesene Lehrperson nicht mit 20 anderen Kindern teilen müssen, sondern eine persönliche Tutorin für die gesamte Projektzeit an ihrer Seite haben?

Am Beispiel vorliegender Fallvignetten wurden die folgenden Ergebnisse im Workshop diskutiert.

2. Wenn die Grenzen zwischen Schulzeit und Freizeit verschwinden

Ein überraschender Befund, der sich in fast jedem dritten Lerntagebuch ma-nifestierte, war, dass die Kinder auch zu Hause, in ihrer Freizeit an dem von ihnen gewählten Thema weiterarbeiteten. Sie nutzten die zwischen den AG-Treffen liegende Woche, um Bücher zur Sache zu lesen, im Internet zu re-cherchieren oder weiteres Unersuchungsmaterial zu sammeln. Sie kamen meist bestens vorbereitet zum Treffen mit ihren Paten und wollten offenbar das einmal übergebene Steuer in der Hand behalten. Mehrere Kinder ver-suchten auch, in der Patenbeziehung die führende Rolle zu übernehmen und sich in einer Entscheider-Position zu behaupten:

Fallvignette 1: „Jetzt bin ich der Lehrer" (Andreas, 3. Schuljahr, 9 Jahre, Inka-Forscher)

Andreas gehört zu jenen Kindern, die sofort die Freiräume erkennen, die ein langfristiges Forschervorhaben einschließlich einer persönlichen Forschungs-assistenz bietet. Er nutzt die neuen Handlungsmöglichkeiten und weist seiner Lernbegleiterin weniger attraktive Schreib- und Zeichenaufgaben zu, nach-dem er merkt, wie wenig Wissen sie selbst über die Kultur der Inkas hat. Er beschäftigt sich sogar zu Hause intensiv mit dem Thema und glänzt dann mit seiner Recherche gegenüber seiner Lernbegleiterin.

Feldnotiz vom 20.11.2008 aus dem Lerntagebuch:

„Er zeigte mir verschiedene Seiten über die Götter und auch die Kristallschädel aus den Ruinen von Machu Picchu. Ich konnte feststellen, dass Andreas sich schon sehr intensiv mit dem Material auseinandergesetzt hatte. Er wusste die Namen der Götter bereits aus dem Kopf und erklärte mir einiges über die Lage des Machu Picchu und warum sie ‚Stadt im Nebel' heißt. Diese Fakten wollte ich in irgendeiner Weise festhalten und schlug des-halb vor, ein Bild zu zeichnen, aber dann musste ich selbst Machu Picchu malen ...
    Ähnlich erging es mir, als ich anregte, ein Informationsblatt über die Kristallschädel zu erstellen. ... letztlich diktierte er mir sein Wissen und ich schrieb es auf ..."

Andreas ist für mich der ,ausgewiesene Experte für die Inkas'. Großartiges zeigte sich dann auch beim Tag der offenen Tür, als alle Kinder ihre Forscherstände aufgebaut hatten. Andreas setzte sich über 90 Minuten an den Tisch und erzählte jedem, der vorbeikam, mindestens 10 Minuten etwas über Inkas, Machu Picchu, Quipu-Schnüre und das Züchten eines Kristalls. Dabei war er wirklich engagiert und blätterte gewissenhaft jede einzelne Seite seines Forscherheftes durch. Andreas zeigte mir hier noch einmal, dass er viel mehr wusste, als ich zunächst vermutet hatte. Während er die Seiten mit den zusätzlichen Materialien und Internet-Ausdrucken zeigte, verinnerlichte er noch mehr Informationen und konnte sie an seine Besucher weitergeben."

Wie sehr er das „Einmal-selbst-Lehrer-sein" genoss, zeigte sich daran, dass er darauf bestand, so lang an seinem Stand zu bleiben und zu dozieren, bis es vier Uhr sein würde und die Ausstellung beendet sei. Ganz zum Leidwesen seiner Mutter zog er dies bis zur letzten Minute durch.

3. Wenn die Themenfindung eine Sache des Kindes wird

Themenfindung ist von Geburt an eine ureigenste Sache des Kindes. Aber nicht nur Lehrkräfte, alle Erwachsenen mit Erziehungsmandat – von den Eltern und Kita-Betreuerinnen bis zu den Kinderbuchautoren oder den Kinderprogrammmachern des Fernsehens sehen es als wesentlichen Teil ihrer pädagogischen Verantwortung an, den Kindern vor allem eine Aufgabe komplett abzunehmen: die Themenfindung. Wenn das Kind in die Schule kommt, hat es schon gelernt, auf die Themenfindung ihrer erwachsenen Anwälte zu warten, insbesondere auf ihre Lehrerin aber auch auf Schulbuchredakteure und Arbeitsblatt-Erfinder. Deshalb erleben wir bereits beim Eintritt in die Schule Kinder, deren Interessensbildung, Wissbegierde, Frageverhalten nachhaltig gestört sein kann. Selbst aufwändige pädagogische Arrangements, offene Lernumgebungen mit inspirierenden Neugierzonen schaffen es nicht, den Kindern ihren Mut zu eigenen Themenfindungen zurückzugeben. Was ihr Thema sein könnte, entscheiden Erwachsene. Einzelne Kinder haben sich neben den oktroyierten Themenkomplexen allerdings ein subjektiv bedeutsames Interessenfeld bewahrt, das sie bei jeder sich bietenden Gelegenheit weiter ausweiten:

Fallvignette 2: „Mein Thema habe ich schon" (Robin, 1. Schuljahr, 7 Jahre, Höhlenforscher)

Robin gehört zu jenen Kindern, die sich schon vor Beginn der AG „Naturforscher" Gedanken darüber gemacht haben, was sie untersuchen möchten. Robin braucht keine Ideenbörse, keine Gesprächsimpulse und kein Materialbuffet. Er weiß schon, dass er Höhlenforscher werden möchte. Ja, im Selbstverständnis ist er es schon länger.

Bereits beim ersten Zusammentreffen mit seiner Lernbegleiterin wird er gefragt, was er sich unter seinem Thema vorstellt. Dabei entwickelt er gleich eine ganze Reihe von Fragen, mit denen er sich auseinander setzen möchte.

Feldnotiz vom 31.10.2008 aus dem Lerntagebuch:

- Wir haben uns auf folgende Fragen verständigt:
- Was braucht man, wenn man Höhlen erforscht?
- Womit haben Menschen früher Höhlen gebaut?
- Wohnen Menschen immer noch in Höhlen?
- Warum heißen Tropfsteinhöhlen so?
- Wie bauen Tiere Höhlen?

Am liebsten würde Robin sofort loslegen: ,Wir könnten einen ganz alten Menschen suchen und den einfach fragen! Oder wir fragen einen Wissenschaftler. Die müssen das doch wissen. Sonst würden die ja nicht Wissenschaftler heißen'.
Am Ende der Sitzung macht er noch zwei Vorschläge: ,Können wir uns morgen schon mal treffen und anfangen?' Vor lauter Begeisterung für sein Thema scheint er den schulischen Rahmen um sich herum gar nicht mehr wahrzunehmen. ,Wir könnten uns auch draußen ein Zelt aufbauen und darin schlafen' "
"Bei Robin war klar, dass nur er die Fragen stellt und diese systematisch beantworten möchte, indem er in diese Richtung forscht. Zusätzlich war wichtig, wie wir das, was wir machen, festhalten wollen." Die Lernbegleiterin vereinbart mit Robin zunächst, anfallende Forschungsbefunde in einer Art „Höhlenzeitung" zu veröffentlichen, obwohl sie weiß, dass Robin noch ganz am Anfang seines Lese- und Schreiblernprozesses steht: „Scheint ihm ein langer Text wichtig zu sein, fragt er mich, ob ich ihm vorlesen kann, ansonsten versucht er, sich sehr viel durch Bilder zu erschließen … Robin geht seinen eigenen Ideen nach."

Die Lernbegleiterin versucht, sich aus der Planung des Kindes weitgehend herauszuhalten: „Robin hat sich selbst immer genauere Vorgaben gemacht und eigene Gebiete (Aufgabenfelder) gefunden, die er als seine Themen bezeichnete und war stolz darauf, mehr über sie zu erfahren."
Anders als bei jenen Fällen, in denen sich die Sachauseinandersetzung nach 2 ½ Monaten etwas erschöpfte, war bei Robin selbst nach der Präsentation kein Themenende abzusehen.

4. Wenn Schule sich nicht über Unterrichtssituationen definiert

Unterricht ist eine Pflichtveranstaltung, zu der es im Schulalltag in der Regel keine Alternative gibt. Auch in der offenen Ganztagsschule bleiben die vormittäglichen Unterrichtsanteile weitgehend unberührt. In vielen Grundschulen gibt es heute kompakte Zeitblöcke, die nur durch Pausen- und Spielzeiten unterbrochen werden. Der Krümelunterricht des Vormittags in 45-Minuten-Häppchen ist abgeschafft, aber die Belehrungsintensität wird auch in den neuen Zeitstrukturen unverändert hoch gehalten. Dadurch entsteht bei den

Kindern im offenen Ganztag ein widersprüchliches Bild von Schule; die Kinder nehmen den unterrichtsfreien und sanktionsärmeren Nachmittag ganz anders wahr als das Pflichtprogramm der Vormittagsstunden. Sie entdecken ihre Schule als Spielraum zur persönlichen Gestaltung, als kreatives Feld, als zertifizierungsfreie Situation, als Gelegenheit zum freien Forschen.

Fallvignette 3: „Forschen hat doch nichts mit Unterricht zu tun"
(Anton, 4. Schuljahr, 10 Jahre, Pferdeforscher)

Anton gehört zu jenen Kindern, die es der Lernbegleitung leicht machen, ihnen einen Forschungsfreiraum zu öffnen. Er versteht es einerseits, seine Forschertätigkeit mit seinen Unterrichtsverpflichtungen zu verknüpfen. So nutzt er seine Recherche über Shetland-Ponys gleichzeitig für einen Vortrag in seiner Klasse. Andererseits definiert er selbst sein Forschungsfeld und grenzt seine Tätigkeit in der Forschergruppe klar ab vom auftragsgemäßen Lernen im Kontext des Vormittagsunterrichts.

Feldnotiz vom 13.11.2008 im Lerntagebuch

„Anton macht sich ... zu jeder Woche selbst Gedanken und ist dementsprechend auch sehr an deren Verwirklichung interessiert, so dass er meist keine Impulse für die Forscherzeit braucht. Auf dem Weg zum Computerraum schauten wir uns an, was die Pferdegruppe der Naturforscher zum Thema erarbeitete. Diese beschäftigten sich anhand von Arbeitsblättern mit der Anatomie des Pferdes. Anton zeigte dafür wenig Interesse und meinte, er habe den ganzen Tag schon Arbeitsblätter ausgefüllt und betonte dann: ‚Wir haben ja jetzt keine Schule‘. Ich finde es schön, dass Anton das Nachmittagsangebot als freie Forscherzeit ansieht und nicht das Gefühl hat, ihm würden irgendwelche Aufgaben zur Beschäftigung auferlegt."

Die Lernbegleiterin sieht es als Vorteil, dass Anton ihr mit seinem Forscherdrang und Fachwissen über Pferde überlegen ist, denn „auf diese Weise bin ich auch angesteckt von seinem Interesse für das Thema und lerne mindestens genauso viel. Des Weiteren werde ich so nie in die Versuchung kommen, ihn zu belehren, sondern kann mit ihm lernen und seine Lernwege dabei gleich mit entdecken, die vielleicht ganz anders verlaufen als meine eigenen".

In ihrer Reflexion beschreibt die Lernbegleiterin ihre Rolle als ambivalent: „Einerseits will man die Kinder nicht belehren sondern begleiten, was eigentlich ein Miteinander auf einer Ebene bedeutet. Andererseits musste ich Anton an einigen Stellen doch etwas lenken, da er zwischendurch etwas antriebslos war. Ab der fünften Sitzung habe ich dann versucht, Anton zu lenken, jedoch hatte sich dieser schon mit seiner eigenständigen Arbeitsweise angefreundet und gemerkt, dass ich ihm im Grunde Freiraum geben wollte."

5. Wenn die Zuwendung der Lehrperson nicht in zwanzig Teile zerfällt

Kinder lernen es in der Schule vom ersten Schultag an, die Zuwendung ihrer Lehrerin allmorgendlich mit zwanzig, vielleicht achtundzwanzig anderen Kindern teilen zu müssen. Die Geschichte der Lehrkunst von der Hebammenkunst des Sokrates über die Erziehungsgeschichte des Emile bei Rousseau bis zur Hauslehrerschule bei Berthold Otto mag in ihrer Substanz immer jenen dialogischen Kern enthalten haben, der eine ganz persönliche Zuwendung voraussetzt. Der modernen Frontlehrerin und ihren zwanzig erwartungsvollen Kindern, die auf eine individuelle Zuwendung warten müssen, suggerieren solche historischen pädagogischen Bezüge nur, dass die moderne Schule möglicherweise doch kein Bildungsort, sondern von ihren Rahmenbedingungen ein pädagogischer Irrtum ist. Wenn Kinder in dieser Schule des ewigen Teilen-Müssens nun plötzlich Gelegenheit bekommen, individuell begleitet zu werden durch eine erwachsene Patin, die endlich einmal kontinuierlich nur für sie da ist, dann genießen sie diesen Zustand, dieses Schulwunder von der ersten bis zur letzten Minute. Selbst die Aussicht, mit Kindern zusammenarbeiten zu können, die am gleichen Thema interessiert sind, kann sie nicht davon abhalten, das Privileg zu wählen, einen persönlichen Tutor als Forschungsassistenten zu erhalten.

Fallvignette 4: „Ich warte gern" (Nikita, 2. Schuljahr, 8 Jahre, Spinnenforscher)

Beim ersten Gespräch mit seinem Lernbegleiter wirkt Nikita noch sehr zurückhaltend, fast verschüchtert. Erst als er gefragt wird, ob er an einer kleinen Exkursion interessiert wäre, wird er schlagartig etwas gesprächiger und macht von sich aus den Vorschlag, auf dem Schulgelände nach Spinnen zu suchen. Angesichts einer eigenen ausgeprägten Arachnophobie erklärt sein Lernpate ihm, dass Nikita selbst dann aber derjenige sein müsse, der die Spinnen aus ihren Verstecken holt, da seine Angst vor ihnen zu groß sei: „Ich wollte Nikita das Gefühl geben, dass er sozusagen stärker sei als ich. Nachdem wir etliche Holzstücke umgedreht und Steine gewälzt hatten, fanden wir eine Spinnenhaut, die wir im Becherglas mit zurück in die Klasse nahmen". Nikita ist hocherfreut, dass ein Erwachsener sich scheinbar unbegrenzt viel Zeit für ihn nimmt. Um seinen Lernbegleiter auch weiterhin nur für sich zu haben, dringt er von nun an bei jedem Treffen darauf, das Forscherlabor nach draußen zu verlegen. Obwohl sein Lernpate regelmäßig zu spät kommt, bleibt das Kind geduldig und lehnt Mitmachangebote anderer Gruppen freundlich ab: „Ich warte gern auf Herrn Becker".

Feldnotiz vom 6.11. 2008 im Lerntagebuch

„Sofort nach Betreten der Klasse kam mir Nikita in die Arme gesprungen. Ich hatte das Gefühl, er war froh, ‚seinen eigenen Betreuer' zu haben, da er ca. 20 Minuten in einer anderen Kleingruppe beschäftigt gewesen war. Diese offene Freude über meine Anwesenheit war m.E. ein Zeichen dafür, dass Nikita im Alltag nicht viel persönliche Zuwendung erhält. Wieder gingen wir den Rest der Stunde ins Freie. Doch war Nikitas Intention nicht vordergründig das Suchen und Sammeln von Tieren, sondern das Genießen der ungeteilten Aufmerksamkeit meinerseits. Ständig wollte er mir zeigen, was für ein guter Sportler er ist und forderte mich unentwegt zu Laufduellen heraus. Doch ich musste feststellen, je mehr (Aufmerksamkeit) ich ihm gab, desto mehr forderte er von mir! "

Mit jedem Treffen versucht das Kind immer stärker, seinen Betreuer ganz für sich zu vereinnahmen. Als dieser sich am Ende des letzten Tages von ihm verabschiedet, will Nikita nicht begreifen, dass die gemeinsame Forschungszeit nicht auch in den Weihnachtsferien fortgesetzt werden kann.

Im Heidelberger Workshop wurden insgesamt fünf „Schreibgespräche" zu den oben skizzierten Fällen durchgeführt. Alle Teilnehmer konnten einen von ihnen gewählten Fall schriftlich kommentieren und ihre Interpretation zur Diskussion stellen. Dabei zeigte sich, dass die Methode des Schreibgesprächs einen Fragen generierenden Diskurs auszulösen vermag.

Bildungsprozesse ermöglichen durch Achtsamkeit

Birgit Süßdorf

1. Einführung

Soll Schule ein Ort sein, in dem Bildungsprozesse stattfinden können, müssen Lehrende lernen, achtsam mit eigenen und fremden Gefühlen umzugehen. Können sie ihre Ruhe und Gelassenheit auf andere übertragen, wirken sie als stimmige Vorbilder inspirierend für achtsame Handlungen und gelingende Begegnungen (vgl. Buber 1995).

Damit ein Pädagoge sich seiner Machtposition bewusst ist und diese nicht missbraucht, muss er Kinder und Jugendliche mögen. Er muss sich selbst mögen, sich in der Kunst des Liebens üben (vgl. Fromm 1995) und an sich arbeiten (vgl. Schmid 2004), um mit Kindern und Jugendlichen in achtsamer Weise empathiefähig sein zu können.

Die Empathiefähigkeit eines Pädagogen wächst mit seinem Bildungsgrad. Nur wenn er gebildet ist oder sich auf Bildungsprozesse einzulassen versteht, kann er auch anderen einen Raum eröffnen, in dem Bildungsprozesse erfahrbar werden können (vgl. Bieri 2008). Ein Mensch ohne emotionale Kompetenz kann sich nicht wirklich bilden. Deshalb muss er seine emotionale Kompetenz entwickeln können dürfen, um sich (selbst) bilden zu können.

Da der Lehrerberuf ein psycho-sozialer Beruf ist, brauchen Pädagogen im Rahmen ihrer psycho-sozialen Aus- und Weiterbildung Orte emotionaler Bezogenheit (vgl. Süßdorf 2008), einen Raum, in dem der Körper als Bühne für Gefühle (vgl. Damasio 2001) wahrgenommen wird und zum stimmigen Ausdruck gelangen kann. Wird der Umgang mit Gefühlen gelernt und geübt, spielt somit der Körper eine entscheidende Rolle (vgl. Süßdorf 2002).

Orte, die Selbsterfahrungs- und Selbstreflexionsprozesse ermöglichen, können über achtsame Such- und Bewegungsprozesse zur Selbstfindung und Selbstakzeptanz führen und für ein ästhetisch-künstlerisches Selbsterleben und Gestalten sensibilisieren (vgl. Verres 2000, 2005).

Erst durch die kultivierte Fähigkeit, bewusst gute Beziehungen gestalten zu können (vgl. Bauer 2008), können Pädagogen für eine entspannte, freundliche, emotional positive, offene, unterstützende, beratende und auch lenkende strukturgebende Atmosphäre und damit für positive Gefühle sorgen, die für kreativ-schöpferische Lernprozesse unerlässlich sind.

Der Realität gewahr werden, im Augenblick zu leben bedeutet, mit der Wirklichkeit in Berührung zu kommen und zu sein. Nach Erich Fromm, 1900 in Frankfurt am Main geboren und 1980 in Locarno gestorben, sind die meisten Menschen nicht dazu fähig, das wahrzunehmen, was ist – und seine Wahrnehmung trifft auch heute zu (vgl. Kabat-Zinn 2005).

Ein Medium, um sich der eigenen kulturbedingten Wahrnehmungsbeschränkung bewusst zu werden und mit der eigenen Achtsamkeit in Berührung kommen zu können, ist der Videofilm „Leicht wie ein Vogel" (Süßdorf 2007).

2. Emotionale Kompetenz und Bildungsprozesse durch Achtsamkeit

In einer (Schul-)Kultur, in der das Bewusstsein für die Sprache des Körpers gering ausgeprägt ist, muss der erzählende Körper vielen Menschen unbekannt sein. Der Erziehungswissenschaftler Volker Lenhart meint hierzu, dass wir in unserer westlichen Kultur geradezu von der Entkörperlichung von Sozialisationsfeldern sprechen können. In unserem Bildungssystem komme der Körper nicht vor, denn für den reibungslosen Ablauf in unseren Bildungsinstitutionen werde er eher als störend gesehen. Im Rahmen der psychosozialen Ausbildung können Studierende mit der Methode des achtsamen Ausdruckstanzes erfahren, dass der Körper das Recht hat, wahr- und ernstgenommen zu werden, denn er stehe mit all seinen Bezügen im Mittelpunkt der Aufmerksamkeit (persönliche Mitteilung 2001). In einem strukturgebenden und beziehungsorientierten Rahmen kann ein Pädagoge somit den Verlust der Verbindung zum eigenen Körper und zu dessen Sprache wahrnehmen, aber auch seine verschüttete Einheit wieder finden (vgl. von Uexküll 1997). Er kann lernen, wie er wieder mit sich selbst in eine gute Beziehung gelangen kann, indem er sich so anzunehmen vermag, wie er ist (Fromm spricht von Selbstliebe) und damit die Erfahrung machen kann, lebendig zu sein in der stimmigen Verkörperung seiner Gefühle (vgl. Storch u.a. 2006). So kann erst mit dem Bewusstwerden der kulturbedingten Entfremdung durch Erziehungs- und Sozialisationsprozesse das verlorene Körper-Selbst wieder gefunden werden und damit für einen produktiven Umgang mit eigenen wie fremden Gefühlen sorgen. Zudem kann ein Pädagoge erst dadurch ein authentisches Vorbild für die konstruktive Bewältigung von schwierigen Situationen und den Umgang mit Belastungen sein. Entwickeln kann ein Pädagoge einen gelingenden Umgang mit seinen Gefühlen und den Gefühlen anderer, wenn er sich darin übt, achtsam zu sein (vgl. Süßdorf 2004).

Der im Workshop gezeigte Videofilm stellt eine achtsamkeitsbasierte ausdruckstänzerische Arbeit mit einem 23-jährigen Jugendlichen vor, der durch sein emotional instabiles Verhalten (vgl. Rohde-Dachser 1997; Bohus u.a. 2009) seine Chance, doch noch seinen Hauptschulabschluss erhalten zu können, gefährdet. Die TeilnehmerInnen werden als Zuschauende eingeladen Zeugen zu sein (vgl. Whitehouse 1999), frei zu assoziieren und zum anschließenden Gespräch (vgl. Grassi/Schmale 1982: 43; Kimura 1995) über Wahrgenommenes, Erfahrenes, Erlebtes und Fragen sich im Anschluss wieder auf die anderen im Raum einzulassen. Vor Filmbeginn erhalten sie Hintergrundinformationen über Zusammenhänge, die im Film nicht vermittelt werden. Beispielsweise darüber, dass der Protagonist Ronny seine eigentlichen Bedürfnisse nicht lebt: Er isst unregelmäßig, eher zu wenig und nicht gut – und trinkt und raucht dafür umso mehr. Er ist unsicher gebunden und traut sich nicht, Nähe zuzulassen. Aufgrund seiner Herkunft spürt er wenig Achtung durch milieufremde Personen und auch in der Familie oft wenig Akzeptanz, insbesondere durch seinen Vater. Ihm fehlt die Orientierung – auch durch seinen fehlenden Schulabschluss. Ohne Zukunftsperspektive fühlt er sich als Versager, er schämt sich, fühlt sich klein und ist unsicher. Geht er durch den Raum, habe ich als Begleiterin den Eindruck, als hätte er keinen festen Boden unter seinen Füßen. Er läuft fast schwebend, als wolle er sich heimlich davon machen, nur dass er nicht weiß wohin. Er selbst nimmt sich gesellschaftlich am Rand wahr, fühlt sich sozial und intellektuell unterlegen, da er mit seiner Familie in einem sozialen Brennpunkt lebt. Er sieht sich als jemand, der nicht dazu gehört, aber auch als jemand, der den Wunsch hat, dazuzugehören. Da er keinen Halt und keine Orientierung in seinem Leben verspürt, kann er auch nicht auf eigenen Füssen stehen und seinen Weg gehen. Er nimmt sich wahr als jemand, der schnell und häufig unter hoher Anspannung steht und „leicht zu stressen" ist. Er erkennt, dass immer, wenn er sich verlassen und alleine gelassen fühlt, er zu trinken anfängt und es dann zu Selbst- und Fremdverletzungen kommt. Da er nicht weiß, wohin er gehen kann und auch nicht gelernt hat, mit seinen negativen Gefühlen umzugehen, trinkt er exzessiv und betäubt damit seine Traurigkeit und seine Verzweiflung. Gerät er unter Druck, so ist er schnell einer (blinden) Wut ausgeliefert und ist deshalb für andere unberechenbar. Verliert er die Kontrolle über sich, handelt er so, als stünde er neben sich. Er hat dann weder eine Empfindung noch hat er Mitgefühl. Zudem fällt es ihm sehr schwer, Kritik zu ertragen. Fühlt er sich bedroht und hat er Angst, verletzt er sich und andere. Solche Erfahrungen im Umgang mit Stress erlebt er überall dort, wo er ist, steht und geht.

Notwendig und hilfreich war es deshalb für den Protagonisten Ronny, durch Achtsamkeitsübungen im Liegen, Sitzen, Stehen und Gehen lernen zu können, dass er seine Anspannung wahrnehmen kann und sie nicht mehr als Stressor empfinden muss. In Verbindung mit Musik die ihm angeboten wurde, die er aber auch selbst mitbrachte, fühlte er sich getragen und begleitet während seiner strukturierten und freien Körper- und Bewegungsübungen. So lernte er allmählich, dass er seinen Körperempfindungen vertrauen kann, er Selbstfürsorge entwickeln kann, im Vertrauen darauf, Gelassen-Sein zu können in herausfordernden Situationen und dass er damit schwierige Situationen meistern kann, statt sie zu vermeiden.

Der Videofilm beginnt. Der Vorspann spricht sogleich die Zuschauenden direkt mit dem frei übersetzten Text des Songs „Born – never asked" der Performancekünstlerin Laurie Anderson an und lässt sie Anteil nehmen (vgl. Cohn 1975) am achtsamen Bewegungsprozess des Protagonisten:

Geboren, nicht gefragt.
Hier ist ein großer Raum.
Voll mit Menschen. Alle möglichen Leute.
Und sie sind alle in das gleiche Gebäude gekommen,
mehr oder weniger zur gleichen Zeit.
Und sie sind alle frei.
Und sie fragen sich alle die gleiche Frage:
„Was ist hinter dem Vorhang?"
Du bist geboren. Und so bist Du frei.
Also: Alles Gute zum Geburtstag.
Du bist geboren: Mach das Beste draus!
Schöne Grüße von Laurie Anderson

3. Die Herausforderungen des Lebens annehmen und mit ihnen umgehen können

Die philosophisch-existentielle Bearbeitung des Themas Geboren-Werden signalisiert, dass jeder Mensch seine spezifische(n) Entwicklungsaufgabe(n) in sich verborgen hat, und dass jeder sich in seinem eigenen Bildungsprozess darüber bewusst werden kann, was er braucht, um ein vollständiger Mensch zu werden und ein erfülltes Leben bewusst leben zu können (vgl. Riemann 1990).

Bedeutsam für diesen Entwicklungsprozess ist das Wissen über die Bedeutung von Stressoren, die zum Leben gehören und dass es darauf ankommt, die eigenen Widerstandsressourcen zu entwickeln und wahrzunehmen (Antonovsky 1997). Jeder Mensch verfügt über Ressourcen, um (über)-leben zu können. Meist jedoch ist ihm der Zugang zu seinen Ressourcen nicht möglich und so hat er auch kein Bewusstsein über sie. Möchte ein Mensch gesund sein oder gar gesund werden, ist es notwendig, ein Bewusstsein dafür zu entwickeln, welche spezifischen Stressoren in seinem Leben existieren und wie er bislang (subjektiv) auf diese Stressoren geantwortet hat. In der Folge kann er daran arbeiten, ein hohes Maß an Stimmigkeit oder Kohärenz zu lernen, um den Umgang mit Stress auf gute Weise gestalten zu können. Verfügt er über ein Kohärenzgefühl, dann hat er Zugang zu seinen Ressourcen, die ihm helfen, mit schwierigen Lebenssituationen umgehen zu können. Er ist dann fähig, Ereignisse und Handlungszusammenhänge zu empfinden und zu verstehen, sie als überschaubar zu begreifen, als handhabbar, bewältigbar, bedeutsam und sinnvoll. So reagiert ein Mensch mit einem hohen Kohärenzgefühl auf beängstigende Situationen eher mit angemessenen, zielgerichteten Gefühlen wie Ärger, während ein Mensch mit niedriger Stimmigkeitsempfindung häufig mit schwer regulierbaren und diffusen Emotionen wie blinder Wut auffällig wird.

4. Der Körper als Ressource – das Unbewusste als Ressource

Alle Menschen haben Ressourcen über die sie ganz leicht verfügen könn(t)en: den eigenen Körper (vgl. Storch 2006) und ihr Unbewusstes (vgl. Kast 1997). Da unser Handeln zum größten Teil durch unser Unbewusstes gesteuert wird, können wir lernen, bewusst Handlungen auszuführen, indem wir durch Achtsamkeit Unbewusstes wahrnehmen und als Ressource nutzbar machen können für gelingende Bildungsprozesse. So lernt zum Beispiel der Protagonist Ronny durch Achtsamkeitsübungen im Liegen, Sitzen, Stehen und Gehen seine Körperempfindungen in den jeweiligen Haltungen bewusst wahrzunehmen und somit auch seinen Entwicklungsverlauf mit den dazugehörigen interaktiven Prozessen kennen (vgl. Stern 1991). Mit dem Hineinspüren in seine Atembewegung und im Erkennen, wie er wann wo sitzt, liegt, steht und geht und welche Gefühle sich mit seinen Bewegungsqualitäten dann verbinden, wird ihm bewusst, wie er durch seine Körperhaltungen und Bewegungen Einfluss auf seine Gefühle nehmen kann.

Der Protagonist des Films verfügt über Ressourcen, die für die stabilisierende Arbeit genutzt werden wie z.B. sein ästhetisches Empfinden (auffallend ist sein schlichter und gepflegter Kleidungsstil und sein Musikgeschmack: das C-Dur-Klavier-Konzert „Romanze" von Mozart bringt er selbst mit). Im Kickboxen hat er bereits gelernt, seinen Körper und seine Bewegungen bewusst auszudrücken, er kann sich gut behaupten. In den achtsamen Bewegungsübungen wird jedoch seine Anima (vgl. Kast 1997) und damit seine Hingabefähigkeit sichtbar sowie seine kindliche Experimentierfreude und seine Offenheit für Veränderungsprozesse und Fremdes. Auf der Suche nach guten Beziehungen erkennt er die Bedeutung einer sinnstiftenden Arbeit an sich selbst. Er möchte seine Selbstwirksamkeit, seine schöpferischen Eigenkräfte erleben und damit seine Fähigkeiten und Stärken entfalten.

All diese Ressourcen werden im Film sichtbar. Die Zuschauenden (Zeugen) sind beeindruckt und berührt von den achtsamen und stimmigen Bewegungen eines verletzlichen jungen Menschen, wie er sich in der Videoperformance am Ende unserer dreimonatigen Zusammenarbeit zeigt. Der Protagonist zeigt sich, drückt etwas sehr Persönliches von sich aus und teilt sich anderen mit. Auch weiß er, dass er in diesem Videofilm nur von solchen Menschen gesehen wird, die bereit an sich zu arbeiten und fähig zur Wertschätzung sind.

Mit der Erarbeitung einer achtsamen ausdruckstänzerischen Performance (vgl. Süßdorf 2002; 2005) beginnt der Protagonist daran zu glauben, dass etwas Gutes, Schönes (vgl. Gadamer 1977) möglich ist und er diese Qualitäten selbst herstellen kann. Durch den symbolhaften Charakter der Performance erhält er den notwendigen Schutz, um seinen authentischen Körper-Selbst-Ausdruck anderen zeigen zu können. Die tänzerische Komposition als Performance zu zeigen gewährt einerseits Nähe und ist zugleich schützende Distanz.

Es gefällt ihm und es tut ihm gut, dass er etwas Gutes und Schönes von sich (anderen) zeigen kann, dass er gesehen wird, mit dem, was er kann. Am Ende unserer Arbeit ist er von innen heraus stolz aufgerichtet und glaubt daran, dass ihm etwas Gelingen kann. Er weiß, dass er Fähigkeiten und Ressourcen hat und dass er sich mit ihnen weiter entwickeln kann. So lässt ihn das Wissen um einen „Lehrfilm" in der Aus- und Fortbildung für PädagogInnen und TherapeutInnen, Ärzte und Ärztinnen auf produktive Weise an der Gesellschaft teilhaben. Durch das Sich-Einlassen auf die Begegnung mit sich selbst durch die Kultivierung seiner Achtsamkeit erfährt er die Sinnhaftigkeit und Bedeutsamkeit seiner Entwicklung und fühlt sich ermutigt, zuversichtlich mit beiden Beinen auf der Erde gehen zu können.

Da im Laufe der Sozialisation, die auch als Kulturinternalisation oder Enkulturation, das heißt als „Erwerb" einer (neuen) Kultur bezeichnet werden kann, die kreative Fähigkeit des Menschen vernachlässigt oder gar unterdrückt, in den seltensten Fällen jedoch gefördert wird, ist die Phase der Adoleszenz bedeutsam, um verborgene kreative Potentiale nachzuholen, zu ergänzen oder auch im intersubjektiv ästhetisch-künstlerischen Prozess der Selbsterforschung hervorzulocken. Mario Erdheim (1982) spricht von der zweiten Chance. Auch für Ludwig Janus spricht einiges dafür „dass der menschliche Pubertätsprozess eine zentrale Bedeutung für die kreativen Kräfte im Kulturprozess hat" und er meint, dass der pubertierende Jugendliche in der Pubertätskrise die Möglichkeit habe, „seine bisherigen Erfahrungen noch einmal ganz neu zu ordnen und Widersprüche in seinen Sozialisationserfahrungen kreativ zu überwinden" (Janus 1995: 44). Darüber hinaus ist nirgendwo sonst wie in der Phase der Pubertät die Sehnsucht nach Wahrheit, nach Schönheit, nach Leidenschaft und Echtheit so stark ausgeprägt. So eröffnete der achtsame Ausdruckstanz als ästhetisch-künstlerische Körpermethode dem Protagonisten Ronny eine zweite Chance, da er bereit war, auf Entdeckungsreise in das innere Ausland (vgl. Erdheim 1982) zu gehen. Mit dem Gewahrwerden seiner ästhetischen Ausdrucksweise in Verbindung mit seiner Konzentration und inneren Ruhe durch bewusstes Atmen und Wahrnehmen seines Körpers lernte er seine Achtsamkeit als Ressource kennen und merkte, wie sie sich in seinem Verhalten in kreativer Weise auswirken kann. Darüber hinaus wurde ihm die Bedeutung einer lebensfreundlichen Haltung zu sich und anderen bewusst und dass er diese üben kann. Er lernt, wie er durch den bewussten Atem zur Ruhe kommen und sich damit selbst Halt und Orientierung geben kann, wie er seine enttäuschten Erwartungen tolerieren und seine Gedanken ohne Bewertung wahrnehmen und wieder verabschieden kann. Er lernt, über sich zu lachen und zu schmunzeln, wird lockerer in seinen Bewegungen, kann seine Körper(an)spannung loslassen, indem er den Boden spürt, auf dem er geht und steht. Hat er seinen Rhythmus gefunden, kann er seinen Weg gehen. Er kann sich entscheiden, in welche Richtung er gehen will. Er kann sein eigenes Tempo finden, innehalten und seine Richtung wechseln. Sichtbar wird im Film, dass er sich dabei mit sich selbst verbunden fühlt, im Einklang mit sich selbst ist, sich wohl fühlt.

Der Protagonist nimmt wahr, wie und wo sich sein Verhalten wiederspiegelt: im Körper, in seinen Gedanken und in seinen Gefühlen. Ist er freundlich zu sich selbst und anderen, dann kann er das auch in seinem Körper wahrnehmen (Sensation), in seiner Körperhaltung und in seinen Bewegungen, in seinem Atemfluss und in seinen Gedanken. So lernt er allmählich wahrzunehmen, was er jetzt über sich oder eine andere Person oder über diese Situation denkt, was er dabei empfindet und welche Gefühle er dabei hat, z.B. dass er sich leicht fühlt, froh und hoffnungsvoll oder schwer und traurig – und dass alle Gefühle zu einem lebendigen Leben gehören.

Solch ein Entwicklungsprozess braucht einen wertschätzenden Führungsstil (vgl. Goleman 2002), der klar strukturiert ist und keinen Raum lässt für körperlich kathartische Ausdrucksmöglichkeiten und destruktive Bewegungsmuster. In der Zusammenarbeit macht der Protagonist die Erfahrung, dass er als Mensch akzeptiert und angenommen ist, nicht aber sein verletzendes Verhalten, an dem er aber selbstverantwortlich arbeiten kann.

In diesem haltgebenden und geschützten offenen Spiel- und Freiraum im Sinne von Winnicotts Übergangsraum (vgl. Winnicott 1985) konnte er sich sicher und geborgen fühlen und sich einlassen auf eine Befreiungsarbeit, die im Film als Entfesselungskunst sichtbar wird. Symbolisch steht dafür ein Stück Stoff, ein trichterförmiger Schlauch, mit dem er sich spürbewusst bewegt und im Liegen, Sitzen und Stehen tanzt. Geht er, so geht er ohne diesen ihn einengenden Schlauch, findet allmählich zu seinem Rhythmus im Vorwärtsgehen. Mit seinen bewegten Körperhaltungen gehen seine „freien Assoziationen" und seine Empfindungen von Klein-Sein, Sich-Öffnen und Schließen, Gelöst-Sein, Weich-Sein, Entspannt-Sein, Da-Sein einher. So ereignen sich produktive Übertragungsszenen im Liegen, Sitzen, Stehen und Gehen. Mit seinem Körper-Selbst-Ausdruck zeigt er in der Performance seine bislang unbewussten Bedürfnisse und betritt damit mutig eine neue Welt, ein für ihn bislang fremdes Land. Er hat keine Angst vor seinem Bedürfnis nach Hingabe, er schämt sich nicht, klein und verletzlich zu sein und fühlt sich mit der Annahme dieser Empfindungen sichtbar wohl. Er lernte, dass und wie er sich selbst auf achtsame Weise beruhigen kann und ist sich der Tatsache bewusst geworden, dass alle Menschen mit dem ersten Atemzug auf dieser Welt zu leben beginnen und mit dem letzen Atemzug ihr Leben enden wird. Der Protagonist Ronny ist mit dem Wunder der Achtsamkeit in Berührung gekommen und kann nun auch spüren und verstehen, dass es ein Wunder ist, „auf der Erde zu gehen" (Nhat Hanh 2002): „Ich bin geboren und mache nun das Beste aus meinem Leben. Schön, dass ich geboren bin!"

5. Achtsam werden und lebendig sein

Ist ein Mensch emotional kompetent, kann er sich subjektiv gesund fühlen und ist mit sich im Reinen. Er ist dann mit sich in einer guten Verbindung, d.h. mit seinem Körperempfinden, seinen Gefühlen und seinen Vorstellungen. Dieses Wohlgefühl – und Erich Fromm nannte es well-being – kann jedoch nur gelingen, wenn wir als Menschen ganz geboren werden und somit bereit sind, an uns zu arbeiten und unsere Balance immer wieder neu herzustellen.

Und so endet der Film mit dem folgenden Zitat:

„Die Geburt ist nicht ein augenblickliches Ereignis, sondern ein dauernder Vorgang. Das Ziel des Lebens ist es, ganz geboren zu werden und seine Tragödie, dass die meisten von uns sterben, bevor wir ganz geboren sind. Zu leben bedeutet, jede Minute geboren zu werden. Der Tod tritt ein, wenn die Geburt aufhört" (Fromm 1971: 114).

Wird ein Mensch ganz geboren, kann er sich in Übereinstimmung mit sich selbst entsprechend seiner Anlagen entfalten und damit zur liebenden Reife gelangen. Gelangt er dabei zu einer inneren wie äußeren Harmonie, nimmt er sich wahr als Eins mit sich selbst und seiner Umwelt. Dieser Prozess ist ohne die Hinwendung zum spürbewussten Körper (vgl. Schellenbaum 1996a) nicht möglich (vgl. desweiteren Fromm 1996; Storch u.a. 2006).

Literatur

Antonovsky, Aaron (1997): Salutogenese: zur Entmystifizierung der Gesundheit. Tübingen: dgvt-Verlag.
Bauer, Joachim (2008): Lob der Schule. Sieben Perspektiven für Lehrer, Schüler und Eltern. Hamburg: Hoffman und Campe Verlag.
Bieri, Peter (2008): Wie wäre es gebildet zu sein. In: Göppel, R./Lenhart, V./Strittmatter, V./Rihm, Th. (Hrsg.): Bildung ist mehr. Potentiale über PISA hinaus. Heidelberg: Mattes Verlag, S. 13-21.
Bohus, Martin u.a. (2009): Behandlungsleitlinie Persönlichkeitsstörungen. Darmstadt: Steinkopf Verlag.
Buber, Martin (1995): Ich und Du. Stuttgart: Reclam.
Cohn Ruth (1975): Von der Psychoanalyse zur Themenzentrierten Interaktion. Von der Behandlung einzelner zu einer Pädagogik für alle. Stuttgart: Klett-Cotta.
Damasio, Antonio (2001): Ich fühle, also bin ich. Die Entschlüsselung des Bewusstseins. München: List.
Erdheim, Mario (1982): Die gesellschaftliche Produktion von Unbewußtheit. Eine Einführung in den ethnopsychoanalytischen Prozeß. Frankfurt/M.: Suhrkamp.

Fromm, Erich (1995): Die Kunst des Liebens. München: Deutscher Taschenbuch Verlag.
Fromm, Erich (1971): Zen-Buddhismus und Psychoanalyse. Frankfurt/M.: Suhrkamp.
Fromm, Erich (1996): Vom Haben zum Sein. Wege und Irrwege der Selbsterfahrung. München: Deutscher Taschenbuch Verlag.
Gadamer, Hans-Georg (1977): Die Aktualität des Schönen. Stuttgart: Reclam.
Goleman, Daniel (2002): Emotionale Führung. München: Econ-Verlag.
Grassi, Ernesto; Schmale, Hugo (1982): Das Gespräch als Ereignis. München: Wilhelm Fink Verlag.
Janus, Ludwig (1995): Schaden und Neuschöpfung in der menschlichen Individuation und im psychotherapeutischen Prozeß. In: Der verwundete Heiler. Appell, R. (Hrsg.), Heidelberg: Karl F. Haug Verlag, S. 34-50.
Kast, Verena (1997): Sich einlassen und loslassen. Neue Lebensmöglichkeiten bei Trauer und Trennung. Freiburg im Breisgau: Herder-Verlag.
Kabat-Zinn, Jon (2005): Im Alltag Ruhe finden. Freiburg im Breisgau: Herder Verlag.
Kimura, Bin (1995): Zwischen Mensch und Mensch. Darmstadt: Wissenschaftliche Buchgesellschaft.
Nhat Hanh, Thich (2002): Das Wunder der Achtsamkeit. Berlin: Theseus-Verlag.
Riemann, Fritz (1990): Grundformen der Angst. Eine tiefenpsychologische Studie. München: E. Reinhardt Verlag.
Rohde-Dachser, Christa (1997): Das Borderline-Syndrom. Göttingen: Verlag Hans Huber.
Schellenbaum, Peter (1996a): Abschied von der Selbstzerstörung. Befreiung der Lebensenergie. München: Deutscher Taschenbuch Verlag.
Schmid, Wilhelm (2004): Mit sich selbst befreundet sein. Von der Lebenskunst im Umgang mit sich selbst. Frankfurt/M.: Suhrkamp.
Stern, Daniel (1991): Tagebuch eines Babys. Wie ein Kind sieht, spürt, fühlt und denkt. München: Piper.
Storch, Maja; Cantieni, Benita; Hüther, Gerald; Tschacher, Wolfgang (2006): Embodiment. Bern: Verlag Hans Huber.
Süßdorf, Birgit (2002). Die Kunst der tänzerischen Begegnung. Ein transkultureller Ansatz in der medizin-psychologischen Ausbildung. Heidelberg: Dissertation Universität Heidelberg.
Süßdorf, Birgit (2004): Die Kunst des Liebens: Körpererfahrung und Tanz als Zugangswege zur schöpferischen Eigenkraft. In: Wehr, H./Reinert G.-B. (Hrsg.): Erich Fromm Wegbereiter einer humanistischen Psychoanalyse und Humanschule. Weinheim: Beltz – Wissenschaft, S.153-180.
Süßdorf, Birgit (2005): Die Sehnsucht umarmen oder: Der integrative Ausdruckstanz in der pädagogisch-therapeutischen Kulturarbeit mit verhaltensauffälligen Jugendlichen. In: Reinert, G.-B./Wehr, H. (Hrsg.): Gewalt beginnt im Kopf. Donauwörth: Auer-Verlag, S. 290-320.
Süßdorf, Birgit (2008): Neue Wege zur psycho-sozialen Professionalisierung: Persönlichkeitsentwicklung durch emotionale, soziale und interkulturelle Kompetenz. In: Becker, M./Wehr, H./Reinert G.-B. (Hrsg.): Seelische Gesundheit und gelungenes Leben – Perspektiven der Humanistischen Psychologie und Pädagogik. Weinheim: Beltz Verlag, S. 215-247.

Uexküll von Thure; Fuchs, Marianne; Müller-Braunschweig, Hans; Johnen, Rolf (1994): Subjektive Anatomie. Theorie und Praxis körperbezogener Psychotherapie. Stuttgart: Schattauer.

Verres, Rolf (2000): Freiheit, Kreativität und das Einpauken von Wissen: Bemerkungen zum Umgang mit einigen Widersprüchen medizinischer Lehre. In: Holm-Hadulla, R.: Kreativität. Heidelberg: Springer-Verlag, S. 345-354.

Verres, Rolf (2005): Was uns gesund macht. Ganzheitliche Heilkunde statt seelenloser Medizin. Freiburg: Herder Verlag.

Whitehouse, Mary (1999): C. G . Jung und Tanztherapie: Zwei Hauptprinzipien. In: Willke, E./Hölter, G./Petzold H..(Hrsg.): Tanztherapie in Theorie und Praxis. Paderborn: Junfermann-Verlag, S.139-163.

Winnicott Donald W (1985): Vom Spiel zur Kreativität. Stuttgart: Klett-Cotta.

Teil III
Aspekte der Lehrerprofessionalität und der Lehrerbildung

Diesseits und jenseits der Routine

Über Fallbesprechung und Mentalisierung in der Lehrerbildung

Heiner Hirblinger

> „ *... das gleichermaßen politische, ethische, soziale und philoso-*
> *phische Problem, das sich uns heute stellt, ist nicht der Versuch,*
> *das Individuum vom Staat und dessen Institutionen zu befreien,*
> *sondern uns selbst vom Staat und der damit verbundenen Form*
> *von Individualisierung zu befreien. Wir müssen nach neuen For-*
> *men von Subjektivität suchen und die Art von Individualität zu-*
> *rückweisen, die man uns seit Jahrhunderten aufzwingt.* "

> *Michel Foucault (1994: 250-251)*

Es gibt eigentlich keine „guten Lehrer". Es gibt allerdings Lehrer, die affektive Irritationen und Blockierungen, die von wenig empathischen oder
gleichgültigen Lehrern im System Schule erzeugt werden, immer wieder mit
ihrer emotionalen Präsenz und ihrem Verstehen „auffangen" können. Diese
Lehrer sind es dann, die das Gesamt der affektiven Regulierung in ihrer
Schule im Gleichgewicht halten. Da diese „guten Lehrer", denen die Funktion eines affektiven Krisenmanagements immer wieder zukommt, jedoch
selten in der Überzahl sind, reguliert sich das pädagogische Beziehungsfeld
in den meisten Schulen auf einem relativ gleich bleibenden Niveau.

Pubertierende ihrerseits haben eine hohe Sensibilität für diesen Unterschied zwischen den sogenannten „guten" und den „weniger guten" Lehrern.
Sie spüren unbewusst sehr genau, in welchen Beziehungen sie ihre „Gefühle" und ihr naturwüchsiges Bedürfnis nach „Provokation" unterbringen können.

Die Begegnung mit einem empathischen Lehrer, dem Pubertierende
vertrauen, wird so fast notwendig zu einem dramatischen Prozess: Da
Angst, Hass und Aggression, wie Peter Fürstenau (1964) schon vor Jahren
dargestellt hat, in der Schule unbewältigte Affekte bleiben und als drang-
hafte Elemente in Erscheinung treten, haben Pubertierende in der Beziehung
zu „guten Lehrern" das Bedürfnis, diese Affekte „in Szene zu setzen". Sie
inszenieren dabei das, was das „Setting" Unterricht in ihnen auslöst. Wie

sollte es anders sein? Adoleszente externalisieren die von der Schule selbst generierten Belastungsaffekte, wenn sie vermuten, dass sie von einem Lehrer verstanden werden. Provokation, Kampf, Revolte, Fehlleistungen, Flucht, Absenzen – dies alles sind die Modi einer solchen Inszenierung, die dann an den Lehrer mehr oder weniger verständlich herangetragen werden. Der Lehrer soll sie verstehen, er ist zunächst die „Toilette", bevor er – im Sinne der psychoanalytischen Pädagogik – „gute Brust" werden kann.

Wenn Lehrer sich in diese „Spiele" der Adoleszenten nur sehr unzureichend einfühlen und sich in affektive Gegenaktionen verstricken lassen, können sie allerdings die Rolle eines „gutes Objektes" nicht übernehmen. Lehrer müssen daher ihre Gegenaktionen (insbesondere ihr Bedürfnis nach Kontrolle, Konfrontation, Tadel und Kritik) im jeweiligen affektiven Beziehungskontext analysieren können, um konstruktiv zu intervenieren. Ihre Kompetenz zur Basisregulierung im affektiven Bereich ist die entscheidende, die grundlegende Voraussetzung für den Aufbau einer symbolischen Ordnung im Unterricht.

1. Freuds Konzept der Übertragung

Ein Zitat, an dem auch heute noch keine psychoanalytische Pädagogik der Schule vorbeikommt, ist die bekannte Selbstdarstellung Freuds in seinem Aufsatz „Zur Psychologie des Gymnasiasten".

„Wir brachten ihnen die Ambivalenz entgegen, die wir in der Familie erworben hatten, und mit Hilfe dieser Einstellung rangen wir mit ihnen, wie wir mit unseren leiblichen Vätern zu ringen gewohnt waren. Ohne Rücksicht auf die Kinderstube und das Familienhaus wäre unser Benehmen gegen unsere Lehrer nicht zu verstehen, aber auch nicht zu entschuldigen" (Freud 1914: 240).

Das Zitat fasziniert bis heute, weil hier ein Schlüsselkonzept der Psychoanalyse – die „Übertragung" – von Freud selbst auf die Lehrer-Schüler-Beziehung – genauer: auf die Schüler-Lehrer-Beziehung – angewandt wird. Auch im pädagogischen Bezug, also auch in schulischen Beziehungsfeldern, gibt es sie also, die Übertragung. Die tragfähigste Konzeptualisierung der psychoanalytischen Methode kann auch hier unser Verstehen erweitern.

Freud spricht sogar davon, dass ohne Berücksichtigung der Übertragungsphänomene das „Benehmen" der Schüler eben nicht zu „verstehen" oder gar zu „entschuldigen" sei. Das Verstehen der Übertragungsphänomene müsste also den Umgang mit konkreten Konflikten im Unterricht und in der Schule möglicherweise auf eine andere Ebene heben können: das Wort „entschuldigen" verweist auf diese moralische Dimension.

Mit dieser Andeutung lässt uns dann allerdings der „Gründervater" (wenn ich das so sagen darf, um mich nun meinerseits aus meiner Übertragung auf Freuds Autorität zu lösen) jedoch bereits im Stich. Und das ist vielleicht auch ganz gut so.

Denn nun beginnen erst die Fragen: Ist denn die Übertragung im pädagogischen Feld wie im Setting der Therapie auch nur ein klinischer Fall? – Oder spricht Freud hier von einer ubiquitären Unterströmung, einem quasi affektiven Fluss, der, zwischen Stasis und Ekstasis schwankend, alle Begegnungen im Unterricht mit Adoleszenten begleitet? Und verstehen Lehrer ihre Arbeit an und in der schulischen Lernkultur wirklich besser, wenn sie sich auf diese „Niederungen", „Regressionsbedürfnisse" oder „neurotischen Untiefen", die aus den Familienkulturen an die Schule „delegiert" werden, einlassen? Und dann natürlich die Schlüsselfrage: Wie ändert sich denn das Erscheinungsbild, also die Phänomenologie der Übertragung, die Freud selbst doch nur aus der psychoanalytischen Kur kennt, in einem systemisch strukturierten Praxisfeld unter den Bedingungen von Disziplin und pädagogischer Macht? Müssten da nicht Übertragungsphänomene – um ein Bild zu benutzen – ihre Farbe jeweils wie ein Chamäleon wechseln? Dann ist sie zwar da, ist vielleicht sogar ein essentieller Wirkfaktor des schulischen Lernens, tritt aber eben anders in Erscheinung und fordert eine andere Situationshermeneutik?

Wünschenswert wäre doch wenigstens ein Hinweis Freuds gewesen, welche Rolle dieses „tiefere Wissen" in der Übertragung mit seinen unbewussten szenischen Repräsentanzen beim Erwerb von „Lern- und Buchwissen" im schulischen Unterricht spielt? Ist das mehr als eine im Hintergrund ablaufende entwicklungsbedingte „Klamotte"? Ist das mehr als ein amüsanter „Handlungsdialog" der Pubertierenden, der alles Lernen notwendig begleitet?

2. Foucaults Analyse der Disziplinargewalt

Im Internet war kürzlich der folgende Eintrag zum Stichwort „Gegenübertragung" zu lesen:

„Übertragung und insbesondere die Gegenübertragung führen mehr oder minder zu einer Störung der Balance von Nähe und Distanz, die in der pädagogischen Arbeit gebraucht wird [...] Damit der Pädagoge [...] diese Situation auflösen kann, ist häufig Unterstützung von dritter Seite nötig, z.B. Supervision" (www.infobitte.de, 20.03.2009).

Nun ist kaum sinnvoll zu bestreiten, dass Übertragung und Gegenübertragung im pädagogischen Beziehungsfeld sich u.a. auch in der „Nähe-Distanz-Regulierung" Ausdruck verschaffen (vgl. Schmid 2006: 48ff.). Das Geniale an der psychoanalytischen Methode besteht jedoch darin, dass diese „Störung" eben nicht nur eine „Störung" ist. Es geht, wie Volker Schmid kürzlich deutlich gemacht hat, eben um einen dynamischen Widerstand gegen Bewusstwerden und Erkennen: „Aber mit der Besonderheit, dass dieser Widerstand nicht nur die Arbeit erschwert, sondern in nuce das Erkennen enthält und eröffnen kann" (ebd.: 48).[1]

Die Frage ist dann allerdings, was in diesem Kontext „Störung" heißt, und wie sich Supervision zu dieser „Störung" positioniert, wenn der Diskurs über diese „Störung" geführt wird.

Aus der Interessenlage einer Erhaltung von Rollenstandards geht es in solcher „Supervision" (vielleicht sollte man besser von „Super*re*vision" sprechen) nämlich um Auffassungen, in welchen die Übertragung eben nur als „Abweichung" vom zweckrationalen Handeln in Kontrolle zu bringen ist. Ein solches Verständnis von psychoanalytischer Pädagogik der Schule würde die „Modi der Subjektivierung" aus der Interessenlage der Institution (Foucault 1977: 229ff.) dann optimieren. – Das wäre zwar kein klinisches, aber doch sicher ein systemisches Missverständnis im Umgang mit dem Übertragungskonzept.

Konträr hierzu steht eine Auffassung, die es sich zum Ziel setzt, die „Störung" der „Nähe-Distanz-Balance" als Chance zu nutzen und sie als eine Form eingefrorener „Modi der Subjektivierung" oder „verweigerter Diskursmöglichkeiten" in schulischen Settings zu deuten. – Die Übertragung zeigt dann zunächst nur den Konflikt mit den unangemessenen Modi der Subjektivierung, die das System durch strukturelle Herrschaft, Wahrnehmungseinschränkung und Rollenverhaftung erzwingt: eben weil Empathie in den affektiven Relationskontexten von Unterricht und Schule nicht zur Entfaltung kommt, weil projektive Identifizierung nicht „contained" (Bion 1962) werden kann, weil Affektregulierung im Zuge der Verinnerlichung systemischer Imperative blockiert wird, weil Wissensaneignung im Wege echter Mentalisierung gar nicht möglich ist.

Der „blinde Fleck" (Freud 1912: 176)[2] im Verstehen des Konkreten in einer Situation entsteht dann auch nicht durch eine individuelle Disposition, wie aus Sicht der Psychoanalyse zu vermuten wäre, sondern durch ein systemisches Dispositiv.

Die Frage ist nun allerdings auch aus diesem „point of view", ob wir tatsächlich mehr oder nicht eher weniger vom pädagogischen Beziehungsfeld verstehen, wenn wir nur der Foucaultschen Perspektivierung folgen, also die Probleme der „Disziplinarmacht" und die mit ihr assoziierten „Modi der Subjektivierung" zum Fokus der Situationshermeneutik machen: Welche Sicht von „Bildung" entwickelt sich in einer Pädagogik, wenn diese als ein

---

1   V. Schmid erläutert diesen Zusammenhang in seinem Aufsatz als eine schwer zu durchschauende Synchronizität von unbewusstem Wunsch nach Nähe, der durch psychische Abwehr und Distanz in Kontrolle gebracht werden muss.

2   Freud hat die Grenzen psychoanalytischer Erkenntnis mit der Erkenntnis des eigenen Unbewussten im Therapeuten gleichgesetzt. In der psychoanalytischen Pädagogik der Schule geht es darüber hinaus darum, dass der Supervisor (und der Supervidierte) jene *systemischen Komplexe* erkennt, die über Introjektion, Identifikation, Abwehr und Anpassung den Prozess der Situationshermeneutik und den Diskurs über das, was „sich ereignet" in ein falsches Licht rücken.

„Dispositiv der Macht" (Ricken 2006, zit. Kammler et al. 2008: 410), besser: Anhängsel an Machtstrukturen, gedeutet wird? Und positioniert sich diese Sicht nicht selbst auf der Seite der „Disziplinarmacht", wenn sie moderne Schule nur als Kompositum aus bürokratischer und pastoraler Erziehungstechnik deutet, und den intentionalen und affektiven Aspekten des Geschehens kein Interesse schenkt? – Vielleicht aber auch deckt Foucault – kritischer als die herkömmliche Pädagogik und sogar die psychoanalytische Pädagogik – tatsächlich einen blinden Fleck im System Schule auf, der bis heute eine produktive Entfaltung sogar der psychoanalytisch-pädagogischen Konzepte in der Schule verhinderte?

Alfred Schäfer kommt in seinen Studien zu Foucault aus pädagogischer Sicht zu dem Ergebnis: „Foucault zwinge die Pädagogik zur ‚Selbstzurücknahme ihrer eigenen Intentionalität' (Schäfer 1997: 124), durch die eine Differenz eröffnet werde, ‚in der Disziplinierung gegen diese zu steuern'" (Kammler et al. 2008: 410). Es gehe Foucault vor allem um die Kritik eines Bildungsverständnisses, das „Autonomisierung als Unterwerfung" (Kammler et al. 2008: 410) unkritisch praktiziert.

Folgen wir also für einen Augenblick Foucaults „Analytik der Macht", um dies „Blindstelle" im pädagogischen Bezug vielleicht doch etwas besser zu verstehen.

Denken, Erleben und die Modi der Betroffenheit werden in einer Institution aus der Sicht Foucaults durch „Formationsregeln" (Foucault 1994: 27ff.) geprägt, die ihrerseits die „Beobachtungsmethode", die „Aufzeichnungstechniken" und das gesamte Spektrum des pädagogischen Handelns determinieren. Zuerst müssten also z.B. die Omnipräsenz von „Prüfungen" (Foucault 1977: 238ff.) oder die „Mikro-Justiz" (ebd.: 230ff.) und „Disziplinarmacht" von Lehrern im Unterricht analysiert werden, bevor von „Beziehungsstörungen" und „Affektregulierung" gesprochen werden kann.

Machtprozesse in pädagogischen Beziehungsfeldern bringen durch die Diskurse, die sie – in ihrem „Rahmen" und in ihrem „Setting" – nur zulassen, bestimmte Wissensformen hervor. Sie wirken dabei nicht nur restriktiv, sondern aus der Sicht Foucaults immer auch „produktiv" (ebd.: 250).

In der „Prüfung" begegnet uns eine Form von Disziplinarmacht, welche die Ökonomie der Sichtbarkeit in der Machtausübung jeweils umkehrt: „ [...] die Disziplinarmacht [...] setzt sich durch, indem sie sich unsichtbar macht, während sie dem von ihr Unterworfenen die Sichtbarkeit aufzwingt" (Foucault 1977: 241). Es sind die „Untertanen, die gesehen werden müssen, die im Scheinwerferlicht stehen, damit der Zugriff der Macht gesichert bleibt. Es ist gerade das ununterbrochene Gesehenwerden, das ständige Gesehenwerdenkönnen [...], was das Disziplinarindividuum in seiner Unterwerfung festhält" (ebd.: 241).

Ein wesentlicher Aspekt moderner Machtkulturen ist daher ihre Asymmetrie. Foucault erläutert diesen Zusammenhang sehr detailliert am Komplex der „Pastoralmacht" (Foucault 1994: 247ff.; Foucault 1977: 238ff.). In der

sogenannten „Pastoralmacht" charakterisiert er ein „merkwürdiges Phäno-
men [...] nämlich die Einrichtung einer Beziehung zwischen dem völligen
Gehorsam, der Selbsterkenntnis und dem Bekenntnis gegenüber Anderen"
(Foucault 1994: 202).

Nicht zuletzt erfolgt dann pädagogische Machtausübung durch „Panop-
tismus" (Foucault 1977: 251ff.). Mit wenigen Kontrollmechanismen lässt
sich eine Form der Disziplin in der Schule durchsetzen, die das „automati-
sche Funktionieren der Macht" (ebd.: 258) „geräuschlos" (ebd.: 255) sicher-
stellt: „Derjenige, welcher der Sichtbarkeit unterworfen ist und dies weiß,
übernimmt die Zwangsmittel der Macht und spielt sie gegen sich aus" (ebd.,
S. 260). „Die wirkliche Unterwerfung", so Foucault, „geht mechanisch aus
einer fiktiven Beziehung hervor, so dass man auf Gewaltmittel verzichten
kann, um den Verurteilten zum guten Verhalten, den Wahnsinnigen zur Ruhe, den Arbeiter zur Arbeit, den Schüler zum Eifer und den Kranken zur Be-
folgung der Anordnungen zu zwingen" (Foucault 1977: 260).

In einem solchen Milieu wird dann auch das Narrativ von Fallerzählun-
gen zum Problem. Es dient unter Ausnutzung der Asymmetrie der Machtausübung in Prüfungsritualen möglicherweise nur dazu, die Modi der Subjektivierung festzuschreiben. In einer disziplinierenden und kontrollierenden Perspektive „ [...] zu dressieren oder zu korrigieren, zu klassifizieren, zu nor-
malisieren, auszuschließen" (ebd.: 246).

Durch ihre Macht über Erziehung, Bildung und Supervision verfügt die
Institution Schule so über die Möglichkeit, einen Typus von Rationalität festzuschreiben, der ihr Funktionieren garantiert und der sich nur in kontrollier-
ten und überwachten Diskursen entfalten kann: „In Wirklichkeit ist die
Macht produktiv; und sie produziert Wirkliches. Sie produziert Gegen-
standsbereiche und Wahrheitsrituale: das Individuum und seine Erkenntnis
sind Ergebnisse dieser Produktion" (ebd.: 250).

3. Eine Fallvignette

Neben die Situationshermeneutik von *unten*, welche die psychoanalytische
Konzeption erschließt, müsste also immer auch die Situationshermeneutik
von *oben* treten, die sich mit den „Formationsregeln" und der „Disziplinarmacht" auseinandersetzt: Das „Ich bin mein Erinnern" muss ergänzt werden
durch den Satz: „Ich bin einer, dessen Vernunft vom Setting und von den
Formationsregeln für Diskurse, die in diesem Setting zur Wirkung kommen,
kodeterminiert ist".

Freud lockert durch seine Grundregel der „gleichschwebenden Aufmerksamkeit" die Fesseln einer zweckrational verfestigten Vernunft und fordert,
„sich nichts besonders merken zu wollen und allem, was man zu hören bekommt, die gleiche ‚gleichschwebende Aufmerksamkeit' [...] entgegenzu-

bringen" (Freud 1912: 171). Foucault analysiert hingegen mit den „Formationsregeln" jene Rahmenbedingungen für einen Diskurs, der in einer bestimmten Situation nicht nur Vernunft generiert, sondern auch das Unvernünftige im Setting Unterricht erzeugt.

Ich möchte den Leser nun einladen – ausgehend von einer Fallvignette aus dem eigenen Unterricht – mit diesen beiden methodischen Einstellungen in einem Gedankenexperiment zu spielen, um die Kompatibilität und den heuristischen Wert der zunächst unvereinbar erscheinenden Konzepte ein Stück weit zu klären.

> 6. Klasse, zweites Halbjahr. – Ich unterrichte die Schüler seit der 5. Klasse im Fach Deutsch. Im ersten Halbjahr der 6. Klasse musste ich die Schüler jedoch an eine Referendarin abgeben. Nun, im zweiten Halbjahr der 6. Klasse versuche ich, an die überdurchschnittlich gute Arbeitsbeziehung in der 5. Klasse wieder anzuknüpfen.
>
> Die Schüler kommen zu Beginn der 2. Stunde pünktlich aus einem anderen Fachraum in das Klassenzimmer. Obwohl die Stunde schon begonnen hat, bleiben sie in kleinen Gruppen stehen und unterhalten sich unbekümmert.
>
> Ich bin etwas verblüfft. Erinnere mich an die Anfänge unserer Beziehung in der 5. Klasse. Die Beziehung zur Klasse war damals ausgezeichnet, doch die Mitarbeit kam zu Beginn der Stunde auch in jener Zeit etwas schleppend in Gang. Wie damals gehe ich zur Tafel und notiere nach einem Blick auf die Uhr: „Sieben Minuten".
>
> Die Schüler reagieren rasch, setzen sich sofort, werden ruhig. Ich erkläre nun in sachlichem Ton: „Also, im Wiederholungsfall müssen wir wenigstens fünf der sieben Minuten in der Pause nachholen."
>
> Mehrere Schülerinnen reagieren prompt: „Aber, Herr Hirblinger, wir haben doch heute Nachmittag noch zwei Projekte, also insgesamt zehn Stunden Unterricht!"
>
> Ich habe nun kein Problem zu verstehen, warum die Schüler sich etwas Zeit lassen wollen und nehme meine Drohung mit einer Entschuldigung zurück.
>
> Dann erkläre ich noch, dass der Unterricht heute auch im Fach Deutsch „etwas lockerer laufen" müsse, denn zehn Stunden Unterricht seien einfach zu viel.

Es ging sozusagen noch einmal alles gut! – Der Machtkampf um die Disziplinfrage hat sich durch die prompte Klarstellung der Schülerinnen sofort auflösen können.

Jeder, der den Alltag von Lehrern allerdings kennt, weiß, dass in ähnlichen Situationen die Interaktion auch andere Wendungen nehmen kann: Trotz, Verweigerung und Schweigen der Schüler sind durchaus üblich. Oder auch der Lehrer akzeptiert und versteht nicht, worum es geht.

Hätten mich die Schüler nicht sofort mit einer Erklärung zu ihrem Verhalten konfrontiert, wäre eine semantische „Leerstelle", eine narrative „Lücke", an die Stelle einer spontanen Form von Affektregulierung getreten. Diese „Leerstelle" oder „Lücke" hätte dann möglicherweise in der pädagogischen Beziehung Projektionen zwischen dem Lehrer und den Schülern genährt.

Man könnte nun allerdings fragen: Und wozu brauchen wir denn in solchen Fällen die psychoanalytische Pädagogik? Und wo ist denn hier der unbewusste Konflikt?

Der Einwand ist berechtigt. Das Dynamisch-Unbewusste zeigt sich erst in einem Prozess der Wiederholung, der eine affektive Aufladung und schließlich Irritation erzeugt.

Wenige Tage später. Ich erteile einen ersten N-Eintrag, weil eine Schülerin nun fünf Minuten vor Stundenende bereits ihre Sachen einpackt. Drei N-Einträge bedeuten eine Stunde Nacharbeit.
Die Klasse revoltiert. Die Klassensprecherin beantragt für die folgende Stunde eine Aussprache.
In dieser Aussprache möchte ich zunächst wissen, woran es denn liegt, dass im zweiten Halbjahr der 6. Klasse das „Klima" im Deutschunterricht schlechter geworden ist. „Wir haben doch in der 5. Klasse gut zusammengearbeitet und gemeinsam an interessanten Projekten gearbeitet."
Die Schüler thematisieren von sich aus ca. 20 Minuten Probleme des ersten Halbjahrs in der 6.Klasse und wollen über den Unterricht mit der Referendarin, die mich in dieser Zeit vertreten hat, sprechen: Trotz und Schuldgefühle („Wir waren wirklich böse zu Frau A.") kommen hoch. Auch die Irritation, von mir, vom Lehrer der 5. Klasse, „einfach verlassen" worden zu sein, wird deutlich. Der depressive Konflikt ist nicht zu übersehen: Wut und Ohnmacht stehen noch unvermittelt nebeneinander – doch die Ohnmacht überwiegt.

Die Konfliktsituation „Sieben Minuten" begann sich also nun doch bedeutsam aufzuladen. Zum „Settingproblem" (die Zeit einhalten) kamen das „Beziehungsproblem" (der abrupte Lehrerwechsel) und möglicherweise auch eine erste Welle adoleszenter Entwicklungsbedürfnisse (Abschirmung, Rückzug, und Pairingkultur).

Das kleine Fallbeispiel zeigt nun: Hätten die Schüler geschwiegen und sich lediglich angepasst und unterworfen, wäre kein Verständnis der Situation möglich gewesen, auch keine Affektregulierung und keine Lösung destruktiver Spannungen.

Die Befangenheit des Lehrers in Routine, die zum Verlust von Verständnis und Empathie führte, wurde erst durch den Protest der Schüler aufgebrochen und korrigiert. Zunächst scheint also eine Deutung der Situation aus der Sicht Foucaults den Konflikt besser zu verstehen: Es sind die situativen Rahmenbedingungen der Disziplinarmacht, die den Unsinn im Sinn erzeugen: die Ritualisierung des Stundenbeginns, die Unübersichtlichkeit der schulischen Organisation, die Extrembelastung durch zehn Stunden Unterricht, usw. usw.

Erst in einer zweiten Phase kann sich die Situationshermeneutik dann von solchen Rahmenbedingungen und ihren Effekten lösen und durch Erinnerungsarbeit und Assoziation die sich wiederholenden Szenen analysieren. Der unbewusste Konflikt braucht dabei ein bestimmtes „Zeitfenster". Der Rahmen für ein „Konfliktgespräch" mit der Klasse eröffnet dieses „Zeitfenster".

Beide Sichtweisen zusammen erschließen also erst eine Perspektive, in welcher die affektiven Irritationen verstehbar werden. Die Routine selbst bietet keinen Rahmen für Affektregulierung und Mentalisierung.

Wenige Wochen später. Der Klassenleiter der 6. Klasse, ein junger, ehrgeiziger Mathematiklehrer, ändert die Sitzordnung in der Klasse durch drastische Eingriffe. Er trennt konsequent alle befreundeten Paargruppen und ordnet das gesamte Beziehungssystem der Klasse so, dass keine spontanen Gespräche mehr entstehen können.

Die Klasse wird nun auch in meinem Unterricht nach wenigen Sekunden absolut ruhig. Gleichzeitig ist nicht zu übersehen, dass die Schüler während der gesamten Stunde nun ängstlich und unkonzentriert bleiben.

Bezogen auf das Thema „emotionaler Raum" in der Schule gibt es im schulischen Unterricht, wie das Fallbeispiel verdeutlichen kann, offensichtlich immer auch zwei Bereiche, die wie „Kanäle" für Kommunikation nebeneinander bestehen:

– den kognitiven Lernprozess,
– den affektiven Relationskontext.

Das höhere (rationale) und das tiefere Wissen (die szenischen Repräsentanzen und Übertragungsbedürfnisse) haben nichts oder nur sehr wenig miteinander zu tun.

Deutlich wird jedoch auch, dass man weder auf die Konzeptualisierungen Freuds und noch auf die Foucaults verzichten kann, wollte man an der Aufklärung dieser komplexen Zusammenhänge arbeiten.

4. Routine – Versuch einer Begriffsbestimmung

Ich möchte nun definieren, was „Routine" im unterrichtlichen Beziehungsfeld kennzeichnet. Es handelt sich offensichtlich um ein komplexes Bündel von Phänomenen, die hier zusammenwirken:

– Routine bestimmt den Typus von Rationalität, der in einer Situation vorherrscht.
– Routine bringt in diesem Typ von Rationalität durch Disziplinarmacht wesentliche Aspekte pädagogischer Machtausübung zum Verschwinden.
– Im Kernbereich jener Selbstveränderungen, die sich im Habitus von Lehrern durch Routine einstellen, geht es nicht um „Verdrängung" und „Wiederholungszwang", sondern um Identifizierung mit systemischer Macht und Repression.
– Durch das weitgehende Ausfallen einer Reflexions- und Symbolfunktion in der Routine des Unterrichtens entwickelt sich daher auch ein pädagogisches Verstehen von Situationen nur sehr eingeschränkt.

In einer schematischen Gegenüberstellung zu den „Modi der Subjektivierung" ergibt sich ...

... diesseits der Routine	*... jenseits der Routine*
Anpassung an den Rahmen der systemischen Disziplinarmacht:	Mentalisierung im bipersonalen oder gruppendynamischen Feld:
Wahrnehmung und Handeln im Bündnis mit den (grandiosen) Aspekten der Institution: Überwachung, Kontrolle und Prüfung	Emotionale Präsenz: Wahrnehmung und Handeln in konkordanter Identifizierung mit den Schülern und der Klassensituation
Affektregulierung im Rahmen instrumenteller und starrer Asymmetrie im pädagogischen Bezug	Diskursfähige Asymmetrie und Reflexion des eigenen Gegenübertragungshabitus
Konfliktabwehr durch Verleugnung, Spaltung und Verlust der Ambivalenz	Arbeit an und mit der Ambivalenz und Sinndifferenz im pädagogischen Bezug – Ringen mit der Kontingenz
Lernen im Instruktions- und Gleichsetzungsmodus (Wissensvermittlung).	Erwerb der Reflexions- und Symbolfunktion zur affektiven Selbstregulierung, Lernen und Erfahrungsbildung im „potenziellen Raum"
Fokus: zweckrationaler Kompetenzerwerb.	Fokus: diskursive und symbolische Rationalität als Modell

Lernprozesse im routinierten Instruktions- und Gleichsetzungsmodus erzeugen Stress und Frustration und wirken – oft nicht nur milde – traumatisierend. Lernen im offenen Diskursmilieu bringt die Sinndifferenz erst zum Vorschein und somit Übertragung und projektive Identifizierung. Die Arbeit mit dieser Sinndifferenz dient der affektiven Regulierung und einem entspannten Feld, das echtes Denken fördert. Auf der einen Seite: der instrumentelle Habitus, die technische Ideologie, die Selbstentfremdung. Auf der anderen Seite: der moralisch-praktische Diskurs, die Arbeit mit dem Widerstand, Aufklärung und symbolische Rationalität im Sinne von Schnädelbach (1998).

Der Rationalitätsbegriff Foucaults und der Rationalitätsbegriff der Psychoanalyse müssten sich in einer solchen Perspektive dann ergänzen. Die Frage ist doch nicht: Geht es in der psychoanalytischen Pädagogik um den abgespaltenen „Wahnsinn" (im Sinne Foucaults), also um den letztlich mit der conditio humana unauflöslich assoziierten „psychotischen Kern" der menschlichen Existenz. Oder geht es in der psychoanalytischen Pädagogik der Schule um das sich in Szenen abbildende „Drama der Objektlibido" (im Sinne Freuds), also um die Dynamik des Verdrängten? – Es muss natürlich um beides gehen.

Methodisch zu fassen ist dieser doppelte Ansatz jedoch vorerst nur in der Konstruktion zu einer Symbolarbeit, die durch die Polarisation der PS-D-Position (Bion 1962) repräsentiert ist. Ein ganz wesentlicher Aspekt für die Fixierung von Lehrern und Schülern „diesseits der Routine" ist daher vermutlich die Abwehr von Trennungserfahrungen und der mit dem Zerfall des Selbst assoziierten Ängste. Die Angst vor Desorganisation oder sogar vor dem Verrücktwerden fördern dabei aus meiner Erfahrung die Rigidität im Setting Unterricht erheblich stärker als Verdrängung und Wiederholungszwang.

Je rigider die zweckrationale Ordnung des Lernens ist, desto stärker wird die Tendenz, diese Angst vor dem Zerfall des Selbst zu projizieren oder entsprechend zu agieren.

Die „Kunst des Unterrichtens" jenseits solcher Routine müsste also die „symbolische Ordnung" des Denkens und Erlebens im Sinne der PS-D-Oszillation aufrecht erhalten. Sie müsste dabei nicht nur Nähe und Distanz regulieren können, sondern auch zwischen regressiven und progressiven Einstellungen wechseln können.

Literatur

Bion, Wilfred R. (1962): Lernen durch Erfahrung. Frankfurt/M.: Suhrkamp, 1990.

Foucault, Michel (1977): Überwachen und Strafen. Die Geburt des Gefängnisses. Frankfurt/M.: Suhrkamp.

Foucault, Michel (1994): Das Subjekt der Macht. In: Foucault, Michel: Analytik der Macht. Frankfurt/M.: Suhrkamp, S. 240-263.

Freud, Sigmund (1914): Zur Psychologie des Gymnasiasten. In: Studienausgabe, Bd. IV, Frankfurt/M.: Fischer, S. 235-240.

Fürstenau, Peter (1964): Zur Psychoanalyse der Schule. In: Fürstenau, Peter (1979): Zur Theorie psychoanalytischer Praxis. Stuttgart: Klett, S. 186-200.

Hirblinger, Heiner (2010a): Unterrichtskultur. Band 1: Emotionale Erfahrungen und Mentalisierung in schulischen Lernprozessen. Gießen: Psychosozial-Verlag.

Hirblinger, Heiner (2010b): Unterrichtskultur. Band 2: Didaktik als Dramaturgie im symbolischen Raum. Gießen: Psychosozial-Verlag.

Kammler, Clemens/Parr, Rolf/Schneider, Ulrich Johannes (Hrsg.) (2008): Foucault-Handbuch. Leben-Werk-Wirkung. Stuttgart: J.B. Metzler.

Kutter, Peter (1973): Über die Beziehung zwischen Individuum und Institution aus psychoanalytischer Sicht. In: Stuttgarter Akademie für Tiefenpsychologie (Hrsg.): Individuum und Gesellschaft. Stuttgart: Klett Verlag, S. 181-202.

Schäfer, Alfred (1997): Erziehungsphilosophie. In: Armin, Bernhard/Lutz Rothermehl (Hrsg.): Handbuch kritische Pädagogik. Weinheim: Juventa, S. 120-131.

Schmid, Volker (2006): Nähe und Distanz aus der Perspektive der Psychoanalytischen Pädagogik. In: Dörr, Margret/Müller, Burkhard: Nähe und Distanz. Ein Spannungsfeld pädagogischer Professionalität. Weinheim: Juventa, S. 47-58.

Schnädelbach, Herbert (1998): Rationalitätstypen. In: Schnädelbach, Herbert (2000): Philosophie der modernen Kultur. Frankfurt/M.: Suhrkamp, S. 256-281.

„Lebenslügen" von Lehrern

Karl-Heinz Dammer

Der Begriff „Lebenslüge" ist dazu angetan, Missverständnisse, wenn nicht gar Widerstände hervorzurufen, impliziert er doch mit dem zweiten Teil des Kompositums eine moralisch verwerfliche Handlung – meist in strategischer Absicht bewusst die Unwahrheit sagen – und mit dem ersten Teil, dass diese Unwahrhaftigkeit das gesamte Leben überschattet. „Lebenslüge" konnotiert somit ein pauschales, wenn nicht gar totalisierendes Verdikt, das in diesem Fall zudem noch eine Berufsgruppe trifft, die ohnehin immer wieder unterschiedlichen Anfeindungen durch die Öffentlichkeit oder zumindest durch die veröffentlichten Meinung ausgesetzt ist. Also nicht nur eine terminologisch, sondern auch eine politisch zweifelhafte Begriffswahl?

Die Skepsis wird sich nicht ganz zerstreuen lassen, denn es ist immer riskant, einen alltagssprachlich gängigen, aber oft nicht klar definierten und überdies mit mancherlei Konnotationen behafteten Begriff in einen wissenschaftlichen Kontext zu übertragen, wo er theoretisch eingebettet und möglichst eindeutig verwendet werden muss. Daher kann auch der Versuch, die Urheberschaft für den Titel des Vortrags abzustreiten, zunächst wenig verfangen: Die Formulierung „Lebenslügen von Lehrern" ist dem Heft 9/1999 der Zeitschrift *Pädagogik* entlehnt, das sich schwerpunktmäßig mit diesem Thema befasste. Die Zeitschrift *Pädagogik* baut eine Brücke zwischen Wissenschaft und Praxis und wendet sich in aufklärerischer Absicht primär an Lehrer, weswegen ihr Herausgeber Gudjons kaum verdächtig ist, abschätzig über diese Berufsgruppe sprechen zu wollen.

Dieses Autoritätsargument schafft natürlich noch keine Klärung in der Sache. Die kann man sich eher von der Psychologie erhoffen, die diesen Begriff durchaus verwendet, wobei ich nicht einzuschätzen vermag, inwiefern es sich tatsächlich um einen in der Disziplin allseits akzeptierten Fachterminus handelt, da er nicht auf einen Psychologen zurückgeht, sondern auf einen Schriftsteller: Ibsen prägte diesen Begriff im Kontext seiner dramatischen Kritik am Bürgertum und den moralischen und emotionalen Abgründen, die er hinter der scheinbar intakten Fassade dieser gesellschaftlichen Klasse entdeckte.

Letztlich geht es mir aber nicht um die provokant erscheinende Etikettierung, sondern um den damit bezeichneten Sachverhalt; es mag sich am Ende herausstellen, dass es andere Begriffe gibt, die treffender und weniger missverständlich sind. Dennoch soll zunächst der Begriff erläutert und verteidigt werden. Im Anschluss daran werde ich meine Hypothese vorstellen und, soweit der Rahmen es erlaubt, begründen und schließlich einige Probleme und offene Fragen ansprechen. Es handelt sich dabei um nicht mehr als die grobe Skizze zu einem möglichen Forschungsvorhaben.

1. Der Begriff „Lebenslüge"

Soweit ich die psychologische Literatur überblicke, ist es Daniel Goleman, der mit seinem Buch *Lebenslügen. Die Psychologie der Selbsttäuschung* den umfassendsten Versuch vorgelegt hat, den Begriff der Lebenslüge zu entfalten und in einen theoretischen Kontext einzubetten, weswegen ich mich hier auf ihn beziehe.

Goleman entwickelt den Begriff aus dem Angst- und Stresskonzept heraus, wobei er Angst als Reaktion auf eine unmittelbare Bedrohung, Stress als das Gefühl eines Individuums versteht, den Anforderungen der Außenwelt mit den ihm zur Verfügung stehenden psychischen und/oder physischen Mitteln nicht gerecht werden zu können. Dem daraus resultierenden Ohnmachtsgefühl versucht das Individuum, sei es physiologisch durch eine betäubende Endorphinausschüttung, sei es psychisch durch Abwehrmechanismen, zu begegnen. Der Zweck ist in beiden Fällen ein ähnlicher, nämlich die Wahrnehmung der Ohnmacht und ihrer Quelle zu reduzieren oder ganz auszuschalten.

Goleman lässt keinen Zweifel daran, dass es sich hierbei um einen für den Erhalt der seelischen Stabilität, des Selbstbildes oder der Handlungsfähigkeit notwendigen Schritt handeln kann, der zur Wiederherstellung einer aus den Fugen geratenen Normalität dient und daher keinesfalls pauschal als neurotisch oder veränderungsbedürftig anzusehen ist. Er weist allerdings auch auf die potenziellen Gefahren einer solchen Abwehr hin: Sobald es sich um eine dauerhafte oder immer wiederkehrende Bedrohung handelt, kann sich die Abwehrstrategie im Charakter verfestigen, zumal dann, wenn sie als subjektiv erfolgreich erlebt wird. Sie führt nicht nur zu einer systematischen Ausblendung bestimmter Realitätsbereiche, sondern auch zu einer wachsenden Verausgabung von Energie, die dann für eine vielleicht mögliche Bewältigung des Problems nicht mehr zur Verfügung steht. In diesem Sinne lässt sich die Lebenslüge als Ergebnis einer chronifizierten Abwehr verstehen, als das, was einen „blinden Fleck" verursacht und zu einer dauerhaften Verdrängung der Wahrheit führt.

Der Begriff lässt sich für Goleman allerdings nicht nur auf Individuen, sondern auch auf unterschiedliche Arten von Gruppen und letztlich sogar auf die Gesellschaft allgemein übertragen, wobei hier die Übergänge zum Ideologiebegriff fließend werden. Gruppenspezifische Lebenslügen dienen wie individuelle der gemeinsamen Identitätssicherung und Handlungsfähigkeit ihrer Urheber, es kommt dabei aber ein entscheidendes Moment hinzu, nämlich der Konformitätszwang: Unabhängig davon, wie subjektiv bedeutsam die Lebenslüge für die einzelnen Gruppenmitglieder ist, werden diese dazu genötigt, ihrerseits mit für deren Aufrechterhaltung zu sorgen, wenn sie weiter dazugehören wollen, so dass es schwer wird, das Tabu von innen her zu brechen.

Am Schluss zieht Goleman das eher versöhnlich klingende Fazit, dass Lebenslügen in unserem individuellen und kollektiven Seelenleben eher die Regel als die Ausnahme und die Grenzen zur gefährlichen Neurotisierung fließend und nicht leicht zu bestimmen sind: „Irgendwo zwischen diesen beiden Polen – einem Leben, das auf Lebenslügen aufbaut, und dem Aussprechen einfacher Wahrheiten – verläuft der Pfad der Weisheit" (Goleman 1995: 276). Schon Ibsen konstatierte – sicher in kritischerer Absicht als Goleman – „Nimm einem Durchschnittsmenschen seine Lebenslüge, so nimmst du ihm zugleich sein Glück".

Im Anschluss an Goleman lassen sich mehrere Implikationen des Begriffs „Lebenslüge" hervorheben, die seine Verwendung im Zusammenhang mit dem Lehrerberuf rechtfertigen können:

1. Der Begriff verliert seine moralischen Implikationen, denn im Gegensatz zur Lüge ist eine Lebenslüge keine bewusste Entstellung von Wahrheit, sondern ein gängiger Versuch der unbewussten Abwehr von Erfahrungen oder Einsichten, die als Bedrohung der Persönlichkeit bzw. der Gruppe und deren Identität und Handlungsfähigkeit empfunden werden.
2. Über den meist auf Individuen beschränkten allgemeinsprachlichen Wortgebrauch hinaus lässt sich Golemans Begriff auch auf Gruppen übertragen, weswegen es legitim erscheint, von Lebenslügen bei Lehrern zu sprechen. Damit wird noch nicht behauptet, dass jede Lehrperson zwangsläufig Lebenslügen entwickelt, sondern nur, dass die professionelle Tätigkeit und ihr Rahmen dazu disponieren können.
3. Anders als bei einer herkömmlichen Lüge, die immer das Gegenteil von Wahrheit ist, verbirgt sich hinter der Lebenslüge im doppelten Sinne Wahrheit:
    –   Objektiv als verschlüsseltes Indiz für die Wahrnehmung eines Problems, für das die gegebenen Handlungsmöglichkeiten keine Lösung bieten, das aber nicht als solches reflektiert und damit erkannt wird bzw. werden soll.
    –   Subjektiv als Hinweis auf eine tatsächliche Überforderung, die man sich aber nicht eingestehen will oder kann, aus Angst, dass das eigene Handeln dadurch in einer Weise beeinträchtigt wird, die die eigene Funktionstüchtigkeit oder die der Gruppe ernsthaft gefährden würde.

2. Die Hypothese und ihre Begründung

Der Lehrerberuf ist von Widersprüchen gekennzeichnet, die zum einen aus der gesellschaftlichen und institutionellen Verfasstheit von Schule resultieren, zum anderen aus der pädagogischen Tätigkeit, ihrem normativen Hintergrund und dem damit verbundenen professionellen Rollenverständnis. Lehrerinnen und Lehrer sind genötigt, sich in diesem widersprüchlichen Handlungsfeld zu orientieren und v.a. darin zu handeln, also alltäglich vor dilemmatischen Entscheidungen zu stehen. Um die Handlungsfähigkeit aufrecht zu erhalten, müssen diese Widersprüche tendenziell vereindeutigt werden, ein Handlungsziel muss also zugunsten des anderen vernachlässigt werden.

Die individuell nicht zu leistende Auflösung der Widersprüche und die Schwierigkeit, in der Praxis mit ihnen reflektiert umzugehen, machen – so der erste Teil der Hypothese – eine psychische Abwehr der Widersprüche unabdingbar, um eine Handlungshemmung zu verhindern. Die Abwehr stellt aber ihrerseits eine fortwährende und wachsende seelische Belastung dar, die – so der zweite Teil der Hypothese – die berufliche Handlungsfähigkeit u.U. immer weiter einschränken und im Extremfall zur Berufsunfähigkeit führen kann.

Die in dieser Hypothese steckende Forschungsidee versteht sich als *missing link* zwischen den theoretischen Widerspruchsanalysen der Schule als Institution und Handlungsraum, die bereits in ausreichender Zahl vorliegen einerseits und der Praxis, in der diese Widersprüche wirksam sind und von den Handelnden verarbeitet werden müssen, andererseits. Diese Schnittstellen, nämlich die Lehrerinnen und Lehrer als handelnde Subjekte, in denen diese Widersprüche aufbrechen oder eben nicht und die dementsprechend mehr oder minder zu deren Aufrechterhaltung beitragen, sowie die Strategien, mit denen die Widersprüche bearbeitet werden, sind bisher kaum erforscht worden. Ziel einer solchen Forschung könnte es sein, die entsprechenden Lebenslügen ans Licht zu bringen und sie zu beschreiben, zu erklären und, soweit möglich, zu systematisieren.

Es gibt meines Wissens kaum Literatur, die spezieller den Umgang mit den Widersprüchen des Lehrerdaseins, die dabei typischerweise entwickelten Abwehrstrategien und deren Folgen in den Fokus rückt. Dies erstaunt insofern, als „Klassiker" wie Bernfeld und Adorno – den wir hier ausnahmsweise für die Schulforschung vereinnahmen wollen – ausdrücklich diese Widersprüche hervorheben.

Eine Ausnahme bildet Gruschkas Versuch, die gesellschaftliche Makromit der schulischen Mikroebene in dem von der Kritischen Theorie entlehnten Begriff der „bürgerlichen Kälte" zusammen zu denken. Die Metapher bezeichnet bei Horkheimer und Adorno – sehr verkürzt gesagt – eine jedem Individuum von der bürgerlichen Gesellschaft abgenötigte Anpassungsleistung und zugleich die psychische Abwehr, mit der diese Anpassungsleistung verdrängt wird, da sie sowohl der Idee einer auf Individualität und Freiheit ba-

167

sierenden Gesellschaft wie auch den Bedürfnissen der Individuen widerspricht. Der Begriff wird dabei frei von den moralischen Konnotationen verstanden, die ihm umgangssprachlich für gewöhnlich anhaften, er soll vielmehr ein „Grundprinzip bürgerlicher Subjektivität" bezeichnen, nämlich die widersprüchlichen Bedingungen, unter denen überhaupt Menschen in dieser Gesellschaftsformation sich zu Subjekten erklären können.

Auch Pädagogik und Schule seien, so Gruschka im Anschluss an Adorno und Horkheimer, an der Einübung von Kälte beteiligt, da sie im Dienste einer Gesellschaft stünden, die sich u.a. im Widerspruch von pädagogischen Normen und sozialer Funktionalität reproduziert, also z.B. dem zwischen allgemeiner Bildung und Selektion oder zwischen Solidarität und Konkurrenzorientierung. So würden auch die Lehrer genötigt, sich mit Kälte gegen die Einsicht in die Widersprüchlichkeit ihres professionellen Handelns zu wappnen.

Gruschka u.a. haben mit der Interpretation von Dokumenten des schulischen Alltags versucht, diese Mechanismen empirisch zu plausibilisieren und dabei zu zeigen, wie sich im Besonderen des schulischen Alltags das institutionell und letztlich gesellschaftlich Allgemeine reproduziert. Im Zusammenhang mit der Studie zur „Bürgerlichen Kälte" haben die Fallstudien exemplarische Bedeutung, sie dienen aber nicht als Grundlage zur Identifizierung und Systematisierung bestimmter Handlungsmuster, da dafür das Korpus zu klein und zu heterogen ist.

Einen in die Richtung meiner Fragestellung gehenden Systematisierungsversuch findet man bei Hofmann, die berufstypische Abwehrmechanismen bei Lehrern untersucht hat, dies allerdings ohne weitergehende theoretische Einbettung (vgl. Hofmann 1985). Ebenfalls empirisch befasst sich Schumacher mit den Widersprüchen zwischen erklärten pädagogischen sowie sozialen Einstellungen und tatsächlichem Handeln, wobei sie zum dem Schluss kommt, es handle sich dabei nicht um Lebenslügen, sondern um eine pragmatisch sinnvolle Anpassung an widersprüchliche Anforderungen, um ein, wie sie es nennt „Erleichterungsinstrumentarium" (vgl. Schumacher: 1999).

Weitere in diese Richtung gehende Forschungen sind mir bisher nicht bekannt und der *mainstream* der gegenwärtigen erziehungswissenschaftlichen Forschung geht meiner Wahrnehmung nach nicht in diese Richtung, da er eher an der Optimierung der Effizienz von Lehrerarbeit als an der Analyse ihrer Probleme interessiert ist.

Exemplarisch dafür seien Tenorth und Baumert zitiert. Tenorth hat sich in mehreren Beiträgen mit der von ihm so bezeichneten „Widerspruchsrhetorik" der kritischen Erziehungswissenschaft befasst (exemplarisch Tenorth 1999) und sie für gescheitert erklärt, da sie nicht überzeugend theoretisch begründbar und letztlich dogmatisch motiviert sei. Im Anschluss an Tenorth konstatieren Baumert und Kunter mit Bezug auf Oevermanns und Helspers strukturtheoretisches Professionskonzept, dass die von diesen Autoren fokussierten Widersprüche eine Konstruktion seien, die aus überzogenen „Erziehungserwartungen gegenüber Lehrern und Schule'" resultierten und einer realistisch-konstruktiven Konzeption des Lehrerberufs im Wege stünden (Baumer/Kunter 2006: 427f).

Es ist hier nicht der Ort, sich gebührend mit der bei Tenorth zum Teil philosophisch weit gehenden Kritik oder mit Professionalitätskonzepten vergleichend auseinanderzusetzen, die gänzlich unterschiedliche Ziele verfolgen. Dies wäre natürlich in einer entsprechenden Studie zum Zusammenhang von Widersprüchen und Lebenslügen vorab zu leisten, ebenso wie eine begriffliche Abgrenzung zu in der Forschung kursierenden affinen Begriffen wie „Paradoxie", „Ambivalenz", „Dichotomie" oder „Antinomie".

An dieser Stelle mögen einige exemplarische Hinweise auf die Konstatierung dieser Widersprüche im pädagogischen Diskurs genügen. Zu erinnern wäre z.b. an Kants von ihm selbst so bezeichnete Kardinalfrage an die Pädagogik: „Wie kultiviere ich die Freiheit bei dem Zwange", eine Frage, die er, zumindest in einem instrumentell und final verstanden Sinne, offen lassen musste. Anfang des 20. Jahrhunderts arbeitete der Bildungshistoriker Paulsen, implizit an Nietzsche anknüpfend, in einem Lexikonartikel zum Thema „Bildung" die Widersprüche zwischen Bildungsanspruch und dessen institutionalisierter Wirklichkeit sowie die daraus resultierenden Probleme des professionellen Rollenverständnisses von Lehrern heraus. Bernfeld stellte 1925 die Pädagogik gar unter den Generalverdacht, systematisch unfähig zu sein, ihre Postulate in der institutionalisierten Schulwirklichkeit umsetzen zu können. Der ebenfalls bereits zitierte Adorno fasst in seinen *Tabus über dem Lehrberuf* die Widersprüche in vornehmlich sozialpsychologische Kategorien.

Lässt man die Vertreter der kritischen Erziehungswissenschaft bzw. Bildungstheorie von Heydorn bis Gruschka außen vor, da für sie das Denken in gesellschaftlichen und davon abgeleiteten pädagogischen Widersprüchen ohnehin konstitutiv ist, so wäre schließlich für die gegenwärtige psychoanalytische Pädagogik beispielhaft Scarbath zu nennen, der angesichts der Widersprüche Lehrerinnen und Lehrer vor der Gefahr einer Vereindeutigung in der Problemwahrnehmung und den möglichen Folgen warnt.

Diese wenigen Hinweise mögen hier als Begründung dafür ausreichen, dass es legitim ist, von der Existenz vielschichtiger Widersprüche im Lehrberuf auszugehen, die man in Anlehnung an Helsper wie folgt strukturieren kann, wobei voranzuschicken ist, dass Helsper hier von „Antinomien" spricht. In diesem Sinne ließen sich vier Ebenen von Antinomien unterscheiden, die mehr oder minder direkt in das professionelle Handeln von Lehrerinnen und Lehrern hineinwirken (vgl. Helsper 2000):

1. Konstitutive *berufspraktische Antinomien*, die zu einer hohen Fehleranfälligkeit der Tätigkeit führen wie z.B. die von Entscheidungsdruck und Begründungspflichtigkeit, von Subsumtion und Rekonstruktion im Umgang mit Einzelfällen oder von Vermittlungsversprechen und struktureller Erfolgsunsicherheit.

2. *Rollenantinomien*, resultierend aus der widersprüchlichen Erwartung von rollenkonformen und personalem Verhalten, wie z.b. Nähe vs. Distanz, universalistische vs. individuelle Orientierung oder Autonomie vs. Heteronomie.

3. *Antinomien*, die sich aus der *gesellschaftlichen Institutionalisierung* von Schule ergeben wie z.b. Fördern vs. Auslesen oder Selektion vs. Integration.

4. *Antinomien*, die sich aus dem *gesamtgesellschaftlichen Modernisierungsprozess* ergeben und mehr oder minder direkt in die Schule hineinwirken, wie z.b. globalisierende Vereinheitlichung vs. Pluralisierung der Lebensformen, soziale Integration vs. Exklusion und Freiheit, autonome Orientierung vs. abstrakter werdende Abhängigkeiten der Einzelnen.

Im Umgang mit diesen Widersprüchen nun tauchen für die Handelnden mehrere Schwierigkeiten auf:

– Rein logisch können nicht gleichzeitig zwei widersprüchliche Ziele verfolgt werden. Lehrerinnen und Lehrer müssen sich also zumindest tendenziell auf die Erfüllung des einen oder des anderen Ziels konzentrieren und dementsprechend das entgegengesetzte vernachlässigen, denn sie können nicht nicht handeln.

– Die genannten Widersprüche können nicht durch individuelles Handeln aufgelöst werden, zugleich aber sind Lehrerinnen und Lehrer mit ebenso hohen wie diffusen Erfolgserwartungen seitens der Öffentlichkeit konfrontiert und bezogen auf diese Erwartungen rechenschaftspflichtig, sie können also nicht einfach die Widersprüche als unlösbar gegeben hinnehmen.

– Die Rechenschaftspflicht stößt insofern an ihre Grenzen, als in der Regel beide Ziele vernünftig begründbar sind, allerdings bezogen auf unterschiedliche Normhorizonte mit gleichem Geltungsanspruch, die sich letztlich nur unter Rückgriff auf außerwissenschaftliche (politische oder philosophische) Begründungsmuster legitimieren lassen. Eine reflektierte Entscheidung für die eine oder andere Handlungsoption kann daher nicht zwingend, sondern nur auf der Basis unterschiedlicher Werthaltungen getroffen werden.

– Die Handlungssituation nötigt zu spontanen Entscheidungen, in denen kaum Zeit zur Reflexion bleibt.

– Nicht selten können die anstehenden Entscheidungen mehrere Ebenen des widersprüchlichen Handlungsfeldes zumindest mittelbar berühren, so dass auch aus diesem Grund eine Reflexion darüber kaum stattfinden kann, sondern intuitiv auf der Basis welcher subjektiven Theorien auch immer entschieden und gehandelt wird.

Die rationale Unauflösbarkeit der Widersprüche und die Schwierigkeit, in der Praxis überhaupt mit ihnen reflektiert umzugehen, machen eine psychische Abwehr der Widersprüche bzw. der nicht wahrgenommenen Optionen unabdingbar, um eine Handlungshemmung zu verhindern. Das Abgewehrte ist damit aber weder objektiv noch – und dies ist hier das Entscheidende – subjektiv aus der Welt geschafft, sondern meldet weiterhin seine Ansprüche an, die immer wieder abgewehrt werden müssen, woraus im Sinne eines Syndroms das erwachsen kann, was ich oben in der Kategorie der „Lebenslüge" zu erfassen versucht habe, also eine systematische Ausblendung bestimmter Aspekte des Handlungsfeldes und auch des eigenen Handlungspotenzials. Diese Entstehung von „blinden Flecken" kann längerfristig dazu führen, dass die Anforderungen des Berufs nicht mehr professionell bewältigt werden. Folgt man der Einschätzung Hentigs, so ist dies eher die Regel als die Ausnahme, denn er bezeichnet Lebenslügen, vor allem die verleugnete Ratlosigkeit, als wesentlichen Miterzieher (nach Gudjons 1999: 8). Der wahrscheinlich bekannteste Fall ist das von Schmidbauer so bezeichnete „Helfersyndrom".

Die Bewusstmachung dieses Verdrängungsprozesses wird durch zwei Faktoren behindert. Zum einen wird er in der Regel tabuisiert, da er dem professionellen Selbstverständnis des Lehrberufs und den an ihn gerichteten Erwartungen widerspricht. So erhält die einzelne Lehrperson in der Regel weder Korrektur durch andere Lehrerinnen oder Lehrer noch macht sie die Erfahrung, dass diese möglicherweise in einer ähnlichen Situation sind wie sie, und so ist sie folglich genötigt, das Problem mit sich allein auszumachen und ihre Abwehrstrategien beizubehalten. Zum anderen lernen Berufsanfängerinnen und -anfänger häufig schnell, ihr theoretisches Wissen, das sie zur Reflexion von Widersprüchen und deren praktischen Wirkungen befähigen könnte, ad acta zu legen nach dem Prinzip: „Vergessen Sie mal alles, was Sie an der Uni gelernt haben – die Praxis sieht anders aus."

Die Entwicklung und vor allem Aufrechterhaltung von Abwehrmechanismen nun, das wissen wir seit Freud, kostet ein wachsendes Maß an seelischer Energie, die dann zur produktiven oder zumindest ausreichenden Bewältigung der professionellen Aufgaben nicht mehr zur Verfügung steht, so dass die Handlungsfähigkeit Schritt für Schritt eingeengt wird, was schlimmstenfalls dazu führen kann, dass die oder der Betroffene nicht mehr in der Lage ist, den Beruf auszuüben. Der Versuch, die Handlungsfähigkeit so lange wie möglich durch Lebenslügen aufrecht zu erhalten, kann längerfristig also zum Gegenteil, nämlich einer Handlungslähmung führen. Insofern erscheint meine Vermutung, dass Lebenslügen erheblich mit für die auffällig hohe Rate von Frühpensionierungen und Burnout-Fällen in der Lehrerschaft verantwortlich sind, nicht aus der Luft gegriffen. Meinem momentanen Kenntnisstand nach ist dieser Zusammenhang bisher nicht untersucht worden.

3. Offene Fragen und Methodenprobleme

Ich möchte abschließend auf offene Fragen zu sprechen kommen. Zunächst ist offensichtlich, dass das Forschungsinteresse zwei unterschiedliche Fragestellungen beinhaltet, die zwar zusammenhängen, aber wahrscheinlich getrennt untersucht werden sollten. Zum einen geht es um die Identifikation von Lebenslügen mit dem Ziel einer Typisierung, zum anderen um die Frage, inwiefern diese Lebenslügen die Berufsfähigkeit beeinträchtigen bzw. im Extremfall unmöglich machen, also Bestandteil eines beruflichen Gefährdungsmusters sind; hier stünde dann nicht die Systematisierung, sondern die Anamnese bzw. mittelbar die konstruktive Bearbeitung im Vordergrund.

Die erste Frage ließe sich isoliert von der zweiten behandeln, für die zweite wäre die vorangegangene Systematisierung zumindest hilfreich, da sie die Forschung auf dann bereits ermittelte Muster fokussieren könnte. Von allgemeinerem Interesse wäre wohl die erste Fragestellung nach den widerspruchsbedingten Lebenslügen generell, unabhängig davon, inwieweit davon bereits die Berufsfähigkeit eingeschränkt wird. Außerdem ist beim Verfolgen der zweiten Fragestellung hohe psychologische Expertise notwendig, was ein interdisziplinäres Vorgehen nahelegt. Auch die Auswahl der Probanden dürfte hier ein Problem darstellen, denn diese müssten ja gezielt aus einer Gruppe mit Gefährdungsmuster bzw. von Frühpensionären oder bereits in ärztlicher Behandlung befindlichen Personen getroffen werden, was aus ethischen wie auch juristischen Gründen problematisch ist.

Ich konzentriere mich daher im Folgenden auf die erste Fragestellung. Hier stellt sich ein doppeltes Problem der Abgrenzung, bezogen auf die Person und bezogen auf den Gegenstand.

Bettet man, wie es inzwischen üblich und angemessen ist, die Professionalisierung in einen umfassenderen biographischen Kontext ein, so dürfte es bei diesem Thema schwierig sein, den privaten und beruflichen Bereich voneinander zu trennen, zumal, wenn mit dem Begriff „*Lebens*lügen" – gewollt oder ungewollt – die gesamte Existenz der Betroffenen impliziert ist. Timpner hat in einer kleinen Studie mit vier Fallbeispielen überzeugend nachweisen können, wie sich vor- und außerberufliche Erfahrungen prägend auf die Entwicklung spezifischer Lebenslügen im Lehrberuf ausgewirkt haben (vgl. Timpner 1999), und auch ohne solche Studien bräuchte es nicht viel Phantasie, um sich vorzustellen, dass Kindheitserfahrungen in der Familie (Erziehungsstil, Autoritätskonflikte, soziales Milieu) und der Schule (Rolle in der Klasse, Erfolgs- oder Misserfolgserfahrungen, Verhältnis zu Lehrern), die Art und Weise, wie das Studium wahrgenommen wurde und natürlich auch die je aktuelle private Situation, die Disposition zu Lebenslügen überhaupt oder auch für bestimmte Arten von Lebenslügen mit beeinflussen. Unter Umständen sind diese Faktoren vielleicht sogar ausschlaggebender dafür als die beruflichen Erfahrungen, die dann nur eine auslösende, aber keine wesentliche begründende Rolle für die Entwicklung von Lebenslügen darstellen würden.

Wir müssen davon also ausgehen, dass es keine rein professionell zu bestimmenden Lebenslügen gibt. Dies ist allerdings nur dann ein wesentliches Problem, wenn man die Genese von Lebenslügen analytisch aufhellen wollte, was aber nicht meine Absicht ist. Es erscheint mir legitim, nur nach inhaltlich auf den Beruf bezogenen Lebenslügen zu fragen, unabhängig davon, aufgrund welcher individuellen psychischen Disposition oder welchen biographischen Hintergrunds sie entwickelt wurden.

Das zweite Abgrenzungsproblem scheint mir gravierender zu sein. Es besteht darin, innerhalb der beruflich bedingten Lebenslügen diejenigen, die auf Widersprüchen basieren, von denen zu trennen, denen andere Belastungsfaktoren als Ursache zugrunde liegen. Bisher konnte nur hypothetisch – so hoffe ich – plausibel gezeigt werden, dass Widersprüche aufgrund der von ihnen verursachten Handlungsdilemmata eine nahe liegende Ursache für die Entstehung von Lebenslügen sein können, damit ist aber keineswegs gesagt, dass sie die einzigen seien. Die Frage wäre also, wie man analytisch andere Faktoren ausklammern kann, wenn man an der ursprünglichen, auf Widersprüche bezogenen Fragestellung festhalten will, die natürlich eine weitere, nicht zu verschweigende Gefahr mit sich bringt, nämlich die, dass man angesichts der Allgegenwart von Widersprüchen im Lehrberuf sie auch überall als Ursache für Lebenslügen entdecken zu können meint.

Unabhängig vom Abgrenzungsproblem bleibt natürlich die Frage offen, ob das erhobene Material überhaupt genügend Anhaltspunkte für eine Typisierung bietet oder ob man nicht vielmehr zu der Einsicht gelangen wird, dass es fast so viele Varianten von Lebenslügen gibt, wie es Probanden gibt, die sich dazu äußern.

Abschließend soll das Problem der methodischen Vorgehensweise zumindest angerissen werden: Wenn die Studie auf eine Typisierung von Lebenslügen zielt, muss die Anzahl von Probanden entsprechend hoch sein und zwar nicht nur für eine erste quantitative Erhebung, sondern auch in der qualitativen Phase, die angesichts der Themenstellung unverzichtbar ist. Die Frage ist, wie ein Fragebogen für die erste Phase so gestaltet werden kann, dass er hinlänglich Aufschlüsse über das mögliche Vorhandensein von Lebenslügen liefert und wie in der – auf welchen Instrumentarien genau auch immer basierenden – zweiten Forschungsphase diese Lebenslügen gültig ermittelt werden können. Es dürfte wenig aussichtsreich sein, die Probanden auf direktem Wege mit der Fragestellung zu konfrontieren, da es sich eben um ein kollektiv wie auch individuell tabuisiertes Thema handelt. Unabhängig davon gestehe ich persönlich auch gerne ein, dass ich einem mir fremden Forscher mit Skepsis gegenübertreten würde, wenn dieser an mich mit der Bitte heranträte, ich möge bei der Erhellung meiner Lebenslügen mit ihm kooperieren.

Literatur

Adorno, Theodor W. (1969): Tabus über dem Lehrberuf. In: ders.: Stichworte. Kritische Modelle 2. Frankfurt/M.: Suhrkamp, S. 68-84.

Baumert, Jürgen/Kunter, Mareike (2006): Stichwort: Professionelle Kompetenz von Lehrkräften. In: Zeitschrift für Erziehungswissenschaft, 9. Jhrg., Heft 4, S. 469-520.

Siegfried Bernfeld (1973): Sisyphos oder die Grenzen der Erziehung. Frankfurt/M.: Suhrkamp (1925).

Goleman, Daniel (1995): Lebenslügen. Die Psychologie der Selbsttäuschung. München: Heyne.

Gruschka, Andreas (1994): Bürgerliche Kälte und Pädagogik. Moral in Erziehung und Gesellschaft. Wetzlar: Büchse der Pandora.

Gudjons, Herbert (1999): Lebenslügen von LehrerInnen. Provokation oder verborgene Wahrheit? In: Pädagogik, Heft 9, S. 6-9.

Helsper, Werner (2000): Antinomien des Lehrerhandelns und die Bedeutung der Fallrekonstruktion. In: E. Cloer/D. Klika/H. Kunert (Hrsg.): Welche Lehrer braucht das Land? Notwendige und mögliche Reformen der Lehrerbildung. Weinheim/München: Juventa, S. 142-177.

Hofmann, Christiane (1985): Was macht Lehrerarbeit so anstrengend? Einige psychoanalytische Aspekte zu Formen der Abwehr innerhalb der Lehrerarbeit. In: Bittner, G./Erle, C. (Hrsg.): Pädagogik und Psychoanalyse. Beiträge zur Geschichte, Theorie und Praxis einer interdisziplinären Kooperation. Würzburg: Königshausen & Neumann, S. 137-150.

Kant, Immanuel (1964): Über Pädagogik. In: ders.: Werke in zehn Bänden. Band 10. Darmstadt: Wissenschaftliche Buchgesellschaft, S. 691-769 (1803).

Oevermann, Ulrich (1996): Theoretische Skizze zu einer revidierten Theorie professionalisierten Handelns. In: Combe, A./Helsper, W. (Hrsg.): Pädagogische Professionalität. Untersuchungen zum Typus pädagogischen Handelns. Frankfurt/M.: Suhrkamp, S. 70-182.

Paulsen, Friedrich (1991): Art. Bildung. Reprint in: Pädagogische Korrespondenz, Heft 9, S. 96-99 (1903).

Scarbath, Horst G. (1999): Selbsttäuschungen im Lehrerberuf. Psychoanalytisches Verstehen als Selbstaufklärung. In: Pädagogik, Heft 9, S.16-20.

Scarbath, Horst (2000)[2]: Träume vom guten Lehrer. Sozialisationsprobleme und dialogisch-förderndes Verstehen in Erziehung und Unterricht. Donauwörth: Auer.

Schumacher, Eva (1999): Widersprüche – Selbsttäuschungen – Flexibilität? Oder: Warum LehrerInnen keine LügnerInnen sind. In: Pädagogik, Heft 9, S. 42-47.

Tenorth, Heinz-Elmar (1999): Die zweite Chance. Oder: Über die Geltung von Kritikansprüchen „kritischer Erziehungswissenschaft". In: H. Sünker/H.-H. Krüger (Hrsg.): Kritische Erziehungswissenschaft am Neubeginn?! Frankfurt/M.: Suhrkamp, S. 151-161.

Timpner, Petra (1999): Bleiben LehrerInnen immer Kinder? Erwachsenwerden als Verzicht auf Lebenslügen. In: Pädagogik, Heft, S. 21-24.

Selbstreflexive Lehrerbildung

Helmwart Hierdeis

1. Annäherungen

Einige Szenen aus einer Zeit, als die Pädagogik noch angewandte Philosophie war, haben sich in unser Gedächtnis eingegraben, weil sie exemplarisch für zeitüberdauernde Ideen stehen. Zu ihnen zählt die von Platon in seinem Dialog „Menon" beschriebene, in der Sokrates auf der Straße in einem Gespräch mit einem Sklavenjungen sein mäeutisches Prinzip demonstriert: Sein Gegenüber „entdeckt" vor den Augen und Ohren der Umstehenden den Lehrsatz des Pythagoras, der, wie Sokrates voraussetzt, schon als eingeborene Idee in dem Jungen verborgen war und nur durch geschicktes Fragen ins Bewusstsein geholt werden musste (Platon 1957, Bd. II: 7ff.). Die zweite Szene, die mir vor Augen steht, hat mit der ersten zu tun. Nur blickt der Philosoph diesmal in sein eigenes Inneres. Platon lässt im „Symposion" einen Begleiter des Sokrates erzählen, wie er mit dem Philosophen am späten Abend zu einem Gastmahl gegangen sei. Sokrates sei aber plötzlich draußen im Hof eines Nachbarhauses stehen geblieben, um nachzudenken, um seinem „Daimon", seiner inneren Stimme zu lauschen (Platon 1957, Bd. II: 203ff.).

Die Fähigkeit zum Blick ins eigene Selbst, zur „Selbsterkenntnis" (im Sinne des Delphischen Orakels), zur „reflexiven Selbstvergegenwärtigung" (vgl. Herder Phil. Wb. 1958: 136), macht den Menschen zum Menschen. Diese Besonderheit (im Vergleich zu allen anderen höheren Organismen) wurde in der Geschichte der Philosophie und Theologie variantenreich abgehandelt (vgl. Ritter/Gründer 1995). Dass die Art und Weise der Selbstreflexion und ihr Ergebnis mit dem Blick in den Anderen zu tun haben, dass der Ertrag der Selbstreflexion also eine Art „Interaktionsprodukt" ist, darauf machte erst der Deutsche Idealismus aufmerksam (vgl. Deserno 2002: 652f.). Sigmund Freud akzentuierte diese Sicht auf eine neue Weise: Wie der Mensch sich selbst in der Beziehung zu anderen erfährt, beeinflusst seine Introspektion. Durch sie entdeckt er die eigene Innenwelt und in ihr wiederum den Kontinent des Unbewussten. Er jedoch lässt sich mit rationalen Mitteln allein nicht ausleuchten (Deserno 2002: 656). Selbsterkenntnis im Sinne Freuds ist Selbstbeobachtung und Selbstanalyse.

Seit Platon/Sokrates gehört die Verbindung der Blicke ins eigene und fremde Selbst zumindest als Idee zur Haltung auch des Pädagogen. Sein Geschäft ist ein Beziehungsgeschäft und kann sinnvoll nur betrieben werden, wenn bei der Erfüllung der pädagogischen Aufgabe, die den Blick auf den Heranwachsenden, seine Entwicklung, seine Lernfähigkeit, sein Wissen und Können voraussetzt, das Eigene im Blick bleibt. Die theoretische Pädagogik hat davon allerdings über lange Zeit hinweg kaum etwas mitbekommen, die praktische noch weniger, und dieses Wenige auch erst in der jüngeren Vergangenheit. Eine Ausnahme sehe ich bei Johann Friedrich Herbart, der schon 1802 in seinen „Ersten Vorlesungen über Pädagogik" den angehenden Pädagogen riet, sie sollten, bevor sie sich mit Theorien befassten, erst einmal ihre eigene Erziehungsgeschichte in Augenschein nehmen (1982, Bd. 1: 122), und der 1809 in seiner „Allgemeinen Pädagogik" forderte, über der zentralen Aufgabe der „Ordnung des Gedankenkreises" nicht zu vergessen, dass der Mensch „seiner selbst inne werden" müsse (1982, Bd. 2: 23).

Die Forderung zu erheben ist das eine, sie theoretisch zu begründen und zu entfalten das andere. Theoriebildung wurde im Rahmen unserer Kultur, von wenigen Ausnahmen abgesehen, institutionalisiert. Seit dem Mittelalter fand sie zunehmend in der Universität statt. Deren Geschichte ist eine Geschichte der zunächst weitestgehend spekulativen, später der weitestgehend empirischen Welterkenntnis, aber zu keiner Zeit eine Geschichte intendierter Selbsterkenntnis, auch wenn die Hohen Schulen im Zeitalter des Neuhumanismus gelegentlich so taten, als sei das „Erkenne dich selbst!" ihr eigentliches Programm, und auch wenn die Universität der Neuzeit, weniger aus Überzeugung denn aus Nostalgie, den Orakel-Spruch aus Delphi nicht aus ihren repräsentativen Räumen meißeln wollte (vgl. Rathmayr/Walter 2009: 457ff.). Sofern es bei der Erforschung der Welt überhaupt um den Menschen ging, war er Objekt unter anderen Objekten und die Erkenntnis über ihn folgerichtig das Ergebnis einer Außensicht. Was der einzelne Mensch über sich selbst, d.h. über seine Wirklichkeit, seine Erfahrungen und Deutungen zu sagen hatte, war für die Anthropologie und für anthropologisch relevante Theorien belanglos. Als die Belletristik in der zweiten Hälfte des 18. Jahrhunderts als Antwort auf den Rationalismus der Aufklärung „empfindsam" wurde, entwickelte die Wissenschaft für diese literarische Subjektivität kein Gegenstück. Aber immerhin hatte Johann Friedrich Herbart zu Beginn des 19. Jahrhunderts einen Gesinnungsgenossen. Wilhelm von Humboldt entfaltete ein Verständnis von Bildung, in dem es nicht um die Vermittlung und den Erwerb funktionalen Wissens ging, sondern um die in eigener Anstrengung unternommene innere Ordnung und Bereicherung der Subjekte bis hin zur „Persönlichkeit"; und seine Preußische Universität sollte in erster Linie diesem Ziel dienen. Damit war ein über die Reflexion der eigenen Biographie verlaufender Weg zur Selbsterkenntnis zwar immer noch nicht wissenschaftlich legitimiert, aber mit der Frage, was der Mensch braucht, um im vollen Sinne Mensch zu sein und welche Rolle das Bildungssystem dabei spielen könne, war ein erster Schritt in diese Richtung getan (von Humboldt 1969, Bd. I; Bd. IV).

Diesen Weg weiter zu gehen, setzte aber zweierlei voraus: die Institutionalisierung einer „Selbstthematisierung" der Wissenschaft in Form von Wissenschaftstheorie bzw. Metatheorie und, ihr folgend, einen Paradigmenwechsel im Theorie- und Wissenschaftsverständnis, der neben dem Nomothetischen auch noch qualitative Formen der Theoriebildung zuließ. Das geschah zögerlich und, wie der „Positivismusstreit" vor rund fünfzig Jahren zeigte, in den Sozialwissenschaften mit teilweise erbitterten Kontroversen (Adorno 1969; Stein 1979). Der Kampf scheint heute, in der Theorie zumindest, ausgefochten oder ohne eindeutiges Ergebnis beendet; nur in der universitären Ressourcenverteilung lebt er theoriefrei zum Nachteil der Fächer, die sich auf „plausible" Theorien berufen, munter und folgenreich weiter.

Im Zuge der Individualisierungsprozesse ist „Selbstbezüglichkeit" in der Gegenwart zu einem Merkmal „kultureller Modernisierung" (Ziehe 1996: 924) geworden. Ob dahinter, nach den kollektiven Erfahrungen der Selbsttäuschung und Selbstentfremdung in der ersten Hälfte des 20. Jahrhunderts, auch das Bedürfnis steckt, sich über die Ursachen der historischen Selbstirritationen und Selbstverirrungen klarer zu werden, wäre eine eigene Untersuchung wert. Festzuhalten ist, dass sich auch die Wissenschaft der Suche nach einem angemessenen Verständnis des Selbst nicht entziehen kann, und zwar nicht nur um ihrer Selbstlegitimation als Wissenschaft oder um ihrer Methodologie willen, sondern auch, um die Wahl ihrer Forschungsobjekte zu rechtfertigen. Dass die Offenheit für subjektive Zugänge zur Wissenschaft und für die Erforschung des Menschen über das einzelne Subjekt jedoch nicht als Freibrief für Beliebigkeit verstanden werden darf, hat vor wenigen Jahren Niklas Luhmann noch einmal betont. Er sah „Selbstbeschreibungen" – und zwar solche „sozialer" wie „psychischer Systeme" – als wissenschaftlich gerechtfertigt an, „wenn es keine andere Möglichkeit der Selbstvergewisserung gibt" (2002: 203), und er knüpfte an „Selbstbeschreibungen als ,Theorien' ... gewisse Ansprüche ... Es muss sich um durchdachte Formulierungen handeln, die Ansprüchen an Konsistenz zu genügen suchen. Sie dürfen dem Wunschdenken oder der Imagination nicht freien Lauf lassen. Es sind nicht Theorien im Sinne von Forschungsprogrammen des Wissenschaftssystems, wohl aber Formulierungen, die auf strukturelle Koppelungen mit dem Wissenschaftssystem angewiesen sind und zwar wissenschaftlich Unbefriedigendes, nicht aber rasch Widerlegbares behaupten dürfen" (2002: 203; vgl. 1986: 73).

2. Selbstreflexion: Theoretisches Umfeld

Luhmanns Rechtfertigung von „Selbstbeschreibungen" und der Hinweis auf Risiken dabei ist im Kontext einer reichen Geschichte der Selbstthematisierung in den Sozialwissenschaften (vor allem der Soziologie und der Pädagogik), der Literaturwissenschaft und der Psychoanalyse zu lesen (vgl. Hahn/ Kapp 1987), die insbesondere in den letzten 30 – 40 Jahren des vergangenen Jahrhunderts ihren Niederschlag gefunden hat. In diesem Zusammenhang wurde auch der Begriff „Selbstreflexion" geboren. Anders als bei Luhmanns „Selbst-Thematisierung" (1986: 72ff.), die auf die Generierung von Reflexionswissen zielt, das für die Systeme überlebensnotwendig ist, weist die Forderung nach „Selbstreflexion" zunächst auf ein Desiderat in der Entwicklung der Wissenschaften, insbesondere der Sozialwissenschaften hin. Um den Kontext zu verdeutlichen, hebe ich aus dem theoretischen Umfeld der Selbstreflexion fünf Dimensionen hervor, deren wissenschaftshistorischer Zusammenhang zumindest plausibel ist.

2.1 Selbstreflexion der Wissenschaft und Selbstreflexion als Wissenschaft: Die wissenschaftstheoretische Dimension

An erster Stelle ist hier (unter Verzicht auf den komplexen Emanzipations- und Kommunikationsdiskurs) auf das Wissenschaftsverständnis der Frankfurter Schule zu verweisen: auf Theodor W. Adornos Neubestimmung des Subjekt-Objektverhältnisses in der Forschung (1966) und vor allem auf Jürgen Habermas' Kritik am Monopolanspruch der empirischen Wissenschaften („Szientismus"). In seiner eigenen Metatheorie forderte er die „Selbstreflexion *der* Wissenschaften" (1973: 91; Hvh. J. H.) und eine an Sigmund Freuds Sinnkritik orientierte „Selbstreflexion als Wissenschaft" (1973: 262). Die Neuorientierung begründete er damit, „dass sich das Subjekt des Forschungsprozesses auf dem Boden einer Subjektivität bildet, die als solche über den transzendentalen Rahmen instrumentalen Handelns hinausgreift" (1973: 178), und zwar unabhängig vom Paradigma, dem der jeweilige Forscher sich verpflichtet sieht. „Selbstreflexion" heißt in diesem Zusammenhang, die Eingebundenheit des Forschers in Gesellschaft und Kultur methodisch zu erschließen. Diese Analyse des Erkenntnisinteresses ist insbesondere von den Vertretern der hermeneutischen Wissenschaften gefordert; denn:

„Der Interpret kann sich, gleichviel ob er es mit zeitgenössischen Objektivationen oder mit geschichtlichen Überlieferungen zu tun hat, von seiner hermeneutischen Ausgangslage nicht abstrakt lösen. Er kann den offenen Horizont der eigenen Lebenspraxis nicht einfach überspringen und den Traditionszusammenhang, durch den seine Subjektivität gebildet wird, nicht schlichtweg suspendieren, um in den subhistorischen Lebensstrom einzutauchen, der die genießende Identifikation aller mit allen erlaubt. Gleichwohl ist Sachlichkeit des hermeneutischen Verstehens in dem Maße zu erreichen, als das verstehende Subjekt über die kommunikative Aneignung der fremden Objektivationen sich selbst in seinem eigenen Bildungsprozess durchschauen lernt. Eine Interpretation kann die Sache nur in dem Verhältnis treffen und durchdringen, in dem der Interpret diese Sache und *zugleich sich selbst* als Momente des beide gleichermaßen umfassenden und ermöglichenden Sinnzusammenhangs reflektiert" (Habermas 1973: 227; Hvh. J. H.).

Von da an wurde die Generierung selbstreflexiven Wissens zumindest für die Anhänger der Kritischen Theorie zum Programm für die wissenschaftliche Beschäftigung mit der sozialen Wirklichkeit. Und weil „Lernprozesse selbstreflexiver Art den Status quo der Identität" berühren (Schülein 1986: 10), konnte selbstreflexive wissenschaftliche Arbeit stets auch als eine Weise der Selbstbildung angesehen werden (vgl. Ziehe 1975, Bd. 2).

2.2 Blick auf die Lebenswelt: Die alltagstheoretische Dimension

Die Wissenschaftskritik der Kritischen Theorie knüpft an eine Rationalismuskritik an, die eigentlich schon mit Nietzsche begonnen hatte, in ihren wissenschafts- und gesellschaftstheoretischen Implikationen aber in die Zeit nach dem Ersten Weltkrieg zurück reicht. Aus der Besorgnis heraus, dass das herrschende Wissenschaftsverständnis, demzufolge wissenschaftliche Erkenntnis formalisiert, formallogisch und nach Möglichkeit mathematisiert zu fassen sei, die alltäglichen Sinnstrukturen reduzieren und zu einer Ausblendung der von den Menschen erfahrenen Welt führen könnte, wandten sich Phänomenologen, Sozialphilosophen und Soziologen (unter ihnen Edmund Husserl, Max Scheler und Max Weber) in den 20er Jahren des vergangenen Jahrhunderts der „alltäglichen Lebenswelt" zu. Sie verstanden darunter jenen „Wirklichkeitsbereich ..., den der wache und normale Erwachsene in der Einstellung des gesunden Menschenverstandes als schlicht gegeben vorfindet", d.h. den er als „fraglos" oder „unproblematisch" erlebt (Schütz/Luckmann 1979, Bd. 1: 25; vgl. Hierdeis/Hug 1992: 47f.). In diesem Zusammenhang fanden in den 70er Jahren nicht nur Alltagskultur, Alltagssprache und Alltagstheorien besondere Beachtung (vgl. Arbeitsgruppe Bielefelder Soziologen 1981), sondern auch Darstellungen der Subjektivität (Boothe 2004: 9), letztere sowohl in der Form autobiographischer Texte als auch in Gestalt alltäglicher Lebensgeschichten. Was sie an Erfahrung, Sinn- und Lebensdeutung, Selbst- und Weltsicht einzelner Menschen boten, ließ einen konkreteren Blick in das Innenleben der Gesellschaft zu und erlaubte es, narrative Selbstinszenierungen als Weisen der Kommunikation zu verstehen.

2.3 „Aus Geschichten lernen" (D. Baacke/Th. Schulze): Die narrative Dimension

In den 70er Jahren entstand aus der Einsicht heraus, dass eine pädagogische Theorie, die auf die Gesellschaft Einfluss nehmen wolle, den „Anschluss im Subjekt" (Baacke/Schulze 1984: 7) suchen müsse, ein neues Forschungsfeld. Seine Vertreter waren überzeugt davon, dass man „aus Geschichten lernen", d.h. über deren Analyse zu einem vertieften sozialwissenschaftlichen Verständnis von Erziehung gelangen könne (ebd.). Als wichtigstes Kriterium für relevante Texte galt, dass sich in ihnen die Erziehungserfahrungen, Bildungsprozesse und Lebensläufe einzelner Menschen spiegelten. Unter diesem Gesichtspunkt wurden Autobiographien, Biographien, Tagebücher, biographische Interviews, persönliche Dokumente oder Briefe ebenso bedeutsam wie Romane, Gedichte oder fiktive Kindheitsgeschichten. Die Forschungsfrage lautete: Steckt in diesen subjektiven Mitteilungen etwas Allgemeines? Kann der forschende Interpret in ihnen also etwas finden, was seinem Anspruch an Intersubjektivität und Regelhaftigkeit entgegen kommt? Die positive Antwort darauf war an die paradigmatische Vorentscheidung gebunden, das Allgemeine und Regelhafte nicht nomothetisch, sondern im Sinne „objektiver" und damit plausibler Zusammenhänge verstehen zu wollen. Dies vorausgesetzt, lag der Sinn der Erzählungen darin, dass sie dem Forscher die Möglichkeit boten, Einsichten in komplexe, pädagogisch bedeutsame Situationen und ihre historischen Kontexte zu gewinnen und Phänomenen zu begegnen, die in der empirischen Forschung bisher unbeachtet geblieben waren. „Erzählende Texte helfen uns", schrieb Dieter Baacke, „diejenigen Element des *Alltags* zu entdecken, die ihn mitkonstituieren, ohne auffällig in Erscheinung zu treten" (1984: 24; Hvh. D. B.). Als Bereicherung für die Theoriebildung der Erziehungswissenschaft galten auch ihre heuristischen Funktionen und die in ihnen angelegte Rückbindung an die Praxis (Kasuistik).

2.4 Selbstreflexive Wissensvermittlung: Die hochschuldidaktische Dimension

Das selbstreflexive Wissenschaftsverständnis blieb nicht ohne Auswirkungen auf hochschuldidaktische Konzepte und damit auf berufliche Selbstverständnisse. Das galt besonders für soziale Berufe und hier wiederum für die Vorbereitung auf pädagogische Professionen (vgl. Schülein 1986; Schiek 1982; 1997b). Friedrich Thiemann, der als einer der ersten die Auseinandersetzung mit erzählter Schulerfahrung in die Ausbildung von Lehrerinnen und Lehrern einbezog, begründete dies einerseits damit, dass es darum gehe, „die Subjekte ... als Träger biographischer Erfahrungen, welche den Stoff der Wirklichkeit enthalten", in die Wissenschaft einzuführen, andererseits sah er im

„Verstehen fremder biographischer Szenen" die „notwendige Voraussetzung (für) das Verstehen der eigenen Lebensgeschichte" (1985: 19). Gudrun Schiek wurde im Hinblick auf die künftige Berufstätigkeit von Studierenden der Pädagogik noch deutlicher:

„Da der Pädagoge/die Pädagogin realiter sein/ihr eigenes Arbeitsinstrument ist, geht es um die persönliche und berufliche Qualifikation dieser Person. Wenn er/sie seine/ihre im Laufe der eigenen Sozialisation erlittenen Beschädigungen nicht unbesehen an die Nachgeborenen weiterreichen will, darf er oder sie sich gegenüber sich selber nicht wie ein Analphabet verhalten bzw. das eigene Selbst nicht wie einen unentdeckten Kontinent mit sich herumschleppen" (1997b: 1309f.).

Während bei Habermas „Selbstreflexion" den Kern seiner *Wissenschaftskritik* markierte, wurde sie in der Folge, besonders unter dem Druck der 68er-Bewegung, zum entscheidenden Kriterium der *Vermittlungskritik* (vgl. Hierdeis 1997: 88f). Beides verbindend, entwickelten Helmut Knüppel und Johann Wilhelm einen Katalog „selbstreflexiver Kompetenzen" (1987: 266ff.). Letztere lassen den subjektbezogenen Umgang mit Theorien ebenso erkennen wie die Offenheit für persönliche Veränderungen im Prozess der Theorieaneignung und für die Entwicklung eines theoretisch begründeten beruflichen Selbstverständnisses. Als die wichtigsten Aspekte sahen sie an: die soziale Integration der theoretischen Kompetenz; das Erkennen des Bezugs von unterschiedlichen Theorieansätzen und Wertmustern zur eigenen Person und Situation; das Begreifen eigener Befindlichkeit in der Gesellschaft; das Vergewissern eigener Interessen; die kritische Auseinandersetzung mit verdinglichtem Alltagsbewusstsein, mit Gewohnheiten und Unabänderlichkeiten; die Infragestellung bisheriger Interpretationen; die Fähigkeit und den Mut zum Probehandeln; die Auseinandersetzung mit der Berufsethik und die Grundlegung einer beruflichen Identität bzw. Berufsperspektive (1987: 175). Die Hinterlassenschaft der Kritischen Theorie ist in diesen Kompetenzen gut auszumachen, auch in dem, was sie übersehen, wie etwa das Begreifen pädagogischer Prozesse als Beziehungsgeschehen und das aufklärende Sich-Einfühlen in die eigene und fremde Befindlichkeit dabei.

2.5 „Autobiographisches in systematischer Absicht" (G. Bittner): Die psychoanalytische Dimension

Die aktuellste Anregung kam von Seiten der psychoanalytischen Bildungstheorie. Schon Habermas hatte, wie bereits angedeutet, die Selbstreflexion als Akt und Prozess von Bildung verstanden, weil sich in ihr das „Interesse an Emanzipation", d.h. an einem von möglichst wenigen Abhängigkeiten beeinträchtigten, erfolgreichen kommunikativen und instrumentellen Handeln und an dem dafür notwendigen Wissen zur Geltung bringe (1973: 260). Mit seinem Schlüsselbegriff schlug er aber auch die Brücke zu einem psychoanalytischen Bildungsverständnis. In seiner Würdigung Freuds als dem ersten, der „Selbstreflexion als Wissenschaft" (1973: 262ff.) begriffen und methodisch betrieben habe, grenzte er dessen sinnkritische „Tiefenhermeneutik" (der Begriff war ihm von Alfred Lorenzer nahegelegt worden) von der textkritischen Hermeneutik der Geisteswissenschaften ab. In der erstgenannten sah er eine Methode, mit deren Hilfe sich der Sinn verzerrter, lückenhafter, „für das Subjekt selbst unzugänglich" (1973: 266) gewordener lebensgeschichtlicher Texte erfassen ließ und die dazu beitrug, den Sinn solcher Auslassungen und Entstellungen aufzudecken. In diesem Sinne war *tiefenhermeneutische Arbeit* an selbstthematisierenden Erzählungen *Bildungsarbeit.* Freud hatte mit anderen Worten Analoges gesagt. Schließlich war die „talking cure" für ihn eine Art „Nacherziehung" (GW VIII: 3ff.; GW V: 25; vgl. Hierdeis/Walter 2007: 5ff.). Konsequenterweise waren es gerade psychoanalytisch orientierte Erziehungswissenschaftler, die in eigener Theoriearbeit und in ihrer mündlichen wie schriftlichen Theorievermittlung biographischen Erzählungen und dem biographischen Erzählen einen besonderen Stellenwert einräumten (vgl. Hierdeis 2006). Mit Hilfe von Zeugnissen, Beschreibungen und Fiktionen fremder Lebensgeschichten ließen sich Konfrontationen mit den Biographien der Rezipientinnen und Rezipienten herbeiführen und tiefenhermeneutische Prozesse in Gang setzen – mit dem Ziel, das Verworrene, Verborgene und Unbewusste in den Selbstdarstellungen ins Bewusstsein zu heben und damit das Wissen über die eigene Person zu vertiefen. *Bildung durch Selbstthematisierung* war die praktische Seite dieses Prozesses. Und wenn es gelang, einer „Betroffenheitspädagogik" zu entkommen, die keine „Fremdheits- und Diskrepanzzumutungen" zuließ (Ziehe 1996: 938), warf sie auch einen theoretischen Gewinn ab: Am Fall der eigenen Lebensgeschichte (wie am Beispiel anderer) und der tiefenhermeneutischen Aufklärung über sie konnte paradigmatisch „menschliches Leben überhaupt ... erschlossen" werden (Bittner 1993: 618; vgl. Gudjons/Wagner-Gudjons/Pieper 2008). Was Thomas Ziehe als zirkulären Prozess beschrieben hatte: „... der Gang der Selbstreflexion verlässt ... die Ebene der Unmittelbarkeit, verallgemeinert Erfahrung in Begriffe und kehrt zur Ebene der Erfahrung zurück" (zit. n. Schiek 1997: 1313), brachte Günther Bittner so auf den Punkt: „Autobiographisches in systematischer Absicht" (1997: 269ff.).

3. Reflexionsdefizit in der pädagogischen Professionalisierung

Angeregt und ermutigt durch Sigmund Freuds Diktum von der Bedeutung der Psychoanalyse für die Erziehung (1999, GW VII: 376f), das von Anna Freud bekräftigt wurde (1928/29: 451), entwickelte sich seit den 20er Jahren des vergangenen Jahrhunderts eine vielfältige psychoanalytisch orientierte pädagogische Praxis. Ihre Akteure waren entweder erzieherisch tätige Analytiker oder analytisch erfahrene bzw. informierte Erzieher. Was in diesem Experimentierfeld geschah, lässt sich heute noch in den zwischen 1926 und 1937 erschienenen Heften der „Zeitschrift für Psychoanalytische Pädagogik" nachlesen. Da zu dieser Zeit die pädagogische Professionalisierung generell noch in den Kinderschuhen steckte, darf es nicht verwundern, wenn die Beiträge noch keine Umrisse eines psychoanalytisch orientierten Berufspädagogen erkennen lassen. Dass er jemand sein sollte, der analytische Erfahrungen hatte: ja; dass er sich und seine berufliche Tätigkeit psychoanalytisch-theoretisch verstehen können sollte: gleichfalls ja. Aber wie diese Erfahrung und dieses Wissen mit dem anderen Berufswissen zu verknüpfen war, welche Funktion beides für die Berufspraxis haben sollte und wie die beruflichen Erfahrungen an Lernbiographie und Theorie rückzukoppeln wären: das alles war noch kaum als Problem erkannt. Als Jahrzehnte später (1964/1972) Peter Fürstenau sich im Rahmen seiner „Psychoanalyse der Schule als Institution" der Struktur der Schule, ihrer gesellschaftlichen Aufgabe und den Rollen von Lehrern und Schülern zuwandte, folgte daraus, bei allem Scharfblick für die Unterdrückungsmechanismen des Unterrichtssystems und die Unfähigkeit der Protagonisten zur Selbstanalyse, kein Vorschlag für eine den Desideraten angemessene Professionalisierung der Lehrer. Da hatte sich offenbar seit Siegfried Bernfelds Kritik an Erziehung, Schule und wissenschaftlicher Pädagogik (1925/1973) nicht viel getan. Allerdings ist zu bedenken, dass Ausbildungskonzepten, gleichgültig für welchen pädagogischen Beruf, ihre Gegenstücke in einer angemessenen Beschreibung und Analyse der Entwicklungsbedingungen und Lernvoraussetzungen auf Seiten der Heranwachsenden und von Struktur und Auswirkungen der jeweiligen Institution gefehlt hätte. Die leistete erst die Ende der 60er Jahre anlaufende empirische Bildungsforschung. Warum es dann noch einmal drei Jahrzehnte dauerte, bis sich die Einsicht in die Unverzichtbarkeit einer selbstreflexiven Kompetenz bei Berufspädagogen und in die Notwendigkeit entsprechender Modifikationen in der universitären Professionalisierung durchzusetzen begann, diese Frage ist nicht einfach zu beantworten. Die Trägheit der Institutionen wäre *eine* Erklärung, die zunehmende Technologisierung und Funktionalisierung des Bildungsverständnisses eine andere. Aber sicher gehen wir nicht fehl, wenn wir den Agenten des Ausbildungssystems auch eine gewisse unbewusste Angst vor Veränderungen unterstellen, die der eigenen Person zugemutet werden könnten: Was kommt da auf uns zu? Wie können wir das selbstreflexive Moment mit unserem erlernten Verständnis von Wissenschaft vereinbaren und wie mit unserer bisherigen, auf Distanz zu Adressaten und Theorie bedachten Didaktik? Was müssen wir in selbstreflexiven Vermittlungsprozessen von uns selbst offen legen? Kann von uns verlangt werden, dass wir unser Selbstbild als Hochschullehrer korrigieren? Stehen wir damit in unserer Kollegenschaft allein? Schaden wir unserem Ansehen in der scientific community?

4. Selbstreflexive Wissensvermittlung und -aneignung im Pädagogikstudium: das Beispiel Innsbruck

Dass sich diese Fragen nicht einfach vom Tisch wischen lassen, zeigt ein Blick auf die Geschichte der Erziehungswissenschaft in Innsbruck. Ich wähle dieses Beispiel, weil ich es aus eigener langjähriger (1981-2002) Anschauung kenne. Am Innsbrucker Institut für Erziehungswissenschaften gab es, als ich dorthin berufen wurde, als Nachwirkung der kurzen Horst-Rumpf-Periode (1972-1975) und immerhin über eine sechsjährige Vakanz des Rumpf-Lehrstuhls hinweg (weil von der Assistentenschaft getragen) eine Selbstreflexionskultur, die mit Kritischer Theorie und Psychoanalyse aufgeladen war. Die selbstreflexive Theoriearbeit kreiste um zwei zentrale Fragen:

- Wer bin ich als Subjekt und Objekt der Theorien, mit denen ich im Studium zu tun habe?
- Wer bin ich als Subjekt und Objekt meiner Lebensgeschichte?

Der erste Fragenkreis führte zu einer Aufwertung subjektiver Erfahrung gegenüber wissenschaftlicher Erfahrung sowie subjektiven Denkens und Wissens gegenüber wissenschaftlicher Methodologie und Systematik. Als Ideal galt, die theoretischen Brücken zwischen beiden Polen zu finden und über sie zu überprüfbaren Aussagen zu kommen – etwa in dem Sinne, wie die Vertreter der narrativen Pädagogik es sich vorgestellt hatten. Die Realität sah anders aus, weil häufig bloße Selbstthematisierung bzw. „Selbstbezüglichkeit" mit Selbstreflexion verwechselt wurde. Infolgedessen entwickelten Selbstbetroffenheit und Wissenschaftskritik nicht nur in den Diskussionen, sondern auch in den geforderten wissenschaftlichen Arbeiten bei vielen Studierenden einen so starken Sog, dass Selbstkritik und vorurteilsfreier Umgang mit „der" Wissenschaft auf der Strecke blieben. Der von Ziehe beschriebene zirkuläre Prozess fand kaum statt. Unter der Hand entwickelte sich eine „Betroffenheitspädagogik", in der die theoretisch gebotenen „Fremdheits- und Diskrepanzzumutungen" (Ziehe 1996: 938) auf Ablehnung stießen.

Der *zweite* Fragenkreis ließ *neue didaktische Formen* entstehen: Selbsterfahrungsgruppen, Erzählgruppen zu Sozialisationserfahrungen, Reflexionsgruppen zu Erfahrungen in unterschiedlichen Praxisfeldern, Projektgruppen zur kollektiven Evaluierung von autobiographischen Texten, selbstreflexive seminaristische Theorieangebote und folgerichtig selbstreflexive Prüfungsformen. Wie sehr auch die Publikationen einiger Lehrender (einschließlich meiner Person) vom Prinzip der Selbstreflexivität bestimmt waren, lässt sich nachlesen (Hug 1990; 1991; 1996; Hierdeis 1987; 1998; 2005; 2006). Dass der selbstreflexive Impuls im Laufe der Zeit schwächer wurde, lag an fehlenden Absprachen über die Standards, an wachsenden Selbstzweifeln bei den Lehrenden, an Studienplanänderungen, Personalwechseln, dem permanenten und auf die Dauer ermüdenden Rechtfertigungsdruck nach außen (z.B. anlässlich der innerfakultären Ressourcenverteilungen) und an einem nachlassenden Interesse bzw. dem aufkommenden Widerstand einer neuen Studentengeneration. Sie hatte vielleicht auch bemerkt, dass das Projekt von Seiten der Lehrenden nicht mehr überzeugt, möglicherweise sogar asymmetrisch (als ausschließliche Forderung an die Studierenden), jedenfalls nicht mehr inspiriert und kreativ genug vertreten wurde. Es war eigentlich schon zum Stillstand gekommen, als ihm die Evaluatoren Jürgen Oelkers und Fritz Oser im Jahr 2001 auch nominell den Garaus machten. Die heutigen Studienpläne für das Bachelor- und Magisterstudium thematisieren ausschließlich reproduzierbare Kenntnisse und begünstigen damit die Fragmentierung des Subjektbezugs. Was Thomas Ziehe im Hinblick auf die Lehrpläne der Schule schreibt, trifft auch auf diese universitären Curricula zu: „Bildungspotentiale, Zusammenhangswissen und Identitätsbezüge transportiert dieses Fachwissen nicht ohne weiteres mit" (1996: 930).

5. Selbstreflexive Lehrerbildung am Beispiel Innsbruck

Die Innsbrucker Lehrerbildung für die Allgemeinbildenden und Berufsbildenden Höheren Schulen (AHS und BHS) wird gegenwärtig vom Institut für LehrerInnenbildung und Schulforschung (ILS; errichtet 1997) der Universität durchgeführt, das seine Wurzeln – auch personell – im Institut für Erziehungswissenschaften hat. Die Intention zu einer selbstreflexiven Ausbildung wäre ohne diese Herkunft kaum denkbar, obwohl sich das Verständnis von Selbstreflexion und die Praxis der Umsetzung von den Ursprüngen entfernt haben.

Zunächst ein Blick zurück: Zum Studienjahr 1984/85 wurde in Österreich die universitäre pädagogische Ausbildung der künftigen Lehrerinnen und Lehrer an Allgemeinbildenden und Berufsbildenden Höheren Schulen (AHS bzw. BHS) entscheidend geändert. Bis dahin – und das seit 1937 – hatten die Studierenden für die Lehrämter neben ihrem (in der Regel) Zweifachstudium über insgesamt zehn Semesterwochenstunden Pädagogik und Psychologie Prüfungen abzulegen. Die erste verpflichtende Begegnung mit der Schulpraxis fand im Anschluss an das Universitätsstudium im sog. Übungsjahr statt. Es sah Unterrichtshospitationen und eigene Unterrichtsversuche vor, die von einem Mentor, dem „Einführenden", beobachtet und angeleitet wurden. Er hatte am Ende die berufliche Tauglichkeit der ihm Anvertrauten zu bestätigen, was in der Regel auch geschah.

Die Revision brachte strukturelle und inhaltliche Änderungen in zweierlei Hinsicht: 1. Die schulpraktische Ausbildung wurde in das Studium integriert, aufgeteilt in eine *Einführungsphase* (mit Unterrichtsbeobachtung, Unterrichtsanalyse, Lehrverhaltenstraining in Kleingruppen sowie Plena zum Informationsaustausch) im Umfang von zwei Semesterwochenstunden (SWS) nach dem 4. Semester und in eine achtwöchige *Übungsphase* an Schulen in

Gruppen zu höchstens vier Studierenden (mit Unterrichtsvorbereitung, Unterrichtsanalyse und Lehrübungen). 2. Die bisherige Trennung des zehnstündigen *Theorieteils* in Pädagogik/Schulpädagogik einerseits und Psychologie andererseits wurde aufgegeben. Der Studienplan sah stattdessen drei je zweistündige disziplinübergreifende Veranstaltungen vor. Hinzu kam eine Veranstaltung mit schulnaher Thematik nach Wahl im Umfang von einer SWS. Von den übrigen drei SWS waren zwei dem „Lehrverhaltenstraining" und dem „Schulpraktischen Seminar" gewidmet, die verbliebene eine dem Thema „Aspekte der Lehrerrolle". Sie wurde als „Orientierungseinheit zur studienbezogenen Selbsterfahrung" umschrieben, sollte die Eingangsphase begleiten und zwischen Theorie und Praxis vermitteln. Im Studienplan hieß es dazu, hier werde „u.a. die Aufarbeitung der langjährigen Schulerfahrungen der Studierenden sowie die Klärung ihrer Berufsmotivationen und Berufserwartungen durch selbsterfahrungsorientiertes Lernen in Gruppen von zehn bis zwanzig Studierenden angestrebt" (Studienplan 1984/85).

1996 erfolgte nach zwischenzeitlichen marginalen Änderungen eine erneute Überarbeitung des Studienplans. Er trennte nun zwischen einer *allgemeinen pädagogischen Ausbildung* (mit einer *Eingangsphase* von 6 und einer *Ausbildungsphase* von 8 SWS) und dem *Schulpraktikum* (gegliedert in eine *Einführungsphase* zu 2 und eine *Übungsphase* zu 6 SWS). „Selbsterfahrungsorientiertes Lernen" kam darin nominell nicht mehr vor. Aber innerhalb der Eingangsphase wurde eine *Aufarbeitungs- und Reflexionseinheit* vorgesehen, die auf den Erfahrungen der Studierenden aufbauen sollte, und die *Einführungsphase des Schulpraktikums* begann mit einem „Lehrverhaltenstraining", das der „unmittelbaren Vorbereitung auf die Übungsphase durch Simulationen und (selbst-)reflektierte Analysen von Unterrichtsgeschehen dienen soll(te)" (Studienplan 1996).

Zur Gegenwart: Im Jahr 2001 wurde die Ausbildung für das Lehramt an Höheren Schulen in Innsbruck bis heute verbindlich neu geordnet (vgl. Stolz 2005). Der vom Innsbrucker ILS entwickelte und vom Ministerium approbierte Studienplan kennt wie bisher die Unterteilung in *Eingangs-* und *Ausbildungsphase*. Das Studium sieht insgesamt fünf Praktika vor, zu denen auch ein außerschulisches gehört. Außerdem formuliert der Studienplan nun ein „Allgemeines Qualifikationsprofil", das von „Prinzipien des Lehramtsstudiums" („wissenschaftliche Berufsvorbildung ... in fachlicher, fachdidaktischer, pädagogischer und schulpraktischer Hinsicht") ausgeht und das Lehrersein als „pädagogischen Beruf" charakterisiert: „Lehrerinnen und Lehrer sind Fachleute für das Fördern von persönlichen Entwicklungsprozessen, für das Arrangieren von Lernsituationen, für das Begleiten von Lernprozessen und für das Beurteilen von Lernergebnissen" (Studienplan 2001). Diese Umschreibung wird in „fachlich-didaktische", „soziale und personale" sowie „organisationale und systemische" Kompetenzbereiche übersetzt. – Unter den erstgenannten findet sich unter „Konzeptkompetenz" das Lernziel: „Grundlegende Strömungen der Pädagogik (wie systemische Pädagogik; Gestaltpädagogik; Psychodramapädagogik usw.) in ihren Wert- und Menschenbildern nachvollziehen und dazugehörige Methoden in den Unterricht integrieren können" – ein nicht alltäglicher und möglicherweise der Psychoanalytischen Pädagogik abgeschauter Versuch, ursprünglich therapeutische Konzepte zu pädagogisieren.

Entscheidender Bezugspunkt im Zusammenhang mit „Selbstreflexion" ist der oben aufgeführte Katalog von „sozialen und personalen" Kompetenzen („Teamfähigkeit und Gruppenkompetenz", „Fähigkeit zur Begleitung von persönlichen Entwicklungsprozessen", „Kommunikations- und Konfliktlösungskompetenz" „Sprachkompetenz"). Die Vermittlung bzw. Erarbeitung der unter anderen genannten folgenden drei Bereiche bieten sich dem Außenstehenden für selbstreflexive Prozesse in besonderer Weise an. Der Studienplan fasst sie so:

„Begleitung von persönlichen Entwicklungsprozessen: Interesse an der Lebenswelt junger Menschen; Fähigkeit zur Wertschätzung anderer Menschen unabhängig von ihrer Leistungsfähigkeit und ihrer Anpassungswilligkeit; empathisches Aufnehmen von Emotionen und Werthaltungen; Fähigkeit, in der Lehrerinnen- und Lehrerrolle Schülerinnen und Schülern im menschlichen Kontakt authentisch zu begegnen; Fähigkeit, psychische Probleme bei jungen Menschen zu erkennen und zu einer Lösung beizutragen.

Kommunikations- und Konfliktlösungskompetenz: Fähigkeit zum flexiblen und prozessadäquaten Reagieren in unterschiedlichen Situationen und Konflikten mit Schülerinnen und Schülern, Kolleginnen und Kollegen und Eltern; Fähigkeit, die eigenen Interventionen auf dem Hintergrund von theoretischen Deutungsmustern reflektieren zu können

Frustrationstoleranz und Selbstwert, wie die Fähigkeit einer kritischen Selbstwahrnehmung, sich selbst mündig zu vertreten, sich aber auch von überhöhten Ansprüchen abzugrenzen und präventiv für die eigene Psychohygiene zu sorgen" (Studienplan 2001).

Die Eingangsphase enthält eine zweistündige Reflexionseinheit, die auch die „selbstkritische Prüfung der Eignung zum Lehrberuf" in Gruppen von höchstens 20 Studierenden zum Gegenstand hat und von einem/einer Lehrenden der Universität in Kooperation mit einer schulischen Lehrkraft durchgeführt wird.

Das Spezifikum des Innsbrucker Konzepts liegt einerseits in diesem Ordnungsrahmen (der sowohl von Seiten der EU als auch im Rahmen einer externen Evaluierung Anerkennung erfuhr; vgl. Stolz 2005: 49ff.), andererseits in dessen Umsetzung. Dazu gehört

– der weitgehende Verzicht auf lineare Wissensvermittlung. Theorieangebote treten hinter die persönliche Aneignung von Bezugstheorien zurück.
– der Versuch, die selbstbezüglichen Anteile des Studiums nicht zu isolieren, sondern mit Theorien zu verbinden.
– die Organisation der Lernprozesse in Gruppen: Bei allen Lehrveranstaltungen mit prüfungsimmanentem Charakter (das sind die meisten) liegt die Obergrenze bei 20 TeilnehmerInnen, bei praxisbegleitenden Lehrveranstaltungen bei 5, bei der Vermittlung von unterrichtlichen Basiskompetenzen bei 12, bei der Reflexion des Abschlusspraktikums bei 4 Teil-

nehmerInnen. Eine einzige Theorieveranstaltung („Grundlagen des Lehrens und Lernens") hat mit 40 Studierenden Großgruppencharakter.

- die Durchführung von Veranstaltungen mit praxisvorbereitendem oder nachbereitendem Charakter und zur Analyse der Berufsmotivation in „Tandems", also in Kooperation von UniversitätslehrerInnen mit GymnasiallehrerInnen.

- der Versuch, die gesamte Ausbildung (Theorievermittlung, Praxisplanung und -reflexion, Kommunikationsprozesse, Konfliktbearbeitung, Reflexion von Lernbiographie und Berufsmotivation) am Kompetenzrahmen und an jenen „Dimensionen des Lernens" auszurichten, von denen auch die künftige Schularbeit bestimmt sein soll: 1. Reproduktives, faktenorientiertes Lernen. 2. Verstehendes, forschendes Lernen. 3. Problemlösendes und anwendungsorientiertes Lernen. 4. Persönliches, reflexives Lernen. 5. Dialogisches, kooperatives Lernen (vgl. Schratz/Weiser 2002: 36ff.).

- die zwar im Rahmen einer Lehrveranstaltung konzentrierte, aber den gesamten Ausbildungsgang durchziehende Reflexion von Lern-/Schulerfahrungen und Berufsmotivation.

- der ständige Blick auf unbewusste und bewusste Inkompetenzen bzw. Kompetenzen.

- die permanente, das heißt während des gesamten Studiums obligatorische Dokumentation von Praxiserfahrungen, Lernprozessen und Reflexionen in Form von studienbegleitenden „Lernjournalen" als (betreuten) Übungen im reflexiven Schreiben und selbständig verfassten „Portfolios", mit denen einzelne Studieneinheiten abgeschlossen werden. Sie enthalten „Belege für Lernleistungen" und machen den „Lernweg" sichtbar, indem sie „eigene Leistungen [...] , Lernschritte und ev. auch Einstellungsänderungen im Hinblick auf die Ziele und Inhalte der Studieneingangsphase" festhalten. Dabei sollen die einzelnen Belegstücke Bezüge zu den fünf Lerndimensionen aufweisen. Verpflichtend ist ein Lernbericht über die Verwirklichung von drei selbstgewählten Lernzielen (siehe Leitfaden für die Studierenden für das Portfolio der Studieneingangsphase; B. Weiser, mündl. Mitteilung; Stolz 2005: 45ff.).

Es scheint mir kein Zufall oder Versehen zu sein, dass, obwohl die Studierenden ständig mit sich selbst konfrontiert werden, im gesamten Studienplan nicht von „Selbstreflexion", sondern allenfalls von „Selbstkritik" bzw. „kritischer Selbstwahrnehmung" die Rede ist. Meine erste Annahme: der Begriff „Selbstreflexion" ist institutshistorisch belastet. Meine zweite: Die Verwendung des Begriffs im ursprünglichen Sinne zöge ein psychoanalysenahes oder kritisch-theoretisches Konzept nach sich, das unter den gegebenen Umständen nicht eingelöst werden kann, weil sich die Protagonisten der Innsbrucker Lehrerbildung anderen Konzepten verbunden fühlen.

Nach Thomas Ziehe soll die universitäre Lehre und insbesondere die pädagogische Professionalisierung „Inseln der Intensität im Meer der Routi-

ne" (1996: 940) bieten. Die ungewöhnliche Erfahrungs-, Betreuungs-, Inter-
aktions- und Reflexionsdichte, der sich die Studierenden während ihres
Lehramtsstudiums immer wieder ausgesetzt sehen, kann als ein Versuch angesehen werden, solche Inseln zu bilden. Im konkreten Fall haben die „nahe-
gehenden" Erfahrungen auch damit zu tun, dass die am ILS für die pädagogische und schulpraktische Ausbildung der Lehramtskandidaten Zuständigen
großteils über therapeutische oder therapienahe Qualifikationen (Gesprächs-
psychotherapie, Psychodrama, Systemische Therapie, Transaktionsanalyse,
TZI, NLP) oder zumindest über vertiefte Kenntnisse in dieser Hinsicht verfügen. Manchen Studierenden – so die Beobachtung von Verantwortlichen
und Äußerungen auf der Abnehmerseite – wäre allerdings ein Studium lieber,
das ihnen eine größere Distanz zu sich selbst (zu den eigenen Schwächen?
zum eigenen Unbewussten?) erlaubte (B. Weiser und M. Schratz, mündl.
Mitteilung; vgl. Brandhofer/Weiser 1988: 14ff.). Sogar von „Reflexionsmü-
digkeit" ist die Rede, gelegentlich gepaart mit einem gewissen Theorieüber-
druss (Stolz 2005: 95, 152). Die Parallelen zu den Erfahrungen am Institut
für Erziehungswissenschaften springen ins Auge. Aber vielleicht kommt ja
den durch Reflexion und Theorie „Ermüdeten" die bevorstehende Modularisierung der Ausbildung als Folge des Bologna-Prozesses entgegen.

6. Psychoanalytisch orientierte Selbstreflexion in der Lehrerbildung

Als ob es der Beschlüsse zur europaweiten Modularisierung der Universitäts-
studien (und damit auch der universitären Lehrerbildung) bedurft hätte: in
den vergangenen zehn Jahren wächst die Kritik an den bisher geübten Aus-
bildungsformen. Die Lehrerbildung sei „(a) low impact enterprise" oder „(a)
weak intervention"; was auch immer die Lehrpersonen im Laufe ihrer Professionalisierung gelernt hätten, werde im Nu ‚‚‚washed out' by school expe-
rience" (Blömeke 2004: 65f., unter Berufung auf amerikanische Untersuchungen). Ein Grund liegt für Sigrid Blömeke darin, dass auf Grund von so-
zialisationsbedingten „beliefs" hinsichtlich des Lehrerberufs „überwiegend
nur solche Informationen aufgenommen (werden), die sich in das vorhandene
System an Überzeugungen einpassen lassen" (2004: 65). Konsequenterweise
müssten die Ausbildungsprozesse „aktiv an die vorhandenen beliefs anknüpfen und diese so schrittweise verändern" (2004: 65).
    Inzwischen ist die Bedeutung personaler und biographischer Qualifika-
tionen für den künftigen Lehrberuf in der Theorie unstrittig (Horstkemper
2004: 472). Wilhelm Topsch sieht „die unverzichtbare Fähigkeit zur Selbstwahrnehmung, Selbstkontrolle und Selbstreflexion" (2004: 477) als notwendige Ergänzung der allgemeindidaktischen, fachdidaktischen und fachwissenschaftlichen Reflexionen an und der „Bereitschaft, die Individualität von

Kindern und Jugendlichen in die Planung und Gestaltung von Lernprozessen einzubeziehen" (2004: 477). Selbst Autoren wie Fritz Oser, denen man mit Sicherheit kein selbstbezügliches Wissenschaftsverständnis nachsagen kann, sprechen von der „Selbstreflexion des kompetenten ‚Handelnden'", die allerdings, wenn sie nicht „zufällig" und „falsch" werden solle, theoretisch gebunden sein müsse (zit n. Herrmann 2004: 347). Für die Umsetzung dieser Einsichten fehlen aber bisher, zumindest in Deutschland, weitgehend die verbindlichen Regelungen: „In den derzeit geltenden Ausbildungsrichtlinien sind Trainingsanforderungen und -angebote für Selbstwahrnehmung, Selbstentwicklung, Selbstmanagement nicht vorgesehen ..." (Herrmann 2004: 342). Politisch entscheidend sind jedoch nicht solche Einzelstimmen (die hat es in der Geschichte der Lehrerbildung immer wieder gegeben), sondern der Umstand, dass die Kritik an einer praxis- und biographiefernen Ausbildung und die Vorschläge zu deren Überwindung heute zunehmend von Standesvertretungen und bildungspolitischen Gremien bis hinauf zur Kultusministerkonferenz kommen (siehe die Internetquellen im Literaturverzeichnis). Insofern sind die Anregungen zu einem psychoanalytischen Verständnis des Bezugs zur eigenen (Lern)Biographie und zur Berufsmotivation und des pädagogischen Geschehens in der Schule nicht mehr ohne weiteres als Außenseitergerede abzutun.

Als „konsensfähig" gilt also, dass die pädagogische Professionalisierung „sich nicht allein auf Expertenwissen (gründet), sondern vor allem auf ein (selbst)reflexives Wissen, das die Auffassungen des Menschen von sich selbst einschließt" (Müller/Krebs/Finger-Trescher 2002: 14). Konsens ist noch nicht, dass Selbstreflexion nicht bei der einzelnen Lehrperson stehen bleiben kann, sondern sämtliche am pädagogischen Geschehen in der Schule Verantwortlichen mit umgreift. Die Einrichtung muss zur „selbstreflexiv lernende(n) Organisation ... werden" (2002: 15; vgl. Horstkemper 2004: 464). Selbstreflexion macht verletzlich. Allein geübt isoliert sie das Subjekt. Es braucht die reflektierenden Anderen aber nicht nur zu seinem Schutz, sondern auch zur Verstärkung seiner pädagogischen Wirksamkeit.

Seit vielen Jahrzehnten gibt es psychoanalytische Diskussionsbeiträge zur Schule als Organisation, als Agentur der Gesellschaft, als Ort der Triebunterdrückung und der Identitätsbildung, zu den Rollen von Lehrern und Schülern, zur Dynamik ihrer Beziehungen, zur Emotionalität, zu Fragen der Autorität usw., also zu zahllosen Detailfragen. Ein Konzept zu einer psychoanalytisch orientierten Lehrerbildung steht noch aus.

Am weitesten in dieser Hinsicht ist meiner Meinung nach Achim Würker (2007) mit seinem Versuch gekommen, Lehrerbildung als Einübung in Szenisches Verstehen im Sinne Alfred Lorenzers zu praktizieren. Er nimmt das Postulat von Habermas „Selbstreflexion als Wissenschaft" insofern ernst, als er das methodische Instrumentarium der psychoanalytischen Hermeneutik einsetzt, um bei den Lehramtsstudierenden die unter der Oberfläche des Bewusstseins und der Selbstkontrolle liegenden Triebbedürfnisse und Emotionen (Wut, Konkurrenz, Selbstzweifel, Sexualität, Kompensationsbedürfnisse usw.) bewusst zu machen (2007: 88ff.), er bindet es auch in die allgemeine schultheoretische Diskussion ein (2007: 237ff.).

Würkers Konzept könnte eine wichtige Ergänzung durch Heiner Hirblingers psychoanalytisch-pädagogische Unterrichtstheorie finden (vgl. z.B. 1999; 2001; 2003). Während Würker an der analytischen Selbstaufklärung der Lehramtskandidaten hinsichtlich der Genese ihrer psychischen Struktur arbeitet, rückt bei Hirblinger die psychische Strukturbildung der „Adoleszenten" in den Fokus. Der eine will die *zurückliegenden* biographischen Prozesse und ihre „Abkömmlinge" im gegenwärtigen Unbewussten sichtbar machen, um die künftigen Unterrichtenden für analoge Prozesse ihrer Schüler zu sensibilisieren – ohne aber deren Entwicklung zu theoretisieren; der andere fördert die in der Schule stets unterschwellig *präsenten* Phänomene der psychischen Entwicklung zutage und arbeitet mit den Schülern an deren Symbolisierung. Aber seine „Psychoanalytische Pädagogik der Schule" trägt die Bildung des psychoanalytisch-pädagogischen Lehrerhabitus nicht in die Strukturen einer universitären Professionalisierung ein. Wie also soll der von ihm postulierte Lehrer als Forscher und Erkunder im Umgang mit dem eigenen Unbewussten und der eigenen psychischen Abwehr gebildet werden (Hirblinger 2001: 10)? Wie lernt er den „Unterricht als Setting, Rahmen und Prozess" (1999: 17ff.; 2003: 33ff.) zu sehen, wie das „adoleszente Übertragungskommunikat" (2001: 67ff.) zu verstehen? Wie und wo kommt er so weit, „das Entwicklungsthema seiner Schüler im Akt der Selbst-Supervision" zu ahnen (1999: 279). Wie und wo gewinnt er die Fähigkeit, seine biographische Offenheit zu schützen, ohne in eine abweisende Abstinenz zu geraten? Würkers Ausbildungskonzept sagt noch nichts darüber aus, wie der Unterricht jener Lehrerinnen und Lehrer beschaffen sein soll, die sich eine psychoanalytisch orientierte Selbstreflexion zueigen gemacht haben (einige Beispiele lassen es ahnen), während Hirblingers Unterrichtstheorie noch keine Rückschlüsse auf die Inhalte und den Umfang einer selbstreflexiven universitären Lehrerbildung zulässt. – Falls die Kommission für Psychoanalytische Pädagogik ein Lehrerbildungskonzept ausarbeiten möchte, das sich am Prinzip der „Selbstreflexion als Wissenschaft" ausrichtet, könnte sie auf keines der beiden Konzepte verzichten.

7. Schlussbemerkungen

Ich kann in diesem Zusammenhang die Legitimation einer psychoanalytisch-selbstreflexiven Lehrerbildung nicht weiter verfolgen. Dabei wäre es reizvoll und notwendig, den „unentdeckten Kontinent" (Schiek) bei den Lehrerinnen und Lehrern einerseits von der Übertragungs-/Gegenübertragungsproblematik her zu erforschen (weil in ihr die Spuren der Lebensgeschichten besonders gut zu verfolgen sind), andererseits ihn anhand der schon von Ador-no aufgelisteten „Tabus über dem Lehrberuf" zu bebildern und in ihm zu-sätzlich ein paar gerne übersehene „Existenzialien" der Profession sichtbar, deutbar und bearbeitbar zu machen. Zu ihnen zähle ich die schulimmanente Triebkontrolle und (Selbst)Entfremdung wie die sich im Laufe des Berufsle-bens öffnende Altersschere zwischen den Generationen oder die immer nur uneindeutig zu definierenden pädagogischen Ziele der Schule, die den Lehre-rinnen und Lehrern geradezu zwangsläufig ein Gefühl der Erfolglosigkeit vermitteln und ihnen, quasi in einem unterrichtstechnologischen Selbstmiss-verständnis, nahe legen, den Fokus ihrer Anstrengungen auf das Messbare und daher Erfolgversprechende, nämlich auf die Wissensvermittlung zu rich-ten. Eine vollständigere Karte des „unentdeckten Kontinents" zu erarbeiten heißt nicht unbedingt dem Wunschtraum nachgeben, die Bearbeitung des Vergessenen, Verdrängten, Ungesehenen, Verzerrten, Lückenhaften usw. müsse im Rahmen einer selbstreflexiven universitären Lehrerbildung in An-griff genommen werden. Die eine Begrenzung liegt im Modus der Selbstre-flexion: Sie kann sich nur auf vergangene und gegenwärtige Erfahrungen der Studierenden beziehen, auf das Künftige also nur insofern, als es sich bereits in der Gegenwart zeigt. Die *zweite* Begrenzung liegt in der Eigenart der Uni-versität als Ort von Theorieproduktion, Theorievermittlung und Theorie-aneignung. Was sie an Professionalisierung leisten kann, muss mit Theorie-arbeit zu tun haben. Die Selbstreflexion kann dabei eine Entfetischisierung der Theorie und der ihr folgenden Techniken durch die Konfrontation mit den Erfahrungen, dem Denken und den Bedürfnissen des lernenden Subjekts leisten. Biographiebezogene „Selbsterfahrung" im engeren Sinne ohne Theo-riearbeit ist in der Regel eine Sache außeruniversitärer Praxis. Sie ist als ein-rechenbares Wahlmodul sinnvoll, kann aber nicht obligatorisch sein. Die Priorität der universitären Theoriearbeit (auch der selbstreflexiven) reduziert die Bedeutung der Beziehung zwischen Lehrenden und Lernenden, abgese-hen davon, dass es sich bei ersteren nicht mehr um Erzieher und bei letzteren nicht mehr um Adoleszente handelt. Eine *dritte* Grenze zieht die öffentliche Schule. Seit ihrer Errichtung als Einrichtung der Gesellschaft hat sich nichts daran geändert, dass sie öffentlichen Interessen unterliegt. „Und das öffentli-che Interesse am Erziehungswesen reicht tatsächlich so weit, als es gilt, schädliche, überflüssige Relikte in vielleicht nützliche, aber in vor allem un-schädliche neue Formen zu verwandeln" (Bernfeld (1925/1973: 10). Das In-teresse der Schule an der Selbstreflexion einzelner wie der ganzen Organisa-tion ist daher, um es euphemistisch auszudrücken, eher begrenzt. Sie setzt in erster Linie auf das, was rationalisiert werden kann und worin sie die größte Erfahrung besitzt, und das ist die Wissensvermittlung (Bernfeld 1925/1973: 32f.). Sie kommt damit auch den oben angesprochenen Erfolgsbedürfnissen der Lehrerinnen und Lehrer entgegen. Wenn heute daher von der Schule als „lernende Organisation" die Rede ist, so bezieht sich diese Zuschreibung meist auf Konfliktmanagement, didaktische Kooperationsformen, subjektive

Verantwortung im Rahmen der Hierarchie, Informationsaustausch, Anschluss an die Wissenschaftsentwicklung, Umgang mit der Autonomie der Schule – unbestritten lauter wichtige Aufgaben –, aber nicht auf selbstreflexive Arbeit an subjektiven und organisatorischen „Dunkelstellen". Das gilt in analoger Weise auch für die Universität. Als Universitätslehrer die Studierenden in die eigene selbstreflexive Denkbewegung einzubeziehen, ist allerdings an keine institutionellen Voraussetzungen gebunden. Wie ich selber das selbstreflexive Selbstverständnis des wissenschaftlichen Pädagogen sehe, dafür finde ich bei Günther Bittner eine originelle Formulierung. In seiner Abschiedsvorlesung vom 11. 2. 2006 (2006: 87ff.) greift er auf Jean Pauls Figur eines „Professor(s) der Selbergeschichte" zurück (um die herum der Dichterpädagoge sein eigenes Leben beschreiben wollte), um dann an der eigenen Geschichte als Wissenschaftler und Universitätslehrer zu demonstrieren, wie auch unter heutigen universitären Bedingungen die „individuelle Lebenserfahrung" zum „Material" der „wissenschaftlichen Analyse" werden kann (2006: 93) – gleichsam als These zur Antithese „der" Wissenschaft. Was mir an diesen Überlegungen so zusagt, ist – neben der historischen Rarität – die spürbare Lust Bittners, für sich eine lebbare Synthese zu finden und andere zu ermutigen, sich auf die Suche danach zu machen. Sie bleibt in selbstreflexiven Prozessen weder Lehrern noch Schülern, weder Studierenden noch Lehrenden an der Universität erspart.

Literatur

Adorno, Theodor W. (1966): Negative Dialektik. Frankfurt/M.: Suhrkamp.
Adorno, Theodor W. (1969): Tabus über dem Lehrerberuf. In: ders.: Stichworte. Kritische Modelle 2. Frankfurt/M.: Suhrkamp, S. 68ff.
Adorno, Theodor W. (1969): Der Positivismusstreit in der deutschen Soziologie. Neuwied/Berlin: Luchterhand.
Arbeitsgruppe Bielefelder Soziologen (Hrsg.) (1981): Alltagswissen, Interaktion und gesellschaftliche Wirklichkeit. Bd. 1+2, 5. Aufl. Opladen: Westdeutscher Verlag.
Baacke, Dieter (1984): Ausschnitt und Ganzes. Theoretische und methodologische Probleme der Erschließung von Geschichten. In: Baacke, D./Schulze, Th. (Hrsg.): a.a.O., S. 11ff.
Baacke, Dieter/Schulze, Theodor (Hrsg.) (1984): Aus Geschichten lernen. Zur Einübung pädagogischen Verstehens. 2. Aufl. München: Juventa.
Bernfeld, Siegfried (1925/1973): Sisyphos oder die Grenzen der Erziehung. Frankfurt/M.: Suhrkamp.
Bittner, Günther (1993): Die Insider und Outsider der Pädagogik. In: neue sammlung 4, S. 613ff.
Bittner, Günther (1997): Autobiographisches in systematischer Absicht. Eine Rede an mich selbst mit 60 Jahren. In: Bittner, G./Fröhlich, V. (Hrsg.): Lebens-Geschichte. Über das Autobiographische im pädagogischen Denken. Kusterdingen: Servicecenter Fachverlage, S. 269ff.

Bittner, Günther (2006): „Professor der Selbergeschichte". In: Bittner, G. (Hrsg.): Ich bin mein Erinnern. Über autobiographisches und kollektives Gedächtnis. Würzburg: Königshausen & Neumann, S 87ff.

Blömeke, Sigrid (2004): Empirische Befunde zur Wirksamkeit der Lehrerbildung. In: Blömeke, S. u.a. (Hrsg.): a.a.O. S. 59ff.

Blömeke, Sigrid/Reinhold, Peter/Tulodziecki, Gerhard/Wildt, Johannes (Hrsg.) (2004): Handbuch Lehrerbildung. Bad Heilbrunn: Klinkhardt.

Boothe, Brigitte (2004): Der Patient als Erzähler in der Psychotherapie. Gießen: Psychosozial-Verlag.

Brandhofer, Elisabeth/Weiser, Bernhard (1988): „Ich bin ich". Zum personenzentrierten Arbeiten in Orientierungseinheit und LehrerInnenverhaltenstraining. In: erziehung heute 4, S. 14ff.

Datler, Wilfried: Pädagogische Professionalität und die Bedeutung des Erlebens. In: Hackl, B./Neuweg, H. (Hrsg.) (2004): a.a.O., S. 113ff.

Deserno, Heinrich (2002): Selbstanalyse. In: Mertens, W./Waldvogel, B. (Hrsg.): Handbuch psychoanalytischer Grundbegriffe. Stuttgart: Kohlhammer, 2. Aufl., S. 650ff.

Freud, Anna (19928/29): Die Beziehung zwischen Psychoanalyse und Pädagogik. In: Zeitschrift für Psychoanalytische Pädagogik (3), 14/15: 445ff.

Freud, Sigmund (1999): Über Psychotherapie. GW V. Frankfurt/M.: Fischer-Verlag, S. 11ff.

Freud, Sigmund (1999): Analyse der Phobie eines fünfjährigen Knaben. GW VII: 241ff.

Freud, Sigmund (1999): Über Psychoanalyse. GW VIII. Frankfurt/M.: Fischer-Verlag, S. 3ff.

Freud, Sigmund (1999): Über das psychoanalytische Ausbildungssystem. GW XVI. Frankfurt/M.: Fischer-Verlag, S. 57ff.

Fürstenau, Peter (1964/1972): Zur Psychoanalyse der Schule als Institution. In: Zur Theorie der Schule. Mit Beiträgen von Peter Fürstenau u.a. Weinheim/Basel: Beltz-Verlag, 2. Aufl.: 9ff. (Erstabdruck in „Das Argument" 1964, Heft 6).

Gudjons, Herbert/Wagner-Gudjons, Birgit/Pieper, Marianne (2008): Auf meinen Spuren. Übungen zur Biografiearbeit. Bad Heilbrunn.

Habermas, Jürgen (1973): Erkenntnis und Interesse. Frankfurt/M.: Suhrkamp.

Hackl, Bernd/Neuweg, Hans (Hrsg.) (2004): Zur Professionalisierung pädagogischen Handelns. Münster: LIT-Verlag.

Hahn, Alois (1987): Identität und Selbstthematisierung. In: Hahn, A./Kapp, V. (Hrsg.): a.a.O., S. 9ff.

Hahn, Alois/Kapp, Volker (Hrsg.) (1987): Selbstthematisierung und Selbstzeugnis: Bekenntnis und Geständnis. Frankfurt/M.: Suhrkamp.

Herbart, Johann Friedrich (1982): Die ersten Vorlesungen über Pädagogik (1802). Die erste Vorlesung. In: Asmus, W. (Hrsg.): Johann Friedrich Herbart: Kleine Pädagogische Schriften. Bd. 1. Stuttgart: Klett-Cotta, 2. Aufl., S. 121ff.

Herbart, Johann Friedrich (1982): Allgemeine Pädagogik aus dem Zweck der Erziehung abgeleitet (1806). In: Asmus, W. (Hrsg.), Bd. 2. Stuttgart: Klett-Cotta.

Herders kleines philosophisches Wörterbuch (1958). Freiburg: Herder.

Herrmann, Ulrich (2004): Lehrerausbildung für das Gymnasium und die Gesamtschule. In: Blömeke, S. u.a. (Hrsg.): a.a.O., S. 335ff.

Hierdeis, Helmwart (1987): Von einer unkritischen zur Kritischen Theorie. In: Paffrath, F. H. (Hrsg.): Kritische Theorie und Pädagogik der Gegenwart. Aspekte und Perspektiven der Auseinandersetzung. Weinheim: Deutscher Studienverlag, S. 97ff.

Hierdeis, Helmwart (1989): Anmerkungen zu Tuiskon Zillers Lehre vom erziehenden Unterricht. In: Matreier Gespräche (Hrsg.): Walter Hirschberg 85 Jahre. Interdisziplinäre Kulturforschung. Wien: Jugend & Volk, S. 245ff.

Hierdeis, Helmwart (1997): Selbstreflexion in der LehrerInnenbildung. Überlegungen und Erfahrungen. In: Glumpler, E./Rosenbusch, H. S. (Hrsg.): Perspektiven der universitären Lehrerbildung. Bad Heilbrunn: Klinkhardt, S. 85ff.

Hierdeis, Helmwart (2005): Fremdheit als Ressource. Möglichkeiten und Grenzen interkultureller Kommunikation. Innsbruck: studia-Verlag.

Hierdeis, Helmwart (Hrsg.) (2006): Hans Jörg Walter: Erzählen. Psychoanalytische Reflexionen. Wien/Berlin: LIT-Verlag.

Hierdeis, Helmwart/Walter, Hans Jörg (Hrsg.) (2007): Bildung – Beziehung – Psychoanalyse. Beiträge zu einem psychoanalytischen Bildungsverständnis. Bad Heilbrunn: Klinkhardt.

Hierdeis, Helmwart/Hug, Theo (1992): Pädagogische Alltagstheorien und erziehungswissenschaftliche Theorien. Ein Studienbuch zur Einführung. Bad Heilbrunn: Klinkhardt.

Hirblinger, Heiner (2003): Unterricht als Setting, Rahmen und Prozess. Der Beitrag der psychoanalytischen Pädagogik zur „inneren Schulentwicklung" – Probleme und Perspektiven. In: Fröhlich, V./Göppel, R. (Hrsg.): Was macht die Schule mit den Kindern? – Was machen die Kinder mit der Schule? Psychoanalytisch-pädagogische Blicke auf die Institution Schule. Gießen: Psychosozial-Verlag, S. 33ff.

Hirblinger, Heiner (2001): Einführung in die psychoanalytische Pädagogik der Schule. Würzburg: Königshausen & Neumann.

Hirblinger, Heiner (1999): Erfahrungsbildung im Unterricht. Die Dynamik unbewusster Prozesse im unterrichtlichen Beziehungsfeld. Weinheim/München: Juventa Verlag.

Horstkemper, Marianne: Erziehungswissenschaftliche Ausbildung. In: Blömeke, S. u.a. (Hrsg.): a.a.O., S. 461ff.

Hug, Theo (Hrsg.) (1990): Die soziale Wirklichkeit der Theorie. Beiträge zur Theorievermittlung und -aneignung in der Pädagogik. München: Profil-Verlag.

Hug, Theo (Hrsg.) (1991): Erziehungswissenschaft als Lebensform. Theoretische und erfahrungsreflexive Beiträge zur Hochschuldidaktik und Wissenschaftsforschung. Innsbruck: Österreichischer Studienverlag.

Hug, Theo (1996): Diskursive Feldforschung. Methodologie und Empirie am Beispiel hochschuldidaktischer Projektarbeiten. Innsbruck/Wien: Österreichischer Studienverlag.

Humboldt, Wilhelm von (1969): Theorie der Bildung des Menschen. Werke in 5 Bänden. Bd. I und IV. 2. Aufl., Darmstadt: Wissenschaftliche Buchgesellschaft.

Luhmann, Niklas (1975/1986): Selbst-Thematisierung des Gesellschaftssystems. Über die Kategorie der Reflexion aus der Sicht der Systemtheorie. In: Luhmann, N.: Soziologische Aufklärung Bd. 2. Aufsätze zur Theorie der Gesellschaft. Opladen: Westdeutscher Verlag, S. 72ff.

Luhmann, Niklas (1987): Die Autopoiesis des Bewusstseins. In: Hahn, A./Kapp, V. (Hrsg.): a.a.O., S. 25ff.

Luhmann, Niklas (1997): Die Kunst der Gesellschaft. Frankfurt/M.: Suhrkamp.

Knüppel, Heinrich/Wilhelm, Johann (1986): Die Entwicklung selbstreflexiver Kompetenz in sozialwissenschaftlichen Studiengängen. Weinheim: Beltz-Verlag.

König, Eckard (2009): Pädagogische Professionalität. Abschlussvorlesung an der Universität Paderborn vom 3. April 2009 (unveröff.).

Müller, Burkhard/Krebs, Heinz/Finger-Trescher, Urte: Professionalisierung in sozialen und pädagogischen Feldern. Impulse der Psychoanalytischen Pädagogik. In: Finger-Trescher, U./Krebs, H./Müller, B./Gstach, J. (Hrsg.): Professionalisierung in sozialen und pädagogischen Feldern. Jahrbuch für Psychoanalytische Pädagogik. Gießen: Psychosozial-Verlag, S. 9ff.

Platon (1957): Sämtliche Werke. Bd. II. Reinbek: Rowohlt.

Rathmayr, Bernhard/Walter, Hans Jörg (2009): Die Beherrschung des Wissens. Universitäre Lehre als Arena gesellschaftlicher Wahrheitsgefechte. In: Reinalter, H. (Hrsg.): Anno neun. 1809 – 2009. Kritische Studien und Essays. Innsbruck/Wien/Bozen: Studienverlag, S. 439ff.

Ritter, Joachim/Gründer, Karlfried (1995): Selbsterkenntnis. In: Historisches Wörterbuch der Philosophie. Bd. 9. Basel: Schwabe, S. 406ff.

Schiek, Gudrun (1982): Rückeroberung der Subjektivität. Der selbstreflexive Ansatz in der Ausbildung von Sozialwissenschaftlern. Frankfurt/M.: Campus.

Schiek, Gudrun (1988): Die Innenseite des Lehrbetriebs. „Liebe Frau Professor ...!" Briefe von Studierenden an ihre Hochschullehrerin. Baltmannsweiler: Schneider.

Schiek, Gudrun (1997a): Selbsterfahrung. In: Hierdeis, H./Hug, Th. (Hrsg.): Taschenbuch der Pädagogik. Bd. 4. 5. Aufl. Baltmannsweiler: Schneider, S. 1304ff.

Schiek, Gudrun (1997b): Selbstreflexion. In: Hierdeis, H./Hug, Th. (Hrsg.): a.a.O., S. 1311ff.

Schratz, Michael/Weiser, Bernhard (2002): Dimensionen für die Entwicklung der Qualität von Unterricht. In: journal für schulentwicklung (6), 4, S. 36ff.

Schülein, Johannes August (1986): Selbstbetroffenheit. Über Aneignung und Vermittlung sozialwissenschaftlicher Kompetenz. 2. Aufl., Gießen: Focus.

Schütz, Alfred/Luckmann, Thomas (1979/1984): Strukturen der Lebenswelt. Frankfurt/M.: Suhrkamp.

Studienplan für das Lehramtsstudium an der Geisteswissenschaftlichen Fakultät der Leopold-Franzens-Universität Innsbruck (1984). Mitteilungsblatt 10. Januar 1984, 23. Stück.

Studienplan für das Lehramtsstudium an der Geisteswissenschaftlichen Fakultät der Leopold-Franzens-Universität Innsbruck (1996). Mitteilungsblatt 9. Juli 1996, 39. Stück.

Studienplan für das Lehramtsstudium an der Geisteswissenschaftlichen Fakultät der Leopold-Franzens-Universität Innsbruck (2001). Mitteilungsblatt 13. September 2001, 68. Stück.

Thiemann, Friedrich (1985): Schulszenen. Vom Herrschen und vom Leiden. Frankfurt/M.: Suhrkamp.

Topsch, Wilhelm (2004): Schulpraxis in der Lehrerbildung. In: Blömeke, S. u.a. (Hrsg.): a.a.O. S. 476ff.

Stein, Gerd (Hrsg.) (1979): Kritische Pädagogik. Hamburg: Luchterhand.

Würker, Achim (2007): Lehrerbildung und szenisches Verstehen. Professionalisierung durch psychoanalytisch orientierte Selbstreflexion. Baltmannsweiler: Schneider.

Ziehe, Thomas (1975): Pubertät und Narzissmus. Sind Jugendliche entpolitisiert? Teil 2: Selbstreflexion als Aneignung von Subjektivität. Frankfurt/M./Köln: Europäische Verlagsanstalt.
Ziehe, Thomas (1996): Vom Preis des selbstbezüglichen Wissens. Entzauberungseffekte in Pädagogik, Schule und Identitätsbildung. In: Combe, A./Helsper, W. (Hrsg.): Pädagogische Professionalität. Untersuchungen zum Typus pädagogischen Handelns. Frankfurt/M.: Suhrkamp, S. 924ff.

Unveröffentlichte Quellen

Stolz, Brigitte (2005): Die Theorie-Praxis-Verzahnung der österreichischen Lehrerausbildung auf dem Prüfstand. Die Evaluation des Innsbrucker Praktikumssemesters im österreichischen Vergleich. Diss. Universität Innsbruck/Fakultät für Bildungswissenschaften.

Internetquellen

Abschlussbericht der Arbeitsgruppe Lehrerbildung der wissenschaftlichen Kommission Niedersachsen (http://call.niedersachsen.de/blob/images/C36443775_L20. pdf)
Schlömerkemper, Jörg: Eckpunkte zum Kernstudium der Lehrerbildung. Der Beitrag der Bildungswissenschaften zur Professionalisierung von Lehrerinnen und Lehrern (http://dgfe.pleurone.de/zeitschrift/heft28/beitrag3.pdf)
Terhart, Ewald (Hrsg.): Perspektiven der Lehrerbildung in Deutschland. Abschlussbericht der von der Kultusministerkonferenz eingesetzten Kommission (http://www.springerlink.com/content/702649337qw31224/)
KMK: Standards für die Lehrerbildung: Bildungswissenschaften (Beschluss vom 16. 2. 2004) (http://www.kmk.org/index.php?id–1774&type–123)

Ich danke Herrn Prof. Dr. Michael Schratz, Herrn Dr. Erich Mayr und Herrn Dr. Bernhard Weiser vom ILS Innsbruck für ihre Informationen.

Die „bedeutsame Imagination"

Zugänge zum intrapsychischen emotionalen Raum in der
psychoanalytisch-pädagogischen Fallbesprechung mit Lehrern

Annedore Hirblinger

1. Zum Selbstverständnis der psychoanalytischen Pädagogik der Schule

1.1 Möglichkeiten und Grenzen interdisziplinärer Zusammenarbeit von Pädagogik und Psychoanalyse

Die professionellen Belange im Bereich von Lehren und Lernen erfordern
unabdingbar die Berücksichtigung der Eigengesetzlichkeit pädagogischer
Praxis sowie der institutionellen Organisationsstrukturen. Bei genauerem
Hinsehen wirft dieses Postulat wissenschaftstheoretische Fragen auf und impliziert Annahmen, die in Bezug auf das Selbstverständnis der psychoanalytischen Pädagogik der Schule im Diskurs früher wie heute zu Kontroversen
führen mussten und müssen (vgl. Fatke 1985; Trescher 1985; H. Hirblinger
2001: 30ff.). Einleitend einige Überlegungen zum interdisziplinären Zusammenspiel von Pädagogik und Psychoanalyse *und* zur notwendigen Abgrenzung beider Disziplinen im Berufsfeld Schule.

Die psychoanalytische Pädagogik der Schule greift bei der Konzeptualisierung auf zentrale Bildungstheorien vor allem auf reformpädagogische Ansätze und Entwicklungslehren zurück, verfeinert ihre Annahmen jedoch
durch Übernahme psychoanalytischer Konzepte. Erst dadurch werden das
Verstehen und die Analyse von unbewussten Beziehungs- und Prozessdyna-
miken möglich.

Eine kurze Rückerinnerung: Im spezifisch eigenen Praxisfeld Schule
geht es im Rahmen wachsender Professionalität

- um das Verstehen dynamisch-unbewusster Prozese aller Beteiligten in
  unterrichtlich-schulischen Interaktionsräumen,
- um die Analyse gruppendynamischer und systemisch bedingter Prozess-
  abläufe und Strukturen,
- um Lehren und Lernen durch Erfahrungsbildung – bei praxeologischer
  Grundorientierung pädagogischen Handelns.

Psychoanalytische Pädagogen, die sich um neue wissenschaftstheoretische
Konzeptualisierungen im Feld der Schule bemühen, verwiesen in den letzten
Jahren wiederholt in ihren fallbezogenen praxeologischen Forschungen (H.

Hirblinger 1999, 2002; Krebs 2002) auf die Verzahnung dieser Themenfelder. Krebs betont in diesem Zusammenhang, dass erst das Wissen um institutionelle schulische Antinomien Wege eröffnet, psychosoziale Abwehrkulturen und offensichtliche professionelle Krisen im Bildungswesen zu bewältigen (Krebs 2002: 50f.).

Auf der Folie des hier vertretenen praxeologischen Ansatzes einer psychoanalytischen Pädagogik der Schule ergeben sich folglich spezifische wissenschaftliche Neuorientierungen.

So impliziert die Analyse unbewusster Handlungs- und Erfahrungsprozesse im Feld Schule und Unterricht eine *Modifizierung* der psychoanalytischen Methode und ihrer Erkenntnisinstrumente. Es genügt nicht, Modellvorstellungen der Psychoanalyse einfach zu übertragen (H. Hirblinger 2001: 33). Des Weiteren müssen – um die Konfliktdynamik herauszudestillieren – die Analysekriterien von vornherein psychoanalytisch-*pädagogisch* gerahmt werden. Berufsfeldspezifische, schulbezogene Kontexte und Handlungssituationen sowie systemische Eigenstrukturen erfordern ein Überdenken des Gebrauchs gängiger analytischer Begrifflichkeiten. Beispielsweise erfährt so der Begriff der Übertragung eine Erweiterung hin zu dem der „Übertragungsidentifizierung" (Trescher 1993: 190ff.) oder des „Gegenübertragungshabitus" (H. Hirblinger 1989: 23ff.). Gleichermaßen beinhaltet berufsfeldbezogene psychoanalytisch orientierte Supervision – und folglich Fallbesprechung – grundlegend die Modifizierung von Gestaltungselementen des Settings (vgl. Rappe-Giesecke 2008: 14), um professionelle Probleme zu verstehen. Hierüber besteht heute weitgehend Konsens.

Absolut verfehlt erscheint es in diesem Zusammenhang, wenn Psychoanalytiker im Bemühen um Problemlösung pädagogischen Konflikten psychoanalytische Deutungen – zumeist unter klinischer Perspektive – zur Seite stellen, ohne die Andersartigkeit schulischer Handlungskontexte zu sehen und zu berücksichtigen. Sachverhalte wie beispielsweise Macht und Autorität, Leistungserwartung und -druck, Interaktion und emotionale Nähe sind in pädagogischen Kontexten mit spezifischen Sinn- und Handlungszusammenhängen verknüpft und müssen jeweils anders inhaltlich verstanden werden. So weisen Studien zur Organisationsdynamik und zur psychoanalytischen Supervision seit Jahren auf die notwendige Beachtung des institutionellen berufsspezifischen Rahmens hin, der Forschungsdesign und Methodenwahl bestimmt (Becker 2003; Oberhof/Beumer 2001; Pühl 1996). Erwähnenswert sind des Weiteren zentrale Überlegungen zur Sozioanalyse von Organisationen und zur Rolle der Psychoanalyse jenseits der Therapie (Ohlmeier 2003), wobei die Autoren jedoch erst in Ansätzen weiterführende konzeptuelle und methodische Konkretisierungen vornehmen (Sievers et al. 2003).

Zunächst ein detaillierterer Blick auf die Institution Schule unter spezifisch psychoanalytisch-pädagogischem Blickwinkel:

- Das schulische Beziehungs- und Handlungsfeld ist ein *sozialer Ort*, der gekennzeichnet ist durch eine extreme Dichte ständig fluktuierenden Interaktionsgeschehens an vielerlei Orten, wobei zweckrationales Tun und emotionales Erleben bewusst und unbewusst ineinander greifen. Die Dynamik des Gruppengeschehens formt eine spezifische horizontal und vertikal gegliederte institutionelle Gruppenmatrix aus. Das Arbeitsbündnis zwischen Lehrern und Schülern ist folglich eher ein flüchtiges, kein dyadisch zentriertes.
- „Zwang" und „Macht", bedingt durch die Schule als Bildungs- und Lernort mit unveränderbaren curricularen Zielvorgaben, spielen eine wesentliche Rolle (in Abhebung von der Freiwilligkeit des therapeutischen Settings). Gesellschaftliche Realitäten bilden sich in systemischen Vorgaben ab.
- Im Gegensatz zum psychoanalytisch-therapeutisch Tätigen ist die Lehrerrolle eine spezifisch andere, geprägt durch die Notwendigkeit, aktiv interagierend tätig sein zu müssen. Auch im pädagogischen Berufsfeld geht es letztendlich um den Aufbau einer psychoanalytisch-pädagogischen *Haltung* des Lehrers auf dem Weg der Professionalisierung.

1.2 Die Fallbesprechung als supervisorisches Element

„Selbstreflexivität" und „gleichschwebende Aufmerksamkeit", von der Psychoanalyse übernommene methodische Bausteine einer pädagogischen Wahrnehmungskompetenz, bedürfen in der schulischen Supervisionsarbeit ebenfalls einer weiteren Ausdifferenzierung. So fragt sich, in welcher Form mit welcher Methode Pädagogen in der Schule diese so oft geforderte Selbstreflexivität unter Beweis stellen oder einüben können? Reichen Lehrergespräche im Lehrerzimmer oder das Verfassen von Beobachtungsprotokollen oder Tagebuchnotizen aus, um neben der Entlastung auch Reflektieren zu lernen, und zwar mit dem Ziel tiefreichender Analyse auch unbewusster Zusammenhänge? Der Begriff „gleichschwebende Aufmerksamkeit" führt bei professionsorientierter Modifikation dieses Terminus hin zum kunstvollen Verstehen des Vorgangs der „pädagogischen Ich-Spaltung", der grundlegend befähigt, intrapsychisches Erleben und pädagogisches Tun in ihrer Bezogenheit zueinander zu analysieren. Ankerpunkt und Ausgangsort für Introspektion und Reflexivität in der Supervision ist dabei immer die Leidensfähigkeit – nicht die Regressionsfähigkeit – des Lehrers. Die psychodynamische Analyse tritt hinter die Konfliktanalyse pädagogischer Sachverhalte zurück.

Die psychoanalytisch-pädagogische Fallbesprechungsgruppe, Ort der inneren Arbeit mit Bewusstem und Unbewusstem, orientiert sich inhaltlich-methodisch an dem hier postulierten wissenschaftlichen Selbstverständnis einer psychoanalytischen Pädagogik der Schule und an ihren Denkinhalten. Supervision in Form der *traditionellen* Balintgruppenarbeit erweist sich dabei als überholt, vor allem in folgenden Punkten:

- Die alleinige Fokussierung auf dyadische Beziehungskonflikte (zum Beispiel in der Lehrer-Schüler-Beziehung) erweist sich ohne Berücksichtigung institutioneller und systemischer Wirkfaktoren als zu eng.
- Der Übertragungsvielfalt und -schichtung in der Schule wird nicht angemessen Rechnung getragen, wenn Übertragungsprozesse nur *einseitig* als Abkömmlinge subjektiv-psychodynamischer Konstellationen (zum Beispiel auf der Folie familialer Übertragungsmuster) analysiert werden.
- Die Überbetonung zweckrationaler Lösungsmöglichkeiten von Konflikten führt oft zu kausal-reduktiven Erklärungsmodellen, verführt zu „Anwendungsschematismen" bei Ausblendung subjektiven Erlebens.
- Die berufliche Haltung des Lehrers im Rahmen persönlichen Selbstverständnisses der Lehrerrolle wird kaum reflektiert.
- Auch wenn in neueren Forschungsüberlegungen „Balintgruppenarbeit" mit „psychoanalytischer Supervision" gleichgesetzt wird, gibt es auf dem Weg zu einer berufsfeldbezogenen Supervision noch viele Ungereimtheiten. Ungeklärt bleibt die Frage nach dem zulässigen Ausmaß kritischer Institutionsanalyse, um professionelle Realitäten konstruktiv zu verändern (vgl. Kutter 2001).

Zusammenfassend ein kurzer Ausblick auf die Verknüpfung von Praxis und Forschung: In psychoanalytisch-pädagogischen Fallbesprechungsgruppen geht es neben dem Zugewinn an professioneller Handlungskompetenz immer zusätzlich um die Erweiterung von Reflexionswissen bei engstem Theorie-Praxis-Bezug. Dieses Tun zielt letztendlich auf die Einleitung innovativer Prozesse selbsttätiger pädagogischer Forschung jedes Einzelnen ab – ein hoher Anspruch. Zu verweisen sei in diesem Zusammenhang auf die Notwendigkeit von „Forschungssupervision" zur Entwicklung der jeweiligen Profession (Rappe-Giesecke 1998: 238). Ähnlich wichtig in diesem Zusammenhang sind die Ausführungen zur Notwendigkeit und Reichweite eines praxeologischen Paradigmas in der psychoanalytischen Pädagogik der Schule (H. Hirblinger 1986; 2001: S. 8ff.)).

1.3 Projekterfahrungen

Um die Schwierigkeiten zu verdeutlichen, die bei dem Versuch entstehen, psychoanalytisch-pädagogische Konzeptualisierungen und Inhalte in die Lehrerbildung zu implantieren, im Folgenden zur Illustration ein Exkurs über Lehrerverhalten und -einstellungen, dem eine Langzeitbeobachtung von Teilnehmern an Fallbesprechungsgruppen zugrunde liegt.[1] Die professionel-

---

1 Im folgenden Exkurs stütze ich mich auf Projekterfahrungen mit Supervision im „Arbeitskreis für psychoanalytische Pädagogik der Schule" (ApPS e.V.) aus den Jahren 2000 bis 2005 in München.

len Erfahrungen der Leiter, die in diesem Zeitraum gemacht wurden, führten zu folgendem Resümee:

- Lehrer greifen aus Angst vor pädagogischer und theoretischer Überforderung – im Rahmen schneller Problemlösungssuche – gerne zu „Handlungsrezepten", auf die sie auch im Notfall schematisch zurückgreifen können. Diese Beobachtung erklärt die Favorisierung von Verhaltens-*modifikation* und Methoden*schulung*, wie sie von den offiziellen Lehrerfortbildungsanstalten zumeist als effektiv angesehen wird. Systemkritische und emanzipatorische Perspektiven sind kaum nachhaltig zu vermitteln.
- Auch die Schuladministration reagiert – auf geplante Angebote psychoanalytisch-pädagogischer Fallbesprechung – nach zunächst scheinbarer Akzeptanz mit institutioneller Abwehr (wie Kontrolle, Verleugnung, Pseudointeresse als Reaktionsbildung etc.).
- Schulisch-unterrichtliche Konflikte werden von den Lehrern bei der Fallbesprechung auffällig oft personalisiert und emotionalisiert, was von der Schule als Institution stillschweigend gebilligt wird, da auf diese Weise systemische Konflikte überdeckt werden. Nach Fürstenau droht die Supervision dann in eine „Form privatistischer Beziehungsklärung" (Fürstenau 2001: 107) zu entgleisen.
- Auffällig ist die ständig aufflackernde Überich-Fixierung bei professionsbedingter oral-narzisstischer Bedürftigkeit der Lehrer. Der Wunsch nach Zertifizierung als „Berater" oder „Supervisor" ist eng mit Karrieredenken verknüpft, das sich um die Zuteilung von Funktionsstellen und um Aufstiegschancen rankt. Die Schulleitung wird in diesem Zusammenhang oft als gewährende und versorgende Elterninstanz idealisiert.
- Gelingt jedoch die Aneignung psychoanalytisch-pädagogischen *Wissens*, besteht die Gefahr der einseitigen *Anwendung* der neu gewonnenen Fähigkeiten und Fertigkeiten. Der Beobachtung nach entwickeln sich Lehrer aus professioneller Unsicherheit und mangelnder professioneller Ich-Stabilität heraus schnell zu „Therapeuten" bzw. verdeckten psychologischen Beratern und übergehen dann pädagogische Anliegen und Notwendigkeiten. Anders ausgedrückt: Pädagogische Konfliktlösungen werden zugunsten schulpsychologischer Interventionen aufgegeben, die systemische Verursachung von Belastungen wird ignoriert. Dieses Geschehen wird zum Teil durch Psychologen oder psychoanalytisch Tätige verstärkt, wenn diese – bei häufigem Rückgriff auf einen medizinalisierten Krankheitsbegriff – um „Heilung" statt um die „Lösung" von mehrdimensionalen berufsfeldbezogenen Konflikten bemüht sind.

2. Grundlagen: Psychoanalytisch-pädagogische Aspekte der Imaginationsarbeit

2.1 Konzeptionelle Verschiedenheiten

Die Selbstverständnispostulate und wissenschaftlichen Annahmen einer psychoanalytischen Pädagogik der Schule bedingen – wie anfänglich formuliert – die Methodik der Fallbesprechung und auch die Arbeit mit Imaginationen. Die Beliebigkeit der Verwertbarkeit von Imaginationen wird dabei in Frage gestellt.

Es gibt zurzeit nur wenige Ansätze, die mit dem Ziel der Analyse beruflicher Handlungskontexte zu den hier vorgestellten Überlegungen in der Schule als vergleichbar herangezogen werden können. Erwähnenswert ist die Methode der imaginativen Begleitung von Führungsprozessen im Rahmen tiefenpsychologischen und systemisch orientierten Coachings von Cottier (2007) in der Schweiz.

Um die konzeptionelle Unterschiedlichkeiten des methodischen Umgangs mit Imaginationen zu illustrieren, folgt zunächst ein kritisches Resümee der positivistisch anmutenden Vorgehensweise in NLP-Trainings, dann wird unter methodenkritischem Blickwinkel bei Gegenüberstellung zentraler Imaginationsverfahren die Abkehr von therapeutischen Settings näher begründet.

Die Arbeit mit Imaginationen in NLP-Trainings zielt ausschließlich auf eine positive Veränderung der Einstellungen und Gefühlsempfindungen ab, wobei spezifische als negativ erachtete Emotionen wie Wut, Ärger, Aufregung als Störfaktoren im Beziehungserleben ausgeblendet bzw. dissoziiert werden. Die Stabilisierung des Ichs, der Ausbau stärkender Ich-Techniken steht im Vordergrund, wobei eine umfassende Selbstreflexion des intrapsychischen affektiven Raumes vermieden wird. Die im NLP-Coaching beschriebenen Arbeitsweisen mit Imaginationen dienen in erster Linie der subjektiven Entlastung durch gedankliches Ausschalten unangenehmer subjektiver Spannungsgefühle. Die Analyse von Beziehungs- und Konfliktdynamiken wird bei solchem Einsatz suggestiver Kommunikationstechniken nicht geleistet, Ambivalenzen im Gefühlserleben herzustellen und auszupendeln, ist nicht gefragt. „Belastende Bilder oder alle Bilder, die mit negativen Gefühlen verknüpft sind, sollten von Klienten nur dissoziiert erinnert werden" (Vössing 2007: 48), um den Stress zu senken.

Zusammenfassend ist festzuhalten, dass das oben beschriebene Vorgehen – vor allem in Hinblick auf die partielle Ausblendung intrapsychischer Realitäten – mit psychoanalytisch-pädagogischen Bildungs- und Entwicklungszielen nicht vereinbar ist. Das Postulat, dass berufsfeldspezifische Erfordernisse die Wahl der Methode bestimmen müssen, um professionelle Ziele zu erreichen, wird ignoriert.

2.2 Die Abkehr von therapeutischen Settings

Die Verfeinerung imaginativer Techniken beruht auf langjährigen Forschungen und Konzeptualisierungen von Leuner, der im Rahmen des von ihm sogenannten Katathymen Bilderlebens den Zusammenhängen von Bildimaginationen und den ihnen innewohnenden kreativen Potentialen nachging. In neueren Arbeiten diskutiert die Forschungsgruppe um Hennig et al. (2007) Spezifika von Übertragung und Gegenübertragung, von Abwehr- und Widerstands-mechanismen, von Angstbindung durch Symbolisierung etc. und stellt damit Wirkfaktoren heraus, die für das Verständnis von Beziehungsprozessen eine zentrale Rolle spielen. Diese sehr umfassenden analytisch und tiefenpsychologisch orientierten Forschungsansätze sind für die Verfeinerung psychoanalytisch-pädagogischer Konzepte zur Imagination in der Fallbesprechung bedeutsam, gerade auch hinsichtlich der Analyse der Dynamik der ablaufenden Symbolisierungsprozesse, die oftmals Objektbeziehungsstörungen widerspiegeln (Hennig 2007: 83).

Der Zusammenhang von imaginationsbezogener Kommunikation zu analogen Sachverhalten der äußeren Realität spielt im Tagtraumverfahren – wie es auch genannt wird – eine wichtige Rolle. „Wenn über Analogien der Zugang zur Problemkonstellation gefunden ist, werden aufgrund des Zusammenhangs zwischen Imagination und Emotion auch die zur Konstellation gehörigen Gefühle wieder präsent" (Bahrke 2007: 192).

Als therapeutisches Verfahren ist das Katathyme Bilderleben jedoch bei eher klinischer Zielorientierung nicht so offen konzipiert wie in der psychoanalytisch-pädagogischen Supervision notwendig. Der Therapeut arbeitet direktiv, leitend im Sinne des Erinnerns, Wiederholens, Durcharbeitens. Durch stufenweise Vorgaben von Standardmotiven erfolgt eine Strukturierung der Erlebnisfelder (Hennig 2007: 106f.). Methodisch gesehen wird Imaginieren damit lehr- und lernbar. Ziele der katathymen imaginativen Bildarbeit sind übergeordnet ebenfalls die Problemaktualisierung und die motivationale Klärung von Konflikten auf der Suche nach konstruktiven Problemlösungen (Bahrke 2007: 187).

Wesentliche Punkte werden jedoch im *klinischen* Setting nicht beachtet, die für eine Imaginationsarbeit im *pädagogischen* Feld wesentlich sind:

- die Betonung der Trias von psychodynamischer, konfliktdynamischer und systemischer Analyse;
- die Notwendigkeit stützender Entfaltung von psychoanalytisch pädagogischen Entwicklungs- und Bildungsprozessen;
- die Heraushebung des reflektierenden Selbst;
- die Zurückstellung des Begriffes der „Störung", der zumeist personalisiert wird (A. Hirblinger 2003: 153).

In diesem Zusammenhang ein weiterer Blick auf die Besonderheiten des Ansatzes von Drees (1984, 1996), der im Rahmen seiner Methode der „Prismatischen Bildimagination" die Bedeutung der Imagination für die Entfaltung unbewussten kreativen Materials im Rahmen klinischer wie auch berufsbezogener Supervision herausstellte. Drees arbeitet zumeist in Gruppen, in denen sich freie Phantasien und Assoziationen im kommunikativen Raum miteinander verbinden und wieder auseinander fallen. Es entsteht im interaktionellen Miteinander ein unbegrenzter symbolischer Bedeutungsraum, in dem Einzelne sich subjektiv gespiegelt, verstanden, angeregt fühlen, dadurch in der Lage sind, eigene bisher verdeckte unbewusste Gefühle freizulegen.

Bei kritischem Blick fällt relativ schnell auf, dass durch ungelenkte Gruppenimaginationen ein Überfluss von Metaphern entsteht, der eine gezielte Verarbeitung der Symbolgehalte als Grundlage neuer pädagogischer Orientierung kaum ermöglicht. Drees stützt sich in seinen früheren Studien (vgl. Dechant/Drees 1981) auf das damals meistenteils übernommene Balintgruppenkonzept und erarbeitet unter Zuhilfenahme „prismatischer Bildimaginationen" – in Anlehnung an ein Phasenschema – ungerichtet Konfliktthemen. Bei genauerem Hinsehen entsteht jedoch der Eindruck, dass das Spiel mit Phantasie zu einem Gruppenevent wird, das zu einer ungerichteten Lockerung und Freisetzung unbewusster Emotionen führt. Diese verselbständigen und zersplittern sich – bei Einleitung immer neuer Imaginationsrunden. Es fehlt letztendlich die pädagogische Zusammenschau und die Rückbindung des Materials an übergeordnete berufsspezifische Kontexte. Auch Drees überträgt die unter therapeutischen Gesichtspunkten konzipierte Imaginationsmethode auf die berufsbezogene Balintgruppenarbeit, ohne Einbezug der systemischen Organisations- und Institutionsdynamik. Emotionale negative Gefühle, Missempfindungen und Blockaden etc. werden aufgrund zu enger Wahrnehmungsperspektiven wiederum nur als dem *eigenen* Ich zugehörig erlebt. Es unterbleibt die Präzisierung von rollenbezogenen Handlungskontexten, obwohl Drees eigentlich fordert, dass „institutionelle und rollendynamische Blockaden im Dienste einer […] Aufarbeitung von verdrängten Konfliktfeldern aufgelöst" (Drees 1996: 174) werden sollen.

3. Psychische Realität als Erfahrungsraum: die Imagination als Spiegel unbewusster Prozesse

3.1 Unterrichtliche Prozesse und das Unbewusste

Aus Perspektiven der psychoanalytischen Pädagogik der *Schule* versteht sich Unterricht als intermediärer Raum, ist also mehr als nur eine zweckrationale Organisationsform des Lernens und Lehrens. Eine umfassende psychoanalytisch-pädagogische Analyse des unterrichtlichen Geschehens zielt darauf ab, unbewusste Motive innerpsychischen Erlebens und emotionaler Prozesse als

Wirkkräfte zu verstehen und deutend zu erklären. – Aber wie lassen sich diese fassen? Herauszuheben ist in diesem Zusammenhang die Bedeutung des Erwerbs von psychoanalytischer Kompetenz „als die erwerbbare Fähigkeit, sich tief in andere Menschen einzufühlen, das filigrane Gewebe ihrer Träume, ihrer inneren Objektbeziehung und Welten zu verstehen. [...] Der Umgang mit emotionalen Erfahrungen ist kategorial auf *andere* erkenntnistheoretische Zugangsweisen angewiesen als die im zweckrationalen Konzept angestrebten" (H. Hirblinger 2002). Hiermit wird die Notwendigkeit der Analyse des *eigenen* Erlebens und *individueller* Formen der Erfahrungsverarbeitung in jeweils spezifisch *situativen Kontexten* hervorgehoben. Das Arbeiten mit Imaginationen ebenso wie mit Träumen ist *eine* Methode, die Vielschichtigkeit pädagogischer Konflikte auf verschiedenen Ebenen zu verstehen. Imaginationen und Phantasien gehören zu der Vielzahl von „Materialien", die Aspekte des Unbewussten repräsentieren können. Weitere Materialien sind u.a. szenische Konstellationen, nonverbale Äußerungen, Resonanzphänome, mit denen der Lehrer im Unterricht pädagogisch arbeitet (H. Hirblinger 2001: 55).

3.2 Das Wesen der Imagination

Es gibt eine nicht mehr zu zählende Flut von Veröffentlichungen zum Umgang mit Imaginationen als Träger unbewusster Phantasien und Gefühle unter Zuhilfenahme bestimmter Techniken, um ihr kreatives Potential freizulegen. Verkürzt einige grundsätzliche Ausführungen:

–   In der Bildimagination begegnen uns unbewusste Abkömmlinge persönlichen Verhaltens und Fühlens, die dem verdeckten primärprozesshaften Denken zuzuordnen sind. Im Unbewussten erfolgt – zumeist im Stadium regressiver Versunkenheit – eine Umstrukturierung realer Erlebnisinhalte unter Einbezug der gleichen Mechanismen (wie zum Beispiel der Verdichtung und Verschiebung), wie sie uns aus der Traumarbeit bekannt sind. Bemerkenswert ist die freie Anreicherung der inneren Erfahrungselemente mit subjektiv emotionalen Empfindungen in bildhafter Form durch Metaphern. Anders ausgedrückt: Subjektiv Bedeutsames, abgesunken ins Unbewusste, bedient sich mannigfaltiger symbolischer Ausdrucksformen.

–   Das reflektierende Ich kann bekanntlich zwischen Bewusstem und Unbewusstem oszillieren, kann über Erinnerung und willentliche geistige Operationen dieses kreative Material mittels sekundärhafter Verarbeitung durch Versprachlichung – durch Anwendung bestimmter narrativer Techniken – entfalten. Im Prozess tieferen Verstehens und symbolischer Deutung können diese Bilder dann anderen Bewusstseinsinhalten zugeordnet werden, das Blickfeld für bestimmte Fragen und Konflikte weitet sich.

– Die Fülle neu gewonnener Perspektivenbilder emotionalen Erlebens ermöglicht in einem weiteren Schritt z.b. die Analyse von Übertragung-
Gegenübertragung, von Identifizierungen, von Reaktionsbildungen oder
Fixierungen im Rahmen der Bearbeitung von Abwehrmechanismen, wie
wir es aus der Psychoanalyse kennen. Die Imaginationen verdeutlichen
ungefiltert die vorher verdeckten Gefühlsinnenwelten, die nunmehr im
Kontext einer umfassenden konfliktdynamischen Betrachtung gedeutet
werden können.

Hervorzuheben ist, dass die Arbeit mit Imaginationen eine umfassende Erfahrungsbildung eben dadurch ermöglicht, dass symbolisches Bildmaterial
durch sekundärprozesshafte Weiterverarbeitung, also durch Be- und Überdenken der gefühlsnahen Inhalte erst seine volle Bedeutsamkeit freigibt. Eine
solchermaßen umfassende Imaginationsarbeit ist einer ausschließlich kognitiven Konfliktverarbeitung überlegen.

Zu diesem Punkt einige zentrale theoretische Ausführungen von Salvisberg zur Einschätzung des Stellenwerts der Progression im Rahmen primärprozesshaften Denkens in Anlehnung an Pinchas Noy, dessen Überlegungen
zu einer Revision des Freudschen Konzeptes des Primär- und Sekundärpro-
zesses führten. Dieser Punkt erscheint insofern wichtig, da gerade die institutionalisierte Schule in der Lehrerbildung immer wieder dem rationalen
progressiven Denken und dem Training von Lehrerverhalten den Vorzug
gibt. Subjektives emotionales Erleben wird dann schnell als disfunktional
oder störend angesehen.

In Ergänzung und Abhebung zu Freud lässt sich heute die Funktionsweise des Primärprozesses und damit der Symbolbildung klarer fassen. Das pri-
märprozesshafte Denken orientiert sich grundlegend an affektiven Bedürfnissen des Selbst, genauer: emotionale Erfahrungen werden – z.B. durch Imagination und mittels Symbolisierung – in bildhafte Kontexte des Unbewussten
verschoben. Dabei werden neue „Verbindungen und Besetzungen zwischen
Gegenwärtigem und Früherem, zwischen Bewusstem und Unbewusstem,
zwischen abstrakten Konzepten und konkreten Erfahrungen" (Salvisberg
1997: 76) hergestellt. Durch diese Verknüpfung von emotionalem Erleben
und symbolischem Denken öffnet sich der Primärprozess – ungeachtet der
Abwehrmechanismen – hin zu progressiven Umstrukturierungen, die sich mit
Einsichten und neu gewonnenen Erkenntnissen verbinden. Wir stoßen hier
nach Salvisberg auf „hochdifferenzierte Vorgänge der Erkenntnisgewinnung", die nicht länger mehr als regressiv bezeichnet werden können.

Im Prozess der Imagination werden – um es nochmals zusammenfassend
zu betonen – tiefliegende Gefühle in symbolischer Form dargestellt, dann
durch Versprachlichung objektiviert und für den progressiven Erkenntnispro-
zess (im Bereich des sekundären Denkens) positiv genutzt.

Die Wirksamkeit pädagogischer Erfahrungsbildung im Umgang mit
Imagination bemisst sich also daran, inwieweit unbewusstes Erleben in sei-

nem genuin schöpferischen Potential freigelegt und mit dem rationalen realitätsbezogenen Denken ganzheitlich in Einklang gebracht werden kann.

4. Praxeologische Erfahrungen: Methodenbaustein Imagination in der themenzentrierten Fallbesprechung[2]

4.1 Falldefokussierung durch Imaginationsvielfalt

Der imaginative Prozess wird durch die Aufforderung an die Teilnehmer eingeleitet, sich ohne weitere Rückfragen den inneren Bildern zu der vorgetragenen Fallgeschichte zu überlassen, wobei der Fallerzähler sich persönlich zurücknimmt.

Methodisch wird die in den Raum gestellte Fallerzählung sozusagen *defokussiert*. Erklärungsdruck, Versuche rationaler Konfliktlösung werden bewusst zurückgestellt. Der Fall splittert sich auf der inneren Bühne in szenische Einzelepisoden auf, später in regressiver Haltung in Bildelemente und Metaphern, die Abkömmlinge des Unbewussten sind. Dort im Unbewussten, im Bereich primärprozesshaften Denkens, entfaltet sich das ganze Spektrum assoziierter Gedanken und Erinnerungen in Form von Imaginationen verschiedenster Art. Wie bei der Traumarbeit unterlaufen die assoziierten Bilderketten Abwehr und Widerstand sowohl bei dem Fallerzähler wie bei den imaginierenden Gruppenteilnehmern. Die Fallerzählung erfährt unter semantischem Aspekt eine enorme Ausweitung, sie wird defokussiert, der Konfliktlösungsdruck – bei Reduzierung der Überich-Spannung – merklich reduziert. Mittels konkordanter und komplementären Erlebens der Gruppenteilnehmer durch Identifizierung werden bisher verdeckte Konfliktdynamiken zunächst im Unbewussten des Einzelnen freigelegt, anschließend dann in der Gruppe in Form narrativer Erzählung versprachlicht. Überdeutlich wird nun der emotional fassbare, vorher verdrängte Gehalt der Metaphern, die jetzt Gegenstand der Analyse werden und ein vertieftes szenisches Verstehen ermöglichen (vgl. A. Hirblinger 2003: 163).

Wie kann man nun mit diesem Bildmaterial konstruktiv umgehen, um pädagogische Konflikte umfassend zu analysieren, neue Handlungsspielräume zu eröffnen? – Es tauchen Fragen auf wie:

– Sind alle aus dem Unbewussten aufsteigenden, doch sehr subjektiven Bilder hilfreich?
– Wie können stark affektiv besetzte Metaphern den Klärungsprozess bereichern und der Konfliktbewältigung in schulisch-unterrichtlichen Realitäten dienen?

---

2 Im Folgenden stütze ich mich auf das früher bereits ausführlich vorgestellte Phasenmodell der Fallbesprechung, das als didaktischer Leitfaden in der Supervisionsausbildung des ApPS e.V. diente (A. Hirblinger, A., 2003: 160).

- Ist die Transformation des Bildmaterials, also eine Übersetzung in die Alltagssprache notwendig, um schnelle „Lösungen" zu ermöglichen?
- Lässt sich regressives emotional aufgeladenes Bildmaterial mit progressiven rationalen Konfliktklärungen in Einklang bringen?

4.2 Die Bündelung hilfreicher „bedeutsamer Imaginationen" – die Rolle des Leiters

In einer der Imagination nachfolgenden, ersten Verarbeitungsphase konzentriert sich die Gruppe nach Klärung vorheriger Rückfragen vor dem Durcharbeiten auf die Vielfalt der inneren Bilder. Anhand derer wird es möglich, die in den Bildern angelegten, *versteckten* Perspektiven herauszuarbeiten und zu reflektieren, verkoppelt mit inneren szenischen Einfällen der Gruppenteilnehmer. Übertragungen und Identifizierungen werden deutlich, ohne jedoch dass es zu rationalisierenden oder affektiv überlasteten Streitdiskussionen über richtige oder falsche Wahrnehmungen kommt.

Das hermeneutische interpretative Vorgehen oszilliert zwischen der Analyse primärprozesshaften gefühlsnahen Erlebens und der rationalen, kognitiven Verarbeitung des sekundärprozesshaften Denkens, das einer sprachlichen Verarbeitung von Denkinhalten entspricht. Erst dieses Oszillieren ermöglicht Erfahrungsbildung im Sinne der psychoanalytischen Pädagogik bei kontrollierter Regression und mit dem Ziel einer zunehmend progressiven Entwicklung. Wie lassen sich nun aus der Vielzahl der Bilder „bedeutsame Imaginationen" herausdestillieren, um die Fallgeschichte im pädagogischen Kontext präziser zu verstehen? Wie kann die Aufarbeitung der Bildinhalte methodisch adäquat erfolgen und pädagogisch wirksam werden?

Bei der Bearbeitung des imaginierten Bildmaterials ergeben sich bei genauerem Hinsehen – wie bereits erwähnt – Parallelen zur psychoanalytischen Traumdeutung. Die innere Begegnung mit dem unbewussten kreativen Material – versinnbildlicht in den Imaginationen – dient zunächst der emotionalen Entlastung und später bei allmählicher Bewusstwerdung der Tiefensensibilisierung des Berichtenden. In einer zeitlich nachgeschalteten Klärungsphase wird durch hermeneutische Interpretation der imaginierten Bilder eine differenzierte Herausarbeitung der *Kernkonflikte* des Falls – bei deutlicher Rückgewinnung emotionaler Beziehungs*gerichtetheit* – möglich.

Im Vorgang des Imaginierens muss dem Tatbestand der Überlagerung subjektiver und projektiver Wahrnehmungen in der Gruppe Rechnung getragen werden. Der Leiter sollte in der Lage sein, aufgrund seiner Haltung und inneren Wahrnehmungskompetenz die Imaginationen richtungsweisend im Voraus in seinem Innern zu bündeln und sie auf den Gehalt hinsichtlich der Lösung des pädagogischen Problems zu filtern. In diesem Zusammenhang erscheint der Begriff der „Fallstrukturierungskompetenz" erwähnenswert (Graf-Deserno/Deserno 1998: 173). Mit diesem Begriff weisen die Autoren auf die notwendige fachliche Verantwortung des Leiters hin, der dafür sorgt, dass angeschnittene Konflikte für alle Gruppenteilnehmer reflektierbar bleiben. Auch der Leiter einer Fallbesprechungsgruppe wird erst dann – bei Einschluss eigener Übertragungs-Gegenübertragungsanalyse – deutend eingreifen, wenn die Gruppenteilnehmer sich aufgrund von Abwehr und Widerstand – in Bezug auf ein Konfliktthema oder spezifisches Rollenverhalten – inhaltlich-emotional verstricken und dadurch professionelle Problemklärung verhindern.

Zurück zur Frage, wie sich nun eine sinnvolle Auswahl unter den Bildern treffen lässt, wie also „bedeutsame Imaginationen" zu gewinnen sind. Als Prämisse gilt, dass der professionelle Rahmen und das gewählte Setting die Methodik der Imaginationsarbeit prägen. Des Weiteren ist davon auszugehen, dass die innere Wahrnehmung der Teilnehmer vorrangig durch Berufsrollenidentifizierungen bestimmt ist. Alle spontan induzierten Bilder – mit szenischen Konstellationen in Schule und Unterricht verknüpft – hüllen sich nach dieser so erfolgten Defokussierung des Falls im Unbewussten um einen – von mir so benannten – *Bedeutsamkeitskern*.

Diesen Vorgang kann man sich folgendermaßen vorstellen: Die Vielzahl der Wahrnehmungen „überlappen" sich und schließen sich in ihrem Zentrum zu einem „Bedeutsamkeitskern" zusammen, der aus ähnlichen symbolischen Denkinhalten bzw. metaphorischen Gehalten besteht und auf den Fokus der unbewussten Konfliktdynamik abzielt. Der Bedeutsamkeitskern – auch als Konnotationskern zu verstehen – umschließt die Schnittmenge der Bildimaginationen, die einen ähnlich *sinnhaften* und *professionell* verankerten Bedeutungsgehalt aufweisen, und zwar auf der Basis des gemeinsamen professionellen Unbewussten der Gruppe (vgl. Wellendorf 1996).

4.3 Rückbindung an äußere Realitäten

Es scheint sinnvoll, sich in einer anschließenden Verarbeitungsphase vorrangig mit diesen *inneren Bildern des Bedeutsamkeitskerns* zu befassen. Diese bedeutsamen Imaginationen müssen dann nach sinnbezogener Bündelung des Materials, das aus dem Unbewussten aufsteigt, durch Versprachlichung herausgehoben werden. Dies geschieht durch manifeste und latente Bildanalyse und szenisches Verstehen. Anschließend erfolgt im Gruppengespräch die Erarbeitung der unterrichtsrelevanten Bedeutungszusammenhänge im pädagogischen Bezugsfeld.

Innere Bilder werden letztendlich erst dann zu tragenden und relevanten „bedeutsamen Imaginationen", wenn sie an *vorher* in den Raum gestellte pädagogische Sachverhalte und an die äußere und professionelle Realität inhaltlich *anknüpfen* können (vgl. Kutter 2001). Der Qualität des Deutungsverstehens und der analogen Übersetzung des Bildmaterials in Hinblick auf den Fokus fällt hierbei größte Relevanz zu. Die Wirksamkeit einer Imagination bemisst sich letztendlich an dem Grad der gefühlshaften und kognitiven Übereinstimmung aller Beteiligten. Die ausschließlich subjektbezogenen Imaginationen, die außerhalb des Bedeutsamkeitskerns liegen, werden aus dargelegten Gründen ausgefiltert. Die Qualität dieser notwendigen Klärungsprozesse ist das Produkt der wechselseitigen Zusammenarbeit von Leiter und Gruppenteilnehmern, wobei das Gruppenunbewusste sowie das Unbewusste Einzelner ineinander schwingen.

Einige ergänzende abschließende Anmerkungen aus psychoanalytisch-pädagogischer Sicht: Die Arbeit mit Bildimaginationen darf keine regressiven Prozesse forcieren oder festschreiben. Es geht nicht um selbstgezogenes Verkosten des emotionalen Erlebens, sondern letztendlich – in Abkehr von dem Habitus in Selbsterfahrungsgruppen – um die Bewusstwerdung von Gefühlsqualitäten, von Verdrängungen oder Blockierungen und deren Analyse in Hinführung auf *pädagogisch-professionelle Sachverhalte*. Widerstands- und Abwehrformationen sollten nur mit dem *Ziel*, pädagogische Konflikte zu lösen, bearbeitet werden.

4. Fallmaterialien – Fallbesprechung zur Beziehungsdynamik unter Lehrern

4.1 Sitzungsbeginn und Fallerzählung

Am Anfang der Sitzung wurde nach theoretischen Reflexionen zu der vorherigen Sitzung in Hinführung auf das neue Thema eine Mindmap zum Clusterfeld „Lehrer-Lehrer" erstellt. Auffällig für die Leiter ist in dieser Phase der merklich spürbare Widerstand, persönlich eine Fallgeschichte zu erzählen, die das schwierige Konfliktfeld der Lehrerbeziehungen untereinander spiegelt. Durch die einleitende Phase der schriftlichen Auflistung szenischer Konstellationen konnte die Abwehrspannung – ebenso durch Betonung des sanktionsfreien und geschützten Raums in der Gruppe – gelockert werden.

Fallgeschichte (Protokoll der Leiterin):

Die Lehrerin hat in diesem Schuljahr eine 9. Klasse an der Hauptschule übernommen und erkundigt sich bei Übernahme bei dem Klassenlehrer des Vorjahres nach dieser Klasse. Im Gespräch gibt jener Kollege zu erkennen, dass er froh ist, diese „Kotzbrocken" los zu sein. In den Folgewochen vermeidet sie zunehmend den Kontakt mit dem Kollegen, weil er jedes Mal, wenn er sie trifft, sie diesbezüglich anspricht, ob sie nicht auch froh sei, wenn sie die Klasse wieder „loswerden" könnte.

Die erste Reaktion der Lehrerin war es, dem Kollegen von positiven Erlebnissen mit dieser von ihm so diffamierend etikettierten Klasse zu berichten. Sie macht jedoch die Erfahrung, dass er nicht zuhört bzw. nicht zuhören will. Eine Schülerin erzählt ihm nach Wochen, dass sie jetzt bei der neuen Lehrerin bessere Noten habe. Antwort des früheren Klassenlehrers: „Pass auf, sonst musst du noch Abitur machen ...". Die berichtende Lehrerin ist betroffen, als sie von der Schülerin diesen Kommentar des Kollegen mitgeteilt bekommt. Sie nimmt sich daraufhin vor, verstärkt gegen die negativen Selbstbilder der Schüler vorzugehen und diese aufzubauen, damit sie ins „positive Fahrwasser" kommen.

4.2 Konfliktdynamische Themen

Während der Fallerzählung und nach Klärung von Rückfragen bilden sich im Leiter im Rahmen eigener Introspektionsfähigkeit bereits folgende Problemzusammenhänge ab:

1. Leistungsverhalten der Schüler und Klassenbetragen sind nur relative, kaum objektivierbare Größen, sondern spiegeln zum Großteil das Beziehungsverhältnis zwischen Lehrern und Schülern.
2. Offene und verdeckte Konflikte zwischen Lehrer und Klasse führen zur einseitigen Wahrnehmung, oftmals zur Wahrnehmungsverzerrung des Gegenübers.
3. Pauschale Lehrervorurteile führen zu jahrgangsübergreifenden Stigmatisierungen von Klassen, festigen persönliche Diffamierungen.
4. Abwehrend versucht der einzelne Lehrer, Fehlentwicklungen und Friktionen zu pauschalisieren, gleichgesinnte Verbündete im Kollegium zu finden, um sich persönlich bei Verfestigung der eigenen Abwehr zu entlasten.
5. Deutlich aufgrund eingeschränkter Reflexionsfähigkeit ist auch die mangelnde professionelle Bereitschaft, klare Konfliktanalysen im Beziehungsfeld Lehrer-Schüler oder im Kollegium anzuregen und durchzuführen.
6. Rivalität und Missgunst, Macht, Neid und Diffamierung der Lehrer untereinander gehören offensichtlich zu den Tabus in der Lehrerschaft.
7. Es stellt sich die Frage nach dem strengen Charakter des pädagogischen Ich-Ideals, nur ein „guter Lehrer" z.B. aus Furcht vor Kränkungen und Ablehnung sein zu wollen.
8. Harmonisierende Attitüden verflachen die ambivalente Wesensstruktur der Lehrerrolle.

4.3 Imaginationsfelder

Jasmin: Ich denke ans Märchen Schneewittchen, die böse Stiefmutter und die Königin, die versucht, das Schneewittchen zu beeinträchtigen und gar umzubringen …

Gerda: Ich sehe einen See, einen Bootssteg, auf dem ich mich befinde. Ein Boot nähert sich mir, da sitzt ein Kollege drin, der mich reinzerren will. Die Frau auf dem Steg schreit, lass mich …

Paul: Ich sehe ein kleines Mädchen, das im Sandkasten schön spielt – mit Förmchen und Schaufeln und zu den Zuschauern sagt: „Schau wie schön …", Dann kommt jemand und zerstört ihre Bauwerke…

Ingrid: Annegret (die Fallerzählerin) sitzt im Boot und rudert, es dringt Wasser ins Boot und sie schöpft und schöpft und rudert, aber das Wasser quillt immer nach …

Edelgard: Ich sehe eine alte Bäuerin, die schwere Bürde trägt. Sie richtet ständig Pflanzen auf, die der Wind niedergedrückt hat. Sie versucht es unermüdlich …

Jens: Ich sehe ein kleines Mädchen das sich die Ohren zuhält gegen das Schreien, das Laute, das sie nicht aushält. Sie wehrt sich verzweifelt …

Jürgen: Ich sehe einen archaischen Wald mit einer Lichtung … dann tauchen am Boden Kinder auf, auch weiter hinten der Kollege, die Kinder verschwinden wieder. Dann ist Annegret da, und der Kollege, es scheint zwischen ihnen eine Verbindung zu bestehen, mittels eines Elektrokabels möglicherweise, beide Personen bewegen sich simultan …

Doris: Ich sehe Jauchefelder, ich gehe einen Weg an einem gejauchten Feld entlang, es stinkt, ich wechsle die Richtung und den Weg, erst ist alles in Ordnung, scheinbar, da ist wieder die Wiese – neben mir gejaucht, es stinkt furchtbar. Ich werde allmählich wütend und nehme mir vor, vielleicht bei der Gemeinde oder irgendwo zu intervenieren, dass es keine Art sei, nur noch stinkende Wege gehen zu müssen …

Hanna: Hanna hat sich schwer getan ein Bild zu finden, sie dachte irgendwie an „vergiftet oder so"…

Margot: Ein Mann wirft eine Zimmerpflanze im Topf weg. Annegret sagt, „das kann aber noch werden" und pflanzt die Pflanze um oder wieder ein und wässert sie …

Heidi: Ich sehe eine Baustelle, eine Grube, das Ganze ist eingezäunt … (die Imagination wurde nicht weitergeführt …)

4.4 Das Herausfiltern bedeutsamer Imaginationsinhalte aus dem Unbewussten

Die einzelnen imaginativen Bilderinhalte verdeutlichen die verborgene Konfliktdynamik zwischen den beiden Kollegen und der Schulklasse. Das szenische Umfeld wird in diesem Fall durch die kollegiale Beziehung der beiden Lehrkräfte untereinander, ihre Rolle als Klassenlehrer und die Schüler gerahmt.

Eindrücklich von Anfang an die Betonung des *Machtspiels*, des unerbittlichen Konkurrenzkampfes zwischen den Lehrern, der die zerstörerische diffamierende Etikettierung der Klasse als „Kotzbrocken" und „Sauhaufen" umschließt. Interessant in diesem Zusammenhang das Bild, ins Boot gezogen zu werden, um gemeinsame Sache zu machen. Dies ist als Versuch zu verstehen, Konflikte durch falsche Solidarität und Zusammenhalten zu verschleiern.

Das Ausmaß der *inneren Bedrängnis* und des emotionalen Aufruhrs der Kollegin zeichnet sich – bei starker Identifizierung – in den Bildern des durch Neid tödlich bedrohten Schneewittchens ab, liebevoll geformte Sandbauten als Metaphern für Leistungsergebnisse werden mutwillig zerstört. Dieses Bild vom Sandkistenspiel transportiert zugleich eine gewisse Naivität der Lehrerin in ihrem Spiel des kleinen Mädchens, das sich der Realitäten des äußeren Umfeldes und möglicher Bedrohungen nicht bewusst ist. Überhaupt wird die Identifizierung mit der Ohnmacht und der Aussichtslosigkeit pädagogischer Arbeit vor Ort überdeutlich. Die Bilder der Schutzlosigkeit (des kleinen Mädchens), die Dauerbelastung (der alten Frau) bei ungebrochenem Elan und die fühlbare Vereinzelung der Personen sprechen für sich. Es tauchen keine Bilderhandlungen auf, *um* aus der defensiven Position *heraus zu kommen*.

Das Bild der gejauchten Felder vermittelt einen Eindruck von den *latent* aggressiv-ärgerlichen Gefühlen der Lehrerin, die zunächst nicht bewusst sind. Die Wahrnehmungsperspektive wird in diesem Bild durch Hinwendung an die Gemeinde, also durch Einbezug des systemischen Umfeldes ausgeweitet. Die Wahl des Beschwerdeweges verdeutlicht den Wunsch nach übergeordneter Begutachtung und Regelung des zum Himmel stinkenden Vorgangs, allerdings durch Elterninstanzen in der Übertragung.

Generell erscheint es angebracht, die Bilder vorerst in ihrem manifesten Inhalt auf einer emotional-affektiven Ebene wirken zu lassen, dann jedoch Abwehr und projektive Verzerrungen freizulegen. Das innere emotionale Nachspüren wird ergänzt durch die Analyse latenter, d.h. versteckter Bedeutungszusammenhänge bei Einschluss des systemischen Kontextes, also des beruflichen Handlungsfeldes. Bezogen auf diesen Bedeutsamkeitskern fallen die Imaginationen, die nur rein *subjektive Konnotationen* oder *Eindrücke* bebildern (vgl. hierzu die Metapher des Elektrokabels) aus der Betrachtung heraus. Die Erfahrung zeigt, dass die Gruppenteilnehmer von sich aus wenig bedeutsame Imaginationen kaum mehr aufgreifen. Sie werden wie irrelevante Deutungen im psychoanalytischen Prozess ignoriert. Die Einfühlung der Teilnehmer in die scheinbar aussichtslose Position der Lehrerin wirkt hochgradig entlastend; über die Hälfte der Gruppenteilnehmer signalisiert mittels der imaginativen Bilder, die sich in ihrer konnotativen Bedeutsamkeit überschneiden, ihr auf Identifizierung beruhendes Verstehen. Es gilt nun, nicht in einer Haltung regressiven Mitgefühls stehen zu bleiben, sondern über den situationsspezifischen Einzelfall hinaus *neue* Sichtweisen zu rollenbezogenen Handlungsalternativen und zu systemischen Wirkfaktoren zu entwickeln.

Die Kunst im Umgang mit Imaginationen besteht also darin, projektiv aufgeladene und in der Phantasie „überzeichnete" Bilderinhalte konstruktiv im Sinne einer emotionalen Beruhigung, Tiefensensibilisierung und pädagogischen Neuorientierung zu nutzen.

4.5 Erhellung der pädagogischen Konfliktdynamik und der Theorie-Praxis-Bezug

Nach dieser Fallerzählung und nach Klärung von Rückfragen zum szenischen Umfeld eröffnen sich unter psychoanalytisch-pädagogischen Gesichtspunkten nunmehr neue Wahrnehmungsperspektiven. Der Grad der psychoanalytisch-pädagogischen Kompetenz des Leiters und der Gruppe bestimmt dabei die Tiefe und Weite des Klärungsprozesses. Die bebilderten szenischen Vorgänge werden nun *gemeinsam* genauer auf ihren pädagogisch-unterrichtlichen Gehalt hin untersucht. Es werden nun erneut Konfliktfelder, z.B. die kollegiale Rivalität, die Funktion von Vorgesetzten, der Burnout von Lehrern im Gruppengespräch thematisiert. Die Vielzahl der assoziierten Bilder werden durch Versprachlichung ins Bewusstsein gehoben und auf den ursprünglichen Fokus der Fallgeschichte, d.h. auf die bereits anfänglich formulierten Probleme, zurückgeführt, später auf ihre Bedeutsamkeit für eine pädagogische Neuorientierung hin abgeklopft. Diese abschließende Phase der erneuten Fokussierung entspricht dem *Durcharbeiten* in der psychoanalytischen Praxis.

In der Folgesitzung erfolgt in Bezug auf die bereits erarbeiteten Schwerpunkte der vorherigen Fallbesprechung eine thesenartige Zusammenfassung der Ergebnisse bei Einbezug psychoanalytisch-pädagogischer Konzeptualisierungen. In Rückblick auf den hier vorgestellten Fall ging es retrospektiv dabei um:

- die Rolle des Lehrers, unter der Perspektive der Idealisierung und des eigenen Ich-Ideals;
- Formen der Abwehr der Lehrerrolle (z.B. hinsichtlich von Reaktionsbildungen in Form übertriebenen Laissez-faire-Stils, überstarker Identifizierung mit der Schülerrolle, Gebrauch der Floskelsprache);

- die institutionelle geprägte Beziehungsdynamik in der Schule (vor allem in Bezug auf ihren autoritären Charakter und ihre Überich-Erziehungsideologie).

5. Thesen zur Arbeit mit „bedeutsamen Imaginationen"

Nach der Fallerzählung und der Imaginationsphase finden die Dechiffrierung der Symbolbilder sowie die Aufschlüsselung der Bedeutungsgehalte in mehreren Stufen statt:

1. Die spontan aus dem Unbewussten aufsteigenden Bildimaginationen verdeutlichen unterschiedliche Wahrnehmungsperspektiven und subjektives Gefühlserleben, lösen emotionale Spannungen und führen damit zu einer affektiven Entlastung.

2. Das kollektive Unbewusste der Gruppe manifestiert sich in einer Vielzahl ähnlicher Bilder und szenischer Abfolgen, deren Gedankeninhalte zunächst verborgen sind. Die verwandten inneren Bilder lassen sich aufgrund ähnlicher Sinngehalte in einem konnotativen Raum bündeln und im sogenannten Bedeutsamkeitskern zusammenschließen. Dieser ist – modellhaft gesehen – von einem Projektionsmantel umschlossen. Diese den Bildern anhaftenden Projektionen werden erst später bei bewusster Analyse des Bildmaterials der Bearbeitung zugänglich.

3. Die Bedeutsamkeit der Bilderketten bestimmt sich – aufgrund gemeinsamer Berufsrollenidentifizierungen und ähnlicher Wahrnehmungen – durch den professionellen Gehalt und die Rückbindung an schulisch-unterrichtliche Kontexte. Diese gebündelten „bedeutsamen Imaginationen" werden aus dem Unbewussten, aus dem Bedeutsamkeitskern, durch Versprachlichung herausgefiltert und auf der kognitiven Ebene in bewusste Denkinhalte überführt – ohne Preisgabe der emotionalen Betroffenheit.

4. Die erweiterte abschließende Bearbeitung und Deutung des Fallmaterials umschließt den nunmehr bewussten Umgang mit „kreativen Potentialen", die durch Imagination frei geworden sind. Diese fließen in die Entwicklung neuer Handlungsalternativen im pädagogischen Bezug mit ein. Empathisches Verstehen und der wechselseitige Austausch von subjektiven und rollenbezogenen Wahrnehmungen und Urteilsbildungen ergänzen sich in der Fallbesprechung. Ziel ist der Aufbau persönlicher Gewissheiten und die Professionalisierung durch emotionale Erfahrungsbildung.

Literatur

Bahrke, Ulrich (2007): Überlegungen zu den therapeutischen Wirkfaktoren in der KIPP. In: Hennig, H./Fikentscher, E./Bahrke, U./Rosendahl, W. (2007): Beziehung und therapeutische Imagination, Katathym Imaginative Psychotherapie als psychodynamischer Prozess. Lengerich: Pabst Science Publishers, S. 182-198.

Becker, Hansjörg (2003): Psychoanalyse und Organisation: Zur Bedeutung unbewusster Sozialisation in Organisationen. In: Sievers, H./Ohlmeier, D./Oberhoff, B./Beumer, U. (Hrsg.): Das Unbewusste in Organisationen. Gießen: Psychosozial-Verlag, S.53-72.

Cottier, Suzanne Claire (2007): Coaching: Führungsprozesse imaginativ begleiten. Kurzvortrag 11. Internationaler Kongress für Kathatym-imaginative Psychotherapie, Prag.

Dechant, Eckard/Drees, Alfred (1981): Balint-Gruppen-Arbeit mit Berufsschullehrern. In: Zeitschrift für Berufs- und Wirtschaftspädagogik (ZBW), 77. Band, H. 5, Wiesbaden, S. 362-368.

Drees, Alfred (1984): Balintgruppen in Institutionen. In: Gruppenpsychotherapie und Gruppendynamik 20, S. 76-86.

Drees, Alfred (1996): Folter: Opfer, Täter, Therapeuten, Gießen: Psychosozial-Verlag.

Fatke, Reinhard (1985): „Krümel vom Tisch der Reichen"? Über das Verhältnis von Pädagogik und Psychoanalyse aus pädagogischer Sicht. In: Bittner, G./Ertle, C. (Hrsg.) (1985): Pädagogik und Psychoanalyse, Würzburg, Königshausen & Neumann, S. 47-60.

Fürstenau, Peter (2001): Psychoanalytisch verstehen, Systemisch denken, Suggestiv intervenieren, Stuttgart: Pfeiffer bei Clett-Cotta

Graf-Deserno, Susanne/Deserno, Heinrich (1998): Entwicklungschancen in der Institution, Frankfurt/M.: Fischer Taschenbuch Verlag

Hennig, Heinz (2007): Zur Theorie und Praxis tiefenpsychologisch fundierter Therapie mit Imaginationen – Psychotherapie mit dem katathymen Bilderleben (KB). In: Hennig, H./Fikentscher, E./Bahrke, U./Rosendahl, W. (2007): Beziehung und therapeutische Imagination, Katathym Imaginative Psychotherapie als psychodynamischer Prozess. Lengerich: Pabst Science Publishers. S. 15-114.

Hirblinger, Heiner (1986): „ … dann wärt ihr selbst Gleichnisse geworden". Das Theorie-Praxis-Problem in der Pädagogik und die Rolle des sprachlichen Handelns. In: Zeitschrift für Pädagogik, 32. Jg., H.6, 829-847.

Hirblinger, Heiner (1989): Die Gegenübertragungsreaktion im Unterricht. In: Jahrbuch für Psychoanalytische Pädagogik 2, Mainz: Mathias-Grünewald Verlag, S. 7-26.

Hirblinger, Heiner (1999): Erfahrungsbildung im Unterricht. Die Dynamik unbewusster Prozesse im unterrichtlichen Beziehungsfeld. Weinheim: Juventa.

Hirblinger, Heiner (2001): Einführung in die psychoanalytische Pädagogik der Schule. Würzburg: Königshausen & Neumann.

Hirblinger, Heiner (2002): Über einige Besonderheiten der psychoanalytischen Pädagogik der Schule. In: ApPS-Texte 2002/Heft 12, Konzepte. Ms. (unveröff.).

Hirblinger, Annedore. (2003): Die Fallbesprechungsgruppe zwischen Unterrichtswirklichkeit und pädagogischem Ich-Ideal. In: Fröhlich, V./ Göppel, R. (Hrsg.) (2003): Was macht die Schule mit den Kindern? – Was machen die Kinder mit der Schule?. Gießen: Psychosozial-Verlag, S. 151-169.

Krebs, Heinz (2002): Emotionales Lernen in der Schule – Aspekte der Professionalisierung von Lehrerinnen und Lehrern. In: Finger-Trescher, U./Krebs, H./Müller, B./Gstach, J. (Hrsg.) (2002): Professionalisierung in sozialen und pädagogischen Feldern. Gießen: Psychosozial-Verlag , S. 47-69.

Kottje-Birnbacher/ Leonore/Sachsse,Ulrich/Wilke, Eberhard (Hrsg.) (1997): Imaginationen in der Psychotherapie, Bern: Verlag Hans Huber

Kutter, Peter (2001):Von der Balint-Methode zur berufsbezogenen Supervision. In: Theorie und Praxis psychoanalytischer Supervision, Münster: Votum Verlag, S. 154-166.

Leuner, Hanscarl (1985): Lehrbuch des Katathymen Bilderlebens. Bern: Verlag Hans Huber

Oberhoff, Bernd/Beumer, Ullrich (Hrsg.) (2001): Theorie und Praxis psychoanalytischer Supervision. Münster: Votum Verlag.

Ohlmeier, Dieter (2003): Psychoanalyse jenseits der Therapie. In: Sievers, B./Ohlmeier, D./Oberhoff, B./Beumer, U. (Hrsg.) (2003): Das Unbewusste in Organisationen, Gießen: Psychosozial-Verlag. S. 37-52.

Pühl, Harald (Hrsg.) (1996): Supervision in Institutionen. Frankfurt/M.: Fischer.

Rappe-Giesecke, Kornelia (1998): Kommunikative Supervisionsforschung. In: Berker, P./Buer, F. (Hrsg.) (1998): Praxisnahe Supervisionsforschung, Münster: Votum Verlag, S. 237-242.

Rappe-Giesecke, Kornelia (2008): Der Nutzen der Psychoanalyse für die Supervision. In: DGSv (Hrsg.): Konzepte für Supervision. Köln, S.14.

Salvisberg, Hanni (1997): Von der amodalen Wahrnehmung zur Katatymen Imagination. Gedanken zur Progression des Primärprozesses. In: Kottje-Birnbacher, L./Sachsse, U./Wilke, E. (Hrsg.) (1997): Imagination in der Psychotherapie. Bern: Verlag Hans Huber, S. 73-82.

Sievers, Burkhard/Ohlmeier, Dieter/Oberhoff, Bernd/Beumer, Ullrich (Hrsg.) (2003): Das Unbewusste in Organisationen, Gießen: Psychosozial-Verlag.

Trescher, Hans-Georg (1985): Einige Überlegungen zur Frage: Was ist psychoanalytische Pädagogik? In: Bittner, G./Ertle, Chr. (Hrsg.) (1995): Pädagogik und Psychoanalyse, Würzburg: Königshausen & Neumann, S. 61-66.

Trescher, Hans-Georg (1993): Handlungstheoretische Aspekte der Psychoanalytischen Pädagogik. In: Trescher Hans-Georg/ Muck Mario (Hrsg.) (1993): Grundlagen der Psychoanalytischen Pädagogik. Mainz: Matthias-Grünewald, S. 167-201.

Vössing, Heidrun (2007): Die Kraft innerer Bilder, Imaginationen im Coaching. Paderborn: Junfermann Verlag.

Wellendorf, Franz (1996): Überlegungen zum „Unbewussten" in Institutionen. In: Pühl, H. (Hrsg.) (1996): Supervison in Institutionen, Frankfurt/M.: Fischer Taschenbuch Verlag, S. 173-186.

Supervision – ein Beratungsinstrument zur Stärkung der pädagogischen Professionalität von Lehrern

Heinz Krebs

1. Die Ausgangslage

Lehrkräfte sind in ihrer beruflichen Arbeit mit großen Herausforderungen konfrontiert. Neben der Vermittlung der fachlichen Inhalte ist es besonders der Umgang mit den Schülern, der eine erhebliche Belastung darstellen kann. In den Medien schlägt sich das in Kennzeichnungen und Schlagzeilen wie der „Horrortrip Schule" (Der Spiegel 2003: 46) nieder. Diese können auflagensteigernde Übertreibungen darstellen, dennoch weisen sie auf ernstzunehmende Problembereiche hin. Lehrkräfte erleben den Unterricht mit verhaltensschwierigen und leistungsschwachen Schülern oft als schwierig und grenzüberschreitend (vgl. Göppel 2003: 60); und dies zeigt sich besonders in großstädtischen Ballungsgebieten. Ein Paradebeispiel für diese Problemlagen war 2006 die Rütli-Schule in Berlin, in der kein Unterricht mehr möglich war. Misstrauen, Angst und Respektlosigkeiten beherrschten die Umgangsformen zwischen Schülern und Lehrern. Diese Situation hat sich entscheidend verändert. Einerseits werden in das geplante Reformprojekt „Campus-Rütli" (vgl. www.ruetli-oberschule.de) erhebliche finanzielle Mittel gesteckt, die einen Ausbau der Schule zu einem Zentrum vom Kindergarten bis zur beruflichen Ausbildung mit entsprechenden Freizeit- und Begegnungsangeboten erlauben; andererseits wurde durch die Organisatoren des Projektes – dem Palästinenser Ahmad Al-Sadi und dem Deutschen Klaus Lehnert[1] – eine „neue" Schulkultur initiiert, die den Dialog und den Respekt zwischen den Schülern, Eltern und Lehrern als eine zentrale Aufgabe der schulischen Arbeit ansieht. Das heißt aber nicht, dass der Leistungsaspekt von Schule vernachlässigt wird: So kann Lehnert feststellen, dass vor drei Jahren 29 Prozent

---

1   Anmerkungen zu den Persönlichkeiten von Al-Sadi und Lehnert, die als „Köpfe" des Projekts wesentlich zum momentanen Erfolg beitragen: Al-Sadi (61 Jahre) ist in einem palästinensischen Flüchtlingslager aufgewachsen, kam nach Deutschland und promovierte in Volkswirtschaft. Er arbeitete als Sozialarbeiter mit ausländischen Jugendlichen und war erfolgreicher Bauunternehmer. Er wurde als „Interkultureller Berater" in das Projekt geholt. Lehnert ist ein pensionierter Gymnasialdirektor (67 Jahre), der als Projektleiter fungiert. Al-Sadi und Lehnert sind mit dem Auftrag und dem Enthusiasmus angetreten, aus einer Problemschule eine erfolgreiche Bildungseinrichtung zu gestalten.

der Schüler nach der 10. Klasse auf das Gymnasium wechseln konnten, heute sind es jedoch 51 Prozent (vgl. Leo 2009).

Diese Veränderungen sind möglich, weil die Schulbehörden in Berlin-Neukölln sowie die genannten Organisatoren sich konsequent von der „,alten' Unterrichtschule" (Rauh) verabschieden, die ihren Primärauftrag in der Stoffvermittlung sieht. Vielmehr entwickeln die Verantwortlichen ein Schulmodell, das die Selbst- und Sozialbildung der Schüler ernst nimmt und ihre soziale sowie individuelle Integration in gesellschaftliche Bezüge voranbringen will (vgl. Baumert 2009: 88). Bemerkenswert ist auch, dass dieses Projekt zwar mit neuer Schulleitung angestoßen wurde, aber im wesentlichen von Lehrern getragen wird, die auch schon vor dem Crash an der Rütli-Schule gearbeitet haben (vgl. Leo 2009: 21). Es handelt sich also bei den Rütli-Lehrern um „normale" Lehrer, denen es unter veränderten Bedingungen des schulpolitischen und institutionellen Rahmens und mit neuer Leitung zu gelingen scheint, ein sozialpädagogisch akzentuiertes Schulprojekt aufzubauen.

Dieses Projekt basiert darauf, dass Schule sich für die soziale Konstitution von Bildungsprozessen verantwortlich erklärt, und ein solches Konzept trägt dem Umstand Rechnung, dass Bildungs- und Lernprozesse im engeren Sinn an face-to-face-Interaktionen gebunden sind (vgl. Giesecke 2007: 21). In diesem Bereich schlagen sich allerdings auch die Störungen nieder, mit anderen Worten die „Verhaltensstörungen und Disziplinprobleme", die im extremen Fall zum Zusammenbruch eines Schulbetriebes führen können. Besonders in solchen Fällen, aber auch im normalen beruflichen Alltag müssen Lehrer zur Bewältigung dieser Problemzonen auf pädagogische Kompetenzen zurückgreifen können. Die Erfahrungen beim „Umbau" der Rütli-Schule zeigen – und das kann ich aus meinen Erfahrungen in der Supervisionsarbeit mit Lehrern ebenfalls bestätigen –, dass Regelschullehrer sehr wohl über den Fächerbezug hinaus über solche pädagogische Kompetenzen verfügen.

Diese kommen allerdings oft nicht zur Geltung; besonders in Krisen des Schulbetriebes tendieren Lehrkräfte dazu, die Durchsetzung der schulischen Ordnung und Disziplin zum zentralen Leitmotiv zu erklären. Dies bedeutet, dass differenzierte pädagogische Handlungsweisen und die Reflexion der Lehrer-Schüler-Interaktionen in den Hintergrund treten; und das kann heißen: Die Individualität der Schüler und ihre Motive werden tendenziell ausgeblendet, aber auch Lehrer verlieren ihre Befähigung, in angemessener Weise für ein gutes soziales Klima und eine auf die Schüler eingehende Unterrichtspraxis Sorge zu tragen (vgl. Hirblinger 2009: 156; Hirblinger 2003: 152ff.; Krebs 2002: 51ff.).

In diesem Beitrag soll es vor dem geschilderten Hintergrund darum gehen, ein Profil pädagogischer Kompetenzen des Lehrerberufs zu skizzieren, das für die Bewältigung alltäglicher, aber auch zugespitzter Konflikte bedeutsam ist (vgl. Abschnitt 2). Danach wird ein Beispiel aus der schüler- bzw. fallbezogenen Supervisionsarbeit mit Lehrern vorgestellt, um zu zeigen, wie Lehrer diese professionell-pädagogischen Kompetenzen berufsbegleitend erweitern, verfeinern und reflexiv erproben können (vgl. Abschnitt 3). Der Beitrag schließt mit einer Zusammenfassung der Ergebnisse (vgl. Abschnitt 4).

2. Pädagogische Kompetenzen im Lehrerberuf

Das Profil der pädagogischen Kompetenzen, das mit gewissen Abänderungen auch für andere sozial- und heilpädagogische Berufe bedeutsam ist, zeichnet sich im Hinblick auf den Lehrerberuf durch eine besondere Widersprüchlichkeit aus:

„Er (der Lehrer; H.K) soll empathisch auf seine Schüler eingehen und zugleich allgemeine Verhaltensmaßstäbe durchsetzen; er soll seine Schüler in ihrer Individualität fördern und ihre Fähigkeiten zugleich an festgelegten (allgemeinen; H.K.) Leistungsnormen messen; er soll sich im Unterricht dem Einzelnen zuwenden und dabei stets die gesamte Lerngruppe im Blick behalten" (Bosse/Dauber 2005: 56).

Lehrer sind also vor komplexe Aufgaben gestellt, deren Erfüllung in Anlehnung an die genannten Autoren (vgl. Bosse/Dauber 2005: 66ff.) – neben dem Fächerbezug – die folgenden pädagogischen Kompetenzen erfordern:

– Selbstkompetenzen: Lehrer sollten in der Lage sein, innere Prozesse bei sich selbst wahrzunehmen, die auch das einschließen, was andere Personen in ihnen auslösen; dies könnte als introspektive und empathische Kompetenz der Reflexion und Selbstreflexion bezeichnet werden.

– Handlungskompetenzen: Es ist für Lehrer wichtig, ihre persönlichen Potentiale und Eigenarten zu kennen, um daraus resultierende Begrenzungen akzeptieren zu können. Dies heißt beispielsweise, dass es gut ist, wenn man weiß, was einen selbst leicht ärgert bzw. aus der Fassung bringen kann, um einen möglichst intuitiven Umgang mit solchen Grenzsituationen zu entwickeln. Diese Begrenzungen sind durchaus positiv zu sehen, weil so ein persönliches Profil des Lehrers aufscheint und mit anderen Worten Authentizität gewahrt wird. Ein solches Bewusstsein persönlicher Authentizität und seine Vermittlung nach außen ist eine wichtige Grundlage für das Unterrichten, um mit Schülern in zugewandte, aber doch abgegrenzte Interaktionen zu treten. Bosse/Dauber (2005) sprechen hier von der Auftrittskompetenz des Lehrers, d.h. von der Art wie er sich in der Gruppe präsentiert, wie er in der Lage ist, einen Raum, z.B. einen Klassenraum, zu „füllen". Das heißt, Lehrer sollten eine Vorstellung antizipieren können, wie sie auf Schüler bzw. eine Klasse wirken.

– Sozialkompetenzen: Der vorgenannte Kompetenzbereich berührt aber schon die Sozialkompetenzen von Lehrern. Damit sind Fähigkeiten gemeint, die sich auf die Herstellung von Verständigungsprozessen zu Klassen und Schülern beziehen. Dazu gehört nicht nur eine Befähigung, Interaktionen und Kommunikationen im Fluss zu halten, sondern auch die Befähigung zur Interpretation und Reflexion dieser Prozesse im Sinne eines intersubjektiven Verstehens. Das heißt, es geht dabei nie nur um das äußerlich beobachtbare Verhalten von Personen, z.b. im Unterricht, sondern auch darum, welche Wirkungen und Bedeutungen das Schüler-Lehrer- oder das Lehrer-Eltern-Verhalten haben. Es geht mit anderen Worten um die möglichen Bedeutungs-„Überschüsse", die jedes Verhalten neben seiner rational erschließbaren Bedeutung haben kann. Hier kommen dann auch die schon erwähnten introspektiven und empathischen Kompetenzen des Lehrers zum Tragen.

– Kooperations- und Teamkompetenz: Es ist für eine erfolgreiche Lehrerarbeit zentral, dass Lehrer miteinander kooperieren und sich über die Vorbereitung des Unterrichts, seine Durchführung und Evaluation austauschen. Dazu gehört auch die gemeinsame Reflexion des Interaktionsgeschehens im Unterricht, der Umgang mit schwierigen Schülern oder Schülergruppen sowie die Vorbereitung von Elterngesprächen und anderen sozialen Veranstaltungen. Es geht insofern um Formen des kollegialen Beratschlagens und der pädagogischen Fallarbeit in einem weiten Sinn, kurz um Fragen, wie eine Schul- bzw. Arbeitskultur gestaltet und verbessert werden kann. In der alltäglichen schulischen Arbeit sind diese Formen der kooperativen Zusammenarbeit – bis auf die offiziellen Konferenzen – eher selten anzutreffen. Lehrer sind dafür bekannt, als „Einzelkämpfer" vor ihre Klassen zu treten, oft mit den bekannten negativen Folgen (vgl. Abschnitt 1). Es wäre seitens der Lehrer wichtig, in dieser Sache selbst initiativ zu werden und entsprechende Arbeitsformen zu installieren. Es wäre aber auch eine wichtige Reformmaßnahme seitens der Schulbehörden, für diese Kooperationsformen einen verlässlichen und verbindlichen institutionellen Rahmen zu schaffen (z.B. durch angemessen ausgestattete Arbeitsplätze) sowie die Arbeitszeitmodelle der Lehrer solchen Erfordernissen anzupassen.

– Systemkompetenz: Der vorhergehende Punkt steht ebenfalls in enger Verbindung zur Systemkompetenz. Es ist für den Lehrer zentral, sich mit der Institution Schule, ihren Regeln und Normen identifizieren zu können. Das heißt nicht, sich dem System zu unterwerfen. Eine kritisch-reflexive Distanz zur Institution ist aus meiner Sicht eher hilfreich, um nicht in Routinen zu erstarren und eine berufliche „Zufallsidentität" (Ekstein 1993) auszubilden. Lehrer, die die Regeln ihrer Institution gut kennen, „administrative Verantwortlichkeit" (Ekstein 1993) übernehmen und sich ihrer institutionellen Macht bewusst sind, sind oft besser in der Lage, eine flexible und konstruktive Ausgestaltung ihrer Berufsrolle zu entwickeln. Es entstehen so Spielräume im beruflichen Handeln und Denken, wobei zwei Dinge besonders wichtig sind:

a) Lehrer sollten sich nicht nur als Lehrende, sondern auch als Lernende begreifen; mit anderen Worten als Professionelle, die ihre Erfahrungen – z.b. mit den Schülern – aufgreifen und verarbeiten und dementsprechend ihr berufliches Handeln weiterentwickeln. Das heißt, das Vollziehen von Perspektivenwechseln gehört basal zum professionellen Repertoire von Lehrern.

b) Diese Form der Systemkompetenz räumt mit einem verbreiteten Missverständnis auf: Die berufliche Identifikation mit dem System Schule, also die Vertretung ihrer Normansprüche und der verantwortungsvolle Umgang mit institutioneller Macht ist nicht identisch mit der Normierung der Persönlichkeit des Schülers und damit per se unpädagogisch (vgl. Figdor 1987: 280f.; Giesecke 2007). Diese Gleichsetzung stimmt nur dann, wenn Schule bzw. Lehrer konsequent auf eine kritisch-reflexive Betrachtung der Arbeit verzichten und jedwede Verhandlungskultur zwischen Lehrern und Schülern unterbinden würden (vgl. Göppel 2003: 69ff.). Die Folge wäre ein Zerrbild von Schule als autoritär-hierarchischem Machtgefüge.

Dieses Kompetenzprofil muss jedoch um einen Aspekt erweitert werden, der bisher nur implizit zur Diskussion stand. Lehrer sind im Unterricht und bei der Nachschau auf diesen, also während Prozessen des Lehrens und Lernens, oft mit verwirrenden Emotionen konfrontiert, wie beispielsweise Gefühlen des Überschwangs und der Hochstimmung, der Niedergeschlagenheit, der Ohnmacht, aber auch mit aggressiven Regungen und Schuldgefühlen. Diese finden sich nicht nur bei den Schülern, sondern auch bei den Lehrern. Damit ist die emotionale Bedeutung des Lehrens und Lernens und seiner Wirkungen angesprochen (vgl. Salzberger-Wittenberg 1993), die sich nicht nur auf besonders schwierige Lehrer-Schüler-Interaktionen beschränken, sondern auch in „normalpädagogischen" Verhältnissen wirksam werden (vgl. Müller 2002: 107). Dies verlangt von Lehrkräften eine Sensibilität, die von Datler (1991) mit dem Begriff der „ubiquitären Heilpädagogik" bezeichnet wurde. Der Autor meint damit eine für alle pädagogischen und sozialen Berufe bedeutsame Haltung, die auf das Besondere und Individuelle des intersubjektiven Erlebens in pädagogischen Beziehungen eingeht und die ebenfalls die nicht-gewussten bzw. unbewussten Dimensionen dieses Erlebens in die professionelle Reflexion bzw. Selbstreflexion einbezieht (vgl. Trescher 1993: 186 FN15). Besonders wichtig ist dabei, ein empathisch-introspektives Abstinenzprinzip einzuhalten, wie es Trescher (1993) für die Psychoanalytische Pädagogik formulierte.

Diese Erweiterung des Kompetenzprofils habe ich deshalb nicht in die oben vorgestellte Aufzählung aufgenommen, weil ich davon ausgehe, dass diese Aspekte einer ubiquitären Heilpädagogik verbunden mit einer Haltung empathisch-introspektiver Reflexion und Abstinenz für alle genannten Kompetenzaspekte je nach Situation bedeutsam sein können.

Ich will nun die bisherigen Darlegungen an einem Fallbeispiel aus der Supervisionsarbeit mit Grund- und Förderstufenlehrerinnen[2] erläutern.

3. Fallbeispiel

Die Lehrerinnen trafen sich als Gruppe in einer relativ festen Zusammensetzung kontinuierlich bereits seit mehreren Jahren. Die Kolleginnen hatten schon Routine in der Fallbesprechung erworben, so dass ich als Gruppenleiter in vielen Sitzungen relativ stark im Hintergrund bleiben konnte. Die vortragende Kollegin stand noch am Anfang ihrer Berufslaufbahn und fühlte sich von der Situation in ihrer Klasse verunsichert.

Frau D. berichtet[3] als Klassenlehrerin von Melanie, die in die erste Klasse geht. Sie fühlt sich von dem Mädchen regelrecht verfolgt. Im Unterricht fixiert Melanie sie mit den Augen und oft steht sie bei ihr am Pult. Selbst in den Pausen steht sie häufig neben ihr. Wenn Frau D. sie ermuntern will, mit den anderen Kindern zu spielen, fruchtet dies meistens nicht. In der Klasse sitzen die Kinder an Gruppentischen. Melanie nimmt aber kaum Kontakt zu ihren Mitschülern auf, auch nicht zu den Mädchen. Melanie ist so auf Frau D. ausgerichtet, dass sie vom Unterricht oft nur wenig mitbekommt und die gestellten Aufgaben nicht erfüllen kann. Wenn Frau D. Melanie die Dinge noch einmal einzeln erklärt, versteht sie die Aufgaben. Melanie, die um die Gunst der Lehrerin buhlt, gerät in eine heftige Konkurrenz zu ihren Mitschülern, verschärft noch dadurch, dass sie eine Führungsrolle unter den Mädchen beansprucht, ohne jedoch Chancen darauf zu haben. Frau D. fühlt sich von der „Klette" Melanie ziemlich genervt. Allerdings kann Melanie auch „ganz nett" sein, wenn sie mal nicht so „unter Druck" steht, wie Frau D. es formuliert. *(Frau D. schien auch ziemlich unter Druck zu stehen, da sie ohne Punkt und Komma sprach.)*

Die Mutter ist ähnlich wie die Tochter. Sie spricht Frau D. häufig in der Schule an und verwickelt sie am Nachmittag in längere Telefonate. Sie

---

2   Ich werde für diesen Abschnitt nur von Lehrerinnen sprechen, weil in diesen Schulformen die Frauen den mit Abstand größten Anteil der Lehrkräfte stellen. Dementsprechend waren die Lehrer in dieser Gruppe – auch mit mir als Leiter – immer in der Minderheit. Allerdings wird die geschlechtsspezifische Realität mit ihrer Wirkung auf die pädagogische Arbeit bzw. den Supervisionsprozess nicht im Vordergrund stehen, weil ich mich auf allgemeine Fragen pädagogischer Professionalität beschränke.

    Mit dem Begriff der Förderstufe werden in Hessen und anderen Bundesländern die fünften und sechsten Klassen der weiterführenden Gesamt-, Haupt- und Realschulen bezeichnet, in denen die Schülerinnen und Schüler noch gemeinsam unterrichtet werden und die Leistungsdifferenzierung noch nicht vollständig durchgeführt wird.

3   Die Berichte von Frau D. schreibe ich in der Gegenwart, um die „Dichte" des Materials zu verdeutlichen; für Kommentare und die Diskussion schreibe ich in der Vergangenheit, da diese Präsentation schon einige Jahre zurückliegt. Kommentare während der Schilderungen der Vortragenden setze ich kursiv in Klammern.

braucht „ständig eine Extra-Wurst" – so Frau D.. Da sie Melanie die Aufgaben nicht alleine machen lässt, muss sie sich diese manchmal von Frau D. erklären lassen, weil sie die modernen Lernmethoden nicht kennt. Sie macht Frau D. den Vorwurf, Melanie im Unterricht zu benachteiligen.

Frau D. berichtet, dass Melanie für die Mutter „mein ein und alles" (O-Ton Mutter) sei. Die Eltern sind verheiratet; der Vater scheint in der Erziehung keine Rolle zu spielen und taucht in der Schule nicht auf. Beide Eltern sind berufstätig und Melanie geht bis 15:00 in einen Hort.

Frau D. hatte gehofft, dass die Fixierungen von Tochter und Mutter auf ihre Person mit der Zeit nachlassen würden, aber nach einem dreiviertel Jahr hat sich kaum etwas geändert. Im Gegenteil: Frau D. fühlt sich genervter denn je und befürchtet, offen aggressiv zu reagieren. Der Ton der Mutter wird auch gereizter, und Melanie droht in der Klasse zur Außenseiterin zu werden, was Frau D. gerne verhindern möchte. Eigentlich will Frau D. auch mit der Mutter keinen Streit.

Frau D. hätte noch weiter berichten können. Ich unterbrach sie aber, weil wir Zuhörer langsam „unruhig" wurden. Die genervte Stimmung war in der Gruppe deutlich sichtbar, da die Kolleginnen während des Vortrages mehrfach die „Augen verdrehten". Die Kolleginnen äußerten dennoch ihr Verständnis für die Lage von Frau D., weil jede von ihnen schon mit solchen „Kletten" zu tun hatte. Möglicherweise aufgrund der unterschwellig aggressiven Stimmung kam die Gruppe gleich „zur Sache"; einige meinten, dass die Mutter sich vielleicht mit einem schlechten Gewissen plagen würde, weil sie sich nicht mehr „genügend" um die Tochter kümmern könnte, jetzt wo sie zur Schule ging. Frau D. bestätigte dies und formulierte noch einmal ihren Ärger, weil sie sich phasenweise um Melanie mehr als um jedes andere Kind kümmerte. Sie fühlte sich in ihrer Handlungsfreiheit als Lehrerin eingeengt. Die Kolleginnen diskutierten, ob es Melanie nicht ähnlich gehen könnte, die sich gegebenenfalls gern dem Kontrolldruck entzogen hätte. So wäre es auch zu erklären, dass Melanie manchmal „ganz nett" war, wahrscheinlich wenn sie sich traute, sie selbst zu sein. Ich formulierte den Gedanken, dass Melanie unter diesen Voraussetzungen kein „richtiges" Schulkind werden könnte, weil sie nicht ausreichend „frei" sein durfte, um „arglos" und neugierig mit dem Lernstoff, der Lehrerin und den Klassenkameraden in Kontakt zu treten. Wenn Melanie diese Schritte nicht gelingen sollten, so wäre es aber umso wichtiger – so die Diskussion in der Gruppe –, dass Frau D. ihre Rolle als Lehrerin gegenüber der Mutter und auch Melanie stärker akzentuierte, um aus diesem Kampf um mehr Zuwendung, Liebe und Flucht herauszutreten. Frau D. fühlte sich durch diese Überlegungen entlastet und wollte sich noch einmal mit der Mutter wie mit Melanie beraten[4].

---

4   Hierbei handelt es sich gemäß Giesecke (2007: 76 ff.) um eine Grundform des pädagogischen Handelns (vgl. Hechler 2009), die er noch um die Formen des Unterrichtens, des Informierens, des Arrangierens und des Animierens ergänzt.

Vier Monate später berichtet Frau D. wieder von Melanie. Das Gespräch mit der Mutter hat nicht viel gebracht. Frau D. fühlt sich über weite Strecken als „Angeklagte", die von der Mutter Versagen vorgeworfen bekommt. Mit Melanie hat sich die Situation etwas gebessert. Wenn sie sie strenger anspricht, also in ihrer formalen Rolle handelt, dann arbeitet sie besser mit als früher und ist auch in der Lage, sich an Gruppenarbeiten zu beteiligen. Allerdings hat sich ihre Klasse – jetzt am Anfang des zweiten Schuljahres – in eine turbulente Truppe „vieler Melanies" verwandelt. Aus der Sicht von Frau D. brechen wegen Lappalien „wilde" Eifersuchts-, Konkurrenz- und Rivalitätskämpfe aus. Missgunst und Ärger unter den Kindern können ganze Schulvormittage prägen. Anlässe sind: Die Sitzordnung, die Zusammensetzungen der Kleingruppen, das Ausleihen von Arbeitsmaterialien, zufällige Berührungen eines Mitschülers. Zudem finden heftige Raufereien unter den Jungen um die Position des Stärksten statt und Dauerauseinandersetzungen unter den Mädchen um die Starrolle. So ist auch noch unklar, wer die „Prinzen- bzw. Prinzessinnenrolle bei der Königin", d.h. der Lehrerin, einnehmen kann. Frau D. treffen diese Konflikte heftig, so etwas hat sie noch nicht erlebt. Sie glaubt, eine Klasse von „Gestörten" zu haben. Natürlich weiß sie, dass das so nicht stimmen kann. Sie ist froh, dass mittlerweile eine Referendarin in der Klasse ist, die beliebt ist und gut mit den Kindern zurechtkommt. Frau D. ist erstaunt, dass die Referendarin von diesen Konflikten teilweise verschont bleibt, also eine neutralere Position einnimmt. Die Kinder fordern besonders Frau D. heraus. Sie ist jedoch erleichtert, dass Melanie mittlerweile nicht mehr ihr Hauptproblem ist. Von der Mutter hat sie schon länger nichts mehr gehört, was wahrscheinlich eine Folge davon ist, dass sie ihr bei einem der letzten Gespräche klar gemacht hat, dass auch sie Grenzen einhalten muss.

In der Diskussion der Gruppe wurde als erstes hervorgehoben, dass diese Vorkommnisse, die Frau D. als Lappalien ansah, für die Kinder ernstzunehmende Konflikte seien. Wenn Frau D. diese Status- und Positionskämpfe etwas neutralisieren wollte, um die Arbeits- und Kooperationsfähigkeit der Gruppe wieder zu verbessern, müsste sie diese Probleme als bedeutsam ansehen. Dafür wäre es wichtig, die bei diesen Konflikten „hochkochenden" Affekte und Einstellungen – z.B. Eifersucht, Rivalität und Konkurrenz, Scham, Wut und Angst – nicht zu banalisieren, sondern als unausweichliche Begleiterscheinungen eines sozialen Miteinanders zu charakterisieren. Das hieße, den Kindern zu helfen, sich ein Stück weit selbst besser zu verstehen. Für das soziale Klima in einer Klasse wäre es wichtig, dass der Umgang mit diesen Verhaltensweisen und das Zeigen von Affekten, gerade auch dann, wenn dies unwillkürlich geschieht, nicht über die Maßen peinlich und entblößend sein sollten. Die Entlastung von Scham- und Kränkungsgefühlen hieße aber nicht, die sozial oft nicht akzeptablen Folgen dieser Konflikte, gut zu heißen. Vielmehr ginge es um die Bahnung von Lösungswegen. Gerade jüngere Kinder bräuchten Personen, die ausgleichen, hier die Lehrerinnen. Frau D. sollte daher mehr auf die Arrangements im Unterricht achten, die die kognitiven und psychosozialen Lernprozesse „lenken" – so die Kolleginnen. Folgende Vorschläge wurden gemacht: Regelmäßige Konfliktbesprechungs-runden, Einübung von Perspektivenübernahmen; wenige, aber klare Regeln in der Klasse, auch für das gemeinsame Arbeiten; beim Wechsel der Arbeits-formen wäre es wichtig darauf zu achten, dass öfters auch gesteuerte Zufalls-gruppen gebildet würden (Beispiel: Alle, die die gleiche Farbe ziehen, bilden eine Gruppe). Zusammen mit der Referendarin hätte Frau D. recht gute Be-dingungen und Zeit, um sich mehr als sonst um die sozialen Beziehungen in ihrer Klasse zu kümmern. So könnten die Kinder lernen, miteinander zu kon-kurrieren, aber auch zu verhandeln, ohne sich ständig in Raufereien und In-trigen zu verstricken. Es sollte auch möglich sein, dass die Kinder ihre Vor-lieben, Stärken und Wünsche äußern, d.h. ihre Individualität zeigen, ohne dass dadurch die Kohäsion der Gruppe gefährdet sein müsste. Ich hob noch einmal hervor, dass es im Moment in der Klasse nicht nur um die Integration von Melanie geht, sondern um einen Integrationsprozess der Gruppe. Dafür sollte Frau D. auf einen authentischen Unterrichts- und Umgangsstil achten (vgl. Abschnitt 2), damit für die Kinder, die Klasse und für sie, ein Raum entstünde, in dem sie gemeinsam Kooperationsformen, Normen und Regeln festlegen könnten, die ja nie nur vorgegeben sind, sondern immer auch in ei-nem Prozess erarbeitet werden müssten.

Frau D. war von der Fülle der Vorschläge in der Sitzung etwas „erschla-gen". Da war, so dachte ich, auch ein Stück Aggression von uns dabei, aber vielleicht würde dies Frau D. helfen, professioneller, d.h. mehr im Gleichge-wicht mit sich selbst, ihre Lehrerinnentätigkeit auszuüben.

Frau D. berichtet einige Monate später noch einmal kurz von ihrer Klas-se. Die Konflikte haben sich beruhigt, auch mit Melanie läuft es recht gut. Zu ihrer Mutter herrscht bis auf die offiziellen Elternabende „Funkstille", was Frau D. nicht bedauert, solange es mit Melanie „läuft". Die Referendarin wurde „tränenreich" verabschiedet. Die Klasse ist im Vergleich zu anderen Klassen zwar „wild" und „laut", aber nicht alle Klassen sind gleich – darin sind sich Frau D. und ihre Kolleginnen einig.

4. Abschließende Reflexion

Dieses Beispiel aus einem längerfristigen schüler- bzw. fallbezogenen Su-pervisionsprozess zeigt, wie Lehrer ihre pädagogischen Kompetenzen unter Einbezug der psychosozialen Dimensionen der Lehrer-Schüler-/Lehrer-El-tern-Interaktionen erproben, trainieren und verfeinern können, und dabei immer Lehrer bleiben. In solchen Gruppen werden die Aufgaben von Schule bzw. eine konstruktive Gestaltung des Unterrichts in den Mittelpunkt gestellt. Von diesem ausgehend leitet sich die Rolle des Lehrers mit allen ihren Fa-cetten ab. Der Prozess in diesen Gruppen ist erfahrungsorientiert, geht also von dem aus, was Lehrerinnen und Lehrer tagtäglich erleben. Die Fallbesprechung bleibt aber nicht dieser Unmittelbarkeit verhaftet, sondern versucht gegenüber den Handlungszwängen des Schul- und Unterrichtbetriebs einen handlungsentlastenden Raum zu bieten.

Ein solcher Raum entsteht auf der Basis der kollegialen Beratung mit den Kollegen und mit der Gruppenleitung[5]. Die Leitung einer solchen Supervisionsform ist Mitglied der Gruppe, aber in einer herausgehobenen Position. Sie muss den Rahmen der Zusammenarbeit gewährleisten. Diese Position ähnelt der Stellung des Lehrers in einer Klasse. Er ist Teil des Unterrichts- und Gruppenprozesses, muss diesen aber auch von einer herausgehobenen Position reflektieren können. Die Befähigung zu dieser Pendelbewegung und ihrer Einübung ist ein wesentlicher Baustein des empathisch-introspektiven Abstinenzprinzips (vgl. Abschnitt 2) und kann in einer Fallbesprechungsgruppe eingeübt werden (vgl. Hirblinger 2003: 156f.; Zwiebel 2006).

Die relativ geringen Hierarchie-Verhältnisse in solchen Gruppen fördern die Bereitschaft zur Reflexion und die Bereitwilligkeit, sich mit den affektiv-interpersonellen Ebenen des pädagogischen Handelns auseinanderzusetzen. Da kein Lehrer von diesen Ebenen unberührt bleiben kann, ist es wichtig, sie konstruktiv in die professionelle Identität zu integrieren. Pädagogische Fachkräfte sind nun einmal in ihrer Arbeit mit den lebensgeschichtlichen, auch unbewussten Erfahrungen ihrer Adressaten und daraus resultierenden Verstrickungen konfrontiert, die in der Psychoanalytischen Pädagogik als punktuelle „Übertragungsidentifizierungen" thematisiert werden (vgl. Trescher 1993: 193; Finger-Trescher 2000: 133ff.). Dass Frau D. in solche Übertragungen z.B. seitens Melanie und ihrer Mutter involviert wurde und heftig mit einer dazu „passenden" oder vielleicht besser „unpassenden" Gegenreaktion kämpfte, ist meiner Ansicht nach unschwer zu erkennen. So etwas erleben Pädagogen ständig. Pädagogisch bedeutsam ist die Frage, wie damit umzugehen ist.

Anlass für Frau D., diese Episoden zu thematisieren, war, dass sie merkte, dass ihre Rolle als Lehrerin in Gefahr war, wenn sie sich weiter in diese Konflikte mit Melanie und ihrer Mutter verstricken lassen würde. Da es aber ihre Aufgabe ist, ihre Rolle zu wahren, musste sie sich von diesen familiär geprägten Beziehungsangeboten abgrenzen. Allerdings wollte sie auch Kontakt zu den beiden Personen behalten. Das heißt, Frau D. musste ihre professionelle Rolle entsprechend ausbalancieren. Die Mutter konnte sie nur begrenzt erreichen, was aber nicht so tragisch war, weil für Frau D. als Lehrerin ihre Schülerin im Vordergrund stand. Für diese musste sie Bildungs- und Entwicklungschancen ermöglichen. Dies gelang, indem sie ihre Rolle – der Situation entsprechend moduliert – als „Dritte" in der Klasse ausübte (vgl. Müller 2002: 111ff.) und regulierend die Beziehungen der Kinder ge-

---

5 Solche Beratungsgruppen benötigen aber nicht in jedem Fall einen Leiter, sondern können auch selbstorganisiert stattfinden. Diese „Selbsthilfe"-Gruppen sollten dann aber auf ein Konzept zurückgreifen, das der kollegialen Zusammenarbeit Struktur gibt; vgl. dazu: Hendriksen 2000.

staltete. Manchmal griff sie auch in das Geschehen ein und legte bestimmte Dinge „einfach" fest. Sie übte damit ihre institutionelle Macht aus (vgl. Abschnitt 2). Mit der Wahrung ihrer Lehrerrolle positionierte sich Frau D. allerdings nicht nur gegenüber Melanie, sondern auch gegenüber der ganzen Klasse, indem sie ihre pädagogischen Kompetenzen facettenreich nutzte.

Literatur

Baumert, Jürgen (2009): „Schule ist die große Gleichmacherin". Was muss getan werden, um Deutschlands Bildungssystem gerechter zu machen? Ein Gespräch mit dem Erziehungswissenschaftler Jürgen Baumert. In: Die Zeit vom 18.9.2009, S. 87-88.

Bosse, Dorit/Dauber, Heinrich (2005): Psychosoziale Basiskompetenzen für den Lehrerberuf. In: Dauber, H./Krause-Vilmar, D. (Hrsg.): Schulpraktikum vorbereiten. Pädagogische Perspektiven für die Lehrerbildung. Bad Heilbrunn: Klinkhardt, 2.erw. Auflage, S. 55-82.

Campus Rütli: www.ruetli-oberschule.de Zugriff am 07.01.2010.

Datler, Wilfried (1991): „Ubiquitäre Heilpädagogik" und die Entfaltung psychoanalytisch-pädagogischer Basiskompetenzen an der Universität. In: Vierteljahreszeitschrift für Heilpädagogik und ihre Nachbardisziplinen, 60, S. 237-247.

Der Spiegel (2003): Horrortrip Schule. H 46, S. 46-68.

Ekstein, Rudolf (1993): Vom Lernen aus Liebe zum Lehren aus Liebe. In: Gangl, H./Kurz, R./Scheipl, J. (Hrsg.): Brennpunkt Schule. Ein psychohygienischer Leitfaden. Wien: Ketterl-Verlag, S. 313-315.

Figdor, Helmuth (1987): „Ich verstehe Dich, aber ich sag's Dir nicht." Von der Möglichkeit psychoanalytisch-pädagogischen Handelns mit „verhaltensgestörten" Kindern. In: Datler, W. (Hrsg.): Verhaltensauffälligkeit und Schule. Frankfurt/M.: P. Lang-Verlag, S. 268-291.

Finger-Trescher, Urte (2000): Trauma und Reinszenierung in professionellen Erziehungsverhältnissen. In: Finger-Trescher, U./Krebs, H. (Hrsg.): Misshandlung, Vernachlässigung und sexuelle Gewalt in Erziehungsverhältnissen. Gießen: Psychosozial-Verlag, S. 123-138.

Fröhlich, Volker/Göppel, Rolf (Hrsg.) (2003): Was macht die Schule mit den Kindern? – Was machen die Kinder mit der Schule? Psychoanalytisch-pädagogische Blicke auf die Schule. Gießen: Psychosozial-Verlag.

Giesecke, Hermann (2007): Pädagogik als Beruf. Grundformen pädagogischen Handelns. Weinheim: Juventa-Verlag, 9. Aufl.

Göppel, Rolf (2003): Was macht die Schule mit „schwierigen Schülern"? – Was machen „schwierige Schüler" mit der ihnen zugeschriebenen Eigenverantwortung? Evaluation und Diskussion eines aktuellen Konzepts zum Konfliktmanagement an Schulen. In: Fröhlich, V/ Göppel, R. (2003), a.a.O., S. 60-77.

Hechler, Oliver (2009): „....kann die Beratung eine Form erzieherischer Hilfe sein...? Annäherung an das Phänomen Beratung in pädagogischer Absicht. In: Eggert-Schmid Noerr, A./Finger-Trescher, U./Heilmann, J./Krebs, H. (Hrsg.): Beratungskonzepte in der Psychoanalytischen Pädagogik. Gießen: Psychosozial-Verlag, S. 35-63.

Hendriksen, Jeroen (2000): Intervision. Kollegiale Beratung in sozialer Arbeit und Schule. Weinheim: Beltz Verlag.

Hirblinger, Annedore (2003): Die Fallbesprechungsgruppe zwischen Unterrichtswirklichkeit und pädagogischem Ich-Ideal. In: Fröhlich, V./Göppel, R. (2003), a.a.O., S. 151-169.

Hirblinger, Heiner (2009): Überich-Fixierung und Störung der Mentalisierungsfähigkeit in pädagogischen Praxisfeldern. Aspekte einer Entwicklung des Selbst im Unterricht und in der Lehrerbildung. In: Dörr, M./Aigner, J.C. (Hrsg.): Das neue Unbehagen in der Kultur und seine Folgen für die psychoanalytische Pädagogik. Göttingen: Vandenhoeck & Ruprecht, S. 141-158.

Leo, Maxim (2009): Ein Härtefall für zwei. Ahmad Al-Sadi und Klaus Lehnert haben die Rütli-Schule in Berlin völlig umgekrempelt. In: Frankfurter Rundschau vom 16.12.2009, S. 20-21.

Krebs, Heinz (2002): Emotionales Lernen in der Schule – Aspekte der Professionalisierung von Lehrerinnen und Lehrern. In: Finger-Trescher, U./Krebs, H./Müller, B./Gstach, J. (Hrsg.): Professionalisierung in sozialen und pädagogischen Feldern. Jahrbuch für psychoanalytische Pädagogik. Bd. 13. Gießen: Psychosozial-Verlag, S. 47-69.

Müller, Burkhard (2002): Wie der „aktive" Schüler entsteht: „From Learning for Love to Love of Learning". Ein Vergleich von Ansätzen Fritz Redls, Rudolf Eksteins und Ulrich Oevermanns. In: Datler, W./Eggert-Schmid Noerr, A./Winterhager-Schmid, L. (Hrsg.): Das selbstständige Kind. Jahrbuch für Psychoanalytische Pädagogik. Bd. 12. Gießen: Psychosozial-Verlag, S. 102-119.

Rauh, Bernd (2003): Die Gruppe – eine Ressource schulischer Bildung. In: Fröhlich, V./Göppel, R. (2003), a.a.O., S. 77-91.

Salzberger-Wittenberg, Isca (1993): Die emotionale Bedeutung des Lehrens und Lernens. In: Trescher, H.G.; Büttner, Ch.; Datler, W. (Hrsg.): Jahrbuch für Psychoanalytische Pädagogik. Bd. 5. Mainz: Grünewald-Verlag, S. 43-53.

Trescher, Hans Georg (1993): Handlungstheoretische Aspekte der Psychoanalytischen Pädagogik. In: Muck, M; Trescher, H.G. (Hrsg.): Grundlagen der Psychoanalytischen Pädagogik. Neuauflage: Gießen (Psychosozial-Verlag) 2001, S. 167-201.

Zwiebel, Ralf (2006): Psychoanalytisches Denken im pädagogischen Kontext 1. In: Dauber, H./Zwiebel, R. (Hrsg.): Professionelle Selbstreflexion aus pädagogischer und professioneller Sicht. Bad Heilbrunn: Klinkhardt, S. 41-64.

Lehrerausbildung: Entwicklung „klinischer Kompetenzen" durch die Arbeit in Supervisionsgruppen?

Jean-Marie Weber

Referendare stützen sich am Anfang ihrer beruflichen Laufbahn einerseits auf ihr Fachwissen und andererseits auf ein breites Erfahrungswissen oder Beobachtungswissen (Herzog, von Felten: 2001), welches sie sich im Laufe ihrer langen Schülerkarriere und ihrer Praxis angeeignet haben. Die reflexive Wende in der Lehrerausbildung, angekurbelt u.a durch D.A., Schön fordert, dass man sich auch der Art und Weise bewusst wird, mit der man Situationen angeht, respektiv analysiert. Das Bedenken des eigenen Bezuges zum Wissen mitsamt der möglichen Widerstände, Dogmatisierungen und Idealisierungen von Techniken in Beziehung zur Praxis ist dem reflektierenden Praktiker von Bedeutung. Ansonsten riskieren seine Hypothesenbildungen und sein experimentelles Vorgehen in Unterrichtssituationen doch nur Wiederholungen zu sein und letzten Endes auf seinem narzisstischen Allmachtsgefühl zu basieren. Mit dieser Wende bekommt notwendigerweise die eigene Biographie, die Subjektivität und das Begehren des Subjektes eine wichtige Rolle in der Ausbildung. Dies auch schon deswegen, damit der Referendar angesichts seiner Verdrängungshaltung, seiner „Passion der Ignoranz" (Lacan) gegenüber dem Realen in der Klasse nicht gehörig destabilisiert wird.

1. Eine Supervisionsgruppe mit psychoanalytischer Orientierung

Ab 2005 wurde ein Kursus innerhalb der Sekundarlehrerausbildung an der Universität Luxemburg eingeführt, welcher die Referendare unterstützen soll Lern – und Lehrsituationen analysieren zu können, eine reflexive Haltung zu entwickeln und somit eine wichtige Dimension ihrer beruflichen Identität zu konstruieren. Ich persönlich entschied mich im Laufe der Jahre für einen klinischen Ansatz psychoanalytischer Orientierung. Die Ausbildung soll helfen, pädagogische Dogmen, verdrängte Signifikanten aufzubrechen, zu verschieben, damit sich das Begehren des angehenden Lehrers entwickeln kann.

Mir geht es spezifisch darum, den Referendaren zu helfen, ihre imaginären Vorstellungen gegenüber sich selbst und den Schülern zu durchlöchern, das Symbolische, Imaginäre und Reale auf singuläre Art und Weise zu verknoten. Sie sollen dem Unbewussten, d.h. dem Mangel (Lacan), der Andersheit im Leben einer Klasse einen Platz einräumen. Sie sollen das Phänomen des Vertrauens und Misstrauens, der Übertragung und Gegenübertragung in ihrer Bedeutung erkennen. Sie sollen verstehen, dass Schüler sie an die Stelle des „Subjektes, dem Wissen unterstellt wird", respektiv des „Subjektes als Wissendes" stellen und lernen mit und an Übertragungen zu arbeiten. Im Vergleich zu einer psychoanalytischen Kur geht es nicht darum die Phantasmen und die sie unterstützenden Signifikanten, die Übertragung zu analysieren oder nach den Triebwurzeln zu fragen. Es geht letzten Endes um eine Erweiterung des Sehens, Hörens und Verstehens, also des Zugangs zu dem was gesprochen und agiert wird. Dies soll weder durch den Transfer von konstituiertem Wissen noch durch die Applikation von Theorien, sondern durch das Besprechen von interpellierenden Situationen geschehen.

Ob ein solches Setting Wirkungen erzielen kann, unter welchen Bedingungen, mit welchen Mechanismen der Sprache und welches seine Grenzen sind, scheint mir eine wichtige Frage und muss, wenn es um einen universitären Kursus geht, auch zum Gegenstand von Forschung werden (Oelkers, 1998).

2. Setting und Korpus der Untersuchung

Der Kursus, besteht aus einem Prozess, der sich in drei Phasen aufteilt. Es beginnt mit der Phase der Besprechung interpellierender Situationen, im Anschluss daran kommt es zu einer Phase der Nachschrift. Am Schluss kommt es zu einem Gespräch zwischen dem Ausbilder und dem sich Ausbildenden.

Während der *ersten Phase* stellt je Sitzung ein Referendar eine Situation dar, welche ihm Fragen stellte oder Schwierigkeiten bereitete. Eine solche Sitzung läuft nach einer präzisen Prozedur ab. Der Ablauf besteht aus folgenden Momenten:

Der Praktikant stellt die betreffende Situation dar und richtet seine diesbezüglichen Fragen an die Gruppe. Um den Kontext und das Problem besser verstehen zu können, stellen die Gruppenmitglieder Fragen an den Protagonisten. Die Gruppenmitglieder beginnen anschließend mit dem Erforschen der Situation und formulieren ihre Hypothesen zu den möglichen Gründen, welche zu dieser Situation geführt haben. Auch Hypothesen zu weniger schmerzhaftem respektiv effizienterem Verhalten werden formuliert.

Der Ausbilder versucht die Hypothesen zusammenzufassen und fügt gegebenenfalls eine eigene Hypothese hinzu. Falls sich Diskurse entwickeln, welche einen Moment der psychoanalytischen Theorie oder anderer Theorien beleuchten, wird das betreffende Konzept zur Verarbeitung der Situation erläutert.

Eine Diskussion, an der sich alle Gruppenmitglieder beteiligen, kann anschließend einsetzen. Zum Schluss bedankt sich der Protagonist bei der Gruppe und erklärt, was er von der Arbeit zurückbehalten möchte.

In der *zweiten Phase* schreiben die Referendare einen Bericht über die vorgetragene oder eine andere Situation. Dies ermöglicht ihnen nochmals über die Situation nachzudenken und die richtigen Worte zu finden um sich mit ihr auseinanderzusetzen. Solches Schreiben hat nach Paul Ricoeur (1985: 285) eine Funktion der Aufdeckung und der Transformation in Bezug auf die Praxis.

Zum Schluss des Prozesses findet dann aufgrund der Nachschrift ein Gespräch zwischen dem Ausbilder und dem Studenten statt.

3. Befragung und Erhebungsmethoden

Meine Forschung hat als Ziel festzustellen, ob „klinische Kompetenzen" innerhalb einer Supervisionsgruppe entwickelt werden können. Dazu habe ich zunächst folgende Fragen gestellt:

– Was sind die Wirkungen und Grenzen dieses Ansatzes innerhalb der Lehrerausbildung?
– Welche Widerstände gibt es seitens der Referendare bezüglich einer die Intimität einbeziehenden Arbeit?
– Stellt die Nachschrift einen Mehrgewinn dar?
– Vor welche Herausforderungen ist der Ausbilder in einem solchen Setting gestellt?
– Welche erkenntnistheoretischen Probleme und heuristischen Fragen stellen sich?

Das Forschungsunterfangen basiert auf:

– Meinen Notizen während der Supervisionssitzungen.
– Den Nachschriften der Referendare.
– Meinen Notizen vor, während und nach dem klinischen Gespräch.
– Den Interviews mit den Studenten im Anschluss an den Ausbildungsprozess.

4. Erste Forschungsergebnisse

Aufgrund der Interviews mit sechs Studenten und meiner Notizen denke ich zunächst von folgenden Wirkungen sprechen zu können:

– *Über die sichtbaren Gesten hinaus fragen*
Die Auszubildenden zeigten sich zunächst erstaunt über die *„Komplexität"* der Unterrichtssituationen. Die gemeinsame Arbeit hat ihnen geholfen *„über die sichtbare Seite der professionellen Gesten hinauszudenken"*. Letzten Endes geht es, wie eine Referendarin sagte, darum, nach dem *„Warum einer Geste und einer Handlung zu fragen"*. So kann sich auch ein Blick für möglichen Wurzeln und Triebfedern einer Handlung entwickeln. Von daher versteht sich auch *„ Sinn und Funktion des Lehrers"* anders.

Für einige war es wichtig zu sehen, dass der Lehrer sich Fragen stellen muss bezüglich seines Verhältnisses zum Fachwissen, zum pädagogischen Wissen, aber auch zum „Nichtwissen bezüglich seiner Selbst", zum Unbewussten (Lacan). Die Frage nach der Artikulation von Wissen und je individueller Wahrheit des Begehrens (Lacan) erschien als bedeutsam. Dieser Frage bei sich selbst nachzugehen, ist ja auch wichtig, um Fragen der Motivation seitens der Schüler angehen zu können.

– *Akzeptieren des geteilten Subjektes*
Die Referendare konnten sehen, dass das Streben nach Lust und das schmerzhafte Genießen die Interaktionen im Klassenraum bestimmen, so dass diese oft unerklärlich scheinen. Dabei entdeckten die Novizen auch, dass Worte und Gesten eigentlich mehrdeutig sind.

Einige Referendare haben ein gewisses Gespür für die eigene Spaltungen bekommen zwischen dem, was sie wollen und was sie machen, was sie sagen wollen und was sie effektiv aussprechen, zwischen ihren Idealen und ihren Ressentiments, zwischen dem Wunsch einem Modell zu entsprechen und dem Wunsch selbst seinen Weg als Lehrer zu finden.

– *Entwicklung der beruflichen Identität*
Referendare erlebten einerseits diese Spaltungen, diese Art von „Sich selbst entfremdet sein" als schmerzhaft und verunsichernd, besonders auch angesichts der verschiedensten Erwartungen ihrer Begleiter. Andererseits kam es auch innerhalb des Gruppenprozesses zu symbolischen Identifikationen und dies sowohl mit dem Ausbilder wie mit den Mitstudenten. Neue Signifikanten gewannen somit an Bedeutung für die Entwicklung der professionellen und persönlichen Identität. So behauptete eine Studentin *„den Statut als ein Eintrag in die symbolische Ordnung des Lehrerberufs entdeckt zu haben"* und jetzt besser in der Lage zu sein, *„die Funktion von der imaginären Dimension der Rolle"* zu unterscheiden. Und sie argumentierte, dass diese Unterscheidung zwischen dem Symbolischen und dem Imaginären, zwischen dem Ich-Ideal und Ideal-Ich dazu beitrage, die *„Interaktionen und Übertra-*

gungen seitens der Schüler besser einordnen und besser auf dieselben reagieren zu können". Dies scheint mir ein Hinweis darauf zu sein, dass sie zwar Übertragungen nicht analysieren kann aber ansatzweise mit und an ihnen arbeiten kann.

– *Die Andersheit akzeptieren und mit dem Mangel arbeiten können*
Einige konnten ansatzweise spüren, dass die eigenen Handlungsvorstellungen auch in der eigenen Kindheit und Vergangenheit, im „Begehren des Anderen" verankert sind, was ja schon Siegfried Bernfeld (1925) für den Erzieher herausgearbeitet hat. Ein Referendar arbeitete an einer Situation, wo die Klasse ihn mit ihrer *„Suche nach dem Nichts"* konfrontierte. Nach Ansicht des betroffenen Studenten war *„diese Suche ein echtes Bedürfnis, das keinen Raum für schulische Anforderungen übrig ließ."* Er fühlte sich in einem Teufelskreis mit der Klasse, da auch er destabilisiert war und nicht wusste, wie mit der Situation umzugehen sei. In diesem Fall besteht wohl die Herausforderung an den Lehrer, den eigenen Zweifel, die eigene Spaltung als Ansporn für die Suche nach neuen Signifikanten zu nehmen und die Schüler darin zu unterstützen, von einer Position der Fixiertheit am „Nichts als Objekt" zum Akzeptieren des „Mangels als Ursache des Begehrens" hinüber zu wechseln.

– *Verwendung verschiedener Diskurse*
Die Tatsache, dass es auf der psychischen Ebene auch in der Schule um Befriedigung und Geniessen geht, stellt die Referendare vor große Herausforderungen. Aufgrund der Analyse entsprechender Situationen, haben manche gesehen, dass die Reaktion auf Konfliktsituationen nicht eindimensional sein kann, sondern auf mehreren Diskursen basieren sollte. Eine Referendarin behandelte eine solche Situation, wo einige *„fleißige, gehorsame und liebe Schüler* sie *verbal stark verletzt"* hatten. Dazu hat die Gruppe herausgearbeitet, dass ein Lehrer sich nicht einfach auf Sanktionen beschränken kann. Er kann einerseits zwar Sanktionen erteilen, andererseits auch seine Verletztheit zeigen. Er sollte den Jugendlichen auch darauf hinweisen, dass er ihn in seiner von Affekten bestimmten Übertragung annehmen kann und ihn unterstützt auf seinem Weg zum Erwachsenwerden und zur „Übertragung der Übertragung" (Laplanche), zur Liebe des Faches.

– *Methodischer Ansatz und Gruppendynamik*
Die Möglichkeit einer Art „freien Assoziierens" einerseits und die strukturierte Art und Weise vorzugehen andererseits gaben den Referendaren *„Sicherheit und Orientierung"*. Dies ermöglichte eine *„konsequente Arbeit an der Praxis"*. Das *„notwendige Vertrauen und der Respekt für eine Arbeit"*, welche die Subjektivität der Akteure betrifft, war gewährleistet. Widersprüche, Widerstände, ambivalente Ausdrücke wurden jedenfalls zum Teil als wichtige Elemente innerhalb des reflexiven Prozesses verstanden und sichtbar akzeptiert. Zuweilen schienen die Mitglieder der Gruppe wirklich Freude beim Arbeiten an einer Problemsituation zu haben. Das Setting ermöglichte

eine „*gewisse Dynamik*", so dass die Gruppe selbst Wissen konstruierte, mit wachsender Autonomie angemessene Hypothesen formulieren konnte und sich gegenseitig unterstützte der Wahrheit über die eigenen Erfahrungen näher zu kommen. Die psychoanalytische Sicht erlaubte es auch die Fachinhalte als psychische Objekte zu verstehen, welche für den Schüler mit dessen Begehren und mit seiner Suche nach Wahrheit zu artikulieren sind.

– *Die Nachschrift und die Begegnung mit dem Ausbilder*
Auch durch die Nachschrift konnte die Dialektik zwischen Wissen und Wahrheit gefördert werden. Die Reaktionen der Studenten auf die schriftliche Produktion waren allerdings gemischt. Für einige Studenten stellte das Schreiben keinen Mehrwert dar. Für andere galt es als Spur für später, etwa in dem Sinne, in dem Paul Ricoeur (1990) von der „narrativen Identität" sprach.

Das Treffen zwischen dem Ausbilder und den Praktikanten wurde als sehr nützlich empfunden. Letztere „*schätzen es, ein Feedback zu ihrer Arbeit zu bekommen*". Die Teilnehmer konnten die sie betreffende Problematik weiter „*vertiefen*" oder die entwickelten Signifikanten „*auf andere Situationen übertragen*".

5. Provisorische Schlussfolgerungen

Aufgrund dieser Feststellungen glaube ich folgende provisorischen Schlussfolgerungen ziehen zu können:

– Das Setting gab den Teilnehmern die Möglichkeit, sich auf ihre eigene Entwicklung einzulassen und sich mit dem Unterschied zwischen Wissen und Wahrheit zu konfrontieren.
– Die Skandierung in drei Phasen hatte einen bestätigten Effekt auf Subjektivierungs- und Historisierungprozesse.
– Die Auszubildenden konnten für sich neue Konzepte und Signifikanten erarbeiten, welche ihnen ermöglichten, ihr Hören, Sehen und Handeln als Lehrer zu entwickeln. Sie konnten am Phänomen der Übertragung arbeiten. Für den einen oder anderen war diesbezüglich die Unterscheidung von Symbolischem, Imaginärem und Realem von großem Wert.
– In einer zweiten Phase der Forschung soll in in Zusammenhang zu der Analyse herausgearbeitet werden, um welche Art von Lernen und Übertragungen es in dieser Supervisionsarbeit geht und wie die Referendare gelernt haben an den Übertragungen zu arbeiten.

Literatur

Balint, Michael (1988): Le médecin son malade et la maladie. Bibliothèque scientifique. Paris: Payot et Rivages Bibliothek.

Bernfeld, Siegfried 1925: Sisyphos oder die Grenzen der Erziehung. Frankfurt/M.: Suhrkamp (1973).

Blanchard Laville, Claudine/Nadot, Suzanne (2000): Malaise dans la formation des enseignants. Paris: L'Harmattan

Herzog, Walter und Felten, Regula (2001): Erfahrung und Reflexion. Zur Professionalisierung der Praktikumsausbildung von Lehrerinnen und Lehrern. In: Beiträge zur Lehrerbildung 19 (1), S. 17-28.

Oelkers, Jürgen (1988): Forschung in der Lehrerbildung. In: Beiträge zur Lehrerbildung 16 (1), S. 18-28.

Ricoeur, Paul (1985) : Temps et récit 3. Le temps raconté. Paris: Editions du Seuil.

Ricoeur, Paul (1990): Soi-même comme un autre. Paris: Editions du Seuil.

Weber, Jean-Marie (2008): Le tutorat comme métier impossible et de l'impossible. Diss. A Strasbourg ULP/Psychologische Fakultät.

Lernprozessbegleitung – Bearbeitung schulischer Erfahrungen in einem universitären Curriculum

Angela Schmidt-Bernhardt, Beatrice Kustor-Hüttl,
Silvia Brambring

„Ich empfand die Arbeit in einer kleinen Gruppe als sehr nützlich."
„Man merkt, dass viele dieselben Ängste und Fragen haben."
„Mir war es wichtig, dass ich mich innerhalb der Gruppe verstanden gefühlt habe."
„Bisher gab es so etwas im Studium nicht."

So äußerten sich Studierende am Ende eines Seminars, das als Pilotprojekt im Rahmen der Marburger Lehrerausbildung seit dem Sommersemester 2009 stattfindet.

1. Entstehung und Konzeption des Projekts

Alle Lehramtsstudierenden der Philipps-Universität Marburg nehmen im zweiten oder auch dritten Semester an einem Seminar zur Vorbereitung ihres im Anschluss erfolgenden fünfwöchigen Schulpraktikums teil. Während des Praktikums ist es Aufgabe der Studierenden, gezielt Unterricht zu beobachten und zu reflektieren, sowie erste eigene Unterrichtsversuche zu starten. Die Dozenten begleiten das Praktikum engmaschig und besprechen nach dem Praktikum mit den Studierenden die in einem Bericht zusammengefassten Ergebnisse. Dabei zeigte sich, dass viele Studierende mehr Raum und Zeit für die Aufarbeitung ihrer Erfahrungen benötigen. So entstand die Idee, in kleinen Gruppen im Anschluss an die Schulpraktischen Studien (SPS 1) in einer gesondert angebotenen Veranstaltung die Erfahrungen des Schulpraktikums zu reflektieren.

Im Unterschied zum obligatorischen Modul SPS1 sollte dieses Angebot fakultativ im Wahlpflichtbereich angesiedelt sein. Unter dem Titel ,Lernprozessbegleitung' fanden drei parallele Seminare statt. Die drei Leiterinnen sind am Heidelberger Institut für Gruppenanalyse weitergebildete Gruppenanalytikerinnen. Im Grundberuf sind sie Pädagoginnen, Lehrerin, Supervisorin. Das neue Konzept beinhaltete eine Verbindung von beruflicher Reflexion und institutioneller Selbsterfahrung in einem ganzheitlichen, kognitive und affektiv-emotionale Seiten umfassenden Reflexionsprozess.

Arbeit an und mit Emotionen – ein im universitären Kontext ungewöhnliches Unterfangen – bedeutet Vielfältiges: Zunächst heißt es, achtsam zu sein für die eigenen Emotionen, sie als wertvoll und nicht als lästig und störend im Arbeitszusammenhang zu begreifen; sodann heißt es, die eigenen Emotionen in der Gruppe zu veröffentlichen, ein oftmals schambesetztes Unterfangen; alsdann gilt es ausgehend von den eigenen Emotionen in der Gruppe Übereinstimmungen und Differenzen wahrzunehmen, sich darüber auszutauschen, die eigenen Emotionen in Beziehung zu denen der anderen GruppenteilnehmerInnen zu setzen und schließlich über diesen Austausch Distanz zur eigenen Gefühlswelt herzustellen und aus der Distanz heraus einen veränderten Blick auf das eigene Erleben und auf die berufliche Situation zu gewinnen.

Von Anfang an werden infolgedessen die Studierenden darauf aufmerksam gemacht, dass Verschwiegenheit nach außen ein Merkmal dieses Seminars ist. Die Ausschreibung im Vorlesungsverzeichnis lautete folgendermaßen:

Im Anschluss an SPS 1 werden in diesem Seminar die spezifischen Erfahrungen des Schulpraktikums reflektiert. Das umfasst die Bereiche:

- *Rollenwechsel und Rollenfindung der Studierenden;*
- *Umgang mit unterschiedlichen Klassen und Lerngruppen sowie mit „schwierigen" Schülerinnen und Schülern;*
- *Umgang mit unterschiedlichen Altersstufen und Entwicklungsstufen;*
- *Gestaltung der Zusammenarbeit mit Kolleginnen und Kollegen;*
- *Implikationen der institutionellen Bedingungen für die berufliche Praxis.*

Wesentlich ist die Bereitschaft zum Einbringen eigener Erfahrungen in das Seminar.

Die Ausschreibung war für alle drei Gruppen identisch. Das Setting unterschied sich dahingehend, dass eine Gruppe sich in mehreren Wochenendblöcken traf, die zweite Gruppe an Freitagnachmittagen vierstündig zusammenkam, und die dritte Gruppe einem wöchentlichen 90 Minuten Rhythmus folgte.

2. Institutionelle Vorgaben und Rahmen – Die Universität als Möglichkeitsraum

Sowohl im Sommersemester 2009 als auch im Wintersemester 2009/10 war die Hemmschwelle, die das Beschreiten eines neuen Weges in der Lehrerausbildung immer auch bedeutet, deutlich spürbar. Ein Seminar, das ganzheitlich die Praktikumserfahrungen der Studierenden beleuchtet, ein Seminar, das die emotionalen Reaktionen der Studierenden nicht als lästiges Beiwerk sondern als wesentliches Moment der Erkenntnisgewinnung einbezieht, ein solches Seminar ist ein Fremdkörper im institutionellen universitären Rahmen. Infolgedessen waren institutionell und konkret bei den TeilnehmerInnen Hemmungen zu überwinden. Soll sich in der Lehrerausbildung ein Paradigmenwechsel vollziehen, so liegen Hemmungen und Ängste einerseits und Experimentierfreude andererseits eng beieinander. Teil des Paradigmenwechsels ist auch, dass ein solches Seminar Platz innerhalb des Wahlpflichtcurriculums findet und den Erwerb eines benoteten qualifizierten Scheins ermöglicht.

Es zeigten sich mehrere Ebenen von ‚Gruppe' innerhalb der institutionellen Erfahrung:

1. Die Leiterinnen bilden den haltenden Gruppenrahmen; sie reflektieren die Erfahrungen gemeinsam in der kreativen Kraft ihrer Kleingruppe.
2. Die Seminargruppe spielte bei der Bearbeitung der Themen, die die einzelnen Teilnehmer in das Plenum einbrachten, eine prominente Rolle: als Zuhörer, als Kommentierende, als Beratende, als Haltende und Helfende (Containment).
3. Der Blick auf die Schulgruppen, in denen die Teilnehmer erste Unterrichtserfahrungen gemacht hatten, holte die betroffenen Schülerinnen und Schüler in ihrem Gruppenkontext ganz nah heran.
4. In der Reflexion der Erfahrungen wurden die verschiedenen Familiengruppen der Leiterinnen und Teilnehmerinnen sowie die erinnerten eigenen Schulgruppen lebendig.

In der Verbindung der verschiedenen Ebenen – im Hier und Jetzt und im Dort und Damals – lag das wegweisende kreative Potential der Arbeit. Die Universität, der Ort des Projekts, zeichnet sich durch ihren Doppelcharakter aus: Einerseits Grenzen setzend, Bedingungen für Examen setzend und Weichen für die Lebensgestaltung stellend, bietet die Universität andererseits innerhalb ihres Rahmens die Möglichkeit der Bearbeitung emotionaler Erfahrungen, die Möglichkeit des Erlebens der Gruppe mit ihrem kreativen und haltenden Potential; sie bietet die Chance durch Reflektieren des eigenen Erlebens einen anderen Blick auf den künftigen Arbeitsplatz von Lehrerinnen und Lehrern, auf die Schulklasse zu erlangen. In diesem Sinne ist der Ausbildungsort Universität ein dialektischer Ort, der gleichzeitig Grenzen setzt und Möglichkeiten schafft. Für die Studierenden auf dem Weg in die Lehrerzimmer und Klassenräume hat er einen Übergangscharakter, ist er ein Übergangsraum.

3. Inhaltliche Schwerpunkte des Seminars

Die Möglichkeit, biografische Erinnerungen an die eigene Schulzeit in einer kleinen Gruppe mit anderen Lehramtsstudierenden einzubringen, war aus ganz unterschiedlichen Gründen wichtig. Studierende mit einem Migrationshintergrund oder auch Studierende aus bildungsfernen Elternhäusern, die vor ihrem familiären, sozialen und kulturellen Hintergrund mit dem Lehramtsstudium Schritte in eine neue berufliche Zukunft wagen, konnten Zweifel und Ängste in Bezug auf ihre Berufswahl einbringen, sie erfuhren durch die Gruppe im Seminar Unterstützung und Bestätigung für ihre Entscheidung, Lehrer oder Lehrerin zu werden zu wollen.

Dem gegenüber erinnerten andere ihre Schulzeit als intensive peerbezogene Gruppenerfahrung, die sie lustvoll genießen konnten und der sie nachtrauerten. In einigen Fällen stellte sich der Rollenwechsel von der Schüler/in in die relativ einsame Leitungsfunktion der Lehrerenden als schweres Unterfangen dar. Und dies vor allem dann, wenn die Schulerfahrung erst relativ kurze Zeit zurücklag. Durch die Reflexion im Seminar wurde denjenigen Studierenden deutlich, die teilweise in der dritten Generation den Beruf der Lehrer/in ergriffen, wie wichtig eine Bearbeitung der familiären Verflechtungen ist.

Die Gruppe an der Hochschule diente im Sinne Bions (2001) als Containing für ganz unterschiedliche schulische Biographien aus ganz unterschiedlichen familiären, sozialen und kulturellen Hintergründen. Die schulischen Sozialisationserfahrungen wurden kommuniziert und konnten in der Gruppe nebeneinander bestehen bleiben. Es wurde ein Staunen darüber deutlich, wie unterschiedlich Schule erlebt wurde. Angeregt durch diesen Erfahrungsaustausch erinnerten die Studierenden andere Schüler aus ihrer Schulzeit, deren Position sie im Gruppenverband nun nachträglich verstanden. So berichtete ein Lehramtsstudentin wie sie sich als einzige Schülerin mit Migrationshintergrund in der gymnasialen Oberstufe gefühlt hatte. In der Gruppe wurden daraufhin Erinnerungen an fremde Schüler/innen lebendig, deren Verhalten sie nachträglich als ‚einsame Fremde' im Klassenverband verstehen konnten. Die symmetrische Form der Kommunikation in der Studierendengruppe, die Raum für den Austausch gemeinsamer und trennender Schulerfahrungen ließ, eröffnete Anstöße für kreative Prozesse im Hinblick auf ganz individuelle Vorstellungen einer zukünftigen beruflichen Entwicklung. Die Möglichkeit sozial, familiär und kulturell unterschiedliche Perspektiven in bezug auf Schulerfahrungen einzunehmen, ist äußerst sinnvoll und nützlich für den zukünftigen beruflichen Alltag. Durch die Gespräche entstand eine kohäsive Gruppensituation (Yalom 1996), die es erlaubte, Zweifel, Ängste, Wünsche und Sehnsüchte in bezug auf den zukünftigen Beruf einzubringen.

4. Idealisierte berufliche Vorstellungen und Irritationen

Der Beruf der Lehrer/innen wurde bei den Studierenden in erster Linie mit der idealisierten Vorstellung verbunden, Vorbild und eine ideale Lehrer/in sein zu wollen. In vielen Fallvignetten wurden dann allerdings Hilflosigkeit und Ängste deutlich, der Gruppe der Schüler/innen zu begegnen. Phantasien zu Macht und Ohnmacht, Aggression und Hilflosigkeit standen nebeneinander. Die Studierenden bemerkten, dass sie punktuell auch völlig ‚unpädagogische' Haltungen einnahmen, die sie irritiert und unverstanden im schulischen Alltag erlebt hatten. Sie zeigten sich irritiert über ihre Gefühle, denen sie in den Klassen begegneten und waren erstaunt, dass mehrere andere Lehramtsstudierende ähnliche Gefühlslagen bei ersten Praktika durchlebt hatten. Durch das Gruppenerleben im Seminar wurde deutlich, dass eine berufsbegleitende Reflexion unverstandener Erfahrungen z.B. mit einer kollegialen Gruppe, in einer Supervision sehr sinnvoll und entlastend sein kann.

Potenziale, Selbstbildungsmöglichkeiten und Hemmnisse von Gruppen werden im Rahmen der Lehrerausbildung an deutschen Hochschulen bislang kaum thematisiert. Obwohl Lehrerinnen und Lehrer in ihrem Berufsleben ausschließlich mit Gruppen zu tun haben, sind diese im Rahmen der Lehrerausbildung bislang kaum ein Thema.

5. Ergebnisse der gemeinsamen Arbeit

Die Wahl dieses Seminars zeigte die Bereitschaft der Studierenden, sich auch emotional mit der eigenen Person und dem angestrebten Lehrerberuf auseinander zu setzen. Die begrenzte Gruppengröße erlaubte persönliche Beziehungen und wurde – im Unterschied zu häufig überfüllten Veranstaltungen an der Universität begrüßt und regelrecht als Luxus empfunden. Das ungewohnte Setting – ohne Tische im Kreis sitzen – wurde, nach anfänglicher Irritation, mehrheitlich als angenehm erlebt und der Arbeitsauftrag, eine Szene aus der Schule schriftlich und mündlich in die Gruppe einzubringen und den Prozess der Bearbeitung durch die Gruppe danach schriftlich auf ca. fünf DINA 4 Seiten zu reflektieren, wurde ohne Probleme angenommen und umgesetzt. Durch dieses Angebot machten die Studierenden auch erste Erfahrungen mit Supervision als einer Methode der Professionalisierung und Entlastung im späteren Berufsleben.

Innerhalb der Gruppen entwickelte sich durch die Aufforderung auf die eigene Schulzeit zurück zu blicken und diese mit den Erfahrungen im Praktikum zu verbinden, eine zunehmend wertschätzende, langsam sich öffnende Gruppenatmosphäre. Vorsicht und Unsicherheit, die mit dem Einbringen erlebter, schwieriger Situationen aus dem Schulpraktikum verbunden waren, verringerten sich. Dagegen wuchs die Bereitschaft zu einer empathischen

Auseinandersetzung innerhalb der Gruppe mit den vorgestellten Szenen aus der Schule.

Diese dienten den Einzelnen, aber auch der Gruppe als Möglichkeit aus der Distanz und mit Hilfe von eigenen Sichtweisen, durch Identifikation, Assoziation und vergleichbare eigene Erlebnisse neue Erkenntnisse zu gewinnen, eigene Gefühlen wahr zu nehmen und Kränkungen zu bearbeiten. Die Gruppe mit ihrem Potential, ihrer Dynamik und ihren Möglichkeiten rückte in den Vordergrund.

Die Leiterinnen schufen eine gute, vertrauensvolle Gruppenatmosphäre, damit sich die Lerngruppe den eingebrachten Szenen und der damit verbundenen Bearbeitung in der Gruppe zuwenden konnte. Aufforderungen die eigene Schulzeit und Schülerrolle zu erinnern und mit einzubeziehen trugen zusätzlich zu neuen Sichtweisen auf einzelne Schüler, die Dynamik von Klassen, Kontakten zu Lehrkräften und Schulleitung bei. Durch diese Vorgehensweise rückte die eigene Persönlichkeit als ein Wirkfaktor des schulischen Geschehens deutlicher als bisher in den Vordergrund der eigenen Wahrnehmung.

An der Grenze der Gruppe, zwischen außen und innen stehend, hatten die Leiterinnen neben der haltenden Funktion des Gruppenrahmens auch eine Vorbildfunktion im Umgang mit der Gruppe im ‚Hier und Jetzt'. So konnten z.B. Grenzverletzungen (Zuspätkommen, Fehlen oder der Wunsch früher aus der Gruppe gehen zu wollen) als bedeutungsvolles Signal mit einer Wirkung auf die Restgruppe verdeutlicht werden. In solchen Fällen ließ sich leicht ein Bogen zu schulischen Situationen ziehen, mit denen sie später als Lehrkräfte selbst konfrontiert sein würden.

Da es sich bei der Lehrveranstaltung „Lernprozessbegleitung" um ein Pilotprojekt handelt, wurden die Studierenden am Ende des Semesters gebeten, anonym zu folgenden Punkten Stellung zu beziehen:

1. Ich habe mich in der Gruppe wohl gefühlt und eine emotionale Bezogenheit gespürt
   – *Von insgesamt 35 StudentInnen haben 33 mit ja geantwortet.*

2. Kommentar zur Gruppe – was war ihnen wichtig bzw. unwichtig?
   – *Jeder war in großem Maße bereit, sich selber einzubringen;*
   – *jeder wurde ernst genommen;*
   – *niemand wurde gezwungen etwas zu sagen;*
   – *die Gruppe war angenehm klein;*
   – *es herrschte ein freundschaftliches Verhältnis;*
   – *wichtig – die gemeinsame Reflexion; bereichernd;*
   – *StudentInnen aus unterschiedlichen Fachbereichen;*

3. Es konnten einige biographische schulbezogene Erfahrungen besprochen werden. Ist diese Möglichkeit im Rahmen des Studiums für das Lehramt wichtig? Wie beurteilen Sie diese Möglichkeit?
   - *Außerordentlich wichtig;*
   - *es ergeben sich völlig neue Sichtweisen; wichtig wäre auch über eigene Erlebnisse als Schüler zu sprechen z.b. Mobbing und das verhalten der Lehrer dazu;*
   - *eigene Schulzeit wichtiger Faktor bei der Berufswahl;*
   - *Reflexion der Unterrichtspraxis verwaistes Gebiet;*
   - *eigene Persönlichkeit reflektieren.*

4. Wie empfanden Sie persönlich die Erfahrung in einer kleinen Gruppe an der Hochschule Erfahrungen zum Beruf des Lehrers/der Lehrerin auszutauschen?
   - *Angenehm und lehrreich über den Beruf zu sprechen;*
   - *gute Atmosphäre;*
   - *sehr gut, persönlich positiver als in anderen vollen Seminaren;*
   - *nicht schlecht, aber nicht zu lange ausdehnen, sonst dreht man sich im Kreis;*
   - *mein Blick hat sich erweitert; habe viel aus dem Seminar mitgenommen;*
   - *neue Erfahrung – auch im späteren Berufsleben anzustreben.*

5. Gab es die Möglichkeit – berufsbezogen – persönliche Konfliktanteile zu thematisieren bzw. sollte es diese Möglichkeit im Rahmen des Studiums für das Lehramt an der Hochschule geben?
   - *Sollte verpflichtend sein; professionelle Anleitung wichtig;*
   - *ja – aber es müsste auch mehr Praktika geben;*
   - *ja – Konflikte gehören zum Berufsleben;*
   - *Supervision sollte verstärkt angeboten werden;*
   - *wichtig sich mit Ängsten, Sorgen und Hoffnungen im späteren Beruf auseinander zu setzen.*

6. Wünsche für das nächste Semester
   - *Seminar sollte verpflichtend sein;*
   - *mehr Praxis im Studium;*
   - *Beibehaltung kleiner Gruppen von 10-12 StudentInnen;*

Das Angebot wird an der Philipps-Universität Marburg im laufenden und im kommenden Semester fortgeführt und evaluiert.

Literatur

Bion, Wilfried (2001): Erfahrungen in Gruppen und andere Schriften. Stuttgart: Klett.
Foulkes, S.H. (2007): Gruppenanalytische Psychotherapie. München: Pfeiffer.

Fröhlich, Volker/Göppel, Rolf (Hg) (2003): Was macht die Schule mit den Kindern? – Was machen die Kinder mit der Schule? Psychoanalytisch-pädagogische Blicke auf die Institution Schule. Gießen: Psychosozial Verlag.
Kirchhof, Steffen/Schulz, Wolfgang (Hg) (2008): Biografisch lernen und lehren. Möglichkeiten und Grenzen zur Entwicklung biografischer Kompetenz. Flensburg: Univ. Press.
Kustor-Hüttl, Beatrice (2008): Die erfolgreichen Töchter der 2. Generation. Resilienz und Bildung – Protektive Funktionen und Risiken. In: Schnabel, Beate/Bianchi-Schaeffer, Mariagrazia (Hg.): Das Interkulturelle Klassenzimmer. Frankfurt/M.: Brandes und Apsel: S. 145-158.
Parin, Paul (1992): Der Widerspruch im Subjekt. Ethnopsychoanalytische Studien. Frankfurt/M.: Syndikat.
Schmidt-Bernhardt, Angela (2006): Der gruppenanalytische Blick auf die Schulklasse. Von Fallstricken, Verstrickungen und neuen Mustern. In: gruppenanalyse, Heft 2/2006, S. 143-153.
Schmidt-Bernhardt, Angela (2009): Lehrerinnen und Lehrer in der ‚Matrix' der gymnasialen Schulklasse. Eine gruppenanalytische Perspektive. In: psychosozial, Heft 1/2009, S. 61-70.
Winnicott, Donald W. (1972): Vom Spiel zur Kreativität. Stuttgart: Klett-Cotta.
Würker, Achim (2007): Lehrerbildung und Szenisches Verstehen. Professionalisierung durch psychoanalytisch orientierte Selbstreflexion. Baltmannsweiler: Schneider
Yalom, Irvin (1996): Theorie und Praxis der Gruppenpsychotherapie. München: Pfeiffer.

Verzeichnis der Autorinnen und Autoren

Janina Bernshausen, geb. 1982, Wissenschaftliche Mitarbeiterin und Dokto-randin im Fach Erziehungswissenschaft am Fachbereich 2 der Universität Siegen (Schwerpunkt Schulpädagogik). Planung und Durchführung des Pro-jektes ESsKi (Emotionales Schulerleben schulängstlicher Kinder).

Günther Bittner, geb. 1937, Dr. phil., Dipl-Psych., Professor (em.) für Päda-gogik an der Universität Würzburg. Psychologischer Psychotherapeut, Psy-choanalytiker.

Sebastian Boller, geb. 1974, Dr. phil., Wissenschaftlicher Mitarbeiter an der Wissenschaftlichen Einrichtung Oberstufen-Kolleg der Fakultät für Erzie-hungswissenschaft, Universität Bielefeld. Arbeitsschwerpunkte: Heterogeni-tät, Lehrerkooperation, Schulentwicklung.

Silvia Brambring, Lehrbeauftragte am Institut für Schulpädagogik der Phi-lipps-Universität Marburg, Diplomsupervisorin in freier Praxis.

Felix Buchhaupt, geb. 1981, Wissenschaftlicher Mitarbeiter am Fachbereich Erziehungswissenschaften, Institut für Sonderpädagogik der Johann Wolf-gang Goethe-Universität Frankfurt.

Karl-Heinz Dammer, geb. 1959, Dr. phil., Professor für Allgemeine Pädago-gik am Institut für Erziehungswissenschaft der Pädagogischen Hochschule Heidelberg.

Margit Datler, geb. 1958, Dr. phil., Professorin an der Kirchlichen Pädago-gischen Hochschule Wien/Krems (Bereich Humanwissenschaften), Univ. Lektorin an der Universität Wien (Institut für Bildungswissenschaft, Psycho-analytikerin (IPA)) in freier Praxis, Mitglied der Infant Observation Study Group Vienna.

Rolf Göppel, geb. 1959, Dr. phil, Dipl-Päd., Professor für Allgemeine Päda-gogik an der Pädagogischen Hochschule Heidelberg. Stellvertretender Vor-sitzender der Kommission Psychoanalytische Pädagogik in der Deutschen Gesellschaft für Erziehungswissenschaft.

Herbert Hagstedt, geb. 1946, Dr. phil., Geschäftsführer des Referates für Interdisziplinäre Grundschulpädagogik an der Universität Kassel, Leiter des Grundschulpädagogischen Labors.

Heiner Hirblinger, geb. 1944, Dr. phil., wissenschaftlicher Autor; Studiendirektor (i.r.), bis Ende Juli 2009 Seminarlehrer für Allgemeine Pädagogik und Didaktik, Lehrer am Gymnasium in den Fächer Deutsch, Geschichte, Sozialkunde, Philosophie.

Helmwart Hierdeis, geb. 1937, Dr. phil., Professor i. R. für Pädagogik am Institut für Erziehungswissenschaften der Universität Innsbruck; Psychoanalytiker.

Annedore Hirblinger, geb. 1945, Dr. phil., Pädagogin, Dipl.-Soz., Psychologische Psychotherapeutin (DGPT), Psychoanalytikerin in freier Praxis; seit 1992 Dozentin der Münchner Arbeitsgemeinschaft für Psychoanalyse (MAP).

Stephan Holz, geb. 1951, Dr. mat., akademischer Direktor und Lehrender für Mathematik und Philosophie am Oberstufen-Kolleg Bielefeld.

Julia Köhler, geb. 1963, Wissenschaftliche Mitarbeiterin am Institut für Bildungswissenschaft, Abteilung LehrerInnenbildung und Professionalisierungsforschung der Universität Wien. Lehrbeauftragte an der Kirchlichen Pädagogischen Hochschule Wien/Krems. Theaterpädagogin.

Heinz Krebs, geb. 1953, Dr. phil. Dipl.-Päd., Supervisor (DGSv), Kinder- und Jugendlichenpsychotherapeut, Psychoanalytischer Pädagoge (FAPP); Mitarbeiter einer Beratungsstelle für Eltern, Kinder und Jugendliche und Lehrbeauftragter am Fachbereich Erziehungswissenschaften der J.W. Goethe-Universität; zweiter Vorsitzender des Frankfurter Arbeitskreises für Psychoanalytische Pädagogik (FAPP); zahlreiche Veröffentlichungen zu den Fachgebieten.

Beatrice Kustor-Hüttl, Lehrbeauftragte am Institut für Schulpädagogik der Philipps-Universität Marburg, Gruppenanalytikerin in freier Praxis.

Martina Möller, geb. 1959, Dr. mat., Lehrende für Mathematik am Oberstufen-Kolleg Bielefeld.

Eva Rass, geb. 1947, Dr. paed., Analytische Kinder- und Jugendlichenpsychotherapeutin, Dozentin und Supervisorin des Instituts für Analytische Psychotherapie bei Kindern und Jugendlichen Heidelberg und des Instituts für Psychoanalyse und analytische Psychotherapie Würzburg.

Bernhard Rauh, geb. 1964, Dr. phil., Dipl. Päd., Akademischer Rat am Institut für Sonderpädagogische Förderschwerpunkte an der Pädagogischen Hochschule Ludwigsburg, Außenstelle Reutlingen, Gruppenanalytiker i.A.

Ilse Schrittesser, geb. 1956, Dr. phil. Außerordentliche Universitätsprofessorin und Institutsvorständin des Instituts für Bildungswissenschaft der Universität Wien.

Angela Schmidt-Bernhardt, geb. 1951, Dr. phil. Wissenschaftliche Mitarbeiterin am Institut für Schulpädagogik der Philipps-Universität Marburg; Gruppenanalytikerin, Dozentin am Institut für Gruppenanalyse Heidelberg.

Birgit Süßdorf, geb. 1964, Dr. phil., M.A., Erziehungswissenschaftlerin, Ethnologin, Tanztherapeutin (BTD), Psychotherapeutin (HPG); Lehrbeauftragte für Allgemeine und Interkulturelle Pädagogik an der Pädagogischen Hochschule Heidelberg sowie im Institut für Medizinische Psychologie an der Universität Heidelberg, Fakultät für klinische Medizin; Autorin; Feldforschungen und Dozentin im In- und Ausland.

Jean-Marie Weber, geb. 1953, Dr. psych., Dipl. theol., Lic. in Kommunikationswissenschaften. Dozent und Forscher an der Fakultät für Sprachwissenschaften und Literatur, Geisteswissenschaften, Kunst und Erziehungswissenschaften an der Universität Luxemburg.

Achim Würker, geb. 1952, Dr. Dr., Studiendirektor am Ludwig-Georgs-Gymnasium in Darmstadt; Mitglied des Arbeitskreises „Tiefenhermeneutik und Sozialisationstheorie", Frankfurt/M.